国家社科基金青年项目（07CFX025）资助

本书获得北京大学上山出版基金资助，特此致谢！

青年学者文库

中央与地方关系法治化研究

财政维度

On Legalization of Fiscal Relationship between the Central Government and Local Governments

魏建国 著

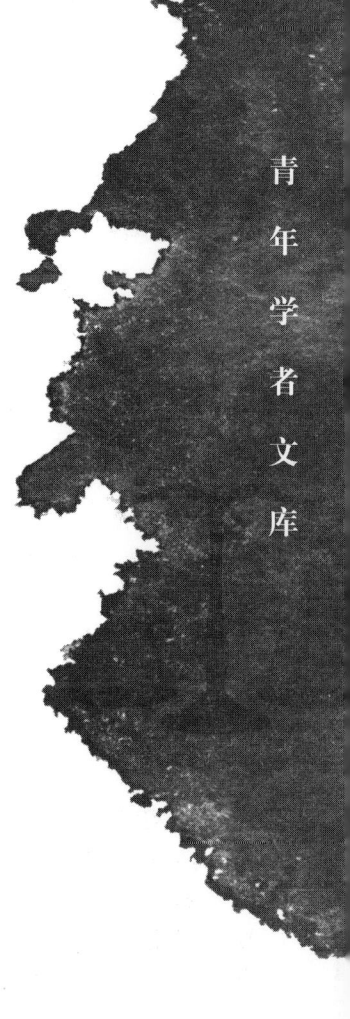

北京大学出版社
PEKING UNIVERSITY PRESS

图书在版编目(CIP)数据

中央与地方关系法治化研究:财政维度/魏建国著.—北京:北京大学出版社,2015.3

(青年学者文库)

ISBN 978-7-301-25564-3

Ⅰ.①中… Ⅱ.①魏… Ⅲ.①中央与地方的关系—研究—中国 Ⅳ.①D63

中国版本图书馆 CIP 数据核字(2015)第 036006 号

书　　　名	中央与地方关系法治化研究——财政维度
著作责任者	魏建国　著
责任编辑	王　晶
标准书号	ISBN 978-7-301-25564-3
出版发行	北京大学出版社
地　　址	北京市海淀区成府路 205 号　100871
网　　址	http://www.pup.cn
电子信箱	law@ pup.pku.edu.cn
新浪微博	@北京大学出版社　@北大出版社法律图书
电　　话	邮购部 62752015　发行部 62750672　编辑部 62752027
印 刷 者	北京溢漾印刷有限公司
经 销 者	新华书店
	965 毫米×1300 毫米　16 开本　17.5 印张　273 千字
	2015 年 3 月第 1 版　2015 年 3 月第 1 次印刷
定　　价	39.00 元

未经许可,不得以任何方式复制或抄袭本书之部分或全部内容。

版权所有,侵权必究

举报电话:010-62752024　电子信箱:fd@ pup.pku.edu.cn

图书如有印装质量问题,请与出版部联系,电话:010-62756370

序　　一

十多年前，我曾在《税法专题研究》一书中提出，税收法治或许会成为中国构建法治社会的突破口。回顾和反思最近十多年来的发展，我们可以看到，我国的财税法治建设在理论创新和制度构建方面都取得了长足的进步。

在理论创新方面，财税法学界先后提出了契约理论、平衡理论、纳税人权利保护理论、控权理论等，对我国的财税法治建设产生了重要的影响。近年来，我在长期研究和思考的基础上，提出了理财治国观、公共财产法理论。我认为，财税法具有经济性、政治性和社会性等立体化功能。宏观调控只是财税法经济性功能中的辅助性和补充性功能，以明显区别于仅侧重财税法宏观调控功能的经济法，从而走出将财税法定位于宏观调控法（经济法）的传统思维。财税法调整财政关系，本质上是一个公共财产法问题，与私法一道构筑私人财产权的双重保障体系。因此，有必要确立公共财产权的概念。公共财产权是政府基于其公共性特质取得、用益和处分私人财产的权力，包括对私人财产征税、处罚、国有化等非对价性给付，征收土地房屋、收费、发行公债等对价性给付，以及支配这些财产的权力。公共财产权是一种应受控制的公权力，其在脱胎于行政权的财政权的基础上形成，但更注重公共财产取得的正当性及分配的正义性；从调整原则上讲，公共财产权的控制体现为公共财产的取得、用益和处分应严格遵循法定主义，以最大限度地保护纳税人的整体利益；从制度措施上讲，需要按照法源明确、程序正当和争讼便利的原则推动公共财产权规则体系建构，并注重面向民生的公共性立场。建构于公共财产权概念之上的公共财产法，是经由私人财产转化而成的公共财产的正当化及其运行规则，是现代财税法的核心范畴，是国家财政治理的基础性法治规范。①

回顾过去，在相当长的时间里，财税法在我国法治建设的大舞台上一直

---

① 关于公共财产法理论，请详见刘剑文、王桦宇：《公共财产权的概念及其法治逻辑》，载《中国社会科学》2014 年第 8 期。

缺位，财政仅仅被视为单纯的经济问题，没有得到应有的重视与关注，这不能不说是我国法治建设中的一大遗憾。财税领域的法治化水平长期滞后于现实需要，在相当大的程度上也导致了国家治理和改革深化陷入了"瓶颈期"，难以寻得有力的"抓手"。最近五年，对于我国的财税法治建设来说，是不平凡的五年。从"营改增"扩围到房产税改革，从"三公"经费公开到《预算法》修订，从车船税立法到呼吁设税权回归全国人大，从中央出台"八项规定"、《党政机关厉行节约反对浪费条例》到党的十八届三中全会对财税改革作出浓墨重彩的勾勒、党的十八届四中全会对全面推进依法治国的强调，都可以看出，我国财税法治建设的水平在逐步提升。实践表明，财税法与国家治理、人民福祉的紧密联系正日益凸显。财税法也越来越受到官方和民间的共同关注。2013年11月12日，中共十八届三中全会审议通过了《关于全面深化改革若干重大问题的决定》。《决定》提出全面深化改革的总目标是"完善和发展中国特色社会主义制度，推进国家治理体系和治理能力现代化"。在《决定》提出的诸项改革任务之中，"深化财税体制改革"单独作为一个部分，且位于各项具体经济改革之首，这在党的重要纲领性文件中尚属首次。同时，财税问题作为重要主线，还贯穿在其他章节的始终。可以毫不夸张地说，《决定》中至少有一半内容涉及财税问题。可以看出，中央已经转变将财政视作单纯经济问题的传统思维，开始认识到财政是"国家治理的基础和重要支柱"，科学的财税体制是"促进社会公平、实现国家长治久安的制度保障"，并主动接纳"落实税收法定原则"等财税法学界大力倡导的主张。2014年10月23日，中共中央十八届四中全会通过了《关于全面推进依法治国若干重大问题的决定》。《决定》提出，依法治国，是坚持和发展中国特色社会主义的本质要求和重要保障，是实现国家治理体系和治理能力现代化的必然要求。全面推进依法治国的总目标是：建设中国特色社会主义法治体系，建设社会主义法治国家。《决定》在"加强重点领域立法"部分特别提到制定和完善"财政税收"方面的法律法规，与"编纂民法典"相并列。可见，财税体制改革与财税法治，既是全面深化改革的突破口和重点领域之一，又是国家治理现代化的基础和制度保障，是国运所系、民心所向、大势所趋。可以说，我国的财税法治建设正在进入一个千载难逢的发展机遇期！

序 一

　　魏建国博士的新作《中央与地方关系法治化研究——财政维度》即将要出版了。作为他的导师,我非常高兴。从2000年开始,建国同学在我的指导下从事财税法方面的学习和研究,经过五年多硕博连读阶段的训练,顺利取得了博士学位。本书是在他的博士学位论文基础上完成的。在书中,他提出应将我国处理中央与地方财政关系的行政主导转型为法治化。在梳理总结美国、加拿大、德国、日本等国相关做法的基础上,他提炼出处理中央与地方财政关系的两种制度模式,即对称型模式与非对称型模式。最后,从视角转换、路径选择、模式选择、制度构建等方面提出了实现中央与地方关系法治化的财政思路。值得注意的是,理顺中央与地方财政关系、改进预算管理制度、完善税收制度是我国当前和今后一段时期深化财税体制改革和加强财税法治建设的三个关键环节。在《预算法》修订、党的十八届三中全会强调深化财税体制改革、党的十八届四中全会强调全面推进依法治国的宏观背景下,本书的主题紧贴时代发展的脉搏,在进行理论探讨的基础上提出了较为系统的制度完善建议,所归纳提炼的对称型与非对称型制度模式范畴也颇具新意。它的出版将具有较为重要的理论价值和实践意义。

　　希望建国博士在未来的日子里继续努力,加强学习和研究,进一步提高学术水平,为我国的财税法治建设作出自己应有的贡献。

　　是为序!

北京大学法学院教授 刘剑文
2014 年 12 月 16 日于燕园陈明楼

序 二

现代宪政国家之民主理念，系以人性尊严与个人基本价值为中心，基于国家补充性原则，要求凡与人民邻近事务，应尽可能由其自我实现、自我决定，民间能做，政府不做；地方能做，中央不做。现代宪法人性观，系指能自我认知、自我负责之个人，在人格自由发展之下，自行决定其生活方式并从事未来之规划。能自我认知，即能自我决定，亦即以民主方式参与团体决策。能自我负责，即能对公共事务及其支出负责。地方自治之首要课题，即地方事务由地方自主负责；而地方事务之执行，须以财源为基础。财源如何在住民间公平分配，亦与自治事务不可分。因此，对自治事务之自我负责，亦包括对财政之自我负责。个人为发展自己人格，就其所居地域，有权参与与自己关系密切之公共事务，并愿为其付出财政责任。

魏建国博士大作《中央与地方关系法治化研究——财政维度》，对现代宪政国家基本理念有深切体会；对中国现状与前途充满知识分子之浪漫情怀。字里行间，流露出作者感情之醇厚与表达之天然率真。每当月夜展读斯文，聊想其翩翩一少年，数年间一再往返于燕园，苦思觅寻。昔人有词云："西风林下、夕阳水际，独自寻诗去。"在夕阳西风点染而成的未名湖美景中，透漏出几分凄清，多少孤寂。但宪政理想与财政分权蓝图，却在这无尽追寻之夕阳西风中一步步接近。斯作既竟，聊缀数语，以为序。

台湾大学法律学院教授 葛克昌
2006 年 7 月中旬写于往燕园之航机上

CONTENTS 目 录

导言 　　　　　　　　　　　　　　　　　　　　1
　一、研究问题　　　　　　　　　　　　　　　1
　二、研究内容　　　　　　　　　　　　　　　4
　三、研究方法　　　　　　　　　　　　　　　5
　四、概念界定　　　　　　　　　　　　　　　7
　五、贡献与不足　　　　　　　　　　　　　 13

第一章　财政和中央与地方关系法治化　　　 15
　一、财政与国家　　　　　　　　　　　　　15
　二、财政与法治、宪政　　　　　　　　　　19
　三、财政和中央与地方关系法治化　　　　　28

第二章　实现中央与地方关系法治化的财政
　　　　制度模式　　　　　　　　　　　　　40
　一、对称型制度模式　　　　　　　　　　　40
　二、非对称型制度模式　　　　　　　　　　83
　三、两种制度模式比较　　　　　　　　　 125

第三章　我国中央与地方财政关系的演变历史　138
　一、历史回溯　　　　　　　　　　　　　 138
　二、经验总结　　　　　　　　　　　　　 159

CONTENTS 目录

　　三、动因分析　　　　　　　　　　173
　　四、问题分析　　　　　　　　　　175

第四章　我国中央与地方关系实现法治化的财政思路　　211
　　一、视角转换　　　　　　　　　　211
　　二、路径选择　　　　　　　　　　218
　　三、模式选择　　　　　　　　　　221
　　四、制度构建　　　　　　　　　　228

结论　　　　　　　　　　　　　　　247
　　一、财政在实现中央与地方关系法治化中
　　　　具有重要的价值　　　　　　　247
　　二、财政制度模式是中央与地方关系实现
　　　　法治化的一个重要范畴　　　　248
　　三、我国中央与地方财政关系历史发展的
　　　　成就和问题　　　　　　　　　249
　　四、从四个方面提出我国中央与地方关系
　　　　实现法治化的财政思路　　　　250

参考文献　　　　　　　　　　　　　253

后记　　　　　　　　　　　　　　　271

导　言

一、研究问题

我国是一个大国,长期以来,如何处理中央与地方关系一直成为国家治理的重要课题。西方法治发达国家通常是在法治、宪政的框架下来处理其中央与地方之间关系的。值得注意的是,中央与地方关系涉及的内容十分广泛,而财政是一个重要的领域。① 美国著名的财政学大师马斯格雷夫就认为,在地方政治结构的构造上,财政是一个重要的因素。②

20 世纪中期以来,经济学界开始系统分析财政分权问题。1956 年,蒂布特发表了他的经典论文——《地方支出的纯理论》③,提出地方政府之间的竞争有助于提高税收和教育、医疗等公共服务之间的最优配置。迄今为止,中央与地方关系中的财政问题一直是国外经济学界关注的重要课题之一,并形成了所谓"第一代"和"第二代"财政分权理论。基于蒂布特经典论文的影响,第一代财政分权理论产生了两个流派。一个是将蒂布特的"非纯地方公共产品"概念和马斯格雷夫④的财政三功能(稳定、再分配和配置)分析框架相结合,指出了通过多层级的政府体系提供公共产品比由单一的中

---

① 如有学者在论述中央与地方关系的结构时,就提到了中央与地方的权力关系、中央与地方的行政关系、中央与地方的财政关系。而在论述中央对地方的控制方式时,又提到了立法控制、行政控制、财政控制、人事控制、司法控制和政策控制。参见熊文钊:《大国地方——中国中央与地方关系宪政研究》,北京大学出版社 2005 年版,第 20—33 页。通过考察我国历代,特别是唐、宋、元、明、清时期的中央与地方关系,可以看到,中央与地方之间的财政权力分配都是其中很重要的内容。参见李治安主编:《唐宋元明清中央与地方关系研究》,南开大学出版社 1996 年版,第 36—56、117—129、189—209、276—301、369—383 页。

② 参见〔美〕理查德·A. 马斯格雷夫:《比较财政分析》,董勤发译,上海人民出版社、上海三联书店 1996 年版,第 278 页。

③ See Tiebout, Charles M., "A Pure Theory of Local Expenditures," *The Journal of Political Economy*, Vol. 64 (5), 1956, pp. 416—424.

④ See Musgrave, Richard A., *The Theory of Public Finance: A Study in Public Economy*, McGraw-Hill Book Company, Inc., 1959.

央政府对所有公共支出作出决策更为有效。奥茨①的研究属于这一类,被认为是第一代理论的主流。另外一个流派是基于蒂布特"辖区间流动"的概念,研究限制公共部门规模的强制力量。布伦南、布坎南②的公共选择理论属于这一类,被认为是第一代财政分权理论的非主流理论,是对专门关注财政分权的第一代主流理论的补充。③ 第二代财政分权理论开始从公司理论、信息经济学、委托代理理论和契约理论等多角度探讨财政分权问题。主要关注两个议题:一个是政治过程及其政治代理人的行为,在其中,参与者有它们自己的目标函数。这一考虑显然与公共选择理论有密切的关系。还有一个议题是,非对称信息和政治代理人。概而言之,第一代财政分权理论是在一个仁慈的社会计划者的假定之下研究分权系统的表现,而第二代财政分权理论则在第一代理论的基础上研究次中央政府官员所面临的财政和政治激励问题。④ 尽管两代财政分权理论在思考问题的角度和方法方面有很大的差异,但是在内在的精神方面是有些类似的,即在集权和分权之间进行权衡。⑤

除了经济理论方面的分析外,国外和我国台湾地区的学者还多从法治、宪政的视角展开对这一问题的研究。布坎南虽是经济学家,但他除了从经济理论的角度研究财政分权外,更从宪政的角度研究财政分权问题。在他与布伦南合著的《宪政经济学》中,专门有财政联邦主义方面的论述。⑥ 日本著名的税法学家北野弘久教授则把财政分权、公民基本权利的保障与地

---

① See Oates, Wallace E., *Fiscal Federalism*, Harcourt Brace Jovanovich, Inc., 1972; Oates, W., "An Essay on Fiscal Federalism," *Journal of Economic Literature*, Vol. 37 (3), 1999, pp. 1120—1149.

② See Brennan, G., and J. M. Buchanan, *The Power to Tax—Analytical Foundations of a Fiscal Constitution*, Cambridge University Press, 1980.

③ See Vo, Duc Hong, "The Economics of Fiscal Decentralization," *Journal of Economic Surveys*, Vol. 24 (4), 2010, pp. 657—679.

④ See Weingast, B. R., "Second Generation Fiscal Federalism: Political Aspexts of Decentralization and Economic Development," *World Development*, Vol. 53, 2014, pp. 14—25.

⑤ See Oates, W. E., "Toward a Second-Generation Theory of Fiscal Federalism," *Journal of International Tax and Public Finance*, Vol. 12, 2005, pp. 349—373; Weingast, B. R., "Second Generation Fiscal Federalism: The Imiplications of Fiscal Incentives," *Journal of Urban Economics*, Vol. 65, 2009, pp. 279—293.

⑥ 参见〔澳〕布伦南、〔美〕布坎南:《宪政经济学》,冯克利等译,中国社会科学出版社2004年版,第205—218页。

方自治联系在一起进行研究。① 而我国台湾著名的税法学家葛克昌教授则认为:"在宪政国家,财政收支划分不仅是中央与地方权限划分之核心部分,而且是法律之合宪解释与违宪审查的重要课题。加上近年各国无不面对从财政危机到宪政危机之困境,财政宪法蔚为当代宪法研究之潮流。"②

自从我国实行经济体制改革以来,这一问题也引起了学者们的关注。经济学界的研究成果非常丰富,除了比较重要的论文和著作③发表以外,有相当多的博士论文也关注这一领域。④ 与经济学界的强烈关注相比,法学界对这一问题的重视程度还有一些距离。⑤ 如何处理好中央与地方之间的财政关系,实现中央与地方财政关系的法治化,在我国是一个具有挑战性的理论

---

① 参见〔日〕北野弘久:《福祉国家は累進税を要求する》,"税经通信"60(9)(通号852)号。
② 葛克昌:《税法基本问题:财政宪法篇》,北京大学出版社2004年版,第164页。
③ 相关研究主要关注财政分权与经济增长、经济稳定、政府行为和公共物品提供等议题。代表性文献主要包括:Zhang, Tao, Heng-fu Zou, "Fiscal Decentralization, Public Spending and Economic Growth in China," *Journal of Public Economics*, Vol. 67 (2), 1998, pp. 221—240;林毅夫、刘志强:《中国财政分权与经济增长》,载《北京大学学报》(哲学社会科学版)2000年第4期;胡书东:《经济发展中的中央与地方关系——中国财政制度变迁研究》,上海三联书店、上海人民出版社2001年版;陈抗、Hillman, Arye L.、顾清扬:《财政集权与地方政府行为变化——从援助之手到攫取之手》,载《经济学(季刊)》2002年第2卷第1期;乔宝云、范剑勇、冯兴元:《中国的财政分权与小学义务教育》,载《中国社会科学》2005年第6期;张晏、龚六堂:《分税制改革、财政分权与中国经济增长》,载《经济学(季刊)》2005年第5卷第1期;平新乔、白洁:《中国财政分权和地方公共物品的供给》,载《财贸经济》2006年第2期;张军、高远、傅勇、张弘:《中国为什么拥有了良好的基础设施?》,载《经济研究》2007年第3期;周业安、章泉:《财政分权、经济增长和波动》,载《管理世界》2008年第3期;傅勇:《财政分权、政府治理与非经济性公共物品供给》,载《经济研究》2010年第8期;尹恒、杨龙见:《地方财政对本地居民偏好的回应性研究》,载《中国社会科学》2014年第5期。
④ 例如:孙开:《政府间财政关系研究》(1994);寇铁军:《中央与地方财政关系研究:集权分权的多纬分析》(1995);滕霞光:《地方财政分权研究》(1999);颜永刚:《中央与地方政府间财政关系研究:兼论建立有中国特色的分税分级财政管理体制》(1999);李波:《转型经济下中国多级财政体制研究》(2002);王玮:《我国市场化改革中的财政分权:效应分析与政策选择》(2003);赵力:《转型期财税分权体制研究:中国为例的经验研究》(2003);凌岚:《论分级财政治理》(2003);辛波:《论财政分权下我国政府间财政能力的配置》(2004)。以上论文均查自中国国家图书馆博士论文库。
⑤ 值得注意的是,刘云龙从民主角度研究了政府间财政关系(《民主机制与民主财政——政府间财政分工及分工方式》,中国城市出版社2001年版;许善达等所著的《中国税权研究》(中国税务出版社2003年版)则对税收领域的权限划分(税收立法权、税收执法权和税收司法权在各级政府间的划分)做了研究。近年来,关注这一领域相关问题的著作明显增多。主要有:朱丘祥:《分税与宪政——中央与地方财政分权的价值与逻辑》,知识产权出版社2008年版;徐阳光:《财政转移支付制度的法学解析》,北京大学出版社2009年版;刘剑文等:《中央与地方财政分权法律问题研究》,人民出版社2009年版;熊伟:《政府间财政关系的法律调整》,法律出版社2010年版;周刚志:《财政分权的宪政原理——政府间财政关系之宪法比较研究》,法律出版社2010年版;许多奇:《我国分税制改革之宪政反思与前瞻》,载《法商研究》2011年第5期。

和实践课题。党的十六届三中全会通过的《中共中央关于完善社会主义市场经济体制若干问题的决定》、十届全国人大四次会议通过的《国民经济与社会发展第十一个五年规划纲要》和十一届全国人大四次会议通过的《国民经济和社会发展第十二个五年规划纲要》、党的十八大报告、党的十八届三中全会通过的《中共中央关于全面深化改革若干重大问题的决定》、党的十八届四中全会通过的《中共中央关于推进依法治国若干重大问题的决定》等重要文件都反复强调要推动财政管理体制方面的改革。基于现实的需要和国内外的研究现状,本课题将从财政的维度对中央与地方关系的法治化进行研究,即主要对我国中央与地方财政关系的法治化问题予以探讨。

我国目前处理中央与地方财政关系的做法主要是行政主导[①],离法治化的要求还有相当大的距离。在中央与地方关系的总体框架下,本课题将研究行政主导的中央与地方财政关系如何实现法治化,从而使得财政领域的法治化促进整个中央与地方关系的法治化。主要研究如下问题:(1)财政在中央与地方关系法治化中所具有的价值;(2)法治发达国家在中央与地方关系法治化方面所采取的财政制度模式;(3)新中国建立以来在处理中央与地方财政关系方面所取得的经验和存在的问题;(4)我国中央与地方关系实现法治化的财政思路。

二、研究内容

除导言和结论外,本研究将由如下四章构成:

第一章,财政和中央与地方关系法治化。首先将对财政与国家的关系进行分析。接着探讨财政与法治、宪政的关系。最后,研究财政和中央与地方关系法治化之间的内在关联,探讨财政在中央与地方关系法治化中的重要价值。将从权力制约、权利保障和地方自治三个方面予以论证。

第二章,实现中央与地方关系法治化的财政制度模式。先以美、加、德、日四国为例梳理和分析对称型制度模式和非对称型制度模式的主要做法;具体而言,将从宪政体制与政府层级结构、事权与财政支出责任的划分、财

[①] 主要体现在:对于相关事项缺乏法律层面的调整,具体制度设计上由行政机关主导,立法机关所起的作用十分有限;制度的权宜性、变动性较强,稳定性、可预测性不够等。

政权限的配置、政府间转移支付、协调与争议解决机制等方面展开。最后将对两种制度模式进行比较;从差异分析、共性分析和融合趋势等三个方面进行研究。

第三章,我国中央与地方财政关系的演变历史。首先进行历史回溯,把从新中国成立到现在,我国中央与地方财政关系的发展历史分为四个阶段进行比较细致地梳理。四个阶段为:1949—1979 年——"两个积极性"的反复调试;1980—1991 年——"分灶吃饭"的改革脉络;1992—1994 年——分税制的确立;1995 年至今——分税制的进一步调整。其次进行经验总结,总结新中国成立以来我国在处理中国与地方财政关系方面所取得的有益经验。再次,从经济和政治两方面对历史演变的动因进行分析。最后,对尚存在的问题作一分析。

第四章,我国中央与地方关系实现法治化的财政思路。在以上三章研究的基础上,力图对前文总结的问题提出初步的答案。将从视角转换、路径选择、模式选择和制度构建等四个方面进行分析。在视角转换部分,指出应该强调法治和宪政视角的引入;将对可行性进行分析,分析经济体制改革的逐步到位、公共财政改革目标的确立、依法治国方略的确立、政治文明的倡导、国家对宪法的重视、宪政建设的进步等有利因素。在路径选择部分,基于法治现代化的诸多模式,提出应继续坚持渐进式改革路径。在模式选择部分提出,我国应该选择非对称型财政制度模式,将对作出这一选择的原因进行分析;将具体分析我国特有的政治文化、单一制国家结构形式、经济体制背景、法治发展现状、全球化的时代背景等方面的原因。在法治和宪政视角引入、渐进式路径选择和非对称型财政制度模式选择的基础上,对具体的制度构建进行分析,将在完善政府层级结构、事权和财政支出责任的划分、财政权限的配置、政府间转移支付的完善、协调与争议解决机制的建立等方面提出一些具体的建议。

三、研究方法

本研究将采用传统的法学研究方法,主要采用比较法方法和历史研究方法。同时,也将借鉴财政学等学科的一些相关研究成果。

1. 比较法方法

比较法方法是法学研究的重要方法,同时,比较法学也是法学的一个重要分支学科。我们在希腊就可以发现最古老的比较法研究。柏拉图的《法律论》就是对希腊各城邦的法律进行了比较。亚里士多德的《政治学》也是建立在对153个希腊城邦政制研究的基础之上的。国际著名的比较法学权威茨威格特和克茨教授认为,比较最好是如此进行:"作者首先在各国报告中说明外国法的主要资料,然后用这些资料作为研究的真正核心继续进行深入的比较,最后作为此种比较的结果,进行批判性的法律政策的考察或者得出关于本国法律的解释的结论。"①

本研究也将采用比较法方法,循着茨威格特和克茨教授所教导的方法,将首先对以美国、加拿大为代表的对称型制度模式,以及以德国、日本为代表的非对称型制度模式的主要做法,进行比较细致的分析;在此基础上,对两种制度模式进行比较分析,总结两种制度模式的异同、优劣及其相关原因。进而为我国制度模式的选择定位提供参照。

2. 历史研究方法

一切事物都有其产生、发展和灭亡的过程,对研究对象进行历史考察是社会科学的主要研究方法之一。列宁就曾指出:"在社会科学问题上有一种最可靠的方法,它是真正养成正确分析这个问题的本领而不致淹没在一大堆细节或大量争执意见之中所必需的,对于用科学眼光分析这个问题来说是最重要的,那就是不要忘记基本的历史联系,考察每个问题都要看某种现象在历史上怎样产生、在发展中经过了哪些主要阶段,并根据它的这种发展去考察这一事物现在是怎样的。"②

历史分析方法也是法学的重要研究方法,在法学史上还出现过以萨维尼为代表的历史法学派。财政税收现象既然是历史的产物,其存在就一定有特定的历史背景。在研究财政税收法时,除了考察当前有效的法律制度之外,还应该从历史的视角,注意观察法律在发展变化过程中的动态规律。③

---

① 〔德〕K.茨威格特、H.克茨:《比较法总论》,潘汉典、米健、高鸿钧、贺卫方译,法律出版社2003年版,第9页。
② 《列宁全集》(第37卷),人民出版社1986年版,第61页。
③ 参见刘剑文主编:《财税法学》,高等教育出版社2004年版,第9页。

本研究也将采用历史分析方法。采用的史料主要有:财政部科学研究所编的《十年来财政资料汇编》(第1、2辑),中国社会科学院、中央档案馆编的《中华人民共和国经济档案资料选编·财政卷(1949—1952)》,财政部综合计划司编的《中华人民共和国财政史料》(第1辑),财政部办公厅编的《中华人民共和国财政史料》(第2辑),财政部税务总局编的《中华人民共和国财政史料》(第4辑),《当代中国财政》编辑部编的《中国社会主义财政史参考资料:1949—1985》,柳随年、吴群敢主编的《中国社会主义经济简史(1949—1983)》,项怀诚、姜维壮主编的《中国改革全书(1978—1991):财政体制改革卷》,以及历年的《中国财政年鉴》和《中国统计年鉴》等。在具体的分析方面,将把我国中央与地方财政关系的历史发展分为四个阶段,对各个阶段出现的各种具体制度进行比较细致的描述,从而为下文的经验总结和问题分析打下比较坚实的基础。通过对相关制度历史发展脉络的分析,使本研究所作的经验总结和问题分析具有一定的合理性,以利于提高后文制度构建的针对性。

四、概念界定

为了行文和理解的便利,下文将对本研究中几个比较重要的概念进行界定:

1. 中央与地方关系

在单一制国家,中央政府以下的各级政府,都被称为地方政府;而在联邦制国家,地方政府专指基层政府,在中央政府与地方政府之间,往往有州政府或省政府。因此,在联邦制的情况下,将中央政府以下的各级政府,一般称为次中央政府,将中央政府与地方政府之间的中间政府称为次一级中央政府。为了行文的方便,本研究在多数情况下,将各级政府间的关系统一称为中央与地方关系。必要时也会采用次中央政府、次一级中央政府的表述。

此外,本项研究主要关注中央政府和次一级中央政府、中央政府和次中央政府之间的关系,兼及其他级次政府之间的关系。在我国的情况下,主要关注的是中央政府和省级政府、中央政府和地方政府①之间的关系。

2. 中央与地方财政关系／财政管理体制／财政体制／财政分权

中央与地方财政关系是指财政领域的中央与地方关系。在实践中,多用"财政管理体制"或"财政体制"指代中央与地方财政关系,如国务院1993年发布的《关于实行分税制财政管理体制的决定》。在学术研究中,特别是在经济学界,"财政分权"是使用频率更高的一个概念。根据研究的惯例,一般所谓财政分权,是指政府间纵向的财政权限划分,而不是指横向的财政权限划分。本研究也是从这个意义上采用这一范畴的。值得注意的是,笔者认为,"财政分权"这一概念本身并不表明是偏向地方分权,只是指财政权限在中央与地方之间的划分状态。只有在采用"地方分权"或"中央集权"表述的时候,才表明权力划分的偏向性;其理想状态应该是中央与地方政府间财政权限的适度划分。② 在本研究中,中央与地方财政关系、财政管理体制、财政体制和财政分权被视为具有同等含义,在不同的地方交替使用。就具体的内涵而言,包括:财政收益权、财政立法权、财政征收权和财政预算权等财政权限的划分,同时还包括与之密切联系的政府层级结构,事权和财政支出责任划分,政府间转移支付,协调与争议解决机制等。

3. 事权和财政支出责任

事权是一个约定俗成的说法,与其说是权力,还不如说是责任,准确地说,应被称为公共服务责任,是指各层级政府依法提供各项公共服务的职

---

① 即将省级及省级以下地方政府作为一个整体。

② 本研究所采用的财政分权概念将涵盖中央集权和地方分权程度都比较高的财政权限划分状态。凯尔森的下述论述将有助于对以上界定的理解。他认为,法律秩序的集权和分权可能在数量上有不同的程度。集权或分权的程度取决于那个秩序的中央和地方规范的数目和重要性的相对比例。因而,人们就可以区分出整个的和部分的分权和集权。如果所有规范对全部领土都是有效力的,集权就是整个的。如果所有规范都是只对领土的不同部分,只对领土区划有效力,分权就是整个的。在前一情况下,分权的程度是零,而在后一情况下,集权的程度为零。当集权和分权都不是整个时,我们就讲部分的分权和部分的集权,它们因而就是相同的。整个的集权和分权只是理想的两级。参见〔奥〕凯尔森:《法与国家的一般理论》,沈宗灵译,中国大百科全书出版社1996年版,第337—338页。有学者也认为,集权和分权是一个连续的谱系,而不是简单的二分法。See Wolman, Harold, "Decentralization: What Is and Why We Should Care," in Bennett, Robert J. (ed.), *Decentralization, Local Government, and Markets*, Oxford: Clarendon Press, 1990, p.30. 著名联邦主义研究学者丹尼尔·伊拉扎也是从光谱的角度来理解联邦的各种不同形式。See Watts, Ronald L., "Daniel J. Elazar: Comparative Federalism and Post-Statism," *Publius: The Journal of Federalism*, Vol. 30 (4), 2000, pp.155—168.

责,如国防、外交、教育、卫生、社会保障等。值得注意的是,对于某项事权,通常会涉及两方面的内容,即"事权实施"("服务提供")和"立法监管"。①在通常情况下,二者都是由同一层级政府行使的,但是,在某些情况下,也会出现分离。例如:义务教育通常由次中央政府负责提供,但中央政府通常也会出台一些标准予以监管。

财政支出责任是指各层级政府为特定的事权提供财政资金支持的责任。通常情况下,各层级政府对其本级政府的事权承担财政支出责任。例如:中央政府通常承担其本级事权的财政支出责任。但是,也存在事权承担和财政支出责任不一致的情况。例如:次中央政府承担事权,但是与该事权相关的部分财政支出责任是由中央政府或上级政府来承担的。各国一般通过政府间转移支付来解决这一问题。

4. 财政收入、财政支出

在不考虑地方上解②中央的情况下,以下两组概念值得关注:中央财政收入、中央财政支出、中央本级财政支出;地方财政收入、地方本级财政收入、地方财政支出。中央财政收入就是中央本级财政收入,而中央财政支出包括中央本级财政支出和向地方政府的转移支付支出。地方财政收入包括地方本级财政收入和来自中央政府的转移支付收入,地方财政支出即地方本级财政支出,其资金来源是地方本级财政收入和来自中央政府的转移支付收入。在不考虑各级政府财政赤字和年度财政结余的情况下,应该存在如下平衡关系:中央财政收入加上地方本级财政收入等于中央本级财政支出加上地方财政支出。在考虑中间层级政府(如州、省等)的情况下,则情形会更复杂一些。中间层级政府既有本级财政收支,又有来自上级政府的转

---

① 这一区分受到如下相关论述的启发。See Watts, Ronald L., "Comparative Conclusions," in Majeed, Akhtar, Ronald L. Watts and Douglas M. Brown (eds.), *Distribution of Powers and Responsibilities in Federal Countries*, McGill-Queen's University Press, 2006, p.333.

② 在考虑地方上解的情况下,中央财政收入包括中央本级财政收入加上地方上解中央收入;地方财政支出则包括地方本级财政支出和地方上解中央支出。2009年,将地方上解与中央对地方税收返还作对冲处理,相应取消了地方上解中央收入科目(参见《关于2008年中央和地方预算执行情况与2009年中央和地方预算草案的报告——2009年3月5日在第十一届全国人民代表大会第二次会议上》)。但是,新修订的《预算法》又保留了"上解"的提法。新《预算法》将原《预算法》第21条改为第29条,修改为:"中央预算与地方预算有关收入和支出项目的划分、地方向中央上解收入、中央对地方税收返还或者转移支付的具体办法,由国务院规定,报全国人民代表大会常务委员会备案。"

移支付收入,还要对下级政府进行转移支付。

财政收支概念和上文提到的财政支出责任密切相关。对于中央政府而言,本级财政支出和对下级政府的转移支付构成中央政府的财政支出责任,而承担相应财政支出责任的来源是中央财政收入。而对次中央政府而言,其财政支出的资金来源于两个方面:本级财政收入和中央政府的转移支付。这一区分的一个意义在于考察次中央政府的财政自主程度。如果次中央政府本级财政收入占其财政支出的比例高,表明其财政自主程度高。当然,也可以用中央政府转移支付占次中央政府财政支出的比例来衡量。

5. 政府间财政权限配置

政府间财政权限配置,是指财政收益权、财政立法权、财政征收权和财政预算权等财政权力在各层级政府间的配置。值得注意的是,这里的财政权限配置主要是围绕财政收益权进行的。[①] 财政收益权是指各层级政府依法获得相关税收、收费等财政收入的权力,以及发行并获得公债收入的权力。财政立法权是指各层级政府依法享有的与财政事务相关的立法权。财政征收权是指各层级政府(部门)依法享有的对税收、收费等财政收入的征收管理权。[②] 财政预算权是指各层级政府依法享有的安排其未来财政收支的权力。

6. 制度模式/对称型、非对称型

为了更好地从制度化、法治化的视角来思考中央与地方关系,本研究特引入了制度模式这一范畴。制度模式范畴介于法治、宪政理念与具体的制度之间,起一个桥梁中介作用,对具体的制度建设具有导向作用。通过考察各国的中央与地方财政关系具体制度,可以把其所采用的制度模式大致归纳为两种[③],

---

[①] 这种处理基本上也是其他学者研究的惯例。对于相关财政权限的界定及其划分,可参见黄茂荣:《税法总论:法学方法与现代税法》(第1册增订2版),作者自刊2005年版,第105—106页;黄俊杰:《财政宪法》,(台)翰芦图书出版有限公司2005年版,第93—95页;张守文:《税法原理》(第六版),北京大学出版社2012年版,第65页。

[②] 下文主要讨论税收征收管理权。

[③] 本研究在归纳财政分权制度模式时所考察的国家,其财政分权基本上都属于中央与地方政府(次中央政府)适度分权的范围;对于高度地方分权和高度中央集权的国家,这里将不予以考虑。

即对称型制度模式和非对称型制度模式。① 这里提出的对称型模式和非对称型模式是从比较法的角度总结概括出来的两种财政权限配置的理想类型,旨在为相关的制度设计提供一个分析和参照框架。对称型制度模式的主要特征是:事权划分的一致程度较高,事权实施和立法监管属于同一级政府;财政收益权和事权的匹配程度较高;财政收益权与财政立法权的划分基本相适应②;次中央政府享有较大的财政预算权,同时承担更为独立的责任,中央政府对其债务危机不进行紧急救助。非对称型制度模式的主要特征是:事权划分的一致程度较低,事权实施和立法监管并不属于同一级政府;财政收益权和事权的匹配程度较低;财政收益权和财政立法权的划分并不完全相适应,财政立法权相对集中;次中央政府的财政预算权受到一定的限制,中央政府对其债务危机进行紧急救助;存在大规模以均等化为目的的政府间转移支付。

---

① 本研究关于对称型和非对型财政分权制度模式的归纳,主要是受以下几篇论文的启发。See Spahn, Paul Bernd and Oliver Franz, "Consensus Democracy and Interjurisdictional Fiscal Solidarity in Germany," presented at IMF Fiscal Affairs Department Conference on Fiscal Decentralization, International Monetary Fund, Washington, November, 2000; Watts, R. L., "Autonomy or Dependence: Intergovernmental Financial Relations in Eleven Countries," Working Paper 2005 (5) c IIGR, Queen's University; Spahn, Paul Bernd & Jan Werner, "Germany at the Junction Between Solidarity and Subsidiarity," at Richard M. Bird & Robert D. Ebel ed., *Fiscal Fragmentation In Decentralized Countries: Subsidiarity, Solidarity and Asymmetry*, The World Bank 2007, Chapter 4. 对称、非对称模式分析也用在其他场合,如一国内部如何对待次中央政府,是对所有的次中央政府同等对待,还是区别对待。一般把前者称为对称型,把后者称为非对称型。本研究概括的这两种模式的内涵与其有所不同,当然也有联系,比如地区间横向财政调整力度的强弱和上述界定的含义还是有所关联的。See Watts, Ronald L., *Comparing Federal Systems*, 2nd ed., McGill-Queen's Press, 1999, pp. 63—69; Martinez-Vazquez, Jorge, *Asymmetric Federalism in Russia: Cure or Poison?* Working Paper 03—04, Andrew Young School of Policy Studies, Georgia State University, 2002; Bird, Richard M, *Asymmetric Fiscal Decentralization: Glue or Solvent?* Working Paper 03—09, Andrew Young School of Policy Studies, Georgia State University, 2003; McGarry, John, *Asymmetrical Federalism and the Plurinational State*, working draft paper for the 3rd International Conference on Federalism, Brussels, 2005; Watts R. L., "A Comparative Perspective on Asymmetry in Federations," Asymmetry Series 2005 (4) c IIGR, Queen's University; Liibman, Alexander, *Essays on Asymmetric Federalism*, Universität Mannheim, Frühjahrssemester 2009; etc. 国内有学者在研究分税制时也提出过非对称型的问题。参见杨斌:《治税的效率和公平》,经济科学出版社 1999 年版,第 516 页。也有学者将分税制的类型归纳为以美国为代表的对称分权型财政体制和以日本为代表的非对称集权型财政体制。参见杜放:《政府间财政转移支付制度:理论与实践》,经济科学出版社 2001 年版,第 163 页。

② 这里的"相适应"主要指的是中央政府和次一级中央政府之间,如美国的联邦政府与州政府之间、加拿大的联邦政府与省政府之间,而不包括基层地方政府;对于基层地方政府的财政权限处理方式,两种制度模式具有类似性,下文相关部分将有具体分析。

本研究将以美国、加拿大、德国和日本作为代表,分析两种制度模式的主要做法。将对两种制度模式的异同、成因和融合趋势进行深入的分析。选取这些国家,而没有选取其他国家[①],主要是考虑到这些国家的财政分权制度相对比较稳定,其制度模式的特征也比较鲜明;这样作有助于更好地总结归纳出两种制度模式的异同,从而为我国制度模式的选择提供相对稳妥的参照。

7. 财权与事权相统一(匹配、适应)/财力与事权相统一(匹配、适应)/事权与支出责任相适应

"财权与事权相统一(匹配、适应)"、"财力与事权相统一(匹配、适应)"是各类政府文件和研究文章比较常用的提法。在这里有进一步辨析的必要。

先对"财权"、"财力"两个概念予以辨析。财权通常在两种意义上被使用。一种理解即前文所提到的财政收益权。也有人把与财政有关的所有权力简称为财权,这种意义上的财权包括财政收益权、财政立法权、财政征收权等所有的财政权力。前一种理解比较常用。由此可知,财权一词并不是非常严谨的法律用语。而财力是指各级政府在一定时期内所拥有的以货币表示的各种财政资源,包括:本级政府的税收和非税收入、上级政府的转移支付等。[②] 由此可见,财权和财力的区别主要体现在政府间转移支付上。

尽管有不少论文或著作将"财权与事权相统一"作为政府间财政收支划

[①] 关于发展中国家的财政分权,可参见 Bird, Richard M., and François Vaillancourt (eds.), *Fiscal Decentralization in Developing Countries*, Cambridge, UK; New York: Cambridge University Press, 1998; Litvack, Jennie, et al. (eds.), *Rethinking Decentralization in Developing Countries*, Washington, D.C.: World Bank, 1998; etc. 关于其他发达国家的财政分权,可参见 Amede Fossati, and Giorgio Pandllaa (eds.), *Fiscal Federalism in the European Union*, Routledge, 1999; Ahmad, Ehtisham (ed.), *Financing Decentralized Expenditures*, Edward Elgar, 1997; Dafflon, Bernard (ed.), *Local Public Finance in Europe: Balancing the Budget and Controlling Debt*, Northampton, MA: Edward Elgar, 2002; etc. 关于转型国家的财政分权,可参见 Bird, Richard M. et al. (eds.), *Decentralization of Socialist State: Intergovernmental Finance in Transition Economies*, Washington, D.C.: World Bank, 1995; etc. 关于相关国家财政分权均有涉及的著作,可参见 Ter-Minassian, Teresa (ed.), *Fiscal Federalism in Theory and Practice*, IMF, 1997; Shah, Anwar, *Fiscal Decentralization in Developing and Transition Economies: Progress, Problems, and the Promise*, Washington, D.C.: World Bank, 2004; etc.

[②] 现任财政部长楼继伟在其著作中将"财力"界定为:"政府在一定时期内(通常为1年)可以直接或间接支配与使用的财政能力。"参见楼继伟:《中国政府间财政关系再思考》,中国财政经济出版社2013年版,第4页。

分的基本原则,但是,这种"统一"其实是很难实现的。从理论上分析,由于现代社会的复杂性,对于财政收益权和事权无论如何划分,都不可能刚好做到各层级政府的财政收益权和事权完全统一或匹配。前文所提到的对称型模式也并不是主张财权与事权相统一,而是强调在该种模式下,事权和财政收益权的匹配程度较高。须注意的是,"财力与事权相统一(匹配、适应)"才应该是政府间财政收支划分或财政权限配置所遵循的基本原则。为了保证各级政府公共服务的提供,客观上要求财力须与事权相统一。相关的公共服务必须要有财政资金作保障,无论财政资金通过何种方式获得。在实践中,在根据财政收益权所取得的财政收入不足以履行职责的情况下,作为地方政府财力组成部分的政府间转移支付就可以发挥作用。可以看出,无论是对称型模式还是非对称型模式,都须坚持财力与事权相统一的原则。其中一个重要的调节机制就是政府间转移支付。

值得注意的是,"统一"、"匹配"、"适应"三个词所要表达的含义应该是类似的。党的十八大报告的表述是"健全中央和地方财力与事权相匹配的体制";党的十八届三中全会决定的表述是"建立事权和支出责任相适应的制度"。基于前文的分析,笔者认为,两个表述在基本内涵方面是一致的。只是"财力"更多是从下级政府的角度而言,满足其承担相关事权的所有资金需求除了地方本级的财政收入外,还包括上级政府提供的转移支付,二者共同构成地方政府的"财力";而"支出责任"更多是从上级政府而言,除了承担本级政府的财政支出责任之外,还须承担向下级政府进行转移支付的财政支出责任。其核心的调节机制都是转移支付。

五、贡献与不足

总体而言,本研究的贡献在于:从财政维度思考我国中央与地方关系的法治化问题,并从视角转换、路径选择、模式选择和制度构建等四个方面提出了从当前的行政主导过渡到法治化的初步解决思路。具体言之,可以概括为如下几点:(1)从理论角度论证了财政在实现中央与地方关系法治化方面所具有的重大价值。财政与国家、法治、宪政的密切关系决定了财政在中央与地方关系法治化中的地位和角色。综观各国的历史和实践,中央与地方关系实现法治化的重大价值主要体现在如下三个方面：权力制约、权利保障和地方自治。而在这三个方面，财政都发挥了重大的作用。（2）提出了实现中央与地方关系法治化的财政制度模式，即对称型制度模式和非对称型制度模式。对两种制度模式的异同、优劣、根源及融合趋势等作了概括总结。为我国未来的相关制度模式选择提供了参考基准。（3）在对历史演变进行梳理总结的基础上，将我国处理中央与地方财政关系的成功经验概括为三个方面：制度化思路的逐步形成、在集权和分权之间达成适度的平衡、制度设计上逐步和国际惯例接轨。并从经济和政治两个方面进行了历史演变的动因分析。同时，从行政主导、法治和宪政视角的缺失、制度模式定位的模糊、政府层级过多、事权和财政支出责任划分的不到位、财政权限配置的不合理、政府间转移支付的均等化水平较低、协调与争议解决机制的缺乏等方面揭示了我国在这一领域所存在的问题。（4）从视角转换、路径选择、模式选择和制度构建四个方面提出了我国实现中央与地方关系法治化的财政思路，即在宏观理念层面引入法治和宪政视角；坚持渐进式改革路径；选择非对称型模式作为未来的制度模式；并在政府层级结构的完善、事权和财政支出责任的妥当划分、财政权限的合理配置、政府间转移支付的完善、协调与争议解决机制的建立等方面提出了一些具体建议。

  本研究尚存在诸多不足。概括起来，主要有两点：一是缺乏更加深入的实证研究。由于条件所限，本研究主要建立在各种制度规定、相关文献以及部分统计资料的基础上，而缺少更加深入的实际调查资料的支持。这样就有可能对现实运作状况的把握显得不够准确。二是宏观把握能力还很不够。本项研究所涉及的领域非常广泛，和政治学、财政学、法学等学科都有关联，这就需要研究者具有较强的宏观把握能力；而本人的相关能力和这一研究的要求相比还显得很不足。上述诸多不足只能留待在今后的研究中逐步克服。

第一章 财政和中央与地方关系法治化

财政关系是中央与地方关系的重要内容,财政关系的法治化对中央与地方关系的法治化具有重大的意义。本章通过论述财政与国家,财政与法治、宪政,中央与地方财政关系与权力制约、权利保障和地方自治的关系,进而揭示财政对中央与地方关系法治化的深刻意义。

一、财政与国家

(一)历史考察

财政是人类社会经济发展到一定阶段,出现了剩余产品和国家之后而产生的经济范畴。这是一个客观的历史进程。国家是财政产生的政治前提,没有国家就没有财政。① 而财政在国家的兴衰、王朝的更替中往往扮演着极为关键的角色。从我国几千年遗留下来的古籍中,可以看到理财、国用、国计一类用词以及丰富的有关理财之道的记载。② 其中《周礼》对财政机构、财政制度的记述尤其全面,所以王安石说:"一部周礼,半部理财。"③而从太史公开始的历代史家都高度重视对财政改革详加记载。翻遍二十五史,食货志就占去了很大的篇幅。④

西方奴隶制国家最初的收入主要是来自私有土地的税收。马克思指出:"直接税,作为一种最简单的征税形式,同时也是一种最原始最古老的形式,是以土地私有制为基础的那个社会制度的时代产物。"⑤孟德斯鸠也提

---

① 参见邓子基:《马克思恩格斯财政思想研究》,中国财政经济出版社1990年版,第33页。
② 参见《陈共文集(1963—1995)》,中国人民大学出版社2007年版,第519页。
③ 参见孙文学主编:《中国财政思想史》(上),上海交通大学出版社2008年版,第1页。
④ 参见付志宇编著:《中国财政史》,对外经济贸易大学出版社2011年版,第1页。
⑤ 《马克思恩格斯全集》(第8卷),人民出版社1961年版,第543页。

道:"自由人服兵役和贡纳车马,是一种古代的习惯。"①我国历史上有所谓夏"贡"、商"助"、周"彻"之说。"助"属力役的性质,而"贡"和"彻"则是实物形式的田赋。《史记·夏本纪》记载:"自虞、夏时,贡赋备矣。"表明国家财政在夏朝开始产生。《孟子·滕文公上》说:"夏后氏五十而贡,殷人七十而助,周人百亩而彻。其实皆什一也。"这些说法虽然还有待进一步考证,但至少可以说明,在我国古代的奴隶制国家,已经存在按田亩的等级、数量缴纳的田赋制度,它们已经具有定量定率的税收的特征,是税收的原始形式。②

西欧封建社会的财政收入主要包括赋税、先买或特许、土贡以及各项杂税收入,在14世纪以前这些都具有鲜明的特权性质。由于来自这些项目的收入构成了此时财政收入的主体,所以西方财政收入具有显著的特权收入的特征。与西欧封建财政收入相类似,中国封建社会的财政收入,除了赋税之外,还有禁榷(专卖权)、土贡以及名目繁多的杂项收入,而其中以赋税、禁榷、土贡等所占比例为最高。③ 迄至近现代社会,税收成为国家财政收入的主要表现形式,国家也遂被称为税收国家。④ 而随着社会的发展、历史的前进、国家职能的扩大,财政也增加了公债等新范畴⑤,正如恩格斯所指出的,"随着文明时代的向前发展,甚至捐税也不够了;国家就发行期票,借债,即发行公债。"⑥总之,从历史的角度来看,一部现代国家演化史就是一部国家财力增长史。早在16世纪,当现代民族国家开始形成时,博丹就认识到"财力资源是国家的神经"。⑦ 由此看来,财政对于国家的发展演化与现实运转都具有重要意义。

---

① 〔法〕孟德斯鸠:《论法的精神》(下册),张雁深译,商务印书馆1963年版,第319页。
② 参见《陈共文集(1963—1995)》,中国人民大学出版社2007年版,第170页。
③ 参见马克垚主编:《中西封建社会比较研究》,学林出版社1997年版,第389—390、393页。
④ 著名经济学家熊彼特对税收国家作过极其深入而精彩的研究。See Schumpeter, Joseph A., "The Crisis of The Tax State," in Peacock, Alan T., et al., (eds.), *International Economic Papers* (No. 4), The Macmillan Company, 1954, pp.5—38. 著名社会学家韦伯也在其经典著作《中国的宗教:儒教与道教》中提到了"徭役国家"和"租税国家"。参见〔德〕马克斯·韦伯:《中国的宗教:儒教与道教》,康乐、简惠美译,广西师范大学出版社2010年版,第92—98页。
⑤ 参见邓子基:《马克思恩格斯财政思想研究》,中国财政经济出版社1990年版,第37页。
⑥ 《马克思恩格斯选集》(第4卷),人民出版社1995年版,第171页。
⑦ 参见王绍光:《分权的底限》,中国计划出版社1997年版,第3页。

（二）理论分析

通过了解在我国财政理论界占有重要地位的"国家分配论"，我们可以对财政与国家的关系有更加深入的认识。①"国家分配论"主张，财政本质是国家为实现其职能并以其为主体，强制无偿地分配社会产品所形成的分配关系。认为财政与国家有本质联系。所谓财政与国家有本质联系，是指财政在与其他事物的联系中，只有与国家的联系才是根本的联系，它反映了财政的最深层次的本质。国家是否参与分配，成为区分是财政还是其他事物的根本标志。② 进而，在关于财政的起源问题上，"国家分配论"主张财政是伴随国家的产生而产生的。从古至今的财政就是国家财政。值得注意的是，主张财政随着国家的产生而产生，并不意味着作为上层建筑的国家决定作为经济基础的分配关系的产生。决定财政产生的根本条件是生产力的发展，而国家的产生不过是财政产生的社会条件。在原始社会末期，由于劳动的社会分工，有了剩余产品，出现了私有制，社会分裂为阶级，才产生了国家，国家产生的同时产生了财政。因此，说财政是伴随国家的产生而产生的，不过是说明在国家产生的同时从氏族制度本来已经存在的社会一般分配中游离出一种特殊的分配，即以国家为主体的分配，这就是财政。在此基础上，"国家分配论"认为财政是国家集中性的分配，当然财政分配的主体只能是国家，以其他社会组织或团体为主体的分配，都不属于财政。这是财政区别于其他分配范畴的基本特征。③

马克思主义经典作家对财政、税收与国家之间的关系作过许多深刻的论断。这些理论论断有助于加深我们对相关问题的认识。马克思指出："赋税是喂养政府的奶娘。"④"赋税是政府机器的经济基础，而不是其他任何东西。"⑤"国家存在的经济体现就是捐税。"⑥"赋税是官僚、军队、教士和宫廷

---

① 尽管在市场经济条件下，一般从公共产品的角度认识财政现象，但是"国家分配论"对于财政本质的分析仍具有参考意义。
② 关于财政与国家相互关系的详细论述，可参见邓子基：《财政理论研究（上）》，山东人民出版社1992年版，第81—92页。
③ 参见《陈共文集(1963—1995)》，中国人民大学出版社2007年版，第520—521页。
④ 《马克思恩格斯全集》（第7卷），人民出版社1959年版，第94页。
⑤ 《马克思恩格斯全集》（第19卷），人民出版社1963年版，第32页。
⑥ 《马克思恩格斯全集》（第4卷），人民出版社1958年版，第342页。

的生活源泉,一句话,它是行政权力整个机构的生活源泉。强有力的政府和繁重的赋税是同一个概念。"①恩格斯在《家庭、私有制和国家起源》中指出:"为了维持这种公共权力,就需要公民缴纳费用——捐税。"②

其他一些重要的思想家、学者对财政、税收与国家之间的关系也作过精彩的阐述。亚当·斯密指出,财政乃庶政之母。他认为:"公共资本和土地,即君主或国家所特有的两项大收入泉源,既不宜用以支持也不够支持一个大的文明国家的必要费用,那么,这必要费用的大部分,就必须取自于这种或那种税收,换言之,人民须拿出自己的一部分私人收入,给君主或国家,作为一笔公共收入。"③比尔德也认为:"在政府的各种辅助职能中,也就是为维持政府一切部门所必不可少的职能中,有一种是通过征税和拨款提供金钱。但是这种职能对于处理国事不仅仅是附带的。它的行使涉及工农业和商业的一切方面,并且对社会上财富的分配产生极其重要的影响。"④他还提道:"征税权是其他一切积极权力的基础。"⑤诺齐克、博登海默和波斯纳则分别从更一般的角度指出:"把所有物质力量集中到中心权威手中是国家的主要功能和关键特征。"⑥"权力无疑是一种价值",而它的首要含义是"财富,亦即支配经济利益和服务"。⑦"同物质力量紧密联系的权力概念是很有吸引力的。"⑧

总之,无论是对历史发展实践的考察,还是对各种理论思想的研究,都可以得出这样一个结论,那就是财政对国家具有极其重要的意义。可以认为,自从国家诞生之日起,财政与国家二者如影相随,须臾不可分离。

---

① 《马克思恩格斯全集》(第8卷),人民出版社1961年版,第221页。
② 《马克思恩格斯全集》(第21卷),人民出版社1965年版,第195页。
③ 〔英〕亚当·斯密:《国民财富的性质和原因的研究》,郭大力、王亚南译,商务印书馆1974年版,第383页。
④ 〔美〕查尔斯·A.比尔德:《美国政府与政治》(上册),朱曾汶译,商务印书馆1987年版,第293页。
⑤ 〔美〕查尔斯·A.比尔德:《美国宪法的经济观》,何希齐译,商务印书馆1984年版,第119页。
⑥ 〔美〕诺齐克:《无政府、国家与乌托邦》,何怀宏译,中国社会科学出版社1991年版,第121页。
⑦ 〔美〕E.博登海默:《法理学——法哲学及其方法》,邓正来、姬武颐译,华夏出版社1987年版,第179页。
⑧ 〔美〕波斯纳:《法理学问题》,苏力译,中国政法大学出版社2002年版,第24页。

二、财政与法治、宪政

(一) 法治、宪政的内涵

人治、法治孰优孰劣,自古以来,中外思想家殚精竭虑,为这一主题贡献了自己的智慧。我国古代思想家孔子、孟子崇尚人治,认为:"文武之政,布在方策。其人存,则其政举;其人亡,则其政息。"①"徒法不能以自行。……是以惟仁者,宜在高位,不仁而在高位,是播其恶于众也。"②他们特别强调要由负有"天命"的圣贤以"礼"来治理国家,实行"德政"或"仁政",也就是实行"人治"的治理模式。与儒家强调"礼"不同的是,法家则强调"法"在社会治理中的作用。商鞅说过,"自卿相将军以至大夫庶人有不从王令、犯国禁、乱上制者,罪死不赦"。③ 韩非也说过,"奉法者强,则国强;奉法者弱,则国弱"。④

古希腊思想家柏拉图和亚里士多德更是对这一主题倾注了大量心血。在这一主题上,柏拉图经历了从人治观向法治观的转变。在《理想国》中,柏拉图认为在一个国家中,真正的太平盛世,得力于哲学家获得政治权力或握有政治权力的人奇迹般地成为哲学家。但是,古希腊社会、尤其是雅典社会的现实,没有留下实现哲学家理想国模式的基础。于是,法律又开始回到柏拉图的心中,成了他在《法律篇》中设计的另一种国家统治形式——"第二等好国家"——的核心因素。在柏拉图看来,法律是"第二等好国家"的统治者,即这个国家是奉法律为至上的政府,统治者和臣民都服从法律。⑤ 亚里士多德师承柏拉图,但又对柏拉图的社会政治理想进行了深入的批判。《政治学》明确提出了"法治优于人治"的命题:"谁说应该由法律遂行其统治,这就有如说,惟独神祇和理智可以行使统治;至于谁说应该让一个个人来统治,这就在政治中混入了兽性的因素。常人既不能完全消除兽欲,虽最

---

① 《中庸·第二十章》。
② 《孟子·离娄上》。
③ 《商君书·赏刑》。
④ 《韩非子·有度》。
⑤ 参见王人博、程燎原:《法治论》(第 2 版),山东人民出版社 1998 年版,第 5—7 页。

好的人们(贤良)也未免有热忱,这就往往在执政的时候引起偏向。法律恰恰正是免除一切情欲影响的神祇和理智的体现。""要使事物合于正义(公平),须有毫无偏私的权衡;法律恰恰正是这样一个中道的权衡。"①"应该力求一个'完备的'最好的法律,还是让最好的一个人来统治?""法律确实不能完备无遗,不能写定一切细节,这些原可留待人们去审议。主张法治的人并不想抹杀人们的智虑,他们就认为这种审议与其寄托一人,毋宁交给众人。"②同时亚里士多德也对法治的含义作了经典式的界定:"法治应包含两重意义:已成立的法律获得普遍的服从,而大家所服从的法律又应该本身是制订得良好的法律。"③

古罗马法学家乌尔比安、西塞罗等对法治思想也作出了自己的贡献。中世纪虽说以"黑暗"著称,但是教会法学家也阐发了许多有益的法治思想。降至近代,在资产阶级革命期间,哈林顿、洛克、休谟、孟德斯鸠、卢梭等众多思想家在法治理论方面作出了重大的贡献,他们的思想也深刻影响了相关国家的法治实践。迄之当代,我们看到,法治的治理模式在西方社会已基本确立;当然,基于历史传统、地理环境等各方面的差异,各国法治的具体形态也大有不同之处。④

无论是从古希腊柏拉图和亚里士多德的"对话",还是从近现代西方社会的历史实践,我们都可以清晰地看到法治治理的相对优越性。⑤反观我国,法家与儒家虽在社会治理模式上观念有所差异,但秦王朝的暴政覆灭让人们认识到法家也难逃人治的巢臼。我国历代王朝的更替始终走不出治乱循环的怪圈,可以说与奉行儒家人治论的治理模式不无关系。近代中国的衰落、西方的强盛,更促使人们不得不从社会治理模式上去寻找原因。⑥尽管西方的法治治理模式仍然存在很多的问题⑦,但是法治似乎还是人类社会

---

① 〔古希腊〕亚里士多德:《政治学》,吴寿彭译,商务印书馆1965年版,第169页。
② 前引书,第171页。
③ 前引书,第199页。
④ 相关分析可参见郑永流:《法治四章——英德渊源、国际标准和中国问题》,中国政法大学出版社2002年版。
⑤ 关于法治的理论,特别是法治的形式价值、实质价值等,学界的研究已相当深入。这里作过多的分析似乎显得没有必要。
⑥ 勿庸置疑,这其间的问题极为复杂。
⑦ 各种批判法学的出现就是例证。

迄今为止所能采用的比较好的一种治理模式。

而宪政是和法治紧密相关的,宪政是法治发展的最高形式。[①] 人类政治实践和政治科学的逻辑清晰地证明:矫正人性之恶的最伟大的工具,可能是一种健全的政体。自由宪政政体不能创造一个玄想家心目中的理想社会,但它起码能够创造一种正常的社会秩序。[②] 立宪政府的理论和实践可能是西方世界所取得的最伟大的政治成就。这一成就既不是一个世纪也不是一个民族所造就的。因此,"我们可以不带任何沙文主义色彩自豪地期望,这一政治成就可能成为全人类永久的遗产"。[③] 由洛克在《政府论》(下篇)中所阐明,在美国宪法中第一次实现的"自由、民主、法治"三位一体的宪政理想,成为后来现代国家制宪时的基准。[④] 具体而言,自由指明了政府的目的,要求划分政府权力与个人自由的界限,民主解决了主权的归属及政府的合法性,法治则主张法律体现人的尊严和自由,并以这样的法律限制政府。

(二) 法治、宪政的变迁

法治、宪政的理论与实践并不是一成不变的,而是随着时代的前进在发生相应的变迁。这首先表现为宪法范式的变迁。古典宪法主要规范政治生活,对社会生活即传统属于私人领域的诸多方面则保持较多的沉默,表现为不干预经济、文化等活动。这是一种建立在国家与社会二元划分基础之上的宪法范式。随着国家与社会的融合,国家理念由传统的消极国家观向积极国家观转变,宪法范式也出现了相应的变化。宪法除继续规范政治生活外,也深入到社会生活的诸多领域,出现了调整经济与文化生活的经济宪法与文化宪法,其他诸如社会保障、环境保护等也成为宪法规范的内容。[⑤] 这种宪政变迁也体现在社会法治观与传统自由法治观的不同,在社会法治观下,国家的职能不仅仅是维护与促进个体的经济自由,它还负有促进平等的

---

① 法治一般特指依据普通法律的统治,如果让"法"也包括"宪法",那么法治其实就是"宪治",也就是宪政。参见张千帆等:《宪政、法治与经济发展》,北京大学出版社2004年版,第21页。
② 参见秋风:《立宪的技艺》,北京大学出版社2005年版,第111页。
③ 〔美〕卡尔·J.弗里德里希:《超验正义——宪政的宗教之维》,周勇、王丽芝译,生活·读书·新知三联书店1997年版,第1页。
④ 参见天成:《论共和国——重申一个古老而伟大的传统》,载王炎等编:《宪政主义与现代国家》,生活·读书·新知三联书店2003年版,第209页。
⑤ 参见韩大元等:《宪法学专题研究》,中国人民大学出版社2004年版,第74页。

使命,而要促进平等,国家就必须对社会经济生活进行干预,这就表现为宪法对社会经济事务的规定。

此外,就具体的层面而言,宪政的最终目的在于维护公民自由、促进和保护人权,因此宪政的变迁在很大程度上体现在人权内涵的发展变化上。对于人权的发展历程,有所谓"三代人权"之说。① 第一代人权,即公民与政治权利。这些权利本质上是与国家相对抗的,要求国家对人权采取节制态度。第二代人权是经济、社会和文化权利,这些权利的实现是国家必须履行的义务。通过承认经济、社会和文化方面的权利,使人类获得平等成为可能。第三代人权常常为各国所忽略,它们将努力关注至今仍缺失的领域,即发展、和平、环境、人类的共同遗产、在人类出现危难时给予人道主义援助等。它们是新颖的权利形式,因为这些权利既与国家相对立,又包括国家所必须履行的义务;同时它们还须通过个人、国家、公共团体和私人团体、国际社会等所有社会成员的共同努力才能实现。

在这一意义上讲,宪政的变迁就主要体现在第二代和第三代人权在各国宪法中的逐步确立及其相应的实现上。关于第二代人权,这些在20世纪变得十分突出的权利,事实上有些在早些时候已出现在其他"自然"权利中。1793年5月29日的法国《人权宣言》在其第22条中宣称:"教育是所有人的需要,社会应将它平等地提供给其所有成员。"该宣言还明确地正视对政府行为的需要;在第24条中规定:国家的主权者必须确保这些权利的实施。但在那时,特别是当革命激情业已平息之后,人们所关注的主要是对抗政府的权利。而在20世纪,这些社会和经济权利的全部意义才变得重要起来。这些权利赋予人免于恐惧和匮乏的自由,也就是说,它们将人从阻碍其作为人全面发展的限制和约束中解脱出来。尽管这些自由与更古老的自由有着显著的不同,但为了所有的人都成其为人,要求这些自由是完全正当的。②事实上,这些更新的人权的提出和实施,已经成为西方和东方社会关注的焦点。例如:现代社会许多国家都承认公民的社会保障权,并明确地规定于宪

---

① 参见〔法〕卡雷尔·瓦萨克:《人权的不同类型》,张丽萍、程春明译,载郑永流主编:《法哲学与法社会学论丛》(第4卷),中国政法大学出版社2001年版,第468页。
② 参见〔美〕卡尔·J.弗里德里希:《超验正义——宪政的宗教之维》,周勇、王丽芝译,生活·读书·新知 三联书店1997年版,第94—95页。

法中。如法国第四共和国《宪法》就在序言中宣称:"对于全体人民,尤其对于孩童、母亲及老年劳动者,国家应保障其健康、物质上之享用、休息及闲暇,凡因年龄、身体或精神状态、经济状况致不能劳动者,有向公众获得适当生活方法之权利。"《日本宪法》《意大利宪法》《俄罗斯联邦宪法》《韩国宪法》《爱尔兰宪法》《印度宪法》《埃及宪法》等都规定了社会保障权的内容。①

当欧洲出现福利国家时,美国也及时模仿。《美国宪法》对经济和社会平等权很少有具体的保护。富兰克林·罗斯福总统新政时期是一个转折点。在此以后,政府有责任为需要援助者提供帮助的思想成为牢固树立的国家精神,而最高法院也随之清除了政府在承担此种责任方面的种种障碍。② 在1938年4月14日发表的"炉边谈话"中,罗斯福说:"民主已在其他几个大国中消失,其原因决非这些国家的人民憎恶民主,而是由于他们的政府领导无方,造成政府混乱、软弱。面对失业与不安全,面对子女啼饥号寒,人民束手无策,身心俱疲。他们在绝望中决定牺牲自由以换取果腹的东西。我们生活在美国的人知道我们自己的民主制度是能够保持并发挥作用的。但是为了保持民主制度,我们必须……证明民主政府的实际运转与保护人民安全的任务是一回事……美国人民都愿意不惜任何代价保卫自己的自由,而自由的第一道防线,便是保障经济安全。"③在1941年1月6日的国情咨文中,罗斯福总统又提出著名的四大自由:言论自由、信仰自由、不虞匮乏的自由及免于恐惧的自由。④《美国宪法》并没有要求政府提供诸如教育和医疗保健之类的经济和社会福利。但在当时,公民—政治权和经济—社会权之间并没有明确的界限。法律的平等保护和法律的正当程序等宪法规范也适用于所有的政府行为,包括任何提供社会和经济福利的政策。尽管

---

① 参见杨海坤主编:《宪法基本权利新论》,北京大学出版社2004年版,第283页。
② 参见〔美〕路易斯·亨金、阿尔伯·J.罗森塔尔编:《宪政与权利》,郑戈等译,生活·读书·新知三联书店1996年版,第118—119页。
③ 参见〔美〕H. S. 康马杰:《美国精神》,南木等译,光明日报出版社1988年版,第504—505页。
④ 罗斯福于1944年致国会的国情咨文中进一步发挥了他在"四大自由"中关于"不虞匮乏的自由"和"免于恐惧的自由"的权利思想,明确提出"经济权利"理论。罗斯福提出要制定"经济宪法",并称之为"将来一个至高的目标"。参见陆镜生编著:《美国人权政治——理论和实践的历史考察》,当代世界出版社1997年版,第363页。

如此,应该说,美国在承诺和增进公民权和政治权利方面树立了榜样,但在经济和社会权利方面则跟随欧洲。虽然富兰克林·罗斯福总统宣称,美国对"免于匮乏的自由"的承诺和其他自由一样,但经济和社会权利在美国仍没有获得宪法地位。不过,美国公民已经将社会保障和其他福利项目看作是一种"权利资格"。①

发展权在第三代人权中占有重要的地位。第一、二代人权都是个人性质的权利,发展权则既具有个人纬度,同时也具有集体纬度的意义;其主体不仅包括个人,而且包括人类团体和国家。② 从抽象意义上可以这样定义发展权,即所谓发展权是通过人的个体和集体参与,促进并享受其相互之间在不同时空限度内得以协调、均衡、持续地发展的一项基本人权。简言之,发展权是关于发展机会均等和发展利益共享的权利。③

(三) 财政与法治、宪政

前文已言及,财政对国家具有重要的意义。因此,从理论上分析,要对国家实现有效的控制,就有必要加强对作为国家重要物质力量依据的财政的控制;而法治、宪政是控制国家的有效手段。④ 这样财政和法治、宪政就天然地契合在一起了。布坎南认为,在所谓"财政"制度和所谓"法律"、"政治"或"宪法"制度之间很难划出一条鲜明的界线。例如,指定用途资金的筹措、年度预算、收入决策和支出决策的分离等等,是"政治"制度,同时严格地说又是"财政"制度。⑤ 哈耶克也认为自己设计的理想型的宪法模式无疑对各个领域都能产生重要的影响,而影响至重至远的则可能是财政领域。⑥ 这些论述从一个侧面也说明了财政与宪政的密切关系。

---

① 参见〔美〕路易斯·亨金、阿尔伯.J.罗森塔尔编:《宪政与权利》,郑戈等译,生活·读书·新知三联书店1996年版,第11—12页。
② 参见〔法〕卡雷尔·瓦萨克:《人权的不同类型》,张丽萍、程春明译,载郑永流主编:《法哲学与法社会学论丛》(第4卷),中国政法大学出版社2001年版,第469—470页。
③ 参见汪习根:《法治社会的基本人权——发展权法律制度研究》,中国人民公安大学出版社2002年版,第60页。
④ 关于宪政与控制国家之间的关联,可参见〔美〕斯科特·戈登:《控制国家——西方宪政的历史》,应奇等译,江苏人民出版社2001年版。
⑤ 参见〔美〕詹姆斯·M.布坎南:《民主财政论》,穆怀朋译,商务印书馆1993年版,第215页。
⑥ 参见〔英〕弗里德利希·冯·哈耶克:《法律、立法与自由》(第2,3卷),邓正来等译,中国大百科全书出版社2000年版,第426页。

第一章 财政和中央与地方关系法治化

从历史的角度分析,财政和法治、宪政的发展史也可以说是财政和法治、宪政的契合史。马克思对此作了非常精彩的分析,他指出:"究竟为什么赋税、同意纳税和拒绝纳税在立宪主义历史中起着这样重要的作用呢?其实原因非常简单,正像农奴用现钱从封建贵族那里赎买了特权一样,各国人民也要从封建国王那里赎买特权。""国王们在与别国人民进行战争时,特别在与封建主进行战争时需要钱。商业和工业越发展,他们就越需要钱。但是,这样一来,第三等级,即市民等级也就跟着发展起来,他们所拥有的货币资金也就跟着增长起来,并且也就借助于赋税渐渐从国王那里把自己的自由赎买过来。为了保证自己的那些自由,他们保存了经一定期限重新确定赋税的权利——同意纳税的权利和拒绝纳税的权利。""在中世纪社会中,赋税是新生的资产阶级社会和占统治地位的封建国家之间的唯一联系。由于这一联系,国家不得不对资产阶级社会作出让步,估计到它的成长,适应它的需要。在现代国家中,这种同意纳税和拒绝纳税的权利已经成为资产阶级社会对管理其公共事物的委员会,即政府的一种监督。""部分地拒绝纳税是每一个立宪机构的不可分割的部分。""我决不想否认这一点:使查理一世上了断头台的英国革命就是从拒绝纳税开始的。以宣布北美脱离英国而独立告终的北美革命也是从拒绝纳税开始的。……拒绝纳税正是社会对于威胁其基础的政府所采取的一种自卫手段。"[1]

考察近代的议会,以中世纪西欧各国的"等级议会"为前身。从 12 世纪起到 13 世纪,西欧大多数国家都成立了由贵族、僧侣和市民三个阶级组成的等级会议。如英国的"巴力门"(Parliament),法国的"埃达节勒罗"(États-Generaux),德意志帝国的"莱西斯塔"(Reichstag),德国各侯领的"兰德斯坦"(Landstände),西班牙的"柯尔特"(Cortes)等。它们的权限虽多少有所不同,但从大体上说来,在大多数国家,可以说等级会议具有对国王的立法权及课税权有同意的权能。[2] 从权限来说,中世纪的等级会议,已稍和近代的议会相类似。然而实际上,只有英国一国是从中世纪的等级会议而发展为真正的议会的,至于其他各国,则并非如此,其等级会议或是完全消灭,或

---

[1] 《马克思恩格斯选集》(第 6 卷),人民出版社 1961 年版,第 303—304 页。
[2] 参见〔日〕美浓部达吉:《议会制度论》,邹敬芳译,卞琳点校,中国政法大学出版社 2005 年版,第 6 页。

是有名无实;它们的议会制度,都是重新仿效英国而建立的。正如布伦南和布坎南所指出的:"对统治者的控制,一直是通过对征税权的约束来实现的。英国议会通过限制君主的税收而处于支配地位,这是我们的政治遗产的一部分。"①

基于上述原因,下文主要以英国②为例,从历史发展的角度说明财政与法治、宪政的契合关系。从议会制度的发展历史来看,在英国首先被确立为议会权力的,便是税收承诺权,非得人民代表的承诺,不得征税。1215年的《大宪章》(*Magna Carter*)宣告了国王无权擅自征税的原则。其第14条规定,除传统封建捐税外,任何税收都须经"全国人民普遍同意"才可征收。所谓"全国人民普遍同意",那时指的是大会议的同意,但随着大会议向议会的演变,该原则成为议会征税权的法律依据。③

14世纪是英国议会权力增长的一个重要时期。控制税收是其中的一个重要方面。征税是早期议会的主要职能之一,但最初议会在税收方面的实际权力十分有限。1295年后爱德华一世在对外战争中遇到的财政困难为议会夺取征税权创造了有利时机。1297年,议会迫使爱德华颁布了《宪章确认书》。《宪章确认书》第一次从法律上承认了议会征税权,但其措词笼统,没有突出平民代表在决定税收中的主导作用。进入14世纪40年代后,议会的征税权进一步得到明确。到了14世纪后期,议会已控制了国家的征税大权。由于下院代表全国人民,只有下院同意的征税案才对全社会具有法律效力,因而下院在征税问题上必然居于优势地位。除批准税收外,议会还取得了财政监督权。在14世纪初期,拨款由国王和咨议会控制,议会无权过问,浪费、挪用现象十分严重。自40年代起,议会在通过征税案的同时,往往明确规定使用范围。④

光荣革命后,议会获得了在财政事务方面的核心角色。其独占的课征新税的权力牢固地再次得到确立,消除了君主单方面改变税收水平的权力。确保了分配资金和监控支出的角色,获得了从未有过的权力——对政府如

---

① 〔澳〕布伦南、〔美〕布坎南:《宪政经济学》,冯克利等译,中国社会科学出版社2004年版,第10页。
② 值得注意的是,英国也是公认的宪政母国,因此选择英国为例进行分析也是合适的。
③ 参见程汉大:《英国政治制度史》,中国社会科学出版社1995年版,第79—80页。
④ 参见程汉大:《英国政治制度史》,中国社会科学出版社1995年版,第102—104页。

第一章　财政和中央与地方关系法治化

何支出的审计权。议会对支出的否决权,加上监控资金如何支出的表决权,对君主施加了重要的限制。① 威廉三世统治时期初步建立起了预算制度,即每年由财政委员会编制财政预算案,提交议会审议批准;预算案实行专款专用原则,明确规定各项经费的来源和用途;预算案一旦通过,国王政府不得随意改动,不得挪用款项。从 1692 年起,威廉三世还建立了国债制度。财政预算制度、专款专用制度、财政审查制度和国债制度的建立,从制度上巩固了议会的财政控制权。② 通过数百年的反复曲折的争夺,在英国逐步产生、形成并最终确立了现代国家预算制度。1787 年英国首相威廉·皮特要求议会通过了"统一基金法案",其规定政府的一切财政收支都必须向国会提出"财政收支计划书",并由议会审核批准,具有法律效力。这就确保了政府的收支活动从根本上必须遵循自己的要求和利益来进行,即只能进行"公共"性质的收支活动,而从总体上排除了政府收支中的私人财务内容。③ 1911 年的《议会法》颁布后,议会对政府财政的监控权则完全转移到下院,上院无权通过和否决财政议案,只能对下院的决定表示同意。④

通过以上对英国议会历史的简要回顾,可以发现,英国宪政的发展是和议会对财政的控制紧密联系在一起的。国家财政与公民自由有着最终的联系。它是英国国民逐步获得自由的一个强有力的工具。而财政"这一强有力的杠杆普遍被认为是凭借金钱的力量,即下院对于公共支出的控制实现的"。"正是通过控制了国家的金钱纽带,下院成为人权的捍卫者。正是因为英国的无代表不纳税的原则,使得议会能够创造条件,确保了英国的生活方式成为可能。对财政的控制,使得议会能够保护国民的生命安全、自由和权利免受行政当局武断行为的干涉。""通过其最终的成就,英国议会相对于那些以争取政治自由为起源的议会,是远早于也远为有效地确保了英国人民获得政治自由的。"⑤ 通过英国的例子,我们可以清楚地看到,近代以来财

---

① See North, Douglass C., Barry R. Weingast, "Constitutions and Connitment: The Evolution of Institutions Governing Public Choice in Seventeenth-Century England," *The Journal of Economic History*, Vol. 49 (4), 1989, pp. 803—832.
② 参见程汉大:《英国政治制度史》,中国社会科学出版社 1995 年版,第 209—210 页。
③ 参见张馨等:《当代财政与财政学主流》,东北财经大学出版社 2000 年版,第 29 页。
④ 参见刘建飞等编著:《英国议会》,华夏出版社 2002 年版,第 76 页。
⑤ See Einzig, Paul, *The Control of the Purse: Progress and Decline of Parliament's Financial Control*, Secker & Warburg, 1959, pp. 17,18.

政与法治、宪政的发展是紧密契合的。①

前文的分析也表明,法治、宪政也处在变迁之中,在传统上针对第一代人权保护的基础上,重点转向对第二代、第三代人权的保障。因为这些人权的保障需要国家大量的财政投入,所以法治、宪政的变迁与财政的变迁也是紧密联系在一起的。仅以国家财政支出的规模来看,统计资料表明,在全球范围内,财政支出无论从绝对量上还是相对量上都有不断增长的趋势。经济发达国家的财政支出占 GDP 的比率从 19 世纪末的 10% 左右,上升到 20 世纪末的 45% 左右。研究表明:世界各国的财政支出比率呈上升趋势;20 世纪 80 年代中期以前的财政支出比率上升得较快;经济发达国家比发展中国家的财政支出比率高。德国财政政策学派代表人物瓦格纳对这一发展趋势作过解释。他认为,随着人均收入的增加,人们对教育、娱乐、文化、保健以及福利服务的需求增加得更快,政府从而要为此增加支出。② 可以看出,国家财政状况的这种变迁与法治、宪政的变迁基本上是契合的。而瓦格纳所强调的教育、文化、保健以及福利等方面的需求正是第二代人权所要求实现的内容。

三、财政和中央与地方关系法治化

中央与地方关系的法治化也就是在法治、宪政的框架下处理中央与地

---

① 通过考察美国的建国史和法国大革命,也可以得出类似的结论。早在独立战争前,税收问题就是北美殖民地与宗主国之间整个斗争的中心。1641 年的《马萨诸塞湾自由典则》、1765 年的《弗吉尼亚决议》都提到了财产征用、征税的条件。独立战争更是直接起因于宗主国的课税和干预。《独立宣言》在历数英王的罪恶时,"他未经我们同意就向我们征税"便是其中重要的一条。1789 年,法国大革命爆发,立宪主义的理论与实践在欧洲取得了继 17 世纪英国革命以来的重大突破。托克维尔通过对法国大革命的研究,回答了"路易十六统治时期是旧君主制最繁荣的时期,何以繁荣反而加速了大革命的到来"这个问题,指出财政问题是一个重要原因。1789 年路易十六要求通过举债和增税计划,与高等法院持续冲突,直接引发了大革命。作为 1791 年《宪法》开篇的《人权宣言》确立了"无代表则无税"的原则。《宪法》第五篇以"赋税"为名确认了议会的财政权。法国大革命历经波折,宪政最终得以确立。参见李龙、朱孔武:《财政立宪主义论纲》,载《法学家》2003 年第 6 期。

② 人们一般将其总结的这一规律概括为"瓦格纳定律"。除瓦格纳外,皮克科、怀斯曼、马斯格雷夫、罗斯托等人对这一发展趋势也作过各自的解释。可参见刘溶沧、赵志耘主编:《中国财政理论前沿》,社会科学文献出版社 1999 年版,第 67—69 页。

方关系,这样的一种处理方式在权力制约、权利保障和地方自治①方面都具有重大的意义。前文探讨了财政与国家、财政与法治、宪政的密切关系。接下来再对财政和中央与地方关系法治化予以探讨,分析财政在权力制约、权利保障和地方自治方面是否能够更加体现中央与地方关系法治化的价值,从而也揭示出财政在中央与地方关系法治化方面的重大价值。

（一）权力制约

对于权力,众多思想家都不吝笔墨予以深入论述。阿克顿就曾指出,权力导致腐败,绝对权力导致绝对腐败。② 对权力如何制约、控制一直是政治学、宪法学上的重大命题。分权是西方宪政史上控制国家权力的主要手段。早期人们探讨的主要是横向分权,即立法机关、行政机关与司法机关之间的分权关系。亚里士多德虽未专门论述权力制约问题,但从他对于政体的选择及其描绘中,可以感觉到这位百科全书式的思想家对权力问题的重视。他特别强调权力分工的意义。③ 波里比阿在分析罗马政体时提出了各种权力之间应相互制约的思想,开创了西方分权学说的先河,为以后提出分权制衡的理论奠定了基石。强调法治精神是西塞罗比波里比阿的权力制约思想具有更充实内容的表现。他认为应从法律上规定国家权力机构之间的制约关系,并为共和政体制定一整套具有宪法性质的法律制度。正是这一点被资产阶级启蒙学者视为宝贵遗产,成为近代分权学说的直接来源。④ 一谈到分权及与之紧密相连的司法独立,人们往往首先想到的是洛克。然而事实上,对于保障自由法治至关重要的分权、司法独立学说的确立,洛克前后的许多学者的贡献并不亚于洛克。⑤ 康德在《道德形而上学》中也阐述了三种

---

① 权力制约、权利保障和地方自治可谓是宪政的三大支柱。三者之间也存在密切的关系。其中,权利保障是根本;权力制约在根本上而言也是保障公民的基本权利;而地方自治也是实现权力制约和权利保障的重要机制,从根本上而言,仍然是为了保障公民基本权利的实现。
② 〔英〕阿克顿:《自由与权力》,侯健、范亚峰译,商务印书馆2001年版,第342页。
③ 参见〔古希腊〕亚里士多德:《政治学》,吴寿彭译,商务印书馆1965年版,第89—90页。
④ 参见应克复等:《西方民主史》(修订版),中国社会科学出版社2003年版,第101页。
⑤ 参见郑永流:《法治四章——英德渊源、国际标准和中国问题》,中国政法大学出版社2002年版,第26—27页。

国家权力的独特作用。① 对横向分权学说作出最大贡献的应该是孟德斯鸠。他指出,一切有权力的人都容易滥用权力,这是万古不易的一条经验。有权力的人们使用权力一直到遇有界限的地方才休止。从事务的性质来说,要防止滥用权力,就必须以权力约束权力。② 到1784年,孟德斯鸠已经以一种公认的现代形式提出了政府职能的三重划分,并给这些思想加上了另一个理论纬度,即立法权和执行权之间的制约和平衡。③ 他因此为权力分立学说作为一种自主的政府理论的出现铺平了道路。这种理论将在英国、美国和欧洲大陆以非常不同的方式发展;但从这时起,权力分立理论就不再是一种英国的理论,它已经变成了一种关于立宪政府的普适标准。④ 在此后的两百年里,关于这些概念的精确涵义仍然发生了很多变化,但从根本上看,至此模式已经确定。立法就是制定法律;执法就是将法律付诸实践;司法就是宣布解决纠纷的法律是什么。

然而,民主政治的实践表明,仅有横向的分权,没有中央和地方的分权,尚不能完全防止权力的集中和垄断。原因在于,仅有横向的分权,只能在一个层面上防止权力的垄断和专横,却不能防止权力从另一条渠道上走向高度集中和垄断。只有在横向分权的基础上,实行中央与地方的分权,才能更有效地防止权力的高度集中和垄断。⑤ 而从经济学的角度来看,分权的目的就在于防止国家强制力的垄断化,这种垄断的潜在成本高过任何一种形式的垄断。⑥ 因此,无论是纵向意义上的分权还是横向意义上的分权,都可在客观上降低因权力垄断而可能提高的成本,使政府运行的效益达到最优。

早在盎格鲁-萨克森时代,英国就创立了双重分权的政体结构形式,奠定了英国有限君主制传统的基础。⑦ 一方面是中央政府与半自治地方政府

---

① 参见〔德〕康德:《道德形而上学》,载《西方法律思想史》编写组:《西方法律思想史资料选编》,北京大学出版社1983年版,第421—422页。
② 〔法〕孟德斯鸠:《论法的精神》(上册),张雁深译,商务印书馆1961年版,第154页。
③ 参见〔美〕M.J.C.维尔:《宪政与分权》,苏力译,生活·读书·新知三联书店1997年版,第86—87页。
④ 参见上书,第90页。
⑤ 参见薄贵利:《中央与地方关系研究》,吉林大学出版社1991年版,第79页。
⑥ 〔美〕波斯纳:《法律的经济分析》(下册),蒋兆康译,中国大百科全书出版社1997年版,第809页。
⑦ 参见程汉大:《英国政治制度史》,中国社会科学出版社1995年版,第34页。

第一章 财政和中央与地方关系法治化

之间的纵向分权,另一方面是各级政府组织内部的横向分权,由此构成一种纵横交错的双重权力制约机制。这种机制有利于防止过度的中央集权,有助于抑制王权的无限膨胀。因此,在中世纪向近代过渡时期,当欧洲各国普遍建立绝对君主专制时,英国的王权虽有所加强,但始终没有达到绝对专制的程度,仍然保持着有限君主制的特色。

而纵向分权真正进入人们的视野是在美国立宪时期。[①] 杰斐逊从美国的历史和现状出发,反对权力过分地集中在联邦政府手中,主张除一部分必须由联邦政府集中的权力以外,应当把国家权力分散到地方各级政府,以便组成真正互相牵制、互相平衡的政府制度,以更有效地防止中央政府走向专制。杰斐逊认为,这种层层分权可以防止政府蜕化和权力过分集中;可以取得人民监督政府的效果;使每个人都关心国家大事;避免形成臃肿庞大的官僚机构。

财政权力是权力的重要形式,也是其他政府公权力行使的重要基础,财政权力在各级政府间的纵向分立对于政府权力制约具有重要意义。应该在不同层次的政府中间分散财政权力,以此作为控制利维坦的全部财政嗜好的手段。[②] 将财政收益权、财政立法权、财政征收权和财政预算权等财政权限在各级政府间进行适当的划分,使得各级政府在财政方面具有一定的独立性,能够有效地主张和维护各自的财政权力,同时,各级政府依法行使各自的财政权力,将有助于降低财政权力的集中和垄断程度。由于财政在国家治理中的基础性作用,财政权力的合理划分和配置也将会使得整个国家的纵向权力配置趋向合理,从而减少低效率和腐败的发生,减少国家公权力不当影响公民生活的可能性。同时,纵向的财政分权还使得次中央政府之间在提供公共产品的竞争成为可能[③],这种竞争可以对相关政府的权力行使产生制约。蒂布特在其经典论文[④]中就阐述了这种竞争产生的可能性。他

---

① 参见刘绍贤主编:《欧美政治思想史》,浙江人民出版社1987年版,第317—318页。
② 〔澳〕布伦南、〔美〕布坎南:《宪政经济学》,冯克利等译,中国社会科学出版社2004年版,第213页;Lynch, G. Patrick, "Protecting Individual Rights Throught a Federal System: James Buchanan's View of Federalism," *Publius: The Journal of Federalism*, Vol. 34 (4), 2004, pp.153—167.
③ See Giliette, Clayton P., "Fiscal Federalism as a Constraint on States," *Harvaud Journal of Law & Public Policy*, Vol. 35 (1), 2012, pp.101—114.
④ See Tiebout, Charles M., "A Pure Theory of Local Expenditures," *The Journal of Political Economy*, Vol. 64 (5), 1956, pp.416—424.

先假定了一些前提条件:(1)居民能够充分流动,将流向那些能够最好地满足他们既定偏好组合的社区。(2)居民对收入—支出模式的差异信息能够完全掌握,并能够对其作出反应。(3)有许多社区可供人们选择居住。(4)不考虑对就业机会的限制,假定所有的人都靠股息来维持生活。(5)各个社区所提供的公共服务都不存在外部性。在这些假设条件下,居民就会不断迁移,直到找到他们能接受的、有着特定的收入—支出模式的地方政府为止。显然,这种"不断迁移"将给各地方政府带来巨大的压力,从而促使其依法行使权力,尽量降低公共服务提供的成本。蒂布特所假设的当然是理想情况,但还是具有实际意义的。理由在于,尽管绝大多数人根本不会打算搬家迁居,但通常都会有足够的人,尤其是年轻人和较具企业家精神的人,他们会对地方政府形成足够的压力,要求它像其竞争者那样根据合理的成本提供优良的服务,否则他们就会迁徙他处。① 如果让公民得到的剩余多于他们在其他竞争辖区得到的剩余,个人就会愿意留在这个财政上更负责的辖区。② 这种潜在的迁移趋势将会对次中央政府产生竞争压力,从而对它们的权力行使发挥制约功能。

(二) 权利保障

上文主要是从消极的角度分析了财政分权对政府权力的制约作用,这里将从积极的角度③分析政府间一定程度的财政分权对公民权利保障的意义。正如有学者所言,限制政治权力是宪政政体的核心任务。然而宪政政体必须不只是限制权力的政体,它还必须能有效地利用这些权力,制定政策,提高公民的福利。④

实行财政分权,表明对于中央层次的公共产品,最典型的如国防,将由

---

① 参见〔英〕弗里德利希·冯·哈耶克:《自由秩序原理》(下册),邓正来译,生活·读书·新知三联书店1997年版,第17页。
② 〔澳〕布伦南、〔美〕布坎南:《宪政经济学》,冯克利等译,中国社会科学出版社2004年版,第210页。
③ 所谓积极的角度,是指政府主动向社会提供公共产品,进而满足公民的各种需要。对于不同的公共产品应由不同层级的政府提供。因此,从这个意义上而言,一定的财政分权对公民基本权利的保障也具有重要意义。
④ 参见〔美〕斯蒂芬·L.埃尔金、卡罗尔·爱德华·索乌坦编:《新宪政论——为美好的社会设计政治制度》,周叶谦译,生活·读书·新知三联书店1997年版,第156页。

中央政府提供,而对于地方层次的公共产品,将由各级地方政府提供。这样就可以最大限度地实现各个层次公共产品的有效供应。理由在于,地方政府提供地方层次的公共产品,由于比较接近居民,较之中央政府能够比较容易地满足居民的不同偏好,从而能够有效地提供相关的公共产品,保障公民相关基本权利的实现。同时,地方政府之间的竞争或一个允许迁徙自由的地区内部较大单位间的竞争,在很大程度上能够提供对各种替代方法进行试验的机会,而这能确保自由发展所具有的大多数优点。[1] 把所有能够以地方单位行使的权力都授予那些只拥有地方性权力的机构,很可能是确保人们为政府行动所缴纳的费用与他们从政府行动中所获得的益处达致大体平衡的一种最佳方法。此外,由中央政府集中精力提供中央层次的公共产品,以满足相关公民基本权利的实现。

值得注意的是,这种财政分权状态并不是停滞不动,而是随着社会的变化而不断地演化。通过上文对法治、宪政变迁的考察,现代法治、宪政的变迁发展主要体现在第二代、第三代人权,特别是第二代人权的勃兴上,而这些权利的实现对国家提出了更多新的要求,这对财政分权也产生了深远的影响。和第一代人权相比,第二、三代人权要求国家负有更加积极的义务;这些新型权利的出现使得满足传统权利保障的财政分权格局也要发生相应的调整。在新的时代背景下,财政分权呈现出某种向中央集权化发展的趋势。比如,18世纪,随着工业革命的深入发展,城市人口大量增加,在社会不断发展的情况下,公共服务事业却日见短缺。在从未有过的失业威胁以及伊丽莎白女王的《济贫法》无法救助大规模的贫困面前,却又出现了迫切需要建造医院的社会紧急需求。工业化之前,土地是财富的象征,然而又无法指望土地的所有者能满足这种社会需求。正是由于他们对政府税收负担的抱怨,才导致政府在1835年任命了一个皇家委员会进行调查。结果,采取了中央拨款的方法来弥补地方税收的不足。所以,1835年被认为是开创了英国中央向地方政府拨款的历史。[2] 而面对经济危机,美国人民已无法忍

---

[1] 参见〔英〕弗里德利希·冯·哈耶克:《自由秩序原理》(下册),邓正来译,生活·读书·新知三联书店1997年版,第16页。

[2] 参见胡康大:《欧盟主要国家中央与地方的关系》,中国社会科学出版社2000年版,第85页。

受胡佛奉行的刻板教条:摆脱贫困是州政府的事情,共和党人确立的传统不允许中央政府在此问题上有所作为。① 20 世纪 30 年代的大萧条是美国联邦政府集权的导火索。州政府自身拥有的权力资源使其无法单独解决市场经济崩溃带来的复杂社会问题,只有联邦政府能够把分散的权力集中起来,以巨大的资源优势快刀斩乱麻,尽快恢复正常的社会经济秩序,实现经济复苏。美国联邦和州政府职能相互独立的时代结束了,联邦通过财政等手段加强了对州政府行政管理的干预,从此开始了联邦与州进行合作与控制相互渗透的时代,州与地方政府丧失了主导权。② 在大萧条和第二次世界大战之前,地方政府支出总额要高于州政府和联邦政府之和。1929 年,地方政府支出占美国政府支出的 54%,而州为 20%,联邦为 26%。1939 年,大萧条结束的时候,联邦支出超过了 51%。随着联邦政府在经济、社会和国际事务中的继续扩张,联邦支出在 1949 年达到了 70%。因大萧条和第二次世界大战形成的这种格局的影响是深远的。③

当中央集权在实践中出现了许多问题时,各国又对已有的做法进行改革,力求做到财政权限在各级政府间的适当划分。如美国逐步采取联邦、州和地方三级管理体制,转移联邦财政负担。1984 年联邦政府把原由自己主管的食品券、未成年家庭儿童补助等 44 项社会福利项目,改为州与地方管理。明确财政收支,划分管理权限,将社会福利项目分权管理,使管理层次接近受益者,是改革的一个方向。较低层级的政府对福利项目将有越来越大的决策权。④ 当然,进步主义的分权观强调在压缩预算的同时,不能把半个多世纪以来为中下层公众争取到的物质利益和公民权利抛弃,应该是鱼和熊掌兼得。

总之,财政权限在各级政府间的划分与公民基本权利的保障具有密切关系,当新的权利形式出现时,为了保障这些新的权利及原有权利的有效实现,就需要对财政权限在各级政府之间的划分进行相应的调整。概而言之,

---

① 参见〔美〕布鲁斯·阿克曼:《我们人民:宪法变革的原动力》,孙文恺译,法律出版社 2003 年版,第 297 页。
② 参见宋世明:《美国行政改革研究》,国家行政学院出版社 1999 年版,第 221 页。
③ See Mandelker, Daniel R., et al.. *State and Local Government in A Federal Syestem*, 3rd ed., The Michie Company, 1990, p.196.
④ 参见宋世明:《美国行政改革研究》,国家行政学院出版社 1999 年版,第 31 页。

一定程度的财政分权对于公民基本权利的保障具有重要意义。

(三) 地方自治

地方自治起源于中古时期的城市自治。后来,英国资产阶级在进行反封建的斗争时,提出了地方居民应选举公职人员管理本地区事务的政治主张。把这一主张概括为"地方自治"的是英国法学家史密斯。他在1851年发表的《地方自治与中央集权》一书中,对地方自治从理论上作了系统的论述。随着资产阶级革命在世界各国的胜利,地方自治这种管理地方的民主制度也在世界各国普遍建立起来了。① 一般理解的自治就是由地区性的代表通过公开的会议而实行的多数人统治,这种统治要受个人自由的限制,而个人自由是先前由绝大多数人同意并由所有的人承认为公民资格的条件的。简而言之,自治的这些因素——一个不偏不倚的程序,地区代表制,大多数人统治和普通法中反映的法治——给出了对于什么构成了共和国这个问题的一部分答案。② 作为地方自治重要角色的地方自治机关是一个民主选出的公共机关,在国家的监督与帮助下,在其法定权限范围内代表本地居民的利益对广泛的公共事务享有调控和管理的自主权。地方自治是宪政民主制度的基础性结构,是保障个人自由的重要政治机制,是人民参与公共事务的基本途径。③

在叙述地方自治的具体宪政价值之前,有必要分析地方自治与中央集权之间的关系。中央集权与地方自治是相互排斥还是相互补充?马克思主义经典作家给我们提供了答案。马克思、恩格斯虽然肯定和主张中央集权制,但并不因此而否定地方自治;相反,他们承认地方自治的积极意义,认为地方自治与中央集权是不矛盾的。恩格斯指出:"在整个革命时期(1848年),直到雾月18日政变时止,各省、各区和各乡镇的管理机构都是由人民自己选出而可以在全国范围内完全自由行动的政权机关组成的;这种和美国类似的地方和省区的自治制,正是革命的最强有力的杠杆,所以拿破仑在

---

① 参见田穗生、罗斌主编:《地方政府知识大全》,中国档案出版社1994年版,第76页。
② 参见〔美〕斯蒂芬·L.埃尔金·卡罗尔·爱德华·索乌坦编:《新宪政论——为美好的社会设计政治制度》,周叶谦译,生活·读书·新知三联书店1997年版,第254、257页。
③ 参见秋风:《立宪的技艺》,北京大学出版社2005年版,第270—271页。

雾月18日政变以后,立刻就把这种自治制取消而代之地方行政长官管理制,这种地方行政长官管理制到现在还保存着,自始就纯粹是反动势力的工具。但是,地方的和省区的自治制虽然不与政治的和民族的中央集权制相抵触,然而它并不一定与狭义的县区的或乡镇的利己主义联系在一起。"① 恩格斯进一步写道:"需要单一的共和国。但并不是像现在法兰西共和国那样的共和国,现在的法兰西共和国同一七九八年建立的没有皇帝的帝国没有什么不同。从一七九二年到一七九八年,法国的每个省,每个市镇,都有美国式的完全的自治权,这是我们也应该有的。至于应当怎样组织自治和怎样才可以不要官僚制,这已经由美国和法兰西第一共和国给我们证明了,而现在又有澳大利亚、加拿大以及英国的其他殖民地给我们证明了。这种省的和市镇的自治是比瑞士的联邦制更自由得多的制度。州政府任命专区区长和市镇长官,这在讲英语的国家里是绝对没有的,而我们将来也应该断然消除这种现象,就象消除普鲁士的县长和参政官那样。"② 这里有两个重要论断:一是地方自治与中央集权制并不矛盾和抵触;二是地方自治不等于地方利己主义、分散主义。③ 总的来说,中央集权与地方自治是不矛盾的,两者是统一的,是一个问题的两个方面。中央集权是以民主制度(包括地方自治)为基础的集中制。

地方自治的宪政价值主要体现在以下几个方面:(1)民主的训练。民治制度最好的学校及其成功的最好的保证,就是实行地方自治。④ 马寅初先生早年就说过,民主政治的基础在地方,不在中央。民主政治要从地方做起。这个道理非常浅近。人民最关心的,是他身边的事,最辨得清利害的,也是他身边的事。如果一省一县的事还处理不好,国家的事如何处理得好呢?英美民主政治之所以成功,要归功于它们已有几百年的地方自治经验。⑤ (2)公民责任感的培养。小区域的地方自治对于民治政治的贡献,在

---

① 《马克思恩格斯全集》(第7卷),人民出版社1972年版,第298页。
② 《马克思恩格斯全集》(第22卷),人民出版社1972年版,第276页。
③ 参见辛向阳:《大国诸侯:中国中央与地方关系之结》,中国社会出版社1995年版,第466页。
④ 〔英〕詹姆斯·布赖斯:《现代民治政体》(上册),张慰慈等译,吉林人民出版社2001年版,第132页。
⑤ 马寅初:《财政学与中国财政——理论与现实》(上册),商务印书馆2001年版,第173—174页。

于它灌输人民以一种公民责任心,并训练他们履行公民的责任。① 杰斐逊指出:"我相信,唯有在这种政府的治理下,每一个人才会随时响应法律的号召,争先恐后地奔到法律的旗帜跟前,把公共秩序看作自己的私事,同一切侵害公共秩序的现象作斗争。"②"当每一个人都参与他的区政府或较高级政府的监督工作,觉得自己不仅在一年一度进行选举的那一天而且每天都是事务管理的参与者;当这个州里没有一个人不是本州大大小小参议会的议员时,他们就会宁愿粉身碎骨,也不肯让恺撒或拿破仑那样的人来夺取他们的权力。"③杰斐逊看到,对地方政治生活的直接参与引发了公民对其所在共同体的热爱以及其公德心,同时,他还把分区的小范围当作是有助于公众思考和公民愿望生长的因素。④ 布赖斯也认为,自治的制度总能够养成人民自由的精神,及为公共目的合作的习惯。⑤(3)保障公民权利。小区域的地方自治可以满足公民对公共服务多样性的要求,可以最大限度地满足人们的权利要求。阿克顿曾形象地指出:"乡镇是自由的保姆。"⑥托克维尔的话也颇具启发意义:"市镇确是自由人民的力量所在。……市镇组织将自由带给人民,教导人民安享自由学会让自由为他们服务。在没有市镇组织的条件下,一个国家虽然可以建立一个自由的政府,但它没有自由的精神。"⑦(4)制约权力行使。地方自治还有一个重要的功能是防止国家蜕化到实施暴政的地步。杰斐逊曾告诫过:"如果人们对公共事务变得漫不经心,那么你和我、国会和州议会以及法官和州长都将变成狼。"⑧而在地方自治的情况下,地方政府既是提供进行政治教育的工具,又是限制中央集权以增进公民自由的手段。托克维尔在《论美国的民主》一书中设问:在每个人都软弱

---

① 〔英〕詹姆斯·布赖斯:《现代民治政体》(下册),张慰慈等译,吉林人民出版社2001年版,第933页。
② 〔美〕菲利普·方纳编:《杰斐逊文选》,王华译,商务印书馆1963年版,第24页。
③ 同上书,第58页。
④ 〔美〕肯尼思·W.汤普森编:《宪法的政治理论》,张志铭译,生活·读书·新知三联书店1997年版,第131页。
⑤ 〔英〕詹姆斯·布赖斯:《现代民治政体》(上册),张慰慈等译,吉林人民出版社2001年版,第130页。
⑥ 〔英〕阿克顿:《自由与权力》,侯健、范亚峰译,商务印书馆2001年版,第350页。
⑦ 〔法〕托克维尔:《论美国的民主》(上卷),董果良译,商务印书馆2002年版,第67页。
⑧ 〔美〕肯尼思·W.汤普森编:《宪法的政治理论》,张志铭译,生活·读书·新知三联书店1997年版,第132页。

无权且未被任何共同的利益联合起来的国家里怎么能抵抗暴政呢?[①] 因此,恐惧政府专制的人,应当希望逐步发展地方的自由,倡导地方自治。(5)促进人性化生活的实现。把政府的大多数服务性活动重新交给较小的单位进行管理,很可能会促使那种因中央集权而在很大程度上蒙遭扼杀的公共精神得到复兴。大社会只能是一种抽象社会;换言之,大社会乃是个人能够通过获得那些有助于实现他的目的的手段而从中受益的那种秩序,同时也是个人必定只能在所有人都不明确知道的情况下为社会作出贡献的那种秩序。这种社会当然无法满足现代人在情感上和人格上的需求。[②]

由上可知,地方自治具有多方面的宪政价值;而这些价值的实现需要一系列的机制予以配合。财政手段或许是最重要的,无此手段就无法谈自治问题。地方财政自由度是地方自治程度的重要标志。有学者对国外地方自治的研究表明,市镇总是负责与居民生活密切相关的日常事务。为履行职责,市镇须拥有自己的财源。欧洲的市镇均享有一定的征税权。这种征税权是市镇自治的基础。只有拥有独立的、并且获得宪法和法律保障的征税权,市镇才能作为社会结构中自主的、自我治理的实体,独立自主地履行其对居民所应承担的责任,包括基础学校教育体系、社会福利和公共卫生服务。即使市镇在履行这些责任时要接受上一级政府,并可能从上一级政府那里获得财政帮助,但承担那些社会服务责任的资源,主要还要由市镇自己来筹措。[③] 因此,与市镇所享有的职能上的自治相适应,它们必须享有财政上一定的独立性。

以日本的地方自治为例,1949年,当时旨在改革日本税制的"夏普劝告"认为,为了强化地方自治,强化地方公共团体的本质性财源是必不可少的。其中建议,创设地方财政平衡交付金制度;给予都道府县和市町村独立税权;改革国库补助负担金制度。1950年,基于夏普劝告,日本创设了新的地方财政平衡交付金制度,以保障地方公共团体财政。1954年又由地方交付税制度取代了地方财政平衡交付金制度。经过多次改革,地方交付税制

---

① 〔法〕托克维尔:《论美国的民主》(上卷),董果良译,商务印书馆1988年版,第107页。
② 〔英〕弗里德利希·冯·哈耶克:《法律、立法与自由》(第2、3卷),邓正来等译,中国大百科全书出版社2000年版,第483—484页。
③ 参见秋风:《立宪的技艺》,北京大学出版社2005年版,第234页。

度在总额上满足地方财政的必要额度的同时,还保障了每个地方公共团体提供行政服务的财源。① 由此可以窥见一定的财政保障对于实现地方自治的重要意义。

值得注意的是,《世界地方自治宪章》第 9 条②专门规定了地方当局的财政来源问题。具体内容主要包括:(1)地方当局应有权获得属于它们自己的充分的财政来源,同时在它们的权限范围内自由地安排这些收入。(2)地方当局的财政来源应该和它们所承担的任务和所负的责任相称。(3)地方当局的具有合理比例的财政来源应来自于它们有权决定比率的税收、规费和使用者收费。(4)地方当局有权征收的税收,或它们有权分享的固定比例的税收,应该是充分的、富有弹性的,以与它们承担的责任相称。(5)对财政能力脆弱的地方当局需要纵向和横向的财政平衡制度。(6)地方当局应该参与决定财政资源重新分配的规则的制定。(7)对地方当局的财政拨款要尽量尊重它们的优先性,不应该对特定项目指定款项的用途。拨款不能改变地方当局在其辖区内制定政策的自由。(8)地方当局应该可以到国内和国际资本市场进行以资本投资为目的的借款。《欧洲地方自治宪章》第 9 条③也规定了地方当局的财政来源问题,和《世界地方自治宪章》一样,也是规定了八个方面,除个别地方外,规定的内容总体上是一致的。可以看出,这些规定几乎涉及了财政分权的各个方面。由此从一个侧面也显示了财政分权与地方自治之间所具有的密切关系。

---

① 参见曾祥瑞:《新日本地方自治制度研究》,中国法制出版社 2005 年版,第 140 页。
② *Initial Draft Text of A World Charter of Local Self-Government*, Article 9.
③ *European Charter of Local Self-Government* (European Treaty Series-No. 122), Article 9.

第二章　实现中央与地方关系法治化的财政制度模式

前文已经分析了财政在体现中央与地方关系法治化的价值方面具有重大的意义。通过对相关国家的考察,可以发现,除了理念的层面,在制度建设的层面,财政与中央与地方关系法治化也具有密切的关系,从某种意义上而言,中央与地方财政关系的法治化为整个中央与地方关系的法治化奠定了基础。①

综观世界各国在中央与地方关系方面的财政制度安排,从宏观上而言,大体呈现两种模式,即对称型制度模式和非对称型制度模式。前者以美国和加拿大为代表,而后者以德国和日本为代表。② 本章将以上述四国为例,对两种制度模式的主要做法进行梳理和分析,大致归纳出两种制度模式的一些特征,从而为我国的相关制度模式选择提供一个参考基准。③

一、对称型制度模式

对称型制度模式的主要特征是:事权划分的一致程度较高;财政收益权和事权的匹配程度较高;财政收益权与财政立法权的划分基本相适应,一般同时享有财政收益权和财政立法权;次中央政府享有较大的财政预算权,同时承担更为独立的责任,中央政府对其债务危机不进行紧急救助。下文将

---

① 现在政治学界流行的"分权理论"的主要内容便是财政分权。参见周飞舟:《分税制十年:制度及其影响》,载《中国社会科学》2006 年第 6 期。

② 有学者综合考虑经济自主、预算硬约束、共同市场、制度化等因素,设计了财政分权衡量指数。根据他的计算,加拿大和美国的指数分别为 48、47.9904,德国和日本的指数分别为 24、14.4。See Sorens, Jason, "Fiscal Federalism: A Return to Theory and Measurement," available at http://www.acsu.buffalo.edu/~jbattist/workshop/Sorens_s09.pdf. 这从一个角度也表明本研究的概括具有一定的合理性。

③ 关于对称型和非对称型的概括,在导言部分已有初步的解释和说明;本章将通过对相关具体制度的梳理、分析和其后对两种制度模式的比较研究,进一步揭示两种制度模式的含义。

第二章 实现中央与地方关系法治化的财政制度模式

以美国和加拿大两国为例,从宪政体制与政府层级结构、事权和财政支出责任的划分、财政权限的配置、政府间转移支付、协调与争议解决机制等方面梳理和分析对称型制度模式的一些主要做法。

(一) 宪政体制与政府层级结构

一定的宪政体制与适当的政府层级结构是政府间财政关系得以建立的前提,美国、加拿大等实行对称型制度模式的国家都具有成熟健全的宪政体制;其政府层级结构也比较稳定、适当,都由三级政府组成。

1. 美国

美国是世界上第一个联邦制国家,也是世界上第一个制定成文宪法的国家。从建国至今,美国已形成了比较成熟的宪政体制。美国实行总统制,总统行使行政权,负责执行联邦法律。联邦立法机构包括众议院和参议院,众议院按比例代表全国人民,参议院代表组成联邦的单位,各州不分大小,都有2名参议员。众议员和参议员都通过选举产生。联邦最高法院及其他下属联邦法院行使司法权,并通过马伯里诉麦迪逊案[①]获得了司法审查权。

美国行政辖区依次为联邦、州、县、市、镇或乡、学区和特区,州以下各类政府统称为地方政府。具体而言,根据最新的统计,有50个州和89476个地方政府。地方政府[②]包括:3033个县,19492个市,16519个镇,13051个学区,37381个特区。[③] 美国《联邦宪法》及其修正案规定联邦和州的权力划分,但宪法没有提到地方政府。传统上认为地方政府的权力来自于州,而不是直接来自人民。多年来,在州与地方关系中最有影响力的是狄龙规则(Dillon's Rule)。该规则后来得到联邦最高法院的认可,从那时以来,联邦

---

① Marbury v. Madison, 5 U.S. 137 (1803).

② 县在许多州是基层地方政府单元。此外,还有次县级的一般目的地方政府,通常被称为市、镇。特殊目的区包括学区和特区。一些特殊目的区和其所处县的边界是重合的,但多数不是。特殊目的区主要承担一项或少数几项功能。事实上,91%的只承担一项功能。其处理的事务包括:教育、医院、防火、住房、供水、下水道、公路、航空运输、经济发展、防洪排涝、土地保护等。最多的特殊目的区是学区。See Fox, William F., "The United States of America," in Shah, Anwar, and John Kincaid (eds.), *The Practice of Fiscal Federalism: Comparative Perspectives*, McGill-Queen's University Press, 2007, p.347.

③ See US Bureau of the Census, "Statistical Abstract of the United States (2012)," available at http://www.census.gov/prod/www/abs/statab2011_2015.html,2014年9月12日访问。

法院和州法院就一直坚持地方政府应从属于州,主张从严解释州授予地方政府的权力。① 显然,地方政府在州的法律地位,与州在联邦体系中的法律地位具有不同的性质。从宪法角度来看,美国的州与地方政府之间的关系属于单一制的性质,可认为是联邦制下的"州内单一制"②,和联邦政府与州政府的关系不同,每个州政府可以要求市政府服从其政策目标。③ 美国地方政府的特点是形式多样、相互之间差别巨大。这些地方政府单位就某种意义上来说是以50种不同的方式组织起来的,因为有关它们所成立的依据,主要来自于50个州的宪法以及各个州所颁布的法律。同时,近一半的州制定了"地方自治条款",允许地方居民为特定的地方政府单位拟定它们自己的宪章。④ 许多市镇拥有很大的政治权力,不是被动的回应联邦和州政府的要求。⑤ 值得注意的是,地方自治实际上是对狄龙规则的修正,但是,这并不意味着州放弃了对地方的支配和控制,也没有改变地方政府对州的从属地位,联邦最高法院在1982年作出的一项判决实际上又重申了狄龙规则。⑥

2. 加拿大

1867年,英国议会通过了《不列颠北美法》(the British North America Act),在加拿大、诺瓦斯科舍、新不伦瑞克等省的基础上设立了新的加拿大自治领。并将加拿大自治领划分为诺瓦斯科舍、新不伦瑞克、魁北克和安大

---

① 狄龙规则来自法官狄龙在一项判决中所发表的意见。传统上,该原则意味着,当地方政府对关于其是否拥有一项做某件事的权力存在很大的疑问时,判定它不拥有该项权力,相应的权力由州政府享有。多年来,尽管不是始终如一,但法院对地方政府权力的解释趋向宽泛。由于向地方政府下放权力,狄龙规则的影响在大约一半的州已有些下降。See Nice, David C., "The Intergovernmental Settings of State-Local Relations," in Hanson, Russell L. (ed.), *State-Local Relations in the United States*, Westview Press, 1998, pp. 27—28.

② 所有地方政府在法律上都被认为是它们各自州的"创造物"。See Zimerman, Joseph F., *Contemporary American Federalism: The Growth of National Power*, Leicester University Press, 1992, p. 165; Katz, Ellis, "United States of America," in Majeed, Akhtar, Ronald L. Watts and Douglas M. Brown (eds.), *Distribution of Powers and Responsibilities in Federal Countries*, McGill-Queen's University Press, 2006, p. 305.

③ See Saffell, David C., and Harry Basehart, *State and Local Government*, 7th ed., McGraw-Hill, 2001, p. 61.

④ 参见〔美〕文森特·奥斯特罗姆、罗伯特·比什、埃莉诺·奥斯特罗姆:《美国地方政府》,井敏、陈幽泓译,北京大学出版社2004年版,第1—2页。

⑤ See Rosen, Harvey S., and Ted Gayer, *Public Finance*, 9th ed., McGraw-Hill, 2010, p. 7.

⑥ 参见谭君久:《当代各国政治体制——美国》,兰州大学出版社1998年版,第297—298页。

第二章 实现中央与地方关系法治化的财政制度模式

略四省。① 之后的几十年,加拿大经历了领土的急剧扩张,在原来四省的基础上,其他各省相继加入。② 1926 年,英国议会宣布承认加拿大和英国具有"平等地位",从此加拿大取得了外交上的独立地位。1981 年 12 月 2 日和 8 日,加拿大众议院和参议院分别通过了要求英国议会批准《加拿大宪法法》(the Canada Constitution Ac)的决议。1982 年 3 月 8 日和 25 日,英国上议院和下议院先后通过了该法案。经女王批准,同年 4 月 17 日,《加拿大宪法法》正式生效。③ 1982 年《宪法法》并没有取代 1867 年《不列颠北美法》(现称为《1867 年宪法法》),该法保留了加拿大宪法中最基本的文件,同时增补了《权利与自由宪章》及被殖民地时期政治家们所忽略的宪法修改程序。④

加拿大政府层级结构由联邦、省和地方三级构成,有 1 个联邦政府,10 个省政府和 3 个地区政府,以及众多的地方政府。通常认为加拿大由五大区域构成,即大西洋区(包括纽芬兰岛、爱德华王子岛、诺瓦斯科舍和新不伦瑞克);中央区(包括安大略和魁北克);草原区(包括马尼托巴、萨斯喀彻温和阿尔伯达);太平洋沿岸区(不列颠哥伦比亚);北部人烟稀少区(包括育空地区、西北地区和纽那瓦地区)。⑤

联邦、所有的省和地区政府都根据威斯敏斯特议会制模式构建。加拿大参议院在联邦立法机构中作为省的代表,但其成员经总理建议由总督任命,并不是选举产生的,很多参议员是以前的内阁部长、各省总理等。虽然宪法授予了参议院广泛的立法权,但是因其缺乏民主基础,这些立法权在现实中很少行使。结果上院对获得众议院多数支持的行政部门享有很少的制

---

① See *The Constitution Act*, 1867, 3、5.
② 如不列颠哥伦比亚于 1871 年加入,爱德华王子岛于 1873 年加入。1870 年加拿大政府购买了哈德森湾公司所属的土地,并重新命名为西北地区,并从中分出了马尼托巴(1870 年)、阿尔伯达(1905 年)和萨斯喀彻温(1905 年)。See Parker, Jeffrey, "An Institutional Explanation of the Formation of Intergovernmental Agreements in Federal Systems," a thesis submitted in partial fulfillment of the requirements for the degree of Doctor of Philosophy, The University of Western Ontario, 2012.
③ 参见财政部财政制度国际比较课题组编著:《加拿大财政制度》,中国财政经济出版社 1999 年版,第 3 页。
④ 参见〔加〕沃尔特·怀特、罗纳德·瓦根伯格、拉尔夫·纳尔逊:《加拿大政府与政治》,刘经美、张正国译,北京大学出版社 2004 年版,第 4 页。
⑤ See McLean, Iain, "Fiscal Federalism in Canada," Nuffield College Working Paper 2003-W17, University of Oxford.

约权。① 众议院,即下院,由选举产生,具有民主基础,因此享有实权。联邦政府总理由众议院选举产生,内阁向众议院负责。省和地区立法机关实行一院制。

联邦政府和10个省政府的地位得到宪法的保证。《1867年宪法法》在立法权的划分部门专门规定了联邦议会的权力和省立法机关的专属权力。② 加拿大的三个地区政府仍然在联邦政府的控制之下,它们的法律结构在几个联邦立法中有特别的规定。③ 地区立法机构的立法权得自联邦政府。在创设地区的联邦立法中,联邦政府向地区立法机构授予了广泛的权力;这些权力大致和省的权力一致。④ 根据宪法,地方政府是省政府的"创造物",省界定地方政府的边界、权力、选举方法、收入等。联邦和地方政府之间发生直接关系也是受到限制的。⑤

(二) 事权和财政支出责任划分

在对称型制度模式下,事权划分的一致程度比较高,事权的实施与立法监管一般都由承担相关事权的同级政府承担,中央政府负责中央政府事权范围内的立法监管,次一级中央政府主要负责次中央政府事权范围内的立法监管;不存在法定的共同事权,或者法定共同事权比例较低;中央政府通过转移支付对次中央政府事权范围内事务承担财政支出责任的比例相对较低。

---

① 加拿大也在考虑将德国联邦参议院或美国、澳大利亚参议院作为改革的模式。目前的现实是,参议院在联邦政府和省政府的平衡方面扮演很不重要的角色。See Simeon, Richard, and Martin Papillon, "Canada," in Majeed, Akhtar, Ronald L. Watts and Douglas M. Brown (eds.), *Distribution of Powers and Responsibilities in Federal Countries*, McGill-Queen's University Press, 2006, p.96.

② See *The Constitution Act*, 1867, 91、92.

③ See *The Yukon Act*, *Northwest Territories Act*, *Nunavut Act*, *Government Organisation Act*, and the *Federal Interpretation Act*.

④ See Krelove, Russell et al., "Canada," in Ter-Minassian, Teresa (ed.), *Fiscal Federalism in Theory and Practice*, IMF, 1997, p.202.

⑤ See Simeon, Richard, and Martin Papillon, "Canada," in Majeed, Akhtar, Ronald L. Watts and Douglas M. Brown (eds.), *Distribution of Powers and Responsibilities in Federal Countries*, McGill-Queen's University Press, 2006, p.110.

第二章 实现中央与地方关系法治化的财政制度模式

1. 美国

《联邦宪法》第1条第8款列举了联邦国会享有的权力。① 美国在各级政府事权划分方面遵循一条基本原则:凡是具有宏观的、全局性的、直接涉及整个国家和全体公民利益的公共性质的事务,由联邦政府负责;凡是微观的、局部性的、涉及范围限于某一区域利益的项目,由州或地方政府承担。根据这样的原则,联邦政府的事权主要有:国防、外交事务;科研发展;提供使全体公民受益的服务②;联邦本级行政、司法等方面的事务。州及地方政府的事权主要是:初等和中等教育、公共福利、高等教育、医院、警察保护、健康③、罪犯校正、高速公路、污水和固体废物管理、自然资源、公园和娱乐、住房和社区发展、州本级行政和司法等方面的事务、消防、基础设施等。④ 联邦对州事权的行使一般不进行干预,涉及州事权的相关立法通常由州自己负责。

与各级政府的事权相适应,联邦政府本级预算支出范围主要有国防费用、国际事务费用、科学和太空技术费用、联邦政府福利和救济支出、资源和能源支出、地区发展支出、利息支出及联邦本级行政、司法部门等支出。国防支出曾经是最大的支出,1965年占到联邦预算的47%,2008年降到22%;社会保障支出增加迅速,目前是联邦支出中最大的单个支出项目;健康项目(Medicare)在1965年的时候还不存在,2008年占到联邦预算的13.1%;利息支出自1965年以来相对稳定,2008年占联邦支出的约8.4%。联邦除了负责本级事权范围内的支出外,同时还负有对州和地方政府进行转移支付的责任。州和地方政府支出的资金来源包括州和地方政府组织的收入和联邦的转移支付,主要用于教育、公共福利、高速公路、警察、消防等。公共福利支出大幅增加,1965年占到州和地方政府预算的8.5%,而2005

---

① See *The Constitution of the United States*, Article 1, Section 8.
② 例如:为退休人员提供养老金的社会保障项目(Social Security)、为超过65岁的人和低于65岁但残疾的人提供医疗保险的健康项目(Medicare)。See Gruber, Jonathan, *Public Finance and Public Policy*, Worth Publishers, 2011, pp.353—355、427.
③ 例如:服务于穷人的医疗保健项目(Medicaid)。该项目以覆盖年轻的贫困人群而闻名,特别是母亲和儿童,其占到所有项目接受者的将近70%。Ibid., p.427.
④ See Saffell, David C., and Harry Basehart, *State and Local Government*, 7th ed., McGraw-Hill, 2001, p.249.

年则占到17.6%,占比超过一倍;同时,高速公路的支出份额大幅下降。①

2. 加拿大

加拿大《1867年宪法法》界定了联邦政府与省政府的事权划分。② 联邦政府的事权主要包括:贸易和商业、失业保险、银行和货币、邮政服务、人口普查和统计、国防和外交、航海和渔业、破产、专利和著作权、印第安人事务、公民权、结婚和离婚、刑法和监禁(囚禁长期罪犯)等。相关服务由联邦提供,同时也由联邦进行相应的立法予以监管。省的事权主要包括:司法管理、民事和财产权、公共土地和自然资源、健康、许可、自治市制度、公司合并。相关服务由省提供,也由省进行立法予以监管。联邦和省的共同事权包括:养老金、移民和农业。其中,与养老金和农业相关的服务由联邦和省共同提供,共同进行立法予以监管;与移民相关服务由联邦提供,由联邦和省进行立法。地方政府负责地方公共服务,主要包括:地方治安、自来水、下水道、垃圾、地方公路、娱乐等。社会福利和教育属于省和地方政府的共同事权,由省和地方政府共同提供。地方公共服务、社会福利和教育都由省政府进行立法予以监管。

联邦政府的主要财政支出为国防支出、社会公益服务支出、债务利息费用等。省和地方政府的主要财政支出为健康、教育和社会公益服务支出,债务利息费用等。③ 联邦除了本级支出外,还对省、地区政府、地方政府进行转移支付,这些支出发生在次中央政府,属于次中央政府支出,不属于联邦本级支出。

(三)财政权限的配置

在对称型制度模式下,事权与财政收益权的匹配程度较高;财政收益权和财政立法权的划分相适应,享有一定的财政收益权一般意味着享有一定的财政立法权;次中央政府行使财政预算权的自主程度较高,中央政府对其

---

① See Rosen, Harvey S., and Ted Gayer, *Public Finance*, 9th ed., McGraw-Hill, 2010, pp.11—12.

② See Boadway, Robin, "Canada," in Shah, Anwar, and John Kincaid (eds.), *The Practice of Fiscal Federalism: Comparative Perspectives*, McGill-Queen's University Press, 2007, pp.102—104.

③ See Krelove, Russell et al., "Canada," in Ter-Minassian, Teresa (ed.), *Fiscal Federalism in Theory and Practice*, IMF, 1997, p.211.

第二章 实现中央与地方关系法治化的财政制度模式

债务危机不进行紧急救助。

1. 财政收益权的划分

财政收益权的划分主要涉及对税收、费等财政收入形式归属的确定,此外,还包括公债发行权的有无。

(1)美国

美国的财政体制是按照各级政府都有独立的收入来源这样一个原则组织起来的。① 联邦政府可以征收除一般销售税和财产税之外的几乎所有税种。主要包括:个人所得税、公司所得税、工薪税(Payroll Tax)②、关税、消费税、遗产税、赠与税③等。从1913年起,美国正式开始对个人所得征税④,此后不久便成为联邦政府财政收入的主要来源,至今仍是如此,再加上工薪税和公司所得税,共同构成了联邦政府财政收入的核心。2008年,个人所得税占到联邦收入的45%,是联邦最大的收入来源;工薪税增长迅速,占到36%。和以前相比,公司所得税的份额在下降,占到12%。以上三种税占到联邦收入的93%。⑤ 州政府的税收体系主要包括:个人所得税、公司所得税、一般销售税、工薪税、遗产税、赠与税、消费税(汽油税、烟草税、酒精饮料

---

① 〔美〕詹姆斯·M.布坎南:《公共财政》,赵锡军等译,中国财政经济出版社1991年版,第451页。
② 根据《1935年社会保障法》的规定,联邦收入体系中开始包括工薪税。以后该税逐渐成为一个重要的联邦税种。现主要为社会保障和健康项目(Medicare)提供资金。
③ 联邦和一些州征收遗产税、赠与税。在各级政府,这两类税在筹集收入方面的作用不是很重要。大致仅占到联邦收入的1%。不足1%的去世的人需要缴纳遗产税。有人建议扩大遗产税和赠与税的作用,而有的人建议废除。作为布什总统减税计划的2001年立法试图通过逐渐提高豁免额度而最终废除遗产税。但是,和其他2001年的税收立法一样,遗产税相关条款在2010年底到期,意味着2011年将回到2001年的水平。See Rosen, Harvey S., and Ted Gayer, *Public Finance*, 9th ed., McGraw-Hill, 2010, pp.499—500. 根据2010年通过的《税收减免、失业保险再授权与创造就业法》,包括遗产税在内的布什减税政策再延长两年。
④ 1895年,最高法院决定审理波拉克诉农民贷款和信托公司一案(Pollack v. Farmer's Loan and Trust Co., 157 U.S. 429 (1895)),对联邦所得税法进行审查。五名法官认为所得税是直接税,联邦税法因而被宣布为违宪。1913年,《联邦宪法》第16条修正案生效,该修正案明确宣布国会有权"对任何来源的收入规定和征收所得税,无须在各州按比例进行分配,也无须考虑任何人口普查或人口统计"。这条修正案终止了关于所得税是否应为直接税的争论,同时也成为国会用宪法修正案推翻最高法院判决的又一个重要案例。参见王希:《原则与妥协:美国宪法的精神与原则》,北京大学出版社2000年版,第365—367页;Ackerman, Bruce, "Taxation and the Constitution," *Columbia Law Review*, Vol. 99 (1), 1999, pp.1—58.
⑤ See Rosen, Harvey S., and Ted Gayer, *Public Finance*, 9th ed., McGraw-Hill, 2010, p.13.

税等)、财产税。① 美国各州一般均以销售税作为主体税种,再加上个人所得税、消费税和工薪税等,共同构成了州财政收入的主要来源。此外,牌照税和对资源开采的课税也是州财政收入的来源之一。地方政府的税收主要包括:财产税、一般销售税、个人所得税、公司所得税、消费税等。虽然地方税的种类不少,但均非大宗税种,因而地方政府的税收规模较联邦和州要小得多。② 值得指出的是,美国通过同源课税的方式将许多税种在各级政府之间进行划分,联邦、州或地方政府共同对同一税源拥有征税的权力,如个人所得税、公司所得税、工薪税、遗产税、赠与税等。当然,这种权力在各级政府之间有所侧重,各级政府征税的税率也不尽相同。总体上而言,联邦政府主要依靠所得税,州政府广泛地运用销售税,而地方政府则依靠财产税。

费也是各级政府的收入来源之一。几乎所有公共部门的设施都部分地靠使用费获得支持。使用费或服务费是州和地方政府增长率最快的收入来源。③ 值得注意的是,1964 年,新罕布什尔州创办了州负责运转的彩票项目。自此以后,有很多州通过发行彩票取得财政收入。以 1996 年为例,加利福尼亚州和爱荷华州的彩票收入占其自有财政收入的 0.8%,而在佛罗里达,这个比例要达到 4.8%。当州采用彩票收入作为收入来源时,通常要以公共利益为目的,如教育。④ 目前,美国有 40 多个州通过发行彩票筹集收入。⑤

此外,公债也是各级政府的重要收入来源形式。除联邦政府外,州和地方政府也有发行公债的权力。州和地方政府借款主要基于三个目的:为学校、道路、供排水系统等公共资本项目提供资金;支持和补贴私人活动,如私

---

① See Moore, Kathryn L., "State and Local Taxation: When Will Congress Intervene?" *Journal of Legislation*, Vol. 23, 1997, pp.171—213.
② 参见许正中等:《财政分权:理论基础与实践》,社会科学文献出版社 2002 年版,第 271—272 页;Kincaid, John, "The Constitutional Frameworks of State and Local Government Finance," in Ebel, Robert D., and John E. Petersen (eds.), *The Oxford Handbook of State and Local Government Finance*, Oxford University Press, 2012, pp.45—82.
③ 参见〔美〕罗伯特·D·李、罗纳德·约翰逊:《公共预算系统》(第 6 版),曹峰、慕玲等译,清华大学出版社 2002 年版,第 73—74 页。
④ See Saffell, David C., and Harry Basehart, *State and Local Government*, 7th ed., McGraw-Hill, 2001, p.255.
⑤ See "The History of NASPL," available at http://www.naspl.org/index.cfm?fuseaction=content&menuid=15&pageid=1021,2014 年 9 月 20 日访问。

第二章 实现中央与地方关系法治化的财政制度模式

人住房抵押贷款、学生贷款和工商业发展①;为短期支出或特别项目提供现金。此外,如果利率下降,州和地方政府可能会借新债还旧债,从而降低成本。与联邦政府不同,州宪法或法律通常禁止州和地方政府通过借款来弥补经常性预算赤字。② 除了用于现金流动的短期公债外,州和地方政府发行的绝大多数公债都是长期公债,其偿还期限往往超过 1 年,典型的有 10 年、20 年甚至 30 年。在历史上,长期债券占州和地方政府债务的份额超过 90%。州和地方政府的长期公债有两种。一种是一般责任公债(General Obligation Bond),是向贷款人保证兑现所有约定并且以发行政府的信用作担保的一种公债。这意味着发行公债的政府将各种资金来源用于支付利息并向投资者归还本金。政府会用来自任何税收或收费的资金偿还债务,在已有收入来源不足的情况下,政府会保证提高税收或收费而产生必要的资金。如果因一些原因某州或地方政府不能或不愿产生足够的收入偿还债券持有者,就被认为该政府对其债券构成拖欠(Default)。在此情况下,政府实际上处于破产状态,债券持有者就可以到法院主张该政府或相关机构的资产。

第二种长期公债叫作收益公债或非担保公债(Revenue or Nonguaranteed Bond),是一种仅仅以某特定来源的收入作为对投资者还本付息保证的公债。如果从某种来源获得的收益不足以还本付息,那么公债持有者将会遭受损失。因此,从投资者的角度来看,收益公债是一种比一般责任公债风险更高的投资。收益公债也可以由州和地方政府用于支持被允许的私人投资。在这种情况下,该种公债又被称之为私人活动公债(Private-Activity Bond)。例如,州政府当局可能会发行收益公债并用其收入作为对低收入家庭的住房抵押贷款。在这种情况下,债券的安全性将取决于房主的经济情况和房地产市场状况。③

---

① 下文会提到,州和地方政府公债利息是免征联邦所得税的,这样州和地方政府往往把通过发行公债获得的资金转贷给私人,使私人投资者的借款成本降低。
② See Fisher, Ronald C., *State & Local Public Finance*, 3rd ed., Thomson South-Western, 2007, pp.231—232.
③ See Ibid., pp.234—236.

和联邦政府在债务方面的很少限制相比①,几乎所有的州宪法在实体和程序方面都对州和地方借债作出限制。各州宪法在发债的公共目的、债务数额限制和表决批准要求②、利率、期限、分期偿还安排等方面往往对州和地方发行公债予以限制。③ 此外,市场约束通常是对州和地方公债发行的有效限制手段。要发行公债的州和地方政府通常要获得两个私人评级机构(穆迪和标准普尔)中至少一个机构的信用评级。信用评级给潜在的投资者提供与债券发行相关的信息。④ 除了各州宪法和法律的约束外,联邦政府对此并没有专门的限制性规定。和其他国家的做法不同,联邦政府对州在债务

---

① 在一战之前,国会经常以特定的目的授权借债。一战到二战之间,对联邦债务的法定个别限制演变为适用于对几乎所有联邦未到期债务的总额限制。1939年,罗斯福总统要求国会取消对债券与其他类型债务的个别限制。国会第一次制定了几乎包括所有公共债务的总额限制(Debt Ceiling)措施(450亿美元)。之后联邦债务限额屡次被提高。根据该项限制制度,如果达到债务限额时,国会还没有增加新的发债额度,联邦财政部将失去继续发行债券的权力,而使联邦政府有可能发生债务拖欠。2011年民主党(控制参议院)和共和党(控制众议院)的争斗使得新的债务限额差点流产,经过讨价还价,最终通过了《2011年预算控制法》。该法在附条件将债务限额提高到16.4万亿美元的同时,还要求缩减预算。这一债务限额可以允许财政部继续借债到2012年底或2013年初。值得注意的是,对债务限额制度的实际效果存在争议。在实践中,债务限额从来没有让联邦政府对其债务发生过拖欠,偶尔还会带来极大的不方便,给财政部的运作增加不确定性。有学者认为,债务限制可以给国会提供控制联邦支出的措施,让国会保持控制支出的宪法权力。债务限制也施加了一定形式的财政责任,迫使国会和总统当联邦政府支出超出收入时,采取可见的行动允许更多的联邦借债。另外一个方面,一些预算专家主张取消债务限额制度,认为1974年建立的现代国会预算程序提供了替代债务限额的其他控制措施,债务限额在改变决定联邦赤字规模的收支政策方面作用很小。另外,如果联邦财政部由于债务限制不能发债,联邦政府将不能再及时地履行其法律义务。持续不能履行支付义务将影响联邦财政部未来的借债能力,增加发债成本。同时,联邦债务拖欠也可能对全球经济和金融市场带来严重的消极影响。See Austin, D. Andrew, and Mindy R. Levit, "The Debt Limit: History and Recent Increases," CRS Report for Congress, RL31967, May 22, 2012; Krishnakumar, Anita S., "In Defense of the Debt Limit Statute," *Harvard Journal on Legislation*, Vol. 42 (1), 2005, pp.135—185, Bradford, Ellen, and Russell Constantine, "The Debt Ceiling and Executive Latitude," Harvard Law School Federal Budget Policy Seminar, Briefing Paper No.11, January 2009.

② 在债务数额限制方面,一些州完全禁止,其他一些州对于州可以借债的数额予以限制。将债务限定在财产价值的一定比例被广泛用于限制地方政府债务。在表决批准要求方面,未经立法机构绝对多数批准或者全民公决(或者同时要求两者),不得发生债务。上述限制主要适用于一般责任公债。为了规避严格的限制,州和地方政府往往通过其他方式达到借债的目的,如上文提到的收益公债。

③ See Marks, Thomas C. Jr., and John F. Cooper, *State Constitutional Law*, Westpublishing Co. 1988, pp.212—226; Briffault, Richard, "The Disfavored Constitution: State Fiscal Limits and State Constitutional Law," *Rutgers Law Journal*, Vol. 34 (2), 2003, pp.907—957.

④ See Fisher, Ronald C., *State & Local Public Finance*, 3rd ed., Thomson South-Western, 2007, p.237.

第二章　实现中央与地方关系法治化的财政制度模式

偿还方面面临的困难不进行紧急救助。① 同样,州政府对地方政府也不进行紧急救助。② 在实践中,发生过地方政府破产的情形。③

多年来,人们在联邦政府是否有权对州和地方政府债券所得征税的问题上一直存在争议。从 1819 年麦卡洛克诉马里兰州案④开始,美国最高法院建立起了"相互豁免"的原则,使州和联邦政府相互之间免除税收干预。然而,《联邦宪法》第 16 条修正案赋予了联邦政府对"任何来源"的所得征收直接税的权力。第 16 条修正案是否授予联邦政府对州和地方公债利息征税的权力是一个宪法上的问题。在 1988 年的一个判例⑤中,最高法院认定联邦政府确实有权对州和地方的公债利息征税。目前,《国内收入法典》(Internal Revenue Code)对符合其规定条件的州和地方政府公债利息免征

---

① 这一传统源自早期的州债务危机。1820 年代到 1830 年代,许多州大量投资于运河、铁路,银行通过贷款给它们提供资金。然后,当预期的高额收益没有兑现时,有 9 个州在 1841—1842 年度拖欠了利息支付。联邦政府抵制了州和投资者关于紧急救助的压力。凭借州自己引入的对借债的宪法和法律限制后,除了内战和大萧条时期,州的拖欠几乎消失了。而联邦不对州进行紧急救助的传统一直延续到现在。这和下文将要讨论的德国和日本的做法具有很大的不同。See Henning, C. Randall, and Martin Kessler, "Fiscal Federalism: US History for Architects of Europe's Fiscal Union," Bruegel Essay and Lecture Series, January 2012; Kincaid, John, "The Constitutional Frameworks of State and Local Government Finance," in Ebel, Robert D., and John E. Petersen (eds.), The Oxford Handbook of State and Local Government Finance, Oxford University Press, 2012, pp.45—82.

② 联邦对州、州对地方政府不进行紧急救助可以促使州和地方政府在市场上独立承担责任,给投资者提供确定性预期。从历史上来看,1970 年到 2009 年间发行的 18,400 支市镇债券中,只有 54 支发生拖欠。因此,州和地方政府继续享有低的融资成本。See Jonas, Jiri, "Great Recession and Fiscal Squeeze at U.S. Subnational Government Level," IMF Working Paper (WP/12/184), July 2012.

③ 在过去的 70 多年,大约有 600 个政府实体宣布破产,其中,发生在 1988 到 2005 年之间的约为 170 个。See CBO, "Fiscal Stress Faced by Local Governments," Economic and Budget Issue Brief, December 2010.

④ 麦卡洛克诉马里兰州案(McCulloch v. Maryland, 17 U.S. 316 (1819))是美国宪政史上的经典判例,也是最高法院裁决联邦与州权限争议的第一个判例。该案关系到合众国第二银行的合宪性及各州对联邦政府所设机构的征税权问题。在这里比较有意义的是第二个问题。法院最后判决认为,征税的权力包含毁灭的权力,而这一毁灭的权力将使得创制权变得空泛而毫无意义。如果各州可以对联邦政府行使权力的一项工具征税,它们就可以对联邦所运用的一切手段征税:以致联邦政府的任何目标都不能实现。这不符合美国人民的意愿。法院确信,州无权以征税或其他形式去影响国会为行使赋予联邦政府的权力而制定的宪法性法律的实施。这是宪法所宣称的最高效力的必然结论。详见北京大学法学院司法研究中心编:《宪法的精神——美国联邦最高法院 200 年经典判例选读》,中国方正出版社 2003 年版,第 35—41 页。

⑤ South Carolina v. Baker, 486 U.S. 1062 (1988).

联邦个人和公司所得税。① 可以说,联邦对某些州和地方公债利息免征所得税是补贴相关投资的一个明确决定。② 从这一优惠措施也可以看出,联邦政府对州和地方政府的借款活动并不进行限制。

(2) 加拿大

加拿大三级政府都有相应的税种满足其财政收益权的实现。加拿大没有共享税制度,除了省政府不能征收关税和对省际间贸易进行课税外,联邦政府和省政府都可以针对主要的税源征税。两级政府都征收个人所得税和公司所得税。在一般销售税领域,联邦政府征收增值税性质的商品与劳务税(Goods and Services Tax, GST),而省政府征收销售税。③ 在 2004—2005 财政年度,个人所得税、公司所得税、销售税(商品与劳务税)等三个主要税种为联邦产生 74% 的收入,为省政府产生 54% 的收入。④ 联邦政府也从特别消费税(针对烟草、酒精和汽油征收)、社会保险税、关税和航空运输税中获得重要的收入来源。省政府也针对烟草、酒精和汽油征收消费税,还征收社会保险税、土地转让税、土地投机税、娱乐税、赛马税等。⑤ 在加拿大,根据《1867 年宪法法》的规定⑥,几乎所有省内贮藏的石油和天然气都被作为"地表层以下的权利"归省政府所有。省政府因此可以通过征收自然资源税获得大量收入。这些收入的分配很不均匀,主要归三个西部省。市镇在筹集

---

① See I. R. C. § 103.
然而,州可能对州和地方政府债券利息征收所得税。通常,州对本州或其地方政府发行债券的居民持有者免税,而对其他州发行债券的居民持有者不免税。另外,州对联邦政府的债券利息也免除所得税。因此,购买州和地方公债被认为是合法避税的一种手段。

② See Fisher, Ronald C., *State & Local Public Finance*, 3rd ed., Thomson South-Western, 2007, pp. 240—241.
尽管如此,1986 年的《税收改革法》对私人活动公债利息的税收优惠作了限制。See Stotsky, Janet G., and Emil M. Sunley, "United States," in Ter-Minassian, Teresa (ed.), *Fiscal Federalism in Theory and Practice*, IMF, 1997, p. 374.

③ See Clark, Douglas H., "The Fiscal Transfer System in Canada," in Ahmad, Ehtisham (ed.), *Financing Decentralized Expenditures*, Edward Elgar, 1997, pp. 73—75.

④ See Berg-Dick, Paul, Michel Carreau, Deanne Field, and Mireille Éthier, "Tax Coordination uner the Canadian Tax Syestem," in Bosch, Núria, and José M. Durán (eds.), *Fiscal Federalism and Political Decentralization: Lessons from Spain, Germany and Canada*, Edward Elgar, 2008, pp. 169—191.

⑤ 参见财政部税收制度国际比较课题组编著:《加拿大税制》,中国财政经济出版社 2000 年版,第 13—17、137—141 页。

⑥ See *the Constitution Act*, 1867, 92A.

第二章　实现中央与地方关系法治化的财政制度模式

其收入方面能力有限,在税收方面则主要依靠财产税。① 来自与财产相关税收的收入占到所有地方政府收入的一半以上。② 和美国类似,在税种划分方面,加拿大联邦政府也是以所得税为主,省政府以销售税为主,而地方政府则以财产税为主。

其他非税收入也是各级政府的主要财政收入来源。省级非税收入的主要来源是自然资源收入、政府企业的经营收入及政府控制的酒精饮料的专卖收入等。此外,迅速增长的彩票领域的收入,其他形式的赌博领域的收入都完全归省政府。地方政府的非税收入来源包括许可费和特许费、财政专卖收入和劳务收入、罚款、投资收益、以及其他收入。联邦非税收入的重要来源是投资收益,主要来自联邦所属国有公司。③

各级政府都通过发行公债方式解决资本支出领域的赤字问题。联邦政府对经常项目或资本项目支出借款都没有正式的宪法限制。省政府的相关借款也没有正式的宪法限制和联邦政府的限制。省可以为任何目的借款,对于省的借款,没有任何联邦层面的限制。省不需要向联邦提供其借款的任何信息。和美国的做法不同,联邦对省的借款不提供税收方面的激励。④ 联邦政府和州政府都遵从市场规则,由一个或更多的国际投资公司对它们的债券进行评级;这些评级在创造借款的良好环境方面具有重要意义。联邦政府债券主要在传统的债券市场发行,也可以向加拿大养老金计划和公共雇员养老金计划借款。省政府有两个借款的来源,即传统的债券市场和加拿大养老金计划。和省政府与联邦政府的关系不同,地方政府借款事先需要经过省政府的批准,并受到严格的限制。地方政府只能将借款限定在批准的资本支出方面,而不能用于经常性支出。⑤ 值得注意的是,加拿大联

---

① See Simeon, Richard, and Martin Papillon, "Canada," in Majeed, Akhtar, Ronald L. Watts and Douglas M. Brown (eds.), *Distribution of Powers and Responsibilities in Federal Countries*, McGill-Queen's University Press, 2006, p.110.
② See Sancton, Andrew, "Structural Reform in Canada," in Dollery, Brian E, and Lorenzo Robotti (eds.), *The Theory and Practice of Local Government Reform*, Edward Elgar, 2008, p.116.
③ 参见财政部财政制度国际比较课题组编著:《加拿大财政制度》,中国财政经济出版社 1999 年版,第 167—176 页。
④ See Boadway, Robin, "Canada," in Shah, Anwar, and John Kincaid (eds.), *The Practice of Fiscal Federalism: Comparative Perspectives*, McGill-Queen's University Press, 2007, p.121.
⑤ See Krelove, Russell et al., "Canada," in Ter-Minassian, Teresa (ed.), *Fiscal Federalism in Theory and Practice*, IMF, 1997, pp.221—222.

邦政府并没有对省政府债务进行紧急救助的保证。而地方政府债券的债权人通常会期待省政府的紧急救助。在实践中,以市场约束为主的省政府债券与严格管制为主的地方政府债券都取得了良好的效果。①

2. 财政立法权的划分

在对称型制度模式下,在享有财政收益权的同时一般也享有相应的财政立法权。

(1) 美国

《联邦宪法》及其修正案明确了联邦政府的税收立法权,规定了对州政府的禁止性要求,明确了相关剩余权力的归属。相关的宪法及修正案的条文为:《联邦宪法》第1条第8款规定:"国会有权规定和征收税金、关税、输入税和货物税,以偿付国债、提供合众国共同防务和公共福利,但一切关税、输入税和货物税应全国统一。"该条第10款规定:"任何一州,未经国会同意,不得对进口货或出口货征收任何输入税或关税,但为执行本州检查法所绝对必需者除外。"此外,《联邦宪法》第10条修正案规定:"宪法未授予合众国、也未禁止各州行使的权力,由各州各自保留,或由人民保留。"②

根据上述宪法规定,在不违反《联邦宪法》禁止性规定的前提下,各州的财政立法并不需要其他明确授权。州政府拥有前文所属州税收体系的相应税率、税基的决定权,并规定适用于每一种税的其他规则。③ 但是,州立法还须遵循《联邦宪法》及其修正案、判例的一些规定,联邦对州课税权限的限制主要包括最高条款、商业条款、平等保护条款、正当程序条款及相互豁免规则等。④ 具体为:① 关于最高条款的规定。美国《联邦宪法》第6条第1项有关"最高条款"的规定是:"……本宪法及依据本宪法所制定的联邦法律,

---

① See Bird, Richard M., and Almos Tassonyi, "Constraining Subnatioal Fiscal Behavior in Canada: Different Approaches, Similar Results?" in Rodden, Jonathan, Gunnar S. Eskeland, and Jennie Litvack (eds.), Fiscal Decantrlization and the Challenge of Hard Budget Constraints, MIT Press, 2003, pp. 85—132.

② See The Constitution of the United States, Article 1, Section 8, Section 10; Amendments to the Constitution of the United States, Amendment X.

③ See Moore, Kathryn L., "State and Local Taxation: When Will Congress Intervene?" Journal of Legislation, Vol. 23, 1997, pp. 171—213.

④ 参见林世铭、李慧雯:《美国州及地方政府课税权之研究》,载台湾《财税研究》1997年第1期。

以及以国家权力所缔结的条约,均为全国的最高法律,各州应遵守。"① 这一条款在税法上的引申,便是各州和地方政府的税法不得与联邦税法相冲突。② 关于商业条款的规定。根据《联邦宪法》第 1 条第 8 项第 3 款关于商业的条款规定,联邦国会有权管制美国与外国之间的通商以及各州之间的通商。② 商业条款的一个重要目的,在于防止政府的征税行为对州际间的商品流通构成障碍,从而影响商业活动的自由性。根据法院对该条款的最早解释,各州并没有权力对州际间的商品流通课税。经过长期的争议以后,联邦规定,只要州际间通商的课税不具有歧视性,便不算违背商业条款,也不算构成对商品流通的障碍。③ 关于平等保护和正当程序的规定。根据美国《联邦宪法》修正案第 14 条第 1 款的规定,州政府的课税不得歧视纳税人,同时需要遵循正当程序。③ ④ 关于相互豁免的判例规则。上文已经提到,从 1819 年麦卡洛克诉马里兰州案开始,美国最高法院建立起了"相互豁免"的原则,使州和联邦政府相互之间免除税收干预。

地方政府的税收立法权由州宪法授予。州宪法规定地方政府可以征收哪些税,规定税的种类和税务管理的程序,确定某一税收收入的使用目的等。唯一的例外是,在一些实行地方自治的州,会给予市政府征税的一般授权。④

州宪法、法律对州、地方政府的税收立法限制主要体现在:① 关于一般授权及税率的限制。州级的法律对某些特定的州级税收作了较为严格的限制。例如加利福尼亚的法律均对本州财产税和销售税的税率加以限制。⑤ 在一般情况下,州以下地方政府的税收权限(包括税率的高低)是由州法律授权给予的。② 关于一致性条款的规定。几乎所有的州宪法都包括某些平等或一致性税收的条款。这一规定要求,对处于相同或相似境地的纳税人和征税对象,应课征相同或相似的税额。在一些州,该条款适用于所有的税

---

① See *The Constitution of the United States*, Article 6, Section 1.
② See *The Constitution of the United States*, Article 1, Section 8.
③ See *Amendments to the Constitution of the United States*, Amendment XIV.
④ See Saffell, David C., and Harry Basehart, *State and Local Government*, 7th ed., McGraw-Hill, 2001, p.249.
⑤ 下文在预算控制部分还会提及。

种,而在其他一些州,一致性或平等性要求则关注财产税。① ③ 关于公共目的的规定。美国大部分州的法律均有关于本州及所属地方政府征税目的的规定,要求税收的使用范围应为政府活动和社会福利。②

(2) 加拿大

加拿大财政立法权的划分主要规定在《1867年宪法法》中。该法分别规定了联邦和省的专属立法权。该法规定的加拿大议会享有专属立法权的事项有:以任何课税方式筹措资金;凭借公共信用举债。该法关于省立法机关享有专属立法权的事项有:在省内征收直接税以便为了省的目的而筹集资金;以省的单独信用举债;商店、酒吧、旅店、拍卖人和其他方面的执照,以便为省、地方或市的目的而筹措资金。该法规定,在各省,立法机关可以针对以下事项制定关于以任何课税方式筹措资金的法律:① 省内非再生自然资源和森林资源以及它们的初级产品。② 省内电力生产场所和设施以及它们的产品。③ 由此可知,联邦政府和省政府都享有广泛的财政立法权。

根据宪法,地方政府是省政府的"创造物",因此,地方政府的财政立法权也受到相应的限制。尽管地方政府通常可以设定其自己的税率,但是这种自由经常受到限制。④

3. 财政征收权的划分⑤

在对称型制度模式下,各级政府均有独立的财政征收权。

(1) 美国

美国的三级政府都行使税收征收权,各级政府都有自己的税收征管机构,负责征收和管理划归本级政府的税收。在联邦政府中,对税收执法负全部责任的机构是财政部,具体的执行机构是其下属的美国国内收入局(In-

---

① See Briffault, Richard, "The Disfavored Constitution: State Fiscal Limits and State Constitutional Law," *Rutgers Law Journal*, Vol. 34 (2), 2003, pp. 907—957.

② 参见林世铭、李慧雯:《美国州及地方政府课税权之研究》,载台湾《财税研究》1997年第1期。

③ *The Constitution Act*, 1867, 91.3, 91.4, 92.2, 92.3, 92.9, 92A(4).

④ See Bird, Richard M., and Almos Tassonyi, "Constraining Subnatioal Fiscal Behavior in Canada: Different Approaches, Similar Results?" in Rodden, Jonathan, Gunnar S. Eskeland, and Jennie Litvack (eds.), *Fiscal Decentrlization and the Challenge of Hard Budget Constraints*, MIT Press, 2003, pp. 85—132.

⑤ 这里主要讨论税收的征收权问题,下文同。

第二章　实现中央与地方关系法治化的财政制度模式

ternal Revenue Service, IRS)和海关(U.S. Customs Service)。州和地方政府也设有各自的税收征管机构。国内收入局负责联邦政府除关税以外的所有税收事务。海关署专门负责关税事务。国内收入局将全国分为 7 个大区(北大西洋、中大西洋、东南大西洋、西南大西洋、中部、中西部和西部 7 个大的税区)。每个大区税务局负责对本区范围内联邦税收的征管工作。各州和地方政府的税收管理机构依据各自的税收分布情况单独设置,机构名称和工作范围并不一致;具体负责本级政府的税收征管工作。①

值得注意的是,美国各州同时享有财政立法权和财政收益权。虽然这种模式具有其优点,但是它加重了纳税人的负担。这就使得对州和地方间的税收进行协调显得很有必要。② 从管理的角度加强税收协调的机制和方法有合作管理(Cooperative Administration)、协调税基(Coordinated Tax Bases)、税收附加(Tax Supplements)和集中管理(Centralized Administration)等。① 合作管理,是指各级税收征管机构之间保持联系、交流信息和加强管理。比如,销售税的征管机构可以通知其他机构,某企业是否有违法行为,何时应在其他州纳税等情况;所得税的征管机构可以交换纳税审计的信息等。合作管理的中坚是美国国内收入局,该局为其他州或地方税务机构提供必要的信息。合作管理可以提高整个税收征管体系的效率,并降低成本。② 协调税基,是指一级政府把它开征的税种与其他政府的税种在税基上保持一定的协调。例如,有些州政府把州个人所得税调整后的毛所得与联邦个人所得税的税基保持统一;许多地方政府把销售税的税基设置得与它们所在州的销售税的税基相同。这样,纳税人和税收征管机构的工作相对就要简化一些。③ 税收附加,是指低一级政府采用对上一级政府征税的附加的形式征收本级政府的税收。税收附加有两种,一种是采用上级政府的税基,使用附加税率。许多地方政府开征的销售税就是采取这种形式。另一种是以上一级政府征收的税款作为税基进行附加。部分州政府课征的所得税就是对联邦所得税的附加。④ 集中管理,是指低一级的政府采用上

---

① 参见财政部税收制度国际比较课题组编著:《美国税制》,中国财政经济出版社 2000 年版,第 312—316 页。

② See Moore, Kathryn L., "State and Local Taxation: When Will Congress Intervene?" *Journal of Legislation*, Vol. 23, 1997, pp.171—213.

一级政府的税基,使用自己的税率,但不负责征管。纳税人只需向上一级政府申报纳税即可。就个人所得税而言,该方法于1972年采用。1972年的《联邦和州征税法》批准了州和联邦政府之间的协议,根据协议,国内收入局可以征收和管理州的个人所得税。[①]

除了纵向的协调机制以外,在美国还存在着一些由州的税务人员和专家组成的州际税收协调组织从事协调工作;一些州之间还签订了合作协议,加强双边合作。[②] 具体包括:① 税务管理联合会(Federation of Tax Administration, FTA)是由50个州、哥伦比亚特区和纽约市的税务机构组成的一个非营利机构。它通常对州的税收政策和实践进行研究、报告和信息交换,以改善州的税收征管;培训州税务人员;协调州际和联邦与州之间的税务管理计划。② 跨州税收委员会(Multi-State Commission, MTC)成立于1967年,是由20个会员州组成的协调组织,是《税收的统一分配所得条例》[③]和《跨州税收协议》的管理机构,主要从事对跨州交易征税的协调,使得州政府对这类交易的征税具有更大的统一性和公平性。③ 合作协议与双边交换。部分州的税务机构签订了地区性的合作协议(Regional Cooperative Agreements),以促进各州的信息共享,提高对跨州销售的课税效率。有45个州执行由税务管理联合会制定的《统一信息交换协议》,与其他州交换有关纳税申报的信息。部分州之间还单独签署了双边交换协议(Bilateral Exchange Agreements)。根据这种双边交换协议,各州之间的信息交换将更加综合、具体。

(2) 加拿大

加拿大三级政府也都享有税收征收权,三级政府都有各自的税收征管机构,各司其职、互不干预,只有业务上的联系,而没有领导与被领导的关系。加拿大联邦政府负责税收征管的部门加拿大收入局(Canada Revenue Agency)。该局下设两个分支机构:税收司主要负责关税以外的所有联邦税

---

① 参见〔美〕詹姆斯·M.布坎南:《公共财政》,赵锡军等译,中国财政经济出版社1991年版,第454页。

② 参见财政部税收制度国际比较课题组编著:《美国税制》,中国财政经济出版社2000年版,第309—311页。

③ 该条例是由统一州法律委员会制定的法律,用于协调公司所得在相关各州之间的分配。已经有22个州采纳了该条例,12个州从法律上承认或服从该条例。

第二章 实现中央与地方关系法治化的财政制度模式

收事务;关税司主要负责对进口商品征收关税和进出口事务。国家税务总局在全国共设 7 个税收征收中心,总部在渥太华。7 个征收中心按经济区域划分,其税务局都设在大城市,每个区税务局负责本区范围内联邦税收的征管。此外,还设立小区税务中心,也是按经济区域设置,隶属于大区税务局。省税务机构是省政府的职能部门,它与联邦收入局没有隶属关系,主要征收个人所得税、公司所得税、销售税等属于省政府征收的税种以及协调好与地方政府间的税务关系。地方税务机构是地方政府的职能部门,它与省税务局没有隶属关系,主要征收财产税以及负责地区的税收管理工作。[①] 值得注意的是,和美国类似,由于加拿大联邦政府和省政府都拥有税收立法权,使得税制相对比较复杂,这给有效的税收征管带来了难题,故一定的税收协调制度就显得很有必要。对于不同的税种,通常有不同的协调方式。[②]

（Ⅰ）所得税协调

在所得税领域,加拿大在两级政府之间实现了很大程度的税收协调,降低了纳税人的遵从成本和政府的管理成本。第二次世界大战开始的时候,联邦政府和 7 个省都征收所得税。1941 年,省同意放弃征收它们的所得税,把税源全留给联邦政府。省政府以得到联邦的拨款作为收入减少的补偿。这项安排本来是打算仅适用于战争期间,但战后(1947 年)联邦政府劝说所有的省(除了安大略和魁北克[③])加入"税收租贷协议"(Tax Rental Agreement, TRA);在该协议下,加入协议的省仍然不能征收它们自己的所得税,而以得到联邦政府的拨款作为交换。1952 年,在续签五年协议的时候,安大略加入了该协议系统,这样只有魁北克征收省所得税。税收租贷协议于 1962 年告一段落,被"税收征管协议"(Tax Collection Agreement, TCA)代替。根据这个协议,省根据它们各自的税率征收其所得税。同时,省与联邦

[①] 参见财政部税收制度国际比较课题组编著:《加拿大税制》,中国财政经济出版社 2000 年版,第 142—144 页。

[②] 这部分涉及的有些权力属于立法权的范畴,为了方便起见,就一并予以叙述。

[③] 值得注意的是,魁北克是加拿大的法语区,该国说法语的居民主要居住在该省。由于历史的原因,该省一直谋求财政及其他方面更大的自治权甚至独立。该省于 1980 年和 1995 年举行了两次试图脱离加拿大的全民公决。虽然第二次双方得票相当接近,但两次提议都遭到失败(第一次 60% 票反对,40% 票支持;第二次 50.6% 票反对,49.4% 票赞成。)See Iain McLean, "Fiscal Federalism in Canada," Nuffield College Working Paper 2003-W17, University of Oxford. 魁北克是加拿大政治经济生活中一个很复杂的因素,本研究将不过多地涉及该省的问题。

之间达成一致意见,如果省课征其税的额度为联邦税的一定比例(Tax-on-Tax)(这样联邦税法也就成为省税的基础),联邦政府将无偿为省征税。1962年,除了安大略和魁北克以外的省,都签署了覆盖个人所得税和公司所得税的征管协议;安大略签署了个人所得税的征管协议,但是征收自己的公司所得税;2006年,安大略省和联邦政府达成协议,从2009年开始,由联邦征收和管理其公司所得税;魁北克仍然征收自己的个人所得税和公司所得税。阿尔伯达后来选择自己征收公司所得税,但仍然保留个人所得税的征管方式。税收征管协议每五年重新签署一次。① 到目前为止,除了魁北克以外的其他省都签署了个人所得税的征管协议;除了魁北克、和阿尔伯达以外的其他省都签署了公司所得税的征管协议。②

(Ⅱ) 销售税协调

在历史上,两级政府征收极为不同的销售税。和宪法的规定相一致,省在零售环节征收销售税,同时联邦政府很多年在制造环节征收销售税。③ 1991年,联邦销售税被增值税性质的货物与劳务税(GST)所替代。这是一种宽税基的税,征税对象包括仅有少数例外的几乎所有的货物和劳务。货物与劳务税被认为在有关经济效率方面具有很多优势。联邦政府希望省及时地把它们的零售销售税和联邦的货物与劳务税相协调,以取得同样的优势。

但是销售税方面的协调进展很慢。部分问题是,在货物与劳务税的抵扣制度下,对于无控制边界存在情况下的多环节税收制度协调存在相当大的管理上的困难。这在各省采用不同税率的情形下显得更为严重。④ 魁北

---

① See Krelove, Russell et al., "Canada," in Ter-Minassian, Teresa (ed.), *Fiscal Federalism in Theory and Practice*, IMF, 1997, pp. 206—209.

② See Hogg, Peter, Joanne Magee, and Jinyan Li, *Principles of Canadian Income Tax Law*, 5th ed., Carswell, 2005, pp. 17—18; Berg-Dick, Paul, Michel Carreau, Deanne Field, and Mireille Éthier, "Tax Coordination uner the Canadian Tax Syestem," in Bosch, Núria, and José M. Durán (eds.), *Fiscal Federalism and Political Decentralization: Lessons from Spain, Germany and Canada*, Edward Elgar, 2008, pp. 109—135.

③ 《加拿大宪法法》限定省政府可以用直接税为其自身目的筹集收入。虽然经济学将销售税和消费税排除在直接税范围之外,但在加拿大,省的销售税和消费税被法院认为构成直接税。这种解释根据的一个观念是,零售商仅仅是政府的征税代理人,他们只是征收由应税货物的消费者直接负担的税款。这种观点认为,税最终是由消费者承担的。See Krelove, Russell et al., "Canada," in Ter-Minassian, Teresa (ed.), *Fiscal Federalism in Theory and Practice*, IMF, 1997, pp. 209—210.

④ See Krelove, Russell et al., "Canada," in Ter-Minassian, Teresa (ed.), *Fiscal Federalism in Theory and Practice*, IMF, 1997, p. 202.

第二章 实现中央与地方关系法治化的财政制度模式

克是第一个协调的省。1992年,它将零售销售税转变为多环节税,称为魁北克销售税(Quebec Sales Tax,QST),其税基和联邦的货物与劳务税很类似。值得注意的是,在这种协调制度下,由魁北克的税务机构替联邦政府征税。1997年,三个大西洋省——新不伦瑞克、诺瓦斯科舍和纽芬兰——也协调了它们的销售税。作为一个复合税,协调销售税(Harmonized Sales Tax,HST)以13%的复合税率征收,其中5%为联邦货物与劳务税的部分,8%为省应得到的部分。由加拿大收入局管理,基于达成的公式,联邦向每个省转移协调销售税中省应得的部分。2010年7月1日开始,安大略也开始实行协调销售税,税率为13%,其中5%部分为联邦货物与劳务税,8%为安大略增值税。2009年7月23日,不列颠哥伦比亚宣布,将省销售税与联邦货物与服务税予以协调,开征协调销售税,于2010年7月1日起生效。税率为7%,复合税率为12%。安大略和不列颠哥伦比亚的协调销售税也都由加拿大收入局管理。① 除了阿尔伯达省不征收销售税外,目前还有萨斯喀彻温、马尼托巴和爱德华王子岛的销售税需要和联邦政府进一步协调。

(Ⅲ)税收协调领域的其他问题

许多专家都支持支持提升,至少是巩固目前税收协调的水平。② 大多数省的消费税还远未达到协调。所得税协调制度也存在着不继续坚持目前形式的危险。随省在所得税领域的地位越来越重要,对这些协调制度的压力也急剧增加。也有协调其他税收方面的讨论,比如两级政府都征收的资本税和特别消费税等。

4. 财政预算权的划分

在对称型制度模式下,各级政府都享有财政预算权。地方政府的预算权受到州政府的一定控制。

(1)美国

美国三级政府都享有财政预算权。州和地方政府在预算权的行使方面具有很多类似性,但也有两点区别。一个重要区别是,和州相比,地方政府

---

① See Ontario's Certified General Accountants, "Harmonized Sales Tax in Canada," available at http://www.cga-ontario.org/assets/file/hst.pdf,2014年9月20日访问。

② See Boadway, Robin, and Ronald Watts, "Fiscal Federalism in Canada," available at http://www.fiscalreform.net/library/pdfs/fiscal_federalism_in_canada.pdf,2014年9月20日访问。

更加依赖于政府间转移支付。以 2002 年为例,转移支付占到州所有收入来源的 26.0%,而占到地方政府的 40.1%。另外,如前文所言,地方政府是被州政府所"创造"和控制的,地方政府和州的关系与州和联邦的关系完全不同。因此,地方层面的预算选择,诸如收入来源的类型、一些强制性支出、对税率的限制、税收水平、税收和支出的增长等方面都要受制于州政府的规定。①

大多数州在预算方面须面对各种类型的法律限制。对平衡预算要求②(Balanced Budget Requirements, BBRs)的严格程度,各州并不一样。③ 平衡预算指的是一般基金预算的平衡。州实行基金制会计,意味着州把所有的收入存入特定的基金中,每一笔支出都来自特定的基金。这一实践源自 19 世纪,统一的州预算没有存在过,多数收入是被指定用于特定用途的。最重要的是一般基金,阿拉巴马州和密西根州还设立专门支持公立教育的基金。州一般基金(加上教育基金)能得到州所有收入的 50%—60%。通常的平衡预算要求包括三种类型:州长提出的预算案必须是平衡预算;批准通过的预算必须是平衡预算;不允许赤字向下一年度转移。有的是州宪法规定,有的是州法律规定。根据州预算官员全国协会 2008 年的调查,有 43 个州要求州长提出的预算案必须是平衡预算,有 40 个州要求批准通过的预算是平衡预算;有 37 个州不允许向下一年度转移赤字。佛蒙特州则没有任何类型

---

① See Fisher, Ronald C., *State & Local Public Finance*, 3rd ed., Thomson South-Western, 2007, p.224,pp. 282—283.

② 值得注意的是,联邦目前没有平衡预算要求。而是否要求平衡预算是近几十年来国会所面临的最为持久的政治议题之一。20 世纪 30 年代,就有参议员提出要求联邦预算平衡的措施。80、90 年代产生了通过宪法修正解决预算问题的强烈主张。当时的里根总统和布什总统都支持,克林顿总统也支持平衡预算,但反对采用宪法修正的方式。90 年代末期,特别是 1998—2001 年度的财政节余,使得对平衡预算的热情开始消减。近年来,特别是 2007 年经济危机以来,当赤字增长到一个前所未有的规模时,最近又出现了对保证预算平衡措施的支持。在目前的政策下,联邦债务的增速预期快于 GDP。目前联邦没有赤字融资的困难,问题是,在将来某个时点,投资者在认为其不可持续的时候会拒绝继续为赤字进行融资。到那时,不可持续的赤字政策将带来灾难性的后果。平衡预算已经成为改革联邦政府运作方式的众多改革努力中的中心目标,然而,要实现这一目标却并不容易。有一系列问题需要解决。例如:是否通过宪法修正的方式,是否有例外,是否包括独立的资本预算或收入、支出限制等。另外,实施和执行机制颇为关键。美国历史上最重要的关于平衡预算的法定措施——《1985 年平衡预算与紧急赤字控制法》(通常称为 *Gramm-Rudman-Hollings Act*)虽然设定了相关年度的赤字目标,但最终都没有实现。See Saturno, James V., and Megan Suzanne Lynch, "A Balanced Budget Constitutional Amendment: Background and Congressional Options," CRS Report for Congress, R41907, December 20, 2011.

③ See Stotsky, Janet G., and Emil M. Sunley, "United States," in Ter-Minassian, Teresa (ed.), *Fiscal Federalism in Theory and Practice*, IMF, 1997, p.362.

第二章　实现中央与地方关系法治化的财政制度模式

的平衡预算要求。① 对于不可预见的赤字,州政府可以建立一个预算平衡基金(Rainy Day Funds)作为应对的措施。可以在经济状况好的年份增加基金数额,而在经济增长缓慢或停止增长的时候运用该基金。这一基金可以减轻州政府在经济紧缩或膨胀时必须提高或降低税率的压力,从而为州政府在经济低迷时期能够维持一定的支出提供了一个方法。已有46个州通过立法建立了正式的预算平衡基金。相关法律通常会规定如下内容:将资金存入预算平衡基金账户的时间和资金来源;基金账户可维持的最高额度;从基金账户提取资金的时间和支出目的等。② 值得注意的是,地方政府很少建立类似基金。

除了平衡预算要求外,税收与支出限制(Tax and Expenditure limits, TELs)也是控制州和地方政府预算增长的措施。到2008年12月,有30个州采取了一定形式的税收、支出限制。有23个州采取了支出限制,有4个州采取了税收限制,有3个采取了税收与支出限制。大约有一半是通过州宪法规定的,另外一半是通过州法律规定的。许多税收、支出限制是在上世纪70年代末和90年代早期③制定的。这两个时期与美国的经济波动相契

---

① See NCSL, "NCSL Fiscal Brief: State Balance Budget Provisions," October 2010, available at http://www.ncsl.org/documents/fiscal/StateBalancedBudgetProvisions2010.pdf,2014年9月20日访问。也有研究指出,除了佛蒙特州外,怀俄明州只有一个模糊的预算平衡要求条款,而前述研究所引用的北达科达州的宪法条款是一般债务限制条款。See Hou, Yilin, and Daniel L. Smith, "A Framework for Understanding State Balance Budget Requirement Systems: Reexamining Distinctive Features and an Operational Definition," *Public Budgeting & Finance*, Vol. 26 (3), 2006, pp.22—45.

② See Fisher, Ronald C., *State & Local Public Finance*, 3rd ed., Thomson South-Western, 2007, pp.277—278.

③ 美国州对税收最早的限制出现在19世纪70、80年代,随后相关内容被规定到州宪法中。第二轮对税收的宪法限制发生在20世纪30年代经济危机时期。但是在税收限制发展中最重要的事件是1978年6月加利福尼亚采纳了第13号提案(Proposition 13)。第13号提案是对飚升的加利福尼亚财产税的一个反应,但其影响不限于财产税。该提案对财产税的税率作了限制;对财产的评估作了规定;同时规定任何州税的开征必须经过立法机构两院2/3以上的投票同意;此外,如果市、县和特区为了弥补受到限制的财产税收入的减少而征收特别税(Special Tax),必须要得到2/3以上地方选民的批准。第13号提案具有重大的意义,在美国一般被称为纳税人起义(the Tax Revolt),反映了纳税人在美国税收限制中的重要地位。加利福尼亚的行动过后几个月,密歇根也通过了类似的限制;在随后的几年,阿拉斯加、康涅狄格、特拉华、佛罗里达、夏威夷、路易斯安那和南卡罗莱纳等州采纳了这一宪法限制方法。1996年11月,加利福尼亚州又通过了第218号提案,根据该提案,加利福尼亚宪法现在要求所有种类的税收,在征收之前都必须经过选民的批准。对税收的限制比第13号提案更加严格。See Stark, Kirk J., "The Right to Vote on Taxes," *Northwestern University Law Review*, Vol. 96 (3), 2001, pp.191—251; Briffault, Richard, "The Disfavored Constitution: State Fiscal Limits and State Constitutional Law," *Rutgersw Journal*, Vol. 34 (2), 2003, pp.907—957; Pettinari, David G., "Michigans Latest Tax Limitation Battle: A Tale of Environmental Regulation, Capital Infrastructure, and the 'Will of the People'," *University of Detroit Mercy Law Review*, Vol. 77 (3), 1999, pp.83—154.

合。具体的限制类型有四种:(1) 税收收入限制。将税收收入和个人收入或通货膨胀、人口等指标的年度增长相联系。超过限制的收入将退还给纳税人。(2) 支出限制。这是最普遍的类型,通常也与个人收入或增长指标相联系。在许多州,支出限制和与经济扩张相关的增长指标相联系。更加严格的限制还包括收入超过规定的支出水平时的退税条款。(3) 基于收入估计的比例拨款限制。通常的拨款限制比例是从预期收入的95%到99%。一般不确定绝对的数额限制,或者与一个指标相联系。特拉华州、爱荷华州、密西西比州、俄克拉荷马州和罗德岛采用这种限制类型。(4) 混合方法。一些州采用各种限制类型的组合。例如,俄勒冈州有和个人收入增长相联系的州支出限制,还有一个条款要求当收入超过预期的2%时进行退税。此外,还包括某些例外和豁免。一些州还有其他条款要求纳税人表决批准或立法机关的绝对多数通过。例如,要求所有的税收增加或税收增加超过特定的数额必须接受纳税人批准。只有3个州采用了这一类型。目前,科罗拉多州要求所有的税收增加都须经纳税人批准。密苏里州和华盛顿州要求税收增加超过一定数额后须经纳税人批准。有16个州要求税收增加须经过绝对多数表决通过。税收增加或开征新税需要立法机构两院达到3/5、2/3或3/4的绝对多数支持。[1]

关于预算平衡要求、税收与支出限制以及上文所提到的债务限制的作用,学者们的意见并不一致。根据一些学者的研究[2],州平衡预算要求是有效果的。具有最严格平衡预算要求的州更可能实行平衡预算。尽管没有正式的实施机制,州预算应该保持平衡的政治传统成为其自身的实施机制。值得注意的是,美国的预算平衡要求不是联邦宪法或其他的中央立法施加的,而是各个州政府自己引入的,体现了州层面重视财政纪律的长期传统。[3]

---

[1] See Waisanen, Bert, "State Tax and Expenditure Limits—2008,", available at http://www.ncsl.org/issues-research/budget/state-tax-and-expenditure-limits-2008.aspx.

[2] See Poterba, James M., "Balanced Budget Rules and Fiscal Policy: Evidence from the States," *National Tax Journal*, Vol. 48 (3), 1995, pp. 329—336; Poterba, James M., "Do Budget Rules Work?" NBER Working Paper 5550, April 1996; Hou, Yiln, and Daniel L. Smith, "Do State Balanced Budget Requirements Matter? Testing Two Explanatory Frameworks," *Public Choice*, Vol. 145, 2010, pp. 57—79.

[3] See Auerbach, Alan J., "US Experience with Federal Budget Rules," CESifo DICE Report 1/2009.

第二章　实现中央与地方关系法治化的财政制度模式

严格的财政纪律和相对低的债务水平带来了重要的好处。尽管2010年末2012年初市镇债券市场出现一些混乱(部分原因是2010年底重建美国债券项目的结束),州政府(大多数地方政府)没有拖欠它们债务偿还义务的风险。这样,市镇借款成本仍然保持在低水平。① 但是,在有效控制政府支出的同时,上述限制措施也有其局限性。研究表明,在传统上,美国州层面的财政政策是顺经济周期(Procyclical)的。② 而有学者认为,顺经济周期的做法是由于平衡预算规则引起的。具有更严格平衡预算要求的州实行更顺经济周期的支出政策。③ 几乎所有的州有平衡预算规则。这意味着当经济萧条的时候,州将在错误的时间去被迫增加税收或者削减支出,相关措施在需要反周期政策刺激经济的时候起到了相反作用。2009—2010年度州的财政政策几乎抵消了联邦的刺激计划。④ 除了短期效果外,顺经济周期的州预算对公共服务、教育、基础设施维护、投资方面的提供具有更长期的消极影响。⑤

因此,应该在经济萧条时期财政政策的灵活性与长期财政纪律传统之间保持平衡,即在控制支出和灵活性方面达成平衡。⑥ 可采取措施的包括:

---

① See Jonas, Jiri, "Great Recession and Fiscal Squeeze at U. S. Subnational Government Level," IMF Working Paper (WP/12/184), July 2012.
② See Clemens, Jeffrey, and Stephen Miran, "Fiscal Policy Multipliers on Subnational Spending," American Economic Journal: Economic Policy, Vol. 4 (2), 2012, pp. 46—68.
③ See Follette, Glenn, and Byron Lutz, "Fiscal Policy in the United States: Automatic Stabilizers, Discretionary Fiscal Policy Actions, and the Economy," Finance and Economics Discussion Series (2010—43), Federal Reserve Board, Wahington, D. C.
④ See Ornstein, Norman J., "Four Really Dumb Ideas That Should be Avoided," American Enterprise Institute, January 26, 2011.
⑤ See Krugman, Paul, "Fifty Herbet Hoovers," The New York Times, December 29, 2008, p. A25; McNichol, Elizabeth, "Out of Balance Cuts in Services Have Been States' Primary Response to Budget Gaps, Harming the Nation's Economy," Center on Budget and Policy Priorities, April 18, 2012. 值得注意的是,平衡预算限制还会产生其他一些消极的后果。例如,在面临财政问题时,一些州不是缩减支出,而是出售公共资产或者向未来转移支出以达到平衡预算条款的要求。See Petacchi, Reining, and Joseph Weber, "The Unintended Consequences of Balanced Budget Requirements," available at http://www.hbs.edu/units/am/pdf/Patacchi%20and%20Weber_AssetSale_2012.pdf, 2014年9月20日访问。
⑥ See Jonas, Jiri, "Great Recession and Fiscal Squeeze at U. S. Subnational Government Level," IMF Working Paper (WP/12/184), July 2012; Mark Humphery-Jenner, "Balanced Budget Rules and Expenditure Limits: Lessons from the US and Australia and Implications for the EU," German Law Journal, Vol. 13 (6), 2012, pp. 607—636.

(1)更加积极地使用预算平衡基金。一些州在使用它们的预算平衡基金方面过于保守,它们应当使用基金余额,而不是进一步削减支出。在经济良好时期储备预算平衡基金的标准也应该修订。余额应被更好的调整以应对潜在的预算影响。(2)更好地管理投资支出。通过更好地管理资本预算,在经济萧条时期加快基础建设步伐,减缓经济波动。(3)经济危机前,许多州把收入增长当成是永久现象,推高了当期和未来的支出责任。应该避免此类情况的发生。(4)保持联邦对州的逆周期援助。

(2)加拿大

加拿大省政府和地方政府在财政预算权的行使上独立于联邦政府。联邦财政部长和省财政部长定期举行会议,交换对财政和经济政策的看法。地方政府则在本省法律范围内行使财政预算权。① 省政府拥有大量的自主财源,其所得到的联邦转移支付也多是不附条件的,这使得省政府具有很大的预算独立性。实际上,联邦对省政府层面的预算行为没有行政的或正式的政治约束。加拿大的省政府从根本上而言在政治上和行政上是独立于联邦政府的。而地方政府是省政府的代理人,需要面对省政府明确的预算限制。地方政府在收入和支出方面的决定都受到省政府的严格控制,地方政府从省政府得到的重要的转移支付一般都是附条件的,这都使得地方政府的财政预算权的行使受到省政府的很多限制。②

值得注意的是,自不列颠哥伦比亚省在1991年通过"平衡预算立法"(Balanced Budget Legislation, BBL)后,已经有7个省通过了不同形式的平衡预算立法。③ 纽芬兰和拉布拉多、诺瓦斯科舍、爱德华王子岛是没有任何平衡预算立法的省份。和美国一些州的做法不同,加拿大没有一个省将平衡预算条款纳入其宪法中。一般而言,预算平衡规则禁止赤字或者要求在特定的时间范围内恢复平衡状态。

---

① 参见经济合作与发展组织编著:《比较预算》,财政部财政科学研究所译,人民出版社2001年版,第141—142页;萨尔瓦托雷·斯基亚沃—坎波、丹尼尔·托马西:《公共支出管理》,张通译,中国财政经济出版社2001年版,第128页。

② See Bird, Richard M., and Almos Tassonyi, "Constraining Subnatioal Fiscal Behavior in Canada: Different Approaches, Similar Results?" in Rodden, Jonathan, Gunnar S. Eskeland, and Jennie Litvack (eds.), *Fiscal Decantrlization and the Challenge of Hard Budget Constraints*, MIT Press, 2003, pp. 85—132.

③ 在每个省,地方政府都被省政府要求经常性项目实行平衡预算。

第二章　实现中央与地方关系法治化的财政制度模式

对加拿大西部四个省的研究表明,平衡预算立法并没有实现它们预订的目标。在最近的经济危机时期,从 2010 年 12 月开始,只有萨斯喀彻温省没有宣布预算赤字。阿尔伯达省和马尼托巴省通过从"雨天储备基金"①调取资金解决收入缺额问题。只有萨斯喀彻温省没有修改平衡预算立法以应对经济危机。不列颠哥伦比亚、阿尔伯达和马尼托巴省都修改了平衡预算立法,允许为一个特定的过渡时期实行"临时"的预算赤字。马尼托巴省还把年度平衡改为四年的滚动平衡。可以看到,财政规则可以为了其他的政策目标而修改、规避、延缓或放弃。经济危机时期的实践表明,仅凭财政规则是不能保证平衡预算的。政治意愿和公众支持在决定政府是否实行赤字预算方面更为重要。平衡预算立法并不能防止政治领导人改变或逃避游戏规则。②

除了预算平衡要求外,其他控制政府预算的措施还包括:(1) 收入限制规则。即限制税收增长或要求在开征新税时进行全民公决。例如:阿尔伯达省 1995 年通过的《阿尔伯达纳税人保护法》要求征收省销售税时须经全民公决。马尼托巴省 1995 年通过的《平衡预算、债务偿还与纳税人保护法》和 2008 年取代该法的《平衡预算、财务管理与纳税人责任法》规定,对于主要的税收调整须经全民公决。安大略 2003 年通过的《纳税人保护法》要求提高税率或开征新税须经全民公决。新不伦瑞克省 2003 年通过的《纳税人保护法》要求在开征新税时须经全民公决。育空地区 1996 年通过的《纳税人保护法》要求增加税收须经全民公决。不列颠哥伦比亚省曾经实施过收入限制规则。(2) 支出限制规则。③ 例如:不列颠哥伦比亚省 1991 年通过的《纳税人保护法》要求限制预期的支出增长。阿尔伯达省 1992 年的《支出控制法》要求限制从 1992—1993 年度到 1994—1995 年度的项目支出增长。诺瓦斯科舍省 1993 年通过的《支出控制法》规定了降低经常性支出和资本

---

① 不列颠哥伦比亚省没有建立稳定基金。
② See Wesley, Jared J., and Wayne Simpson, "Promise Meets Reality: Balanced Budget Legislation in Western Canada, 1991—2010," Paper for presentation at the Annual Meeting of the Canadian Political Science Association, Wilfrid Laurier University, May 16, 2011.
③ 联邦政府曾在 1991—1995 年间实施过正式的支出限制规则——《支出控制法》(*Spedning Control Act*)。为 1991—1992 年度到 1995—1996 年度的项目支出(排除债务偿还、就业保险和农场收入保障)设定限制,允许在财政年度之间进行调整。支出限制规则得到遵守。

性支出方面的要求。(3)债务规则。具体要求建立"雨天基金"、提供债务管理计划、提供债务和 GDP 比例的指导等。例如:阿尔伯达省 2000 年通过的《财政责任法》要求建立阿尔伯达稳定基金。不列颠哥伦比亚省 1991 年通过的《纳税人保护法》要求债务缩减计划。萨斯喀彻温省 1995 年通过的《平衡预算法》要求提供债务管理计划。2008 年取代该法的《增长与财政安全法》仍要求提供债务管理计划,同时建立了债务偿还基金以实现长期的消除债务目标;规定超收收入的一半划入增长与财政安全基金,一半划入债务偿还基金。马尼托巴省 1995 年通过的《平衡预算、债务偿还与纳税人保护法》要求建立从 1996—1997 年度起强制性存款的债务偿还基金,不允许从该基金调取资金用于平衡预算。魁北克省 2001 年通过的《平衡预算法》要求建立用于平衡预算的稳定基金。安大略省 2004 年通过的《财务透明与责任法》要求维持谨慎的债务与 GDP 比例。①

(四)政府间转移支付

在对称型制度模式下,政府间转移支付也是各国制度安排中不可或缺的重要组成部分。

1. 美国

政府间转移支付在美国也具有重要的意义,但美国联邦宪法并没有规定相关内容。联邦政府对州的转移支付与联邦政府的支出权②有关。现代的联邦支出权仅受到广义限制。首先,宪法文字要求支出权的行使目的必须是追求普遍福利;但在审查法律目的是否符合全民福利时,法院应该尊重国会的裁量权。其次,接受联邦资金的附加条件必须足够清楚,使各州能够

---

① See Tapp, Stephen, "Canadian Experiences with Fiscal Consolidations and Fiscal Rules," Office of the Parliamentary Budget Office, Ottawa, Canada, October 21, 2010.

② 值得注意的是,这里提到的"支出权"涉及政府间转移支付的法理依据问题。从事权和财政支出责任划分的角度而言,各级政府一般在其本级事权范围内进行支出。而政府间转移支付是上级政府在下级政府的事权范围内进行支出。这种在非自己事权范围内进行支出的权力,就是这里所讨论的支出权。这种支出权应该是任何国家政府间转移支付的权力依据。各国的区别在于,在有的国家是基于明确的宪法和法律规定而产生,而在有的国家是通过法院的司法解释引申而来。德国和日本应该属于前者,而美国和加拿大则属于后者。关于支出权的更详细讨论,可参见 Bird, Richard M., "The Spending Power in Federal Countries," September 2009, available at http://ssrn.com/abstract = 1529322,2014 年 9 月 20 日访问。

第二章　实现中央与地方关系法治化的财政制度模式

知晓参与联邦项目的后果。最后,附加条件还必须和特定全国工程的联邦利益密切联系。① 可以说,以上三项条件都是不难满足的。

政府间转移支付制度在美国有着较久的历史。实际上,早在19世纪初叶,美国就存在联邦政府向州和地方政府的财政补助和拨款制度,当时的财政转移支付主要采取两种形式②:一是将联邦预算结余补助给州和地方政府。1837年联邦政府第一次将结余的资金补助给州政府,对这种补助的使用没有任何限制。二是对土地的开发和使用,如学校、运河、公路和铁路等的建设,进行一定的补贴。受当时条件的限制,转移支付尚不足以成为体现联邦政府政策意图的有效手段,而主要是调剂联邦、州和地方政府之间财政资金的余缺。经历了20世纪30年代经济大萧条之后,美国联邦政府强化了宏观调控政策,包括重视运用转移支付手段来对州和地方进行经济干预。③ 联邦转移支付几乎是所有州和地方政府收入的重要来源。从1960年到2007年间,来自联邦政府的转移支付在实际价值和占联邦支出总额的比例上均有增长的趋势。补助占州和地方支出的百分比显示出同样的格局。④ 作为地方政府的县和学区对补助的依赖性最大,至少从平均数来看是这样。除特区外,对所有类型的地方政府而言,州补助比直接的联邦补助要重要得多。尽管如此,一些州对地方政府的补助还是随着联邦对州补助的增加而增加,补助由州来有效地转交给地方政府。学区对州补助的依赖程度特别高,这反映了州政府支持地方教育的作用日益重要。⑤

政府间转移支付既有联邦政府对州和地方政府的转移支付,又有州对地方政府的转移支付。美国的政府间转移支付主要包括一般补助和分类用

---

① 参见张千帆:《西方宪政体系》(上册·美国宪法),中国政法大学出版社2000年版,第147—148页;Mason, Ruth, "Federalism and the Taxing Power," *California Law Review*, Vol. 99, 2011, pp. 975—1035.
② 这种上级政府对下级政府的转移支付有时也称为拨款或补助。
③ 参见孙开主持:《财政体制改革问题研究》,经济科学出版社2004年版,第73页;Saffell, David C., and Harry Basehart, *State and Local Government*, 7th ed., McGraw-Hill, 2001, p.43.
④ See Rosen, Harvey S., and Ted Gayer, *Public Finance*, 9th ed., McGraw-Hill, 2010, p.527.
⑤ See Fisher, Ronald C., *State & Local Public Finance*, 3rd ed., Thomson South-Western, 2007, pp. 199—200.

途补助①：

(1) 一般补助

一般补助(General Grants)是没有使用限制(或仅仅有一些松散的限制)的转移支付。在美国联邦对州的转移支付中,一般补助是罕见的;而在州政府对地方政府的转移支付中,地位要相对重要一些。联邦曾经实行的一般补助是1972年的美国一般性收入分享计划②(U.S. General Revenue Sharing Program, GRS),该计划最初每年给州和地方政府提供60亿美元。资金开始按包括人口、人均收入和税收努力等因素的公式在各州间进行分配;其中分配到一个州的三分之一资金归州政府,剩下的三分之二同样根据公式分配给该州的地方政府。1976年补助的数额有所增长。1984年州不再得到收入分享补助,1987年联邦对地方政府的收入分享计划也到期了。③

(2) 分类用途补助

分类用途补助(Categorical Grants),是在资金使用方面附加特定条件的一种转移支付。④ 联邦和州政府都提供这种转移支付,无论在项目数量或资金数额上都属于最主要的补助。1993年联邦政府有578个不同的分类用途补助,占了超过97%的联邦补助项目数,超过88%的联邦补助资金数额。为低收入群体提供医疗服务的医疗救助计划(Medicaid)就是联邦针对州的

---

① 除了明确的补助外,税式支出是联邦政府向州和地方政府提供财政援助的另一途径。在美国现行财政体制中,对州和地方财政来说有两项关系重大的税式支出,一是对州和地方政府债券利息豁免联邦所得税;二是州、地方所得税、财产税在缴纳联邦税收时可以抵扣。See Rosen, Harvey S., and Ted Gayer, *Public Finance*, 9th ed., McGraw-Hill, 2010, p.527.

② 该计划在尼克松总统时期建立,旨在通过运用政府间转移支付给州和地方政府提供更为均等的税收收入。由于里根政府的反对和迅速增加的预算赤字,国会于1986年没有再授权继续执行该计划。See Larsen, Clifford, "States Federal, Financial, Sovereign and Social: A Critical Inquiry into an Alternative to American Financial Federalism," *American Journal of Comparative Law*, Vol. 47 (3), 1999, pp.429—488. 主要的反对理由有:第一,违反了政治责任准则。支出经费的组织不负责相关经费的筹集。第二,分配不公平,没有将更多的补助瞄准财政压力更大的政府。第三,一般收入分享计划没有使穷人受益,专门瞄准公民的分类用途补助更会让穷人受益。See Zimerman, Joseph F., *Contemporary American Federalism: The Growth of National Power*, Leicester University Press, 1992, pp.125—126.

③ See Fisher, Ronald C., *State & Local Public Finance*, 3rd ed., Thomson South-Western, 2007, pp.205—206.

④ See Hyman, David N., *Public Finance: A Contemporary Application of Theory to Policy*, 8th ed., Peking University Press, 2005, p.692.

第二章　实现中央与地方关系法治化的财政制度模式

分类用途补助,也是联邦政府最大的转移支付项目。① 联邦高速公路补助金是帮助州修建公路和桥梁的分类用途补助。早期最著名的分类用途补助应该是19世纪的《莫里尔法》赠地学院项目,联邦通过给州政府拨付土地和资金成立赠地学院,鼓励地区高等教育的发展。州主要给地方教育提供特别的补助。联邦政府直接给地方政府的转移支付主要用于教育、住房和社区发展、废水处理设施、机场建设等。根据有无配套资金的要求,分类用途补助可分为无配套资金的补助和有配套资金的补助。1993年,有280个,大约占48%的联邦分类用途补助属于无配套资金的补助。② 同时,分类用途补助还可分为封顶(考虑到对特定项目的拨款额是固定的,因此须对补助数额进行一些限制)和不封顶(对补助数额没有限制)两种形式。分类用途补助的分配方式,通常有如下方式:根据立法机关确定的公式;符合条件的候选者之间的竞争;上述方法的结合;或退还符合条件的候选者所承担的一定比例的成本。③

此外,还有一种介于一般补助和分类用途补助之间的补助———揽子补助(Block Grants)。一揽子补助是界定宽泛的某一领域内的特定补助。在大多数情况下,一揽子补助实际上就是一般补助,因为分类之宽泛足以使大多数下级政府有再分配这些资金的余地。④ 一揽子补助是在20世纪60、70年代通过合并既存的分类用途补助而形成的,目的在于提高效率。地方政府被给予更多的选择项目的权力,联邦政府的管制也相应减少。1966年,国会设立了第一个一揽子补助项目,随后又设立了其他的一揽子补助项目。⑤ 1981年之前,只有5个一揽子补助。1981年,里根政府将57个分类用途补助项目整合为9个一揽子补助。⑥

---

① 该项目于1965年作为林登·约翰森总统的"伟大社会"计划的一部分而得以建立。
② See Fisher, Ronald C., *State & Local Public Finance*, 3rd ed., Thomson South-Western, 2007, pp. 203—204.
③ See Mandelker, Daniel R. et al., *State and Local Government in A Federal Syestem*, 3rd ed., The Michie Company, 1990, p. 535.
④ See Fisher, Ronald C., *State & Local Public Finance*, 3rd, Thomson South-Western, 2007, p. 206.
⑤ See Zimerman, Joseph F., *Contemporary American Federalism: The Growth of National Power*, Leicester University Press, 1992, p. 134.
⑥ See Saffell, David C., and Harry Basehart, *State and Local Government*, 7th ed., McGraw-Hill, 2001, p. 56.

值得注意的是,尽管美国存在着巨大的州际财政能力差异①,但并没有联邦均等化转移支付。前文提到,联邦政府确实在20世纪70年代中期和80年代早期实施过一般性收入分享计划,但其规模和份量却很小。然而,即使地区间再分配或均等化并没有成为美国转移支付政策的明确目标,但是有的转移支付也具有再分配的成分。② 值得注意的是,美国的有些州具有均等化性质的转移支付,用于缩小学区之间的财政能力差别。③ 相关转移支付根据公式分配,该公式考虑到了相关地方政府的税收努力和支出需求。④

2. 加拿大

加拿大的政府间转移支付经历了一个长期的演进过程,可以回溯到20

---

① 仅以一个数据为例,2005年康涅狄格州的人均财政收入为7205美元,而密西西比州为3784美元。See Stark, Kirk J., "Rich States, Poor States: Assessing the Design and Effect of a U.S. Fiscal Equalization Regime," *Tax Law Review*, Vol. 63 (2), 2010, pp.957—1007.

② See Fisher, Ronald C., *State & Local Public Finance*, 3rd ed., Thomson South-Western, 2007, p.225.

尽管在宪法或政治上没有关于同等生活条件的承诺,但美国政府有时仍会努力去缩减州、地方间财富方面的差异。See Larsen, Clifford, "States Federal, Financial, Sovereign and Social: A Critical Inquiry into an Alternative to American Financial Federalism," *American Journal of Comparative Law*, Vol. 47 (3), 1999, pp.429—488. 值得注意的是,一些实证考察表明,美国联邦转移支付不具有均等化的效果,在很多情况下,反而更倾向于财政能力强的州。以联邦最大的转移支付项目(Medicaid)为例,税收能力低的阿拉巴马、阿肯色、俄克拉荷马州得到相对低的人均Medicaid转移支付;而税收能力高的阿拉斯加、康涅狄格、新罕布什尔州得到相对高的人均Medicaid转移支付。总体而言,在Medicaid转移支付与州财政能力之间呈现轻微的正相关关系,该转移支付项目没有均等化效果。See Stark, Kirk J., "Rich States, Poor States: Assessing the Design and Effect of a U.S. Fiscal Equalization Regime," *Tax Law Review*, Vol. 63 (2), 2010, pp.957—1007.

③ 值得注意的是,相关政策与20世纪60、70年代兴起的旨在要求教育资源投入均等化的教育财政诉讼有关。此类诉讼发生的背景是,以地方学区财产税支持教育的制度安排造成学区间生均投入的极大差异。1972年,加州最高法院在塞朗诺诉普里斯特案(Serrano v. Priest, 5 Cal. 3d 584 (1971))的上诉中认为,受教育权在联邦宪法下构成基本权利,学区应税财产构成可疑分类,因此适用严格审查标准,当时学区教育投入差距过大的做法违宪,要求州改革其教育财政制度。到目前有40多各州发生了此类教育财政诉讼,约有一半的胜诉。这些胜诉判决促使州立法机关出台相关的均等化政策。而在联邦层面,1973年,联邦最高法院在圣安东尼独立学区诉罗德里格斯案(San Antonio Independent School District v. Rodriguez, 411 U.S. 1 (1973))中认为,受教育权不构成联邦宪法下的基本权利,学区应税财产不构成可疑分类,因此不适用严格审查标准,而适用合理基础审查标准,认定州的教育财政制度安排没有违反宪法第十四修正案。于是终结了教育财政诉讼在联邦最高法院发生的可能性。同时也就不要求联邦政府在相应领域出台均等化政策。See Odden, Allan R., and Lawrence O. Picus, *School Finance: A Policy Perspective*, 4th ed., McGraw-Hill, 2008, pp. 29—49.

④ See Stotsky, Janet G., and Emil M. Sunley, "United States," in Ter-Minassian, Teresa (ed.), *Fiscal Federalism in Theory and Practice*, IMF, 1997, p.372.

第二章　实现中央与地方关系法治化的财政制度模式

世纪 30 年代严重的经济萧条时期以及其后的世界大战,或者更早。① 前文已经提到,政府间转移支付的法理依据在于支出权。在加拿大,联邦支出权的含义是指联邦政府向其他政府、组织和个人转移资金的能力,目的在于影响联邦政府没有明确的事权或省政府专属事权领域内的事务。虽然联邦的支出权在加拿大社会政策的确立和演变方面扮演着重要的角色,但是这一权力在加拿大宪法中并没有得到明确的承认。然而,根据最高法院对宪法的解释,允许联邦政府在任何事务上支出它的收入,只要收入支出对省的宪法权力不构成调控作用。联邦支出权的宪法基础从联邦政府的征税权,有关公共财产的立法权,以及议会的拨款权等引申而来。1991 年加拿大最高法院关于联邦政府支出权宪法地位的判决进一步澄清,只要联邦政府不过度地拨款或收回资金,就不存在对省政府权限的违宪侵犯。最高法院的宪法解释给了联邦政府广泛地使用其支出权的自由空间。其实,对于联邦政府为了实现没有明确宪法权限的政策目的,而通过使用支出权向个人、组织或其他层级政府转移资金的行为,并没有重大的宪法限制。尽管偶尔有些反对意见,但是大多数省接受最高法院关于支出权的解释。② 20 世纪末,联邦支出权引起了人们新的注意。经过联邦政府大规模缩减向省的转移支付后,联邦政府的兴趣转移到发起新的社会项目,或对已存在的项目进行追加。结果是,支出权的使用成为当时政治争论的根源,最终导致联邦、省和地区政府在 1999 年 2 月签订了社会联盟框架协议(Social Union Framework Agreement)③。协议认可了联邦支出权的合法性,同时联邦政府在支出权的行使方面要接受一些限制。不过这个协议仅仅是政府间的政治协议,既没有任何宪法地位,又没有法律约束力。④

基于联邦支出权,加拿大目前有两种政府间转移支付用于弥补纵向和横向财政不平衡。《联邦与省财政安排法》(Federal-Province Fiscal Arrangement Act)对各类转移支付予以规定。

---

① See Clark, Douglas H., "The Fiscal Transfer System in Canada," in Ahmad, Ehtisham (ed.), *Financing Decentralized Expenditures*, Edward Elgar, 1997, p.71.
② 魁北克一直拒绝接受联邦政府支出权的合法性。
③ 魁北克没有签署该协议。
④ See Boadway, Robin, and Ronald Watts, "Fiscal Federalism in Canada," available at http://www.fiscalreform.net/library/pdfs/fiscal_federalism_in_canada.pdf,2014 年 9 月 20 日访问。

(1) 弥补纵向财政不平衡的转移支付

这类转移支付早期主要是联邦在教育、健康和社会福利等省政府的事权范围内建立"成本分担项目"(Shared Cost Programs)。① 1966 年,加拿大救助计划(Canada Assistance Plan, CAP)得以建立,创造了社会救助项目的成本分担方式。所附条件和联邦资金相联系。1977 年,固定项目融资(Established Programs Financing, EPF)得以建立,替代针对健康和后中等教育的成本分担项目。联邦资金通过税收转移和现金转移进行。1995 年,将加拿大救助计划和固定项目融资合并为一个一揽子拨款——加拿大健康和社会转移支付(CHST),以支持卫生保健、后中等教育、社会救助和社会服务。采取税收转移和现金转移两种方式。从 2004 年 4 月 1 日开始,将 CHST 设置为两个新的转移支付——加拿大健康转移支付和加拿大社会转移支付——以促进透明度和联邦支持省和地区的责任。考虑到省的支出模式,62% 的 CHST 被分配到健康转移支付,余下的 38% 被分配到社会转移支付。② 两类转移支付旨在支持卫生保健、后中等教育、社会救助和社会服务、儿童早期发展和儿童保育等。

加拿大健康转移支付是向省和地区进行的最大的转移支付,是联邦向每个省和地区提供转移支付支持省的卫生保健项目,给卫生保健提供长期可预期的资金。该项目的资金由现金转移支付(Cash Transfer)和税收转移(Tax Transfer)③共同构成。从 2014—2015 年开始,仅以现金方式进行分配。它根据人口进行分配,以保证对所有的加拿大人无论居住在哪里,都能够得到平等的支持。该项目支持政府对国家标准的承诺,以及《加拿大健康法》(Canada Health Act)规定的五条原则④,即公共管理(卫生保健保险计划的管理和运营必须由公共机构基于非营利的原则进行);广泛性(项目的涵盖

---

① See Simeon, Richard, and Martin Papillon, "Canada," in Majeed, Akhtar, Ronald L. Watts and Douglas M. Brown (eds.), *Distribution of Powers and Responsibilities in Federal Countries*, McGill-Queen's University Press, 2006, p.105.

② See Department of Finance Canada, "Federal Transfer to Provinces and Territories," available at http://www.fin.gc.ca/access/fedprov-eng.asp,2014 年 9 月 20 日访问。

③ 税收转移是联邦政府向省和地区政府转移其税收空间。具体而言,就是根据协议,当联邦政府降低其税率时,省和地区政府同时提高其税率。这样,在客观上将产生和现金转移支付同样的效果。

④ See *Canada Health Act*, 1984, c.6, s.7.

第二章 实现中央与地方关系法治化的财政制度模式

面比较广泛);普遍性(一省或地区的所有居民都有权得到必要的卫生保健服务);易得性(无论处于加拿大何处的居民,都可以得到);便捷性(所有的加拿大人都可以无障碍地,特别是财政方面的障碍,得到卫生保健服务)。这一转移支付反映了如下事实[1],即加拿大人将健康看作对他们而言最重要的政治问题;对于全体加拿大人应该有一个可比较的全国标准和对相关权利实现的承诺。

加拿大社会转移支付是支持后中等教育、社会救助和社会服务、早期儿童发展、早期学习和儿童保育的一揽子拨款。和加拿大健康转移支付一样,该项目为现金转移支付;它根据人口进行分配,以保证对所有的加拿大人无论其身居何处,都能够得到平等的支持。同时,对于社会救济禁止最低居住条件的要求。[2]

值得注意的是,尽管这两类转移支付是附条件转移支付,但是相关条件都非常概括[3],使得省政府在资金使用方面具有很大的自主权。此外,根据人口分配的方法也使得这两类转移支付具有一定的均等化效果。[4]

(2)弥补横向财政不平衡的转移支付

尽管均等化转移支付(Equalization Transfers)作为一个独特的联邦项目产生于1957年,但是横向财政再分配的做法和《1867年不列颠北美法》一样悠久,该法规定的法定补贴包含均等化的成分。[5] 在这个项目下,每个省通过各种收入来源筹集收入的能力将被评估。通过采用一个讨论了若干次的复杂的公式,联邦政府向较穷的省份进行无条件转移支付以缩小差距。[6]

---

[1] See McLean, Iain, "Fiscal Federalism in Canada," Nuffield College Working Paper 2003-W17, University of Oxford.

[2] See Department of Finance Canada, "Federal Transfer to Provinces and Territories," available at http://www.fin.gc.ca/access/fedprov-eng.asp,2014年9月20日访问。

[3] 相关的条件主要包括:省政府必须维持综合的、面向所有人的公共健康保险计划;省政府的福利项目必须让包括来自外省的居民都能得到。

[4] See Boadway, Robin, "Fiscal Equalization: the Canadian Experience," in Bosch, Núria, and José M. Durán (eds.), *Fiscal Federalism and Political Decentralization: Lessons from Spain, Germany and Canada*, Edward Elgar, 2008, pp.109—135.

[5] See Cecours, André, and Daniel Béland, "Federalism and Fiscal Policy: The Politics of Equalization in Canada," *Publius: The Journal of Federalism*, Vol. 40 (4), 2009, pp.569—596.

[6] See Simeon, Richard, and Martin Papillon, "Canada," in Majeed, Akhtar, Ronald L. Watts and Douglas M. Brown (eds.), *Distribution of Powers and Responsibilities in Federal Countries*, McGill-Queen's University Press, 2006, pp.104—105.

上文提及,转移支付的法理依据在于支出权。而联邦支出权由于没有宪法的明确规定多是由最高法院的司法解释引申而来。在均等化转移支付方面,情况有所不同。《1982 年宪法法》对均等化转移支付的原则作出固定,可以认为是联邦支出权的宪法依据。《1982 年宪法法》第三章"平均分担与地区差距"部分规定:加拿大议会和政府应采取均等化支付原则,以保证各省拥有足够的收入,能够在合理的可比水平的税收下提供合理的可比水平的公共服务。① "在合理的可比水平的税收下提供合理的可比水平的公共服务"②可被认为是加拿大实行均等化转移支付的基本原则和基本的宪法依据。

加拿大的均等化转移支付建立在"代表税收制度"(Representative Tax System, RTS)之上。③ 所谓代表税收制度的含义是,省政府获得均等化转移支付的权力根据其收入筹集能力确定,而省的收入筹集能力通过一组代表性税基和全国平均的省税率确定。④ 为了采用这个概念,一个相对较宽的关于税的界定在加拿大被采用。代表性税收制度包括几十种收入来源⑤,对每个收入来源的收入能力衡量是分开进行的。为每一种税界定税基,作为那些省征收该税时实际税基的代替;然后通过适用省税的平均税率计算出每个省的收入。然后将来自这些收入来源的收入加总,就得到每个省的财政

---

① 原文为"Reasonable Comparable Levels of Public Services at Reasonable Comparable Levels of Taxation", See *The Constitution Act*, 1982, 36.(1)、(2)。

② 从宪法术语角度而言,这是一个很强的要求,和其他多数宪法条款不同,其实际上给联邦政府施加了支出义务(和禁止其权力行使方式的其他条款不同)。尽管还不清楚在多大程度上这一承诺在法院是可裁判的,但是毫无疑问的是,从政治和道德的观点而言,它给联邦政府施加了很重的义务,让所有的政治参与者严肃对待。See Boadway, Robin, "Fiscal Equalization: the Canadian Experience," in Bosch, Núria, and José M. Durán (eds.), *Fiscal Federalism and Political Decentralization: Lessons from Spain, Germany and Canada*, Edward Elgar, 2008, pp.109—135.

③ See Clark, Douglas H., "The Fiscal Transfer System in Canada," in Ahmad, Ehtisham (ed.), *Financing Decentralized Expenditures*, Edward Elgar, 1997, pp.80—82.

④ See Boadway, Robin, "Fiscal Equalization: the Canadian Experience," in Bosch, Núria, and José M. Durán (eds.), *Fiscal Federalism and Political Decentralization*, Edward Elgar, 2008, pp.109—135.

⑤ 具体包括:个人所得税、公司所得税、零售税、汽油税、机动车许可费、酒精饮料税、烟草税、彩票收入、赛马税、工薪税、健康保险费、资本税、财产税、来自自然资源的各种收入,以及省和地方政府出售货物和劳务的收入等。See Boadway, Robin, "The Economics of Equalization: An Overview," in Boadway, Robin W., and Paul A. R. Hopson (eds), *Equalization: Its Contribution to Canada's Economic and Fiscal Progress*, John Deutsch Institute For the Study of Economic Policy, 1998, pp.87—88.

能力。再计算出各省的人均财政能力,和人均标准相比较,对于低于人均标准的省就有权得到均等化拨款,其额度为其人均财政能力与人均标准之间差额乘以其人口总数。这种计算每个财政年度进行一次,拨款是不附加任何条件而由接受的省自由使用的。

人均标准是均等化转移支付的关键因素,它决定地方财力均等化的水平。最初的标准是根据两个最富有省份的人均财政能力确定的。当收入来源扩大后,标准被降低了——1967年第一次用10个省的平均数,1982年改为5个收入能力处于中间位置的省(不列颠哥伦比亚、马尼托巴、安大略、魁北克、萨斯喀彻温)来计算标准;排除了最富有的阿尔伯达和四个相对贫穷的大西洋省。均等化计划的另一个关键因素是省的人口数,因为均等化标准是根据人均财政能力确定的,从而使得不同大小的省有一个合理的比较基础。这样准确的人口计算就显得很重要。这通过加拿大统计部门每5年一次的人口普查确定;对于两次普查之间的年份,参考普查基准根据每年出生、死亡以及省际、国际移民状况确定。

最重要、也是最困难的计算是,为每一种收入来源界定代表性税基。原因在于各省对大多数税基的界定并不相同;同时,对一些省而言,并没有征收特定的税收。此外,即使有了统一的界定,还存在在公司跨区域营业的情况下税收在各省间分配的问题。在所得税的情况下,各省的税基是统一的。对于跨省营业的公司,公司所得税税基的分配根据一个公式确定,该公式考虑每个公司纳税申报表上的相关数据,通常与发生在相关省的公司支付的薪水、工资,以及销售额有关。对于各省间并不统一的税基,将采用一个"代理"税基(Proxy Base),比如,某一货物的销售价格或销售额,特定自然资源产品的价格或产量等。

此外,1982年加进了封顶计划(The Equalization Ceiling),对每年的拨款额占国民生产总值的比例作了限定,这主要是联邦政府对年度之间拨款额突然大量上升的一个反应,在很大程度上是由于自然资源,特别是石油和天然气价格的不稳定和预见性不强造成的。同时也加进了"底线条款"(Floor Provisions),以保护个别省(特别是最穷的省)年度之间的拨款缩减不至于太严重。①

上述均等化转移支付制度仍然存在一些问题:① 需求均等化。加拿大只对收入能力方面的差距进行均等化,而对需求方面没有均等化。均等化的目的是为了在相当的税率水平下,让各省能提供相当水平的公共服务。原则上,这需要公共服务需求方面差异的均等化,比如因人口结构的不同而造成的需求差异。许多多层级政府的国家在需求方面进行了均等化,比如澳大利亚、日本、南非和瑞典等。这被认为是加拿大均等化拨款的一个弱点。② 联邦政府已经注意到支出差异的情况,并与省讨论过多年,这可以回溯到20世纪60年代。但是,因为涉及复杂的技术困难,目前尚没有将需求因素用来衡量财政能力的打算。③ ② 激励问题。在理想状态下,均等化转移支付应该根据各省的税收能力而与其实际的税收政策无关。在实践中,这是很难得到保证的。如果省的政策足以影响税基的话,它们就会有设计政策以得到更多均等化转移支付的动力。这在资源税的情况下尤为突出。③ 资源税问题。除了由于某些省影响资源税税基而产生的潜在的激励问题外,资源税还存在其他问题。一些资源在各省间分配得很不均匀,这引起了大规模的均等化支付。由于联邦政府不能征收资源税,因此会使得对资源税收入的均等化任务非常繁重。④ 五省标准问题。采用五省标准产生的均等化水平不足以保证在相当的税率水平下,各省能够提供相当水平的公共服务。主要原因在于,既然主要的石油和天然气省份阿尔伯达被排除在外,那么资源税收入就远远没有被均等化。⑤ 特定税的问题。一些税产生了一些特殊的问题。由于各省税基界定和衡量方法很不相同,财产税就存在很多问题。对于彩票收入,如何决定这种收入来源的潜在税基也非常困难。受益者付费也产生了概念上的问题。⑥ 宏观方法(Macro Approaches)。由于代表性税收制度的过于复杂,有人提出用人均GDP等指标衡量

---

① See Clark, Douglas H., "The Fiscal Transfer System in Canada," in Ahmad, Ehtisham (ed.), *Financing Decentralized Expenditures*, Edward Elgar, 1997, pp. 81—82.

② 值得注意的是,对于地区的转移支付,考虑到了需求因素。See McLean, Iain, "Fiscal Federalism in Canada," Nuffield College Working Paper 2003-W17, University of Oxford.

③ See Clark, Douglas H., *supra note* ①, p. 85.

第二章　实现中央与地方关系法治化的财政制度模式

省的财政能力;但是相关指标能否反应实际的财政能力还须进一步研究。①

2004年10月,加拿大政府宣布了"新框架"改革,为均等化转移支付确定了至少100亿加元的固定总额。2004年的改革没有达到省的要求。当固定资金额度的结构稳定了整个均等化转移支付项目的预算的时候,各个省每年得到的数额由于经济状况而差别很大。换句话说,新的框架给联邦政府提供了可预期性,但是对省政府没有。②

经过多年的努力,2007年,加拿大议会通过了大范围的财政平衡改革,被认为是均等化转移支付1957年建立以来最为深远的改革。使得该系统更加原则化、更加基于公式③,向各省注入了额外的联邦资金。改革检讨了过去存在的一些问题,例如:顺经济周期、不透明、倾向于特殊利益的影响等。

主要的改革措施包括:(1)发展了新的均等化标准。改革引入了10省标准,即全国平均水平,替代了自1980年代早期以来实行的5省标准。④ (2)代表税收制度得以简化。界定省的财政能力的代表税收制度得以简化,决定财政能力的税收数量从33个减少为5个,即个人所得税、公司所得税、消费税、财产税、自然资源收入。⑤ (3)均等化转移支付不封顶。均等化转移支付的总额将不再受到任何联邦封顶条款的限制。⑥ (4)资源收入被部分予以考虑。来自开采石油、天然气、煤炭等自然资源的特许费等收入被以

---

① See Boadway, Robin, "The Economics of Equalization: An Overview," in Boadway, Robin W., and Paul A. R. Hopson (eds), *Equalization: Its Contribution to Canada's Economic and Fiscal Progress*, John Deutsch Institute For the Study of Economic Policy, 1998, pp.75—78; Boadway, Robin, "Should the Canadian Federation be Rebalanced? A Memo for Paul Martin," Working Paper 2004 (1) c 2004 Ⅱ GR, Queen's University.

② See Cecours, André, and Daniel Béland, "Federalism and Fiscal Policy: The Politics of Equalization in Canada," *Publius: The Journal of Federalism*, Vol. 40 (4), 2009, pp.569—596.

③ 替代了2004年以来的固定总额的做法,类似于2004年以前的做法。

④ 新的标准比5省标准更高,因为其包括高收入和石油富省,比如阿尔伯达,之前被排除在5省标准之外。

⑤ See Holden, Michael, "Canada's New Equalization Formula," Publication No. 2008-20-E, Parliamentary Information and Research Service, Library of Parliament.

⑥ 不封顶的规定给联邦政府带来了巨大的费用支出。值得注意的是,在2007年金融危机和经济危机造成联邦财政状况恶化后,联邦政府再次对2009—2010年度及以后年度的均等化转移支付总额施加了封顶要求。

50%予以计算。须注意的是,估计省财政能力时用的是实际的资源收入。①

(5) 一些封顶安排。有一个封顶制度是:保证没有一个省在获得均等化转移支付后的财政能力高于没有获得转移支付的省中财政能力最低的那个省。该条款确保对各省的公平对待,同时减少联邦支付的总额度。②

(3) 其他政府间转移支付

除了典型的加拿大健康转移支付、加拿大社会转移支付和均等化转移支付之外,加拿大还有一些其他的政府间转移支付。

特定目的转移支付。虽然在历史上,这种类型的转移支付被用于共同负担成本项目而支持在医疗保健、医院、社会救济和服务等领域各省的社会项目,但是这种转移支付的重要性已经下降了。目前主要用于高速公路和移民服务。

除了联邦向省转移支付外,联邦的转移支付项目还包括联邦政府向三个北方地区的转移支付,联邦政府向土著居民社区的转移支付,以及省向其市镇的转移支付。联邦向地区的转移支付结构同联邦向各省的是一样的。和省相比,它们得到更多的人均拨款,大致是其他省的17倍,以反映人口稀少、气候恶劣带来的公共服务成本高昂的事实。③

联邦向土著居民社区的转移支付反映了联邦政府与其签署条约时所达成的信托义务。这些转移支付传统上主要与特定服务的提供有关。它们在很多方面和大多数其他政府间转移支付不同。接受资金的社区要向联邦政府解释资金的使用情况。这反映了这些社区没有立法权的事实。和土著居民社区之间的财政关系正在逐渐发生变化,目标是让社区对其提供自己的公共服务更多地负起责任来,在这种情况下,联邦对其转移支付所附加的条件将减少。

加拿大省政府和地方政府之间的关系在性质上是一种等级关系。在宪

---

① 除了自然资源收入,其他收入都是估计的,假定各个省适用同样的税率,估计每个省能够产生的人均收入。在自然资源收入的情况下,考虑到各省间资源的种类和特许费结构的差异,就没有设定全国统一的比率,而是直接采用实际的资源税收入。

② See Blöchliger, Hansjörg, and Camila Vammalle, *Reforming Fiscal Federalism and Local Government*, OECD Publishing, 2012, p.65.

③ See Clark, Douglas H., "The Fiscal Transfer System in Canada," in Ahmad, Ehtisham (ed.), *Financing Decentralized Expenditures*, Edward Elgar, 1997, p.91.

第二章　实现中央与地方关系法治化的财政制度模式

法体制下,市镇是省的创造物,需向省负责,因此它们的大多数财政事项和相关的省政府有关。结果是当联邦政府向省政府转移支付的时候,省政府向市镇转移支付;在特定场合,省向特定目的的区,如学区转移支付。省向市镇的转移支付规模大致上和联邦向省的转移支付相同。省对市镇的转移支付在各省间差别很大,但是它们和联邦对省的转移支付有些类似之处。虽然没有联邦均等化项目那么发达,但它们也经常倾向于包括均等化的成分。这些转移支付比联邦—省转移支付附加更多的条件,市镇更直接地向省负责,这反映了市镇没有省那样在立法方面具有独立性的事实。①

(五) 协调与争议解决机制

实行对称型制度模式的美国和加拿大都有相应的协调与争议解决机制保证其各自财政分权制度的稳健运行。

1. 美国

美国没有将各级政府代表集中在一起进行协调讨论的机制。院外活动 (Direct Lobbying)是州政府就相关涉及它们利益的政策施加影响的最好方法。在联邦政府层面,参议院政府事务委员会和众议院政府事务委员会负责研究涉及联邦和州政府关系的立法。在州政府间有许多协会,如全国州长协会和州政府委员会,通过这些组织,州政府之间可以交换信息,在有些事务上,还可以制定统一的方案以应对联邦政府。②

联邦最高法院能够解决涉及政府间财政关系和权限冲突的任何争议,上文提到的麦卡洛克诉马里兰州案就是一个典型的例子。

2. 加拿大

1982年的宪法修正设定了宪法修正的一个高标准:涉及权力划分的事项需要得到联邦议会和至少占全体人口50%的7个省的立法机关同意。这些严格的要求使得加拿大寻求非宪法方式使宪法适应新的变化。调整通过政府间的谈判和非正式协议来实现,这些结果是不清晰的也不连贯,但是切

---

① See Boadway, Robin, and Ronald Watts, "Fiscal Federalism in Canada," available at http://www.fiscalreform. net/library/pdfs/fiscal_federalism_in_canada. pdf,2014年9月20日访问。

② See Commission on Fiscal Imbalance, *Intergovernmental Fiscal Arrangements*, Bibliothèque nationale du Québec, 2001, p.53.

实可行的。① 各级政府行政首脑的谈判允许联邦政府追求一般的政策目标,同时留给省政府在项目设计、经费负担方面的主要空间,以达到联邦政府在全国范围内的目标。这一机制足够灵活,能够容纳各省提出的许多特定要求②。在加拿大,非正式的政府关系机制已成为回应社会经济变化的主要方法。这些政府间关系机制产生了许多复杂的联邦政府与省政府之间的财政安排,并在这一领域扮演了核心角色。

2003 年 7 月,加拿大各省和地区的总理达成协议:成立一个新的联邦委员会来更好地处理它们之间的关系,并最终和联邦政府构建一个更加富有建设性和合作性的关系。委员会的第一次会议于 2003 年 10 月 24 日在魁北克举行。这一行动为促成加拿大政府间更广泛的合作奠定了基础;当然许多细节问题还需要进一步解决,一些重要的议题还值得更广泛的关注。③

《1867 年宪法法》规定了中央与省的分权。1867 年以来,法院负有解释这些条款的权力④,决定一项法律或一项法律的一些条款是属于联邦议会的立法权限还是属于省立法机关的立法权限。法院只有在一个案子起诉到法院的时候才介入有关分权的争端;或者是通过参考程序(Reference Procedures)来提供相关的意见⑤。加拿大《1867 年宪法法》将剩余权力除了地方事务外都授予联邦政府。尽管宪法将剩余权力授予联邦政府,但是这并未导致联邦立法权的扩张;因为法院对宪法规定的省的权力作了宽泛的解释。通过这种对省权力的宽泛解释,使得联邦扩张新的立法权的领域就极为有

---

① See Simeon, Richard, and Martin Papillon, "Canada," in Majeed, Akhtar, Ronald L. Watts and Douglas M. Brown (eds.), *Distribution of Powers and Responsibilities in Federal Countries*, McGill-Queen's University Press, 2006, p. 97、115.

② 但是魁北克的要求,即主张更大程度的财政和政策自治,给政府间关系协调带来了巨大的压力。

③ See Watts, Ronald L., "Intergovernmental Councils in Federations," Constructive and Co-operative Federalism? 2003 (2), c Ⅱ GR, Queen's University; IRPP, Montreal.

④ 具体而言,1949 年之前由英国枢密院司法委员会行使,之后由加拿大最高法院行使。See Simeon, Richard, and Martin Papillon, "Canada," in Majeed, Akhtar, Ronald L. Watts and Douglas M. Brown (eds.), *Distribution of Powers and Responsibilities in Federal Countries*, McGill-Queen's University Press, 2006, p. 96.

⑤ 这种意见也被称为"建议性裁决"或"参考性裁决"。不像其他的法院只对已发生的案件进行裁决,加拿大最高法院可对即将采取的行动或即将通过的法律进行裁决。在总督的要求(实际是总理和内阁的要求)下,最高法院对讨论中的行动方案的合宪性可以发表建议性观点。参见储建国:《当代各国政治体制——加拿大》,兰州大学出版社 1998 年版,第 154 页。

限。然而,正如前文提到的那样,法院对联邦的支出权又作了宽泛的解释,允许联邦政府在某些领域扩展自己的权限。简而言之,法院在界定联邦议会和省立法机关的相关权力方面扮演着重要的角色。

二、非对称型制度模式

非对称型制度模式的主要特征是,事权划分的一致程度较低;财政收益权和事权的匹配程度较低;财政收益权和财政立法权不是完全相适应,享有财政收益权并不表明自然享有财政立法权,大部分财政立法权由中央政府享有;次中央政府行使财政预算权受到一定限制,中央政府对其债务危机进行紧急救助;存在较大规模的以均等化为目的的政府间转移转移支付等。下文将以德国和日本两国为例,从宪政体制与政府层级结构、事权和财政支出责任的划分、财政权限的配置、政府间转移支付、协调与争议解决机制等方面梳理和分析非对称型制度模式的一些主要做法。

(一) 宪政体制与政府层级结构

和采用对称型制度模式的国家一样,采用非对称型模式的国家也都具备成熟健全的宪政体制;同时其政府层级结构也比较稳定适当,都实行三级政府体制。

1. 德国

经历了法国大革命后 18 世纪末到 20 世纪初的不断演进,特别是 1871 年《德国帝国宪法》和 1919 年《魏玛宪法》的通过,德国从过去分散林立的诸多邦国逐渐演变成为一个联邦制国家。[①] 1948 年 7 月 1 日,美、英、法三个西方占领国要求当时的联邦德国 11 个州的州长召集一次制宪会议。1948 年 8 月 10 日,第一次制宪会议在巴伐利亚的海伦基姆湖宫(Herrenchiemsee)举行。每个州都有一名法律专家作为其代表。他们为 11 个州议会选举的代表组成的议会委员会起草了宪法草案。1949 年 5 月 23 日议会委

[①] See Brand, Dirk, *Financial Constitutional Law: A Cmoparison between Germany and South Africa* (The paper was originally presented as a dissertation and approved for the Degree of Doctor of Law at the University of Stellenbosch, December 2005), Konrad-Adenauer-Stiftung, 2006.

员会批准了《基本法》①,10个州的议会也通过了《基本法》,巴伐利亚州拒绝通过,不过其以前同意会遵守多数的决定。② 根据《基本法》,德国实行议会内阁制,联邦众议院(Bundestag)和联邦参议院(Bundesrat)承担立法的主要任务,联邦政府、联邦总理和联邦总统行使行政权,属于宪法方面的司法权归属联邦宪法法院(Bundesverfassungsgericht)。

1990年10月3日,根据《统一条约》(The Unification Treaty),原东西德合并,将东部地区划分为5个州,并入西部,其享有和西部州同样的宪法地位;同时重写了《基本法》的序言和最后条款,《基本法》成为统一德国的宪法。

为了保护州的权力,德国特设置了一个保障措施:所有影响州利益的重要立法均需要经过联邦参议院的批准。和美国参议院的参议员不同,德国联邦参议院的议员不是选举产生,而是由州政府任命或召回。③ 州在联邦参议院的表决权根据州的人口确定,每州至少有3票,人口超过两百万的州有4票,人口超过六百万的州有5票,人口超过七百万的州有6票。④ 此外,联邦参议院的表决方式是整体表决。⑤ 德国联邦参议院的这种制度设计在保护州权力的同时,也使得有些立法事项因州的反对而久拖不决,从而对德国社会和经济事业的发展造成一定的消极影响。⑥

2006年,《基本法》经历了1949年以来最深远的一次改革。此次改革

---

① 考虑到为西部占领区制定"宪法",那就意味着德国的永久分裂;作为妥协,新的国家将会是临时的,故将通过的法律文件称为"基本法"而不是"宪法"。

② See Gunlicks, Arthur, *The Länder and German Federalism*, Manchester University Press, 2003, p. 40.

③ See *Basic Law for the Federal Republic of Germany* (Grundgesetz, GG) (As last amended by the Act of 21 July 2010, Federal Law Gazette I p. 944), Article 51.

④ 巴伐利亚等四个州为6票,黑森州为5票,柏林等六个州为4票,汉堡等五个州为3票。

⑤ 即参议员必须严格遵循其各自州政府的意见。这样,凡是属于某一州的参议员在表决时应该投同样的票。See Spahn, Paul Bernd, and Oliver Franz, "Consensus Democracy and Interjurisdictional Fiscal Solidarity in Germany," presented at IMF Fiscal Affairs Department Conference on Fiscal Decentralization, International Monetary Fund, Washington, November, 2000.

⑥ 有学者将因联邦参议院强大的立法否决权(Veto)所造成的这种困境称之为"共同决定的陷阱"(Joint Decision Traps)。See Scharpf, Fritz W., "No Exit from the Joint Decision Trap? Can German Federalism Reform Itself?" MPIfG Working Paper 05/8, Sep., 2005; Benz, Arthur, "From Joint Decision Traps to Over-Regulated Federalism: Adverse Effects of a Successful Constitutional Reform," in Moore, Carolyn, and Wade Jacoby (eds.), *German Federalism in Transition: Reforms in a Consensual State*, Routledge, 2010, pp. 67—83.

第二章 实现中央与地方关系法治化的财政制度模式

对须经联邦参议院批准的立法事项进行了调整,同时对联邦与州政府间立法权的划分进行了修改。① 2006 年的宪法改革被称为是联邦改革的第一阶段,旨在调整联邦与州之间的职责划分。第二阶段改革旨在集中处理政府间财政关系。然而,对于政府间财政关系的综合改革在这个阶段并没有发生。联邦和州同意现行的政府间转移支付方案将延续到 2019 年。到那一年,《团结公约 II》和目前的财政平衡制度也将到期。因此,2009 年的《基本法》修改主要针对各级政府所面临的不断增长的公共债务问题。②

除了联邦和州以外,德国政府层级结构中还包括地方政府。③ 如果说美国《宪法》忽略了地方政府的宪法地位,那么德国《基本法》则吸取了纳粹政权摧毁地方自治的教训,在规定联邦和各州权力结构的同时,明确保障地方政府的自治权。④《基本法》对地方自治特别予以保障⑤,规定各市镇(Gemeinde),在法律规定的范围内自己负责规定一切地方公共事务的权力,必须得到保障。联合市镇也在法律赋予它们的职责限度内拥有自治的权力。⑥

2. 日本

第二次世界大战之后,日本制定了新宪法,即《日本国宪法》,于 1947 年 5 月 3 日正式生效。这部宪法采用了欧美国家普遍推行的宪政体制,实行议会民主、责任内阁制。宪法规定,国会是国家最高权力机关,是国家唯一的

---

① See Burkhart, Simone, Philip Manow and Daniel Ziblatt, "A More Efficient and Accountable Federalism? An Analysis of the Consequences of Germany's 2006 Constitutional Reform," in Moore, Carolyn, and Wade Jacoby (eds.), *German Federalism in Transition: Reforms in a Consensual State*, Routledge, 2010, pp.16—20.

② See Feld, Lars P., and Thushyanthan Baskaran, "Federalism Commission II—Recent Reforms of Federal-Länder Financial Relationships in Germany," available at http://www.forumfed.org/en/pubs/2009-10-26-feld.pdf,2014 年 9 月 20 日访问。

③ 也有学者认为,对于地方政府,更多情况下认为是州的组成部分,而不是第三级政府。《基本法》第 106 条规定市镇和联合市镇的收入和支出被视为州的收入和支出。See Faltlhauser, Kurt, "Financial Relations in Countries with Federal Systems," presented at the Conference in Brasilia, March, 2004.

④ 参见张千帆:《西方宪政体系》(下册·欧洲宪法),中国政法大学出版社 2001 年版,第 207 页。

⑤ See *Basic Law for the Federal Republic of Germany* (Grundgesetz, GG) (As last amended by the Act of 21 July 2010, Federal Law Gazette I p.944), Article 28.

⑥ 一般而言,德国有三级管理层次:联邦、州和地方政府。但是,大多数州也有三个层次——高、中和地方层次——柏林州和 5 个较小的州有两层,不来梅州和汉堡州只有一层。更为复杂的是,较大的州有四个层次:州、中间层次、县、构成县的市镇。See Gunlicks, Arthur, *The Länder and German Federalism*, Manchester University Press, 2003, p.130.

立法机关,由众议院、参议院两院组成,两院议员均由全体国民普选产生。内阁直接从国会中产生。

日本是单一制国家,全国划分为中央,都、道、府、县,市、町、村三级政府,后两级政府通称为地方政府,一般也称为"地方公共团体"。地方自治在日本宪政体制中占有重要地位,根据《日本国宪法》和《地方自治法》的规定,通过选举产生地方议会和地方行政机关,由它们对地方事务实行法律允许范围内的自主管理。就地方政府的数量而言,为1都1道2府43县,共47个中级政府单位;基层行政区划分为市、町、村,其中市为782个,町为830个,村为195个,共1 807个(截至2007年3月)。此外,有13个大城市被定为"指定都市"(Designated Cities),除了仙台、千叶、北九州外,其他的人口都超过100万(2007年)。这些市负责实施一些都、道、府、县等中级政府的事权,尽管它们仅仅是普通的"市",同时也不被排除在相关中级政府的管辖范围之外。另外一类地方公共团体的特殊类型是东京都市区的23个特别区。①

(二) 事权和财政支出责任划分

在非对称型制度模式下,在事权划分上比较重视政府间的相互合作与协调。在事权实施和立法监管方面具有一定程度的分离,中央政府对次中央政府事权范围内的事务行使一定的立法监管权。共同事权、委托事权的比例较高。中央政府通过转移支付为次中央政府事权范围内的事务承担财政支出责任的比例相对较高。

1. 德国

在事权划分上,德国遵循所谓的"辅助原则"(Subsidiarity),即凡是地方政府能办的事,州政府不干预;凡是州政府能办的事,联邦政府不干预。② 同时,事权的实施和立法监管并不完全一致。具体而言,联邦事权主要包括:

---

① See Mochida, Nobuki, *Fiscal Decenralization and Local Public Finance in Japan*, Routledge, 2008, pp.10—11.

② 这一原则最早用来处理家庭、社区与教会和政府机构之间的关系,后来延伸到财政分权领域,之后在处理欧盟与成员国之间的关系时也采用这一原则。See Zimmermann, Horst, "Experiences with German Fiscal Federalism: How to Preserve the Decentral Content?" in Fossati, Amede and Giorgio Pamella (eds.), *Fiscal Federalism in the European Union*, Routledge, 1999, p.164.

第二章　实现中央与地方关系法治化的财政制度模式

国防、外交事务、公民权、海关、铁路和航空运输、邮政和电信。与这些事权相关的服务由联邦负责实施,也有联邦通过立法予以监管。社会保障由联邦和州负责实施,由联邦负责立法监管。健康卫生(包括医疗保险和地方医疗设施)、社会救助由联邦、州和地方政府负责实施,由联邦负责立法监管。废物处理由地方政府负责实施,由联邦负责立法监管。环境保护由州负责实施,由联邦和州负责立法监管。供水、下水道由地方政府负责实施,由联邦和州负责立法监管。社会治安、文化、学校和教育、大学由州负责实施,并由州负责立法监管。地方公路、体育和娱乐、学校建筑、公共住房由地方政府负责实施,并由地方政府负责监管。① 此外,联邦可以与各州一起完成一些特定任务。例如,根据《基本法》的相关规定②,为了整个社会的重要性和改进生活条件的必要性,联邦和州可以完成"共同任务"(joint task)。共同任务包括:改进地区经济结构;改进土地结构和海岸保护。③ 经联邦参议院同意的联邦法律规定共同任务及其协调的细节。共同任务由州负责实施。联邦和州还可以相互同意在一些具有跨地区意义的领域进行合作,例如:高等教育机构以外的研究设施和项目;在高等教育机构的科学项目与研究;高等教育机构内设施的建造。

《基本法》在对各级政府的事权进行原则界定的同时,相应地也明确了各级政府的财政支出责任。在《基本法》没有相反规定的情况下,联邦和州分别承担实现各自任务所需的支出。州负责实施联邦的任务时,联邦应该

---

① See Feld, Lars P., and Jürgen von Hagen, "Federal Republic of Germany," in Shah, Anwar, and John Kincaid (eds.), *The Practice of Fiscal Federalism: Comparative Perspectives*, McGill-Queen's University Press, 2007, p.136.

② See *Basic Law for the Federal Republic of Germany* (Grundgesetz, GG) (As last amended by the Act of 21 July 2010, Federal Law Gazette I p.944), Article 91 (a)、(b)。

③ 2006年宪法改革后,"扩大和建设高等教育机构,包括教学医院""教育规划"等共同任务被取消。教育规划方面的共同任务从来没有发生过,原因在于联邦与州的执政党在意识形态和其他方面存在差异。而联邦政府参与科研设施与项目是普遍的。2006年的改革终止了教育规划,并规定联邦和州可以共同参与大学科研设施与项目的改进与融资。联邦参与大学的科研项目必须获得所有州的批准,这意味着任何一位州总理都可以投否决票。See Moore, Carolyn, Wade Jacoby and Arthur B. Gunlicks, "Introduction: German Federalism in Transition?" in Moore, Carolyn, and Wade Jacoby (eds.), *German Federalism in Transition: Reforms in a Consensual State*, Routledge, 2010, pp.7—8.

承担相应的支出责任。① 联邦和州之间严格划分财政支出责任的例外情形主要包括:(1) 与共同任务相关的支出责任。根据《基本法》的相关规定②,对于改进地区经济结构的共同任务,联邦负担一半的成本。对于改进土地结构和海岸保护的共同任务,联邦在每个州至少负担一半的支出,该负担比例在每个州必须相同。对于科学、研究和教育等特定领域的共同任务的支出责任,由联邦和州达成的协议确定。(2) 对特定重要投资的财政补助。《基本法》③允许联邦通过财政补助的形式为州、市镇、联合市镇作出的特定重要投资提供资金。相关投资将有助于避免总体经济平衡的波动、在联邦范围内平衡经济能力差异、促进经济增长。(3) 联邦法律要求的对私人的现金给付。例如:根据《联邦培训援助法》的规定,由联邦负担65%,由州负担35%;根据《住房补贴法》的规定,由联邦和州各负担50%;根据《联邦育儿津贴和育婴假法》的规定,联邦负担100%的支出。(4) 其他特定情形。例如:州执行联邦法律;战争造成的负担;对社会保障成本的补贴;因欧共体的处罚产生的成本等。④

从数量上看,在州层面,有16%的支出是由其他层级政府提供经费的(主要是联邦政府),在地方层面,有34%的支出是由州政府的转移支付提供经费的。对同一个任务(事权)共同提供经费的做法在德国非常普遍,这造成的一个结果是,在不同层级的政府之间没有政治和财政责任的清晰划分。⑤ 当然,这种做法的优点是,有助于促成全国统一生活条件的实现和达成。

2. 日本

日本在划分各级政府的事权范围时,把尽可能多的公共事务交给地方

---

① See *Basic Law for the Federal Republic of Germany* (Grundgesetz, GG) (As last amended by the Act of 21 July 2010, Federal Law Gazette I p. 944), Article 104 (a)。

② See *Basic Law for the Federal Republic of Germany* (Grundgesetz, GG) (As last amended by the Act of 21 July 2010, Federal Law Gazette I p. 944), Article 91 (a)、(b)。

③ See *Basic Law for the Federal Republic of Germany* (Grundgesetz, GG) (As last amended by the Act of 21 July 2010, Federal Law Gazette I p. 944), Article 104(b)。

④ See Federal Ministry of Finance, *Federation/Länder Financial Relations on the Basis of Constitutional Financial Provisions* (update 2009)。

⑤ See Seitz, Helmut, and Gerhard Kempkes, "Fiscal Federalism and Demography," *Public Finance Review*, Vol. 35 (3), May 2007, pp. 385—413

第二章　实现中央与地方关系法治化的财政制度模式

政府去办,只将涉及国家整体利益、跨地区以及无法由地方执行,只能由中央执行的公共事务才由中央承担。日本各级政府间事权范围划分的另一个重要特点是,划为中央政府事权范围的公共事务,如果有可能,也尽可能将有关这些公共事务的具体操作任务交给地方负担,即这些事务的规划、决策权归中央,而具体执行权则全部或部分交给地方,由地方具体经办。①

2000 年 4 月颁布的《地方综合分权法》(the Omnibus Decentralization Law)重新划分了中央政府与地方政府之间的事权,将地方政府事权划分为两类,即地方自治事权(Self-governing Function)和法定委托事权(Statutory Trusted Function)。② 地方自治事权是指那些由地方政府承担的满足地方需要的城市规划、学校教育、相关福利政策等方面的事务,包括那些全国性法律没有规定的任务。法定委托事权是指基于法律的规定,满足整个国家的需要,但是出于效率原因由地方政府执行,如家庭登记、人口普查、国家选举方面的管理等事务。在新法的规定下,大约 55% 的原代理—指派(Agency-Assign)事权③被归入地方自治事权,剩下的被划为法定委托事权。④

具体而言,根据日本《地方自治法》的规定,中央政府承担的事权主要包括:国防、外交、司法事务、社会保障(养老金)、大学、高速公路(国家公路)、一级河流等。都、道、府、县承担的事权主要包括:警察、社会救助、高中、义务教育阶段的教师薪水、公路和二级河流等。市、町、村承担的事权主要包括:消防、人口普查、社会保险(国民健康保险、长期看护保险)、初中、小学、幼儿园、城镇规划、公共住房、下水道等。⑤

值得注意的是,地方支出不但包括地方政府在完全属于地方政府事权方面的支出,还包括由中央政府有效控制、地方政府仅仅是提供服务的支

---

① 参见韩世君:《日本分级财政体制剖析》,载刘溶沧、李茂生主编:《转轨中的中国财经问题》,中国社会科学出版社 2002 年版,第 346—348 页。
② See Aoki, Ichiro, "Decentralization and Intergovernmental Finance in Japan," PRI Discussion Paper Series (No. 08A-04), Policy Research Institute, Ministry of Finance, June 2008.
③ 在原有制度下,这部分事权由中央政府指派给地方政府,地方政府行政长官必须遵循相关的命令,但对他们必须执行的任务不享有任何法律权力。
④ See Jain, Purnendra, "Japan's Local Governance at the Crossroads: The Third Wave of Reform," Pacific Economic Paper, No. 306, Australia-Japan Research Centre, August 2000.
⑤ See Mochida, Nobuki, *Fiscal Decentralization and Local Public Finance in Japan*, Routledge, 2008, p.48.

出。尽管更多的支出发生在地方政府层次,但是中央政府几乎涉及地方公共支出的各个方面。在实践中,一些主要的项目(教育、福利和基础设施)由中央政府部门规划,并由中央政府通过转移支付提供部分资金,由地方政府负责实施。[①] 据统计,从1993年到2002年间,日本地方政府支出占政府所有支出的比例超过60%,而地方税收入占所有税收收入的40%左右。收入和支出之间的巨大差额通过中央政府向地方政府的转移支付解决。[②]

(三)财政权限配置

在非对称型制度模式下,财政收益权和事权匹配程度较低;财政收益权和财政立法权不相适应,享有一定的财政收益权并不一定享有一定的财政立法权,由中央政府享有主要的财政立法权;次中央政府的财政预算权受到一定限制,中央政府对次中央政府的债务危机通常会实施紧急救助。

1. 财政收益权的划分

和对称型制度模式一样,这里财政收益权的划分主要也涉及对税收、费等财政收入形式归属的确定,同时,还包括公债发行权的有无。

(1)德国

根据《基本法》的相关规定[③],联邦收入主要包括:财政专卖、关税、消费税(其中最重要的是矿物油税、烟草税和酒税(啤酒除外))、公路货运税、机动车税[④]和其他与机动交通工具相关的交易税、资本交易、保险和汇票税等。联邦政府也有权征收所得税的附加税。所得税附加税是在20世纪60年代末作为反经济周期的工具被引进的,之后并没有保持很长时间。德国统一后,又开始征收所得税附加税,对所有的个人和公司所得税款附加征收

[①] See Mochida, Nobuki, *Fiscal Decentralization and Local Public Finance in Japan*, Routledge, 2008, pp.56—57.

[②] See Naito, Keisuke, and Asuka Oki, "International Comparison of Local Revenue Structures and Japan's Local Tax and Finance Reform," Mizuho Research Paper, published by Mizuho Research Institute Ltd., Tokyo, June, 2005.

[③] See *Basic Law for the Federal Republic of Germany* (Grundgesetz, GG) (As last amended by the Act of 21 July 2010, Federal Law Gazette I p.944), Article 106.

[④] 从2009年7月1日开始,机动车税转为按二氧化碳排放量征收的税收,并将该税收入和管理责任转到联邦政府。作为补偿,州政府将每年从联邦政府得到一笔固定额度的收入。See Federal Ministry of Finance, *Federation/Länder Financial Relations on the Basis of Constitutional Financial Provisions* (update 2009).

第二章　实现中央与地方关系法治化的财政制度模式

7.5%,用来应对因德国统一而产生的财政困难;附加税的收入全部归联邦政府。① 属于州政府的主要税种有:财富税、遗产税、不动产购买税、博彩和彩票税、防火税、啤酒税等。地方税中最重要的是地方营业税和财产税。②

德国政府间税收收益权分配的主要特点是几乎所有主要的税收均由联邦与州共享。③ 共享税收入大致占到德国所有税收收入的68%。④ 最主要的共享税有个人所得税、公司所得税和增值税。此外,地方营业税虽然不属于正式的共享税,但也由三级政府来分享,以作为联邦政府和州政府向地方政府转移所得税收入的补偿。共享税的分配比例不是一成不变的,可依据形势的变化予以调整。德国目前主要的共享税比例是:①地方营业税。主要份额归市镇所有,占85%,联邦和州各得7.5%。② 所得税。个人所得税由联邦和州政府各得42.5%,余下的15%归地方政府。公司所得税在联邦与州之间平均分配。⑤ ③增值税。《基本法》规定,增值税收入由联邦和州政府分享,分享比例通过协商最终由联邦立法决定,并须经过联邦参议院的同意。分享比例每两年审查一次,并根据财政状况予以调整。目前(2009年)联邦、州和市镇⑥之间的分配情况是:联邦约得53.9%,州约得44.1%,市镇约得2.0%。⑦ ④ 利息和资本利得税,联邦和州各得44%,市

---

① See Spahn, Paul Bernd, and Wolfgang Föttinger, "Germany," in Ter-Minassian, Teresa (ed.), *Fiscal Federalism in Theory and Practice*, IMF, 1997, p.229.

② See Watts, Ronald, and Paul Hobson, "Fiscal federalism in Germany," available at http://www.aucc.ca/_pdf/english/programs/cepra/watts_hobson.pdf,2014年9月20日访问。

③ See *Basic Law for the Federal Republic of Germany* (Grundgesetz, GG) (As last amended by the Act of 21 July 2010, Federal Law Gazette I p.944), Article 106.

④ 联邦税占到大致20%,州税占到约4%,地方税占到约8%。See Seitz, Helmut, and Gerhard Kempkes, "Fiscal Federalism and Demography," *Public Finance Review*, Vol.35(3), May 2007, pp.385—413.

⑤ 有学者指出,关于所得税的水平分配,即地区间的分配,还存在问题。对于跨地区经营的公司,需要一个为公司分配收入的适当公式,进而确定相关公司所得税的分配。而在个人所得税分配中所考虑的是居住地因素——这受到市镇和城市州的批评。See Spahn, Paul Bernd, and Oliver Franz, "Consensus Democracy and Interjurisdictional Fiscal Solidarity in Germany," presented at IMF Fiscal Affairs Department Conference on Fiscal Decentralization, International Monetary Fund, Washington, November 2000.

⑥ 从1998年1月1日开始,市镇也参与增值税的分配。

⑦ 增值税的具体划分要更为复杂。在联邦与州之间划分收入之前,联邦获得5.63%用于养老金计划,市镇获得2.2%作为取消资本营业税的补偿。剩余的92.17%部分再在联邦和州之间按照一定比例进行划分。See Gunlicks, Arthur B., "German Federalism and Recent Reform Efforts," *German Law Journal*, Vol.6(10), 2005, pp.1283—1296.

镇得12%。①

除了税收之外,费、社会保障缴款等也是各级政府获得财政收入的形式。

公债也构成德国三级政府的收入来源。联邦、州和地方三级政府都可以借债。值得注意的是,和组织税收收入方面的有限自主性相比,州政府在借债方面的实际自主性要大得多。② 过去,《基本法》规定联邦借款必须用于投资目的,预算中的净借款应限于公共投资毛额内,例外仅存在于出现"宏观经济平衡的混乱"③;类似的限制条款也被规定在州宪法或州的相关立法中。④ 地方政府发行公债受州政府的控制,德国所有的州几乎以同样的

---

① See Federal Ministry of Finance, *Federation/Länder Financial Relations on the Basis of Constitutional Financial Provisions* (update 2009).

② See Zipfel, Frank, "German Finances: Federal Level Masks Importance of Länder," Deutsche Bank Research, May 2011.

③ 这一控制债务的方法被称为"黄金规则"(Golden Rule)。该规则是古典传统的,基于如下经济学假设:公共投资伴随着资产积累,而该资产也对未来数代人有益。因此,未来的人也应该为其负担成本。德国《基本法》在20世纪60年代末采纳了该规则。该规则的实际运转表明其不能防止债务的累积。在实践中运行的一个主要问题是,其对经济周期的非对称性反应。即在宏观经济平衡混乱时期,净借款额没有任何限制,但是没有相应的规则应对相反的情形:在经济运行良好的情况下没有义务缩减净借款。此外,这一规则的一个主要问题是如何界定"投资"。在技术上很难确定准确的折旧率;由于存在低估的激励,往往会被人为操纵。"黄金规则"所存在的问题促使人们去思考新的债务控制规则。"结构性平衡预算"作为保证可持续公共财政和限制净债务的规则被提了出来。"黄金规则"允许净借款的数额基于公共投资的数额,而根据"结构性平衡预算"规则,净借款仅因经济周期的原因被允许,而且在经济繁荣时期必须有额外的节余努力。2009年的宪法改革即采纳了这一规则。See Baumann, Elke, Elmar Dönnebrink and Christian Kastrop, "A Concept for a New Budget Rule for Germany," CESifo Forum 2/2008.

④ 值得注意的是,尽管存在限制,但是州的政治家存在强烈的动机通过债务方式支持公共支出,因为他们明白,最终联邦政府是会进行紧急救助(Bailout)的。因说服联邦宪法法院其处于严重的财政危机,不来梅州和萨尔州从1995年到2004年间获得了联邦补充拨款。2006年,柏林州主张联邦补充拨款的要求被联邦宪法法院驳回。法院确认州在财政危机时有获得补充拨款的权利,但认为柏林州没有陷入足够的财政危机。这就意味着,只要州累积足够的债务后,宪法法院就会要求联邦提供财政紧急援助。因此,有关限制过度负债的规则被证明是纸老虎(Paper Tiger)。See Jochimsen, Beate, "Fiscal Federalism in Germany: Problems, Proposals and Chances for Fundamental Reforms," in Moore, Carolyn, and Wade Jacoby (eds.), *German Federalism in Transition: Reforms in a Consensual State*, Routledge, 2010, p. 85、89.
有学者用实证方法对德国各州的情况进行了研究,最后发现,在控制了一些宏观经济和政治变量后,有"紧急救助预期"的州会运转更高的赤字,从而累积更多的债务。See Rodden, Jonathan, "And the Last Shall be First: Federalism and Soft Budget Constraints in Germany," available at http://web.mit.edu/jrodden/www/materials/germany.june2005.pdf, 2014年9月20日访问。
在实践中,地方政府也经常受到州政府的紧急救助。See Seitz, Helmut, "Subnational Government Bailous in Germany," ZEI working paper, No. B 20-1999.

第二章　实现中央与地方关系法治化的财政制度模式

方式规定对地方政府公债发行的控制。具体而言,地方政府只有在其他收入来源方式用竭的情况下,才能采用借款方式融资。和联邦和州政府一样,借款也必须用于投资性质的支出。① 此外,德国债券发行还要受到欧盟的限制。②

值得注意的是,2009 年的宪法改革调整了控制各级政府债务的措施,主要做法是确立了一个新的借款规则——"债务刹车"(Debt Brake);同时,成立了监控政府债务和预算状况的稳定委员会(Stability Council)。在这之前,没有任何早期债务预警系统。经过过渡期后,新的借款规则将在 2016 年对联邦政府完全生效,而在 2020 年对州政府完全生效。根据修订后的《基本法》的相关规定③,原则上,联邦政府应该在没有借款的情况下保持收支平衡。当借款收入不超过 GDP 的 0.35% 时,该原则被认为是满足的。此外,当经济发展偏离正常经济状况时,经济萧条期和经济繁荣期对预算的效果应该对称地予以考虑,即在经济萧条期可以借债,而在经济繁荣期予以偿还。对前面提到的债务限制的实际借款偏离应该被记录在一个控制账户(Control Account)中;当额度超过 GDP 的 1.5% 时,应该根据经济周期予以缩减。④ 当面临超过政府控制的自然灾害或非常规紧急状态,对国家财政状况有巨大损害时,根据联邦众议院多数决定,相关债务限制可以被突破。同时,该决定必须包括分期偿还的计划。相关债务偿还必须在适当的期限内完成。从 2011 年开始应该缩减赤字,以便到 2016 年时达到《基本法》的相关要求。

---

① See Färber, Gisela, "Local Government Borrowing in Germany," in Dafflon, Berrard (ed.), *Local Public Finance in Europe*, Edward Elgar, 2002, pp.143—144.
② 欧盟实行统一货币政策的条件之一是,必须在全欧盟范围内保持稳定的预算政策。根据马约(The Maastricht Treaty)的规定,成员国的财政赤字不能超过国内生产总值的3%,债务总额不能超过国内生产总值的60%。See Corsetti, Giancarlo, and Nouriel Roubini, "European versus American Perspectives on Balanced—Budget Rules," *The American Economic Review*, Vol. 86 (2), 1996, pp. 408—413.
③ See *Basic Law for the Federal Republic of Germany* (Grundgesetz, GG) (As last amended by the Act of 21 July 2010, Federal Law Gazette I p.944), Article 115、143(d).
④ 即由原来基于公共投资的"黄金规则"转为"结构性平衡预算"规则。

州也原则上被要求保持平衡预算,但在经济周期内可以有一些灵活性。① 值得注意的是,《基本法》没有规定州如何去实施"债务刹车"规则。目前,有三个州(黑森州通过全民公决,莱茵兰-普法尔茨州和石勒苏益格-荷尔斯泰因州通过议会决定)已将相关债务规则整合到它们各自的州宪法中。萨克森-安哈尔特州仅将相关债务规则规定在其州预算法典中。在其他大多数州,关于债务规则实施的争论仍在继续。此外,一些州(柏林州、不来梅州、萨尔州、萨克森-安哈尔特州、石勒苏益格-荷尔斯泰因州)从2011年开始逐渐缩减其结构性赤字。作为回报,它们将得到联邦的额外拨款。同时,从法律上而言,市镇不受"债务刹车"规则的约束。

另一个控制政府债务的支柱是新成立的稳定委员会。该委员会是代表联邦和州的一个联合机构。稳定委员会的成员包括:联邦财政部长、经济部长和各州财政部长。稳定委员会的主要任务是定期监控联邦和州的预算。稳定委员会用几个关键指标②和相关的门槛值来评估中期预算状况。如果关键指标的大多数超过规定的门槛值,稳定委员会将决定是否开始一个测试程序。基于最后的测试报告,相关的州将提出重建计划建议,并经稳定委员会审查并最终批准通过。重建计划将覆盖5年,计划须包括一些确实的目标,如缩减年度净借款额、实施适当的重建措施。稳定委员会可以多次要求相关州强化其努力程度。如果预算紧急状况在5年后仍然没有消除,将会开始一个新的重建计划。③

(2)日本

税收和公债是日本中央政府的主要收入来源。日本的国税由三种直接税和包括多种消费税在内的间接税构成。具体包括④:个人所得税、法人税、继承税、赠与税、消费税、酒税、烟草税、食糖税、物品税、纸牌税、许可税、旅

---

① See Feld, Lars P., and Thushyanthan Baskaran, "Federalism Commission Ⅱ—Recent Reforms of Federal-Länder Financial Relationships in Germany," available at http://www.forumfed.org/en/pubs/2009-10-26-feld.pdf.

② 例如:债务比例(=净借款额占净支出比例);债务水平(=12月31日债务额和人口的比值);利息税收比(=利息支付费用和税收收入比值)。

③ See Zipfel, Frank, "German Finances: Federal Level Masks Importance of Länder," Deutsche Bank Research, May 2011.

④ See Ishi, Hiromitsu, *The Japanese Tax System*, 3rd ed., Oxford University Press, 2001, pp. 224,253.

第二章 实现中央与地方关系法治化的财政制度模式

游税、印花税、有价证券交易税、交易所税、汽油税、地方道路税、液化石油气税、机动车辆吨位税、飞机燃料税、促进电力资源开发税、石油税、关税、原油税、土地登记和许可税等。

《日本国宪法》在其第 8 章专门设置了题为"地方自治"的一章。其第 92 条规定:"关于地方公共团体的组织及其运转的事项,应当基于地方自治的宗旨由法律规定。"其第 94 条规定:"地方公共团体应当拥有处理其财产、事务和行政以及在法律范围内制定规章的权力。"[1]地方公共团体(地方政府)为了按地方自治之宗旨处理其事务,就必须要有相应的财源。[2] 真正能够确保实现"地方自治"的法宝是地方财政权或曰自治体财政权。因为不具有财政方面内容的"地方自治"只能是画饼充饥。[3] 日本现行财政权益权划分制度对地方政府的财政收入具有一定的保证。具体而言,日本地方财政收入分为地方税、地方让与税、地方交付税、国库支出金[4]、地方债和其他收入 6 大类。地方税是地方财政的主要收入来源。根据日本《地方税法》的规定,地方税分为普通税和特殊目的税。普通税和特定的目的不相联系,主要用于一般支出。特殊目的税针对特定客体征收,主要用于特定的目的。此外,在《地方税法》中没有列明的税都被称作法定外税,同样包括法定外普通税和法定外特殊目的税。其中,都道府县普通税包括:都道府县居民税、事业税、不动产购买税、地方消费税、道府县卷烟消费税、高尔夫球场使用税、汽车税、矿区税、固定资产税、道府县法定外普通税。都道府县特殊目的税包括:汽车购置税、轻油交易税、狩猎税、水和土地使用税、都道政县法定外特殊目的税。市町村普通税包括:市町村居民税、固定资产税、特别土地保有税、轻型汽车税、市町村卷烟消费税、矿产税、市町村法定外普通税、针对国有资产和日本邮政资产的征收。市町村特殊目的税包括:温泉入浴税、事业所税、城市规划税、水和土地使用税、公共设施税、土地开发税、国民健康

---

[1] See *The Constitution of Japan*, Article 92、94.
[2] 参见〔日〕金子宏:《日本税法》,战宪斌、郑林根等译,法律出版社 2004 年版,第 71 页。
[3] 参见〔日〕北野弘久:《税法学原论》(第 4 版),陈刚、杨建广等译,中国检察出版社 2001 年版,第 230—231 页。
[4] 地方让与税、地方交付税和国库支出金属于政府间转移支付的范畴,下文将予以详述。国库支出金对都、道、府、县等中级政府而言是除税收以外的第二大财源,其次是地方交付税和地方债;对于市、町、村政府,除了地方税收入以外,重要的收入来源是地方交付税和地方债。See Ishi, Hiromitsu, *The Japanese Tax System*, 3rd ed., Oxford University Press, 2001, p.354.

保险税、市町村法定外特殊目的税。① 值得注意的是,在日本,作为地方政府自主财源的地方税在地方政府全部财政收入中所占比重,一直没有超过一半,也就是说,地方政府执行社会公共事务所需财源的大部分不能由地方政府自主筹措,而只能主要依赖中央政府的各种补助。这样做,可以在尊重地方政府独立利益主体地位的同时,使中央政府能够在必要时通过对地方政府的财政援助,对地方政府的行为进行间接控制。但是这也带来了地方政府的支出严重依赖中央政府的状况。为了解决相关问题,小泉纯一郎政府于 2003 年 6 月提出了"三位一体"的一揽子改革方案(Trinity Reform Package)②,根据该方案,在中央政府和地方政府之间重新划分税源,以减少纵向财政失衡,增加地方政府的自有财政收入,同时减少中央政府对地方政府的补贴。③

日本允许地方政府拥有一定的举债权。地方债是日本地方财政收入的重要来源。地方债券收入占到地方所有收入的大约 10%(地方税占到 42.9%,地方交付税占到 16.7%,国库支出金占到 12.6%,其他收入占到 15.7%。)。④ 根据《地方财政法》的原则,地方政府不能将地方债收入用于一般支出,但是,法律允许发行地方债为资本性支出募集资金。⑤ 根据《地方财政法》第 5 条的规定,所有地方公共团体的支出应当由其收入而不是地方债支持。但是,地方债可以用于支持如下项目:(1) 交通、天然气、供水和

---

① See Ishi, Hiromitsu, *The Japanese Tax System*, 3rd ed., Oxford University Press, 2001, p. 356; Harada, Kenichiro, Vice Mayor, and Komono Town, "Local Taxation in Japan," papers on the Local Governance System and its Implementation in Selected Fields in Japan No. 10. CLAIR, COSLOG, and GRIPS, March 2009.

② 所谓"三位一体"(Trinity)的含义是指地方分权改革涉及三个因素:地方税、地方交付税和国库支出金。See Doi, Takero, "A Missing Link in Decentralization Reform in Japan: 'Trinity Reform Package'," PRI Discussion Paper Series (No. 04a-08), Policy Research Institute, Ministry of Finance, 2004; Aoki, Ichiro, "Decentralization and Intergovernmental Finance in Japan," PRI Discussion Paper Series (No. 08A-04), Policy Research Institute, Ministry of Finance, June 2008.

③ 2006 年小泉首相下台后,接任的安倍晋三首相于 2006 年 10 月向国会提交了《分权促进法案》,该法案于 2006 年 12 月得以通过成为法律。该法的有效期为 2007 年 4 月到 2010 年 3 月。根据该法,成立了以丹羽宇一郎(Uichiro Niwa)为首的分权改革促进委员会,负责为内阁提供有关分权促进计划方面的指导意见。

④ See Tanaka, Yutaka, "Local Bonds in Japan," papers on the Local Governance System and its Implementation in Selected Fields in Japan No. 19, CLAIR, COSLOG, and GRIPS, March 2011.

⑤ See Aoki, Ichiro, "Decentralization and Intergovernmental Finance in Japan," PRI Discussion Paper Series (No. 08A-04), Policy Research Institute, Ministry of Finance, June 2008.

第二章 实现中央与地方关系法治化的财政制度模式

其他地方公共事业;(2)投资和贷款(包括购买用于投资或出租的土地或其他财产的费用);(3)更新地方债;(4)灾难发生时的临时措施、恢复工作和救济工作方面的费用;(5)公共设施和用于公共目的的设施的建造费用(学校和其他教育设施、保育和其他福利设施、防火设施、公路、河流、港口和其他建筑),以及相应的土地购买费用。① 这样做的目的是为了避免过重的债务负担限制地方财政结构的稳定。地方政府的债务融资受到中央政府的严格控制。没有中央政府部门的批准地方政府不能举借债务,地方借款的门槛也要满足一系列限制条件(比如偿债比例,即借款额和一般财政收入的百分比,一般不容许超过20%)。除了对债券发行进行审批外,中央政府还要决定债券的买方。整个地方债券的60%由中央政府通过"财政投资与贷款项目"(Fiscal Investment and Loan Program, FILP)②购买,30%由私人金融机构购买,只有10%通过市场发行。这样做的目的主要是为了减轻地方政府借款对市场的依赖性。③ 但是,这一做法也存在对地方政府激励不足的问题。地方政府不需要像私人公司一样,在市场上发行债券时公开它们的信息,以及求助于自身良好的经营。由于获得了中央政府发行债券的批准,这种机制有可能导致地方政府因依赖中央的批准而发行过量的债券。这样,最终有可能产生严重的由中央政府"兜底"的"软预算约束"(Soft Budget Constraint)问题。④ 因此,对地方债券发行制度进行改革显得很有必要。

2000年4月颁布的《地方综合分权法》对地方债券的发行进行了改革,

---

① See *Local Finance Law*, Artice 5.
② FILP是日本的政策性金融(Policy Finance)项目。日本在保持低税负、低支出的情况下,通过FILP项目投资基础设施及其他社会福利项目,促进了经济和社会发展,在工业化国家中很有特色。在旧的FILP项目下,资金来源包括:邮政储蓄、国家和邮政养老金基金、邮政人寿保险、工业投资特殊账户、债券和担保债券、投资和贷款回收资金。这些资金通过投资或贷款的形式分配给政府金融机构、其他准政府机构、特殊公司和地方政府(地方政府借款的资金主要来自政府担保债券)。因是投资或贷款,所以这些资金是需要补偿或偿还的。补偿和偿还资金构成FILP基金的很大一部分。因此,原则上,FILP项目是自我循环、自我支持的。2001年改革后,在新的FILP项目下,资金通过发行债券的方式获得。邮政储蓄和养老金基金不再被法定要求去支持FILP项目,但是,仍然可以通过购买FILP债券进入该系统。用于地方政府借款资金仍主要来自政府担保债券。See Park, Gene, *Spending Without Taxation: FILP and the Politics of Public Finance in Japan*, Stanford University Press, 2011, pp.1—32.
③ See Doi, Takero, "A Missing Link in Decentralization Reform in Japan: 'Trinity Reform Package'," PRI Discussion Paper Series (No. 04a-08), Policy Research Institute, Ministry of Finance, 2004.
④ See Mochida, Nobuki, *Fiscal Decentralization and Local Public Finance in Japan*, Routledge, 2008, p.124.

从原来的审批机制向"事先磋商机制"(Prior Consultation System)转变。①从 2006 年开始,审批制度被取消,由磋商制度作为替代。考虑到审批制存在超过一个世纪,从明治时期现代国家形成时就存在,这一转变可被称为是一个历史性的事件。② 2010 年,日本地方债一般会计为 13.49 兆日元,占地方政府总收入(地方财政计划)的 16.4%。再加上 2.4 兆日元的地方公营企业债,总额达到 15.89 兆日元。2008 年全球金融危机后,地方债作为克服经济萧条的手段之一,发行数额剧增。③

在新的磋商机制下,地方政府在没有总务省或都道府县知事批准的情况下,也可以发行债券。不过,相关地方政府行政长官应该事先将发行债券的计划向相应的地方议会作出报告。④ 但在这种情况下,债券的本息不能被计入计算地方交付税的"标准财政需求"中。⑤ 这一改革增加了地方政府发行债券的自主性,但同时也加重了其责任。同时,在没有得到总务省或都道府县知事批准时,地方政府不能从公共基金⑥那里借到资金。⑦ 在过去的审批制下,有关地方债券审批的政策由中央政府的通告决定,在新的磋商机制下,基于更加公平和透明度方面的考虑,批准标准和数额都必须公开。⑧ 此

---

① See Pascha, Werner, and Frank Robaschk, "The Role of Japanese Local Governments in Stabilisation Policy," presented at the Second International Convention of Asia Scholars, Berlin, 9—12 Aug. 2001. 值得注意的是,目前的发行方式与受财政规则和市场规律约束的发行相比,仍处于过渡阶段。

② See Tanaka, Yutaka, "Local Bonds in Japan," papers on the Local Governance System and its Implementation in Selected Fields in Japan No. 19, CLAIR, COSLOG, and GRIPS, March 2011.

③ 参见〔日〕内山昭:《日本发行地方债的经验及教训》,施锦芳译,载寇铁军主编:《地方财政与体制创新》,东北财经大学出版社 2011 年版,第 22—30 页。

④ See *Local Finance Law*, Artice 5-3-5.

⑤ 这一制度安排意味着,未经批准发行债券的偿还将得不到地方交付税的保证。这是针对以前地方债券"预算软约束"问题的改革。在过去的审批制下,所有地方债券的偿还费用被计入计算地方交付税的"标准财政需求",从而得到地方交付税的保证。在此情况下,投资者和金融机构可以给财政能力弱的地方政府贷款而不用监控其信用风险。See Aoki, Ichiro, "Decentralization and Intergovernmental Finance in Japan," PRI Discussion Paper Series (No. 08A-04), Policy Research Institute, Ministry of Finance, June 2008.

⑥ 公共基金包括:财政贷款基金、为市町村融资的日本财政机构。财政贷款基金是中央政府通过发行国家政府公债(即上文提到的 FILP 债券)获得的资金,是地方政府债券最稳定的长期低息资金来源。为市町村融资的日本财政机构是 1957 年依法成立的中央政府特殊公共法人,作为公共资金来源和财政贷款基金在地方债券融资中扮演重要的角色。

⑦ See *Local Finance Law*, Artice 5-3-3.

⑧ See Tanaka, Yutaka, "Local Bonds in Japan," papers on the Local Governance System and its Implementation in Selected Fields in Japan No. 19, CLAIR, COSLOG, and GRIPS, March 2011.

第二章 实现中央与地方关系法治化的财政制度模式

外,财政状况严重的地方政府发行债券的权力受到限制。① 在税率低于标准税率的情况下,地方政府为一些项目需要借款须经过批准。②

2. 财政立法权的划分

在非对称型制度模式下,次中央政府的财政立法权往往受到限制,财政立法权和财政收益权并不完全相适应,享有财政收益权并一定享有财政立法权。

(1) 德国

根据德国《基本法》的规定,德国的联邦立法权主要有两种形式,即专有立法权(Exclusive Legislative Power)和共同立法权(Concurrent Legislative Power)。③ 在联邦政府专有立法权的范围内,州政府只有在得到联邦政府明确授权的情况下才能根据联邦法律行使立法权。共同立法权也称优先立法权,是指联邦政府在联邦政府和州政府共同拥有立法权的范围内享有优先立法的权力,即如果联邦政府尚未行使某项法律的立法权,则各州政府有权立法;如果联邦政府已经立法,则州政府无权再立法;如果州政府已经立法,联邦政府则有权根据需要重新立法,并以联邦法律为准。此外,在过去,联邦还享有原则立法(Framework Legislation)权④,即在《基本法》规定的立法领域中,联邦进行原则性立法,各州根据联邦法律所确定的立法原则,结合自己的情况和需要,规定具体的实施细则。上述三种联邦立法权中,专有立法权属于当然的联邦权力,而共同立法权和原则立法权范围内的事项在联邦制国家中本属各州管理的事务,但在德国,这些权力被解释为是联邦的

---

① "净收入"超过一般目的财力20%的市、町、村在实施总务省批准的"财政重整计划"(Financial Rehabilitation Plan)时,可以发行债券。在实施"财政重整计划"时,尽管会给相关地方政府提供短期融资和特殊地方交付税,但是相关地方政府将被迫缩减冗员、降低薪水、增加它们自己征收的使用费和手续费、采取在中央政府控制下的其他措施。最近的一个实施财政重整计划的例子是福冈县的一个町。该町于1991年成为一个进入财政重整计划的地方政府,于2000财政年度完成其重整计划。目前,北海道的夕张市被指定为实施财政重整计划的一个地方政府。See Mochida, Nobuki, *Fiscal Decentralization and Local Public Finance in Japan*, Routledge, 2008, p.138.

② 这种借款在改革前是被禁止的。

③ See *Basic Law for the Federal Republic of Germany* (Grundgesetz, GG) (As last amended by the Act of 21 July 2010, Federal Law Gazette I p.944), Article 73、74.

④ 值得注意的是,2006年的宪法改革取消了原则立法,相关的立法权限归并到《基本法》第73条的专有立法权和第74条的共同立法权。See Moore, Carolyn, Wade Jacoby, and Arthur B. Gunlicks, "Introduction: German Federalism in Transition?" in Moore, Carolyn, and Wade Jacoby (eds.), *German Federalism in Transition: Reforms in a Consensual State*, Routledge, 2010, pp.6—7.

"默示权力"。① 具体到财政立法权划分方面,联邦拥有关税和财政专卖的专有立法权;享有其他联邦税、共享税的共同立法权。② 涉及州或市镇(联合市镇)税收收入的联邦立法应当获得联邦参议院的同意。对于共享税的比例调整,所得税需要《基本法》修正才能变动;增值税需要联邦政府和州政府之间进行谈判,最后须经联邦参议院简单多数的同意。

德国的州和市镇(尤其是市镇)在本行政区享有一定的税收立法权,但是,相关立法都应根据《基本法》的规定制定,以保证全国税法和税制的统一性。③ 在不和联邦法律实质上类似的情况下,州具有征收地方消费税的权力。同时,州政府享有对教会税的专有立法权。此外,在 2006 年宪法改革后,州政府拥有对不动产转移税税率的决定权。市镇有权确定不动产税、营业税的税率。④

(2) 日本

日本的税收立法权集中在中央。关于地方税,日本的做法很有特色。⑤ 日本国会制定了《地方税法》,其中除有关地方税的通则规定外,还包括对居民税、事业税、固定资产税、不动产取得税等各种税收的规定。值得注意的是,《地方税法》是经国会正式通过的法律,但其并不能直接约束纳税人。作为国家法律的《地方税法》仅作为各地方政府制定税收条例时的标准法。《地方税法》只限于约束各地方政府而不对纳税人直接起作用。

具体而言,地方政府在制定税收条例时的选择权限并不是很大,在税率选择以及一些小税种是否征收等方面给地方政府一定的裁量权。关于税率

---

① 参见甘超英编著:《德国议会》,华夏出版社 2002 年版,第 222—225 页。
② See *Basic Law for the Federal Republic of Germany* (Grundgesetz, GG) (As last amended by the Act of 21 July 2010, Federal Law Gazette I p. 944), Article 105.
③ See Spahn, Paul Bernd, and Oliver Franz, "Consensus Democracy and Interjurisdictional Fiscal Solidarity in Germany," presented at IMF Fiscal Affairs Department Conference on Fiscal Decentralization, International Monetary Fund, Washington, November 2000.
④ See Federal Ministry of Finance, *Federation/Länder Financial Relations on the Basis of Constitutional Financial Provisions* (update 2009), Berlin, July 2010. 德国《基本法》特别保障市镇财政自治权的基础,包括获得税收收入的权力以及设定相关税率的权力。See *Basic Law for the Federal Republic of Germany* (Grundgesetz, GG) (As last amended by the Act of 21 July 2010, Federal Law Gazette I p. 944), Article 28.
⑤ 参见〔日〕北野弘久:《税法学原论》(第 4 版),陈刚、杨建广等译,中国检察出版社 2001 年版,第 50 页。

第二章 实现中央与地方关系法治化的财政制度模式

选择,具体有如下四种情况:(1)标准税率。是地方政府在征税时应当遵循的税率,但并不是必须要遵守。此外,标准税率是计算地方交付税的依据。(2)最高税率。对于有的税种设定了税率限制,地方政府征税时不能超过。最高税率通常和标准税率相适应,在标准税率的 1.1 到 1.5 倍范围内。(3)固定税率。是法定的税率,地方政府不允许在征收此类税时适用其他税率。主要针对消费类税或转移类税。担心使用不同税率的经济后果会超过相关地方政府的边界,期待该类税的征收在全国有一个统一的效果。适用固定税率的税种包括:都道府县的卷烟消费税、高尔夫球场使用税、汽车税、矿区税、汽车购置税、轻油交易税、狩猎税,市町村的卷烟消费税、特别土地保有税、事业所税等。(4)自愿税率。不是《地方税法》规定的,其设定完全留给地方政府自己决定。适用自愿税率的税种包括:都道府县的水和土地使用税,市町村的水和土地使用税、公共设施税、土地开发税等。[1]

除了适用固定税率和自愿税率的税种外,其他税种适用标准税率、最高税率。实际上标准税率并不等于最低税率,各地方政府为了确保其财政收入,一般采用的税率略高于标准税率。同时,在税种选择方面,地方政府可以根据本地区的实际情况,在经主管机关批准后[2],开征一些法定外税。[3]

---

[1] See Harada, Kenichiro, Vice Mayor, and Komono Town, "Local Taxation in Japan," papers on the Local Governance System and its Implementation in Selected Fields in Japan No. 10, CLAIR, COSLOG, and GRIPS, March 2009.

[2] 值得注意的是,日本政府为迎接 21 世纪的来临,实施了中央机构改革。自 2001 年 1 月 6 日起,将原 22 府省厅精简为 12 府省厅,其中把原负责地方自治事务的自治省并入总务厅,同时将总务厅升格为总务省,自此时起有关地方自治事务的中央主管机关均改为总务省。参见蒋水木:《日本地方财政自主性之分析》,载台湾《财税研究》2002 年第 4 期。

[3] 地方政府可以选择以最高税率征税,但是须向主管部门通知(这一规定现已废除)。1997 年,除一个以外,几乎所有的中级地方政府都以最高税率征收公司税;由于担心选举问题,没有提高个人所得税税率。1998 财政年度,核燃料税、原油价格调节税、砂石采集税、别墅财产税等税作为法定外普通税被允许在一些地区征收。不过,从 2000 年起,根据《地方综合分权法》的规定,批准程序被"磋商程序"所取代。在新的机制下,中央政府的"同意"仍然是需要的,但同时又成立了一个争议解决委员会。此外,政府还引进了"地方指定用途税"。结果,在全日本开征了越来越多的新的和独特的税种。这一制度在满足地方税收收入的同时,也带来了新的问题,如旅馆税等税种的开征加重了其他地区居民的税收负担,产生了税收输出(Tax Export)。因此,中央政府在向地方政府下放税收权力的同时,要注意对类似问题的控制。See Ishi, Hiromitsu, *The Japanese Tax System*, 3rd ed., Oxford University Press, 2001, p.357; Doi, Takero, "A Missing Link in Decentralization Reform in Japan:'Trinity Reform Package'," PRI Discussion Paper Series (No. 04a-08), Policy Research Institute, Ministry of Finance, 2004; Pascha, Werner, and Frank Robaschk, "The Role of Japanese Local Governments in Stabilisation Policy," presented at the Second International Convention of Asia Scholars, Berlin, 9—12 August 2001.

3. 财政征收权的划分

在非对称型制度模式下,各级政府一般都享有相应的财政征收权。

(1) 德国

根据《基本法》的相关规定[①],联邦财政部门仅负责关税、财政专卖收入、属于联邦政府的消费税(包括进口环节增值税)、机动车税(2009年7月1日后)和其他与机动化交通工具相关的交易税,以及在欧洲共同体框架下的费用的征收。此外,还替州政府征收啤酒税。这些部门的组织由联邦法律予以调整。所有其他的税收应当由州财政部门征收。这些部门的组织和其公务员的统一培训受到联邦参议院同意的联邦法律的调整。对于部分或全部属于联邦政府的税收征收,州政府的征管机构相当于联邦政府的代理人。在这种情况下,联邦拥有更广泛的权力干预州财政部门的活动,特别是联邦财政部有权发布指令并实施监督。这些权力旨在保护联邦的财政利益和税法的统一适用。此外,获得联邦参议院同意的联邦立法可以规定联邦和州财政部门在涉及税务管理方面的合作,或者为了显著改进税法实施在联邦和州之间转换责任。所有财政部门须遵守的一般行政规则由联邦立法规定,涉及州财政部门和地方政府的须经联邦参议院同意。[②] 对于属于地方政府的收入,由州政府转交给它们的地方政府。联邦政府和州政府的财政管理机构都按三级设立:全面指导机构、中间监督管理机构和地方执行机构。在中间层次,区域财政局扮演着联邦和州政府相关机构的双重角色。它们有专门负责税收的部门。与联邦税收征管有关的成本由联邦政府负担,其他的由州政府负担。[③]

(2) 日本

日本的各级政府都享有税收征收权,税收征管实行分级负责体制,即中央税由中央负责征收管理,地方各级税收由本级政府负责征收管理。[④] 中央

[①] See *Basic Law for the Federal Republic of Germany* (Grundgesetz, GG) (As last amended by the Act of 21 July 2010, Federal Law Gazette I p.944), Article 108.

[②] See *The Budget System of the Federal Republic of Germany*, Bundesministerium der Finanzen, Berlin, November 2008.

[③] See Spahn, Paul Bernd, and Wolfgang Föttinger, "Germany," in Ter-Minassian, Teresa (ed.), *Fiscal Federalism in Theory and Practice*, IMF, 1997, pp.239—240.

[④] 参见财政部财政制度国际比较课题组编著:《日本财政制度》,中国财政经济出版社1998年版,第88页。

第二章　实现中央与地方关系法治化的财政制度模式

税由财务省（原大藏省）内设的国税厅负责，国税厅在全国各大区下设12个国税局。国税局下设税务署，负责市区及邻近町、村的税收业务。由于日本的财政体系趋于集中化，地方政府仅有有限的财政权力，因此在税收征管方面，国税系统扮演了更为重要的角色。都道府县税由都道府县财政局（或财务局、财税局）负责征收，市町村税由市町村财政科征收。在实际征收工作中，为了方便纳税人，日本三级政府间也存在税收征管方面的协调，如地方消费税由国税部门在征收中央消费税时一同征收，然后划拨地方财政；市、町、村征收它们的居民税时，也以相同的税基征收都、道、府、县居民税。中央政府税务部门也提供计算地方居民税应税所得的相关信息。

4．财政预算权的划分

在非对称型制度模式下，各级政府都享有财政预算权，次中央政府的财政预算权往往受到限制。

（1）德国

联邦和州财政预算独立的原则得到宪法的保障。《基本法》第109条规定，联邦和州在管理它们各自的预算时是自主和独立的。预算自主意味着联邦和州独立编制预算，并各自承担预算执行、编送账单和审计方面的责任。除了《基本法》第109条，州预算的法律基础还包括：每个州《宪法》的预算条款、根据《预算原则法》通过的州《预算法典》《经济稳定与增长法》的某些条款、直接适用的《预算原则法》的第二部分。与联邦类似，州还通过仅适用于一个预算年度的预算条例。①

然而，州实际享有的预算自主权是有限的。州的预算自主和独立受到前文所提到的税收收益权和支出责任划分方面的影响。就税收收入而言，前文已述及，共享税收入占到所有税收收入的约68%，而共享税的立法权属于联邦，虽然需要经过代表州利益的联邦参议院的同意，但是单个州的并没有决定权。而州税仅占到4%。这表明，州在组织税收收入方面的预算自主权极为有限。就支出责任而言，联邦和州之间的相对高度整合化也对州的预算自主施加了限制。对诸多事权的共同融资安排（诸如共同任务、现金转移支付等）特别导致了联邦和州（以及市镇）预算之间的巨大关联。尽管尚存在

---

① See *The Budget System of the Federal Republic of Germany*, Bundesministerium der Finanzen, Berlin, November 2008.

争议,但毫无疑问的是,州在安排支出方面的自主决定权要远小于联邦。[1] 此外,根据宪法和联邦法律的要求,州需要遵守适用于所有公共组织的统一原则。州必须遵守一系列有关预算准备、会计、审计、透明度等方面的一般条款和特殊规定。州也被要求参与多年度的财政计划和预算相关信息的交换。[2]

虽然联邦政府无权控制各州政府的预算,而州一级政府却有义务监督地方政府预算。地方政府预算必须经过地方议会的批准,同时还须经州政府的地方代理机构的批准。[3] 此外,地方政府必须保持平衡预算。应该建立储备基金。为了保证足够的流动性,储备基金一般不允许低于基本的额度。[4]

值得注意的是,前文在债务部分已经提到,根据2009年的宪法改革,对联邦的预算赤字提出了限制,同时各州须保持基于经济周期的预算平衡。新成立的稳定委员会定期监控联邦和州的预算。

(2) 日本

日本各级政府都享有财政预算权,预决算由本级议会审批,上下级财政部门之间不存在行政上或业务上的管理关系。不过,地方政府的财政预算须接受内阁总务大臣的监督;国会在每年通过预算时,同时规定地方税收的种类,确定地方税收的标准税率。[5] 根据《地方自治法》的规定,每个财政年度内所有预期的收入和支出都应编入收支预算。普通地方公共团体应设置普通账户和特殊账户。[6] 一种是针对教育、防火和警察等一般行政管理的普通账户。一种是针对住房、排污和公共交通的公共企业账户。这为比较不同地方政府的财政地位提供了一个框架。这些预算账户都必须向总务省报告,以进行每年的统计和相关的分析工作。[7] 此外,根据《地方自治法》的相关规定,在年度收支预算中应该设立储备基金,以满足预算之外或超出预算限制的不可预见

---

[1] See Zipfel, Frank, "German Finances: Federal Level Masks Importance of Länder," Deutsche Bank Research, May 2011.

[2] See Rodden, Jonathan, "Soft Budget Constraints and German Federalism," available at http://www1.worldbank.org/publicsector/LearningProgram/Decentralization/germany.pdf,2014年9月20日访问。

[3] See Färber, Gisela, "Local Government Borrowing in Germany," in Dafflon, Berrard (ed.), *Local Public Finance in Europe*, Edward Elgar, 2002, p.143.

[4] See *The Budget System of the Federal Republic of Germany*, Bundesministerium der Finanzen, Berlin, November 2008.

[5] 参见刘小林:《当代各国政治体制——日本》,兰州大学出版社1998年版,第50—51、263页。

[6] See *Local Autonomy Law*, Article 210、209.

[7] See Ishi, Hiromitsu, *The Japanese Tax System*, 3rd ed., Oxford University Press, 2001, p.352.

第二章　实现中央与地方关系法治化的财政制度模式

的需求。在地方议会明确反对的情况下,该基金不能被用于任何目的。① 根据《地方财政法》的相关规定,储备基金可被用于以下方面的支出:(1)因经济极端变化等原因造成的赤字;(2)灾难造成的支出增加或收入减少;(3)要求紧急的大型工程或其他建筑工程费用或其他不可避免的费用;(4)采购长期来看可以构成收入来源的财产;(5)在到期之前偿还地方债务。②

值得注意的是,日本在 2009 年提出了一项预算目标,即到 2013 年实现中央和地方政府的基本预算③赤字减半,在 2019 年实现节余;在 2010 年代中期将债务占 GDP 的比例保持稳定,而在 2020 年代早期开始降低。④

（四）政府间转移支付

在非对称型制度模式下,政府间转移支付、特别是均等化转移支付在整个政府间财政关系中扮演着极为重要的角色。

1. 德国

为了保证实现"全国生活条件一致"(the Uniformity of Living Conditions Principle)的宪法原则⑤,具有高度均等化的财政平衡机制在德国的政府间转

---

① See *Local Autonomy Law*, Article 217.
② See *Local Finance Law*, Article 4-4.
③ 基本预算收支不包括发债所得和偿债支出。
④ See Tapp, Stephen, "Canadian Experiences with Fiscal Consolidations and Fiscal Rules," Office of the Parliamentary Budget Office, Ottawa, Canada, October 21, 2010.
⑤ See *Basic Law for the Federal Republic of Germany* (Grundgesetz, GG) (As last amended by the Act of 21 July 2010, Federal Law Gazette I p. 944), Article 72 (2). 1994 年《宪法改革法》(the Constitutional Reform Act),将 Uniformity of Living Conditions 改为 Equivalence of Living Conditions,但是这并不表明标准的降低。See Watts, Ronald, and Paul Hobson, "Fiscal federalism in Germany," available at http://www.aucc.ca/_pdf/english/programs/cepra/watts_hobson.pdf,2014 年 9 月 20 日访问。这一规定是对德国《基本法》第 20 条所宣示的"社会福利国家"的重要保障。这里的"生活条件"包括教育、文化活动、青年人服务、警察保护、医疗、体育等一系列服务。同时,还包括与提供这些服务相关的基础设施,如学校、公路、公共汽车、铁路等。See Gunlicks, Arthur, *The Länder and German Federalism*, Manchester University Press, 2003, p.163.
值得注意的是,在全国创造同等的生活条件不仅仅是停留在口头上,而是指导联邦立法和宪法法院裁判的根本原则。在德国政府间财政关系的理论与实践中扮演着核心角色。See Larsen, Clifford, "States Federal, Financial, Sovereign and Social: A Critical Inquiry into an Alternative to American Financial Federalism," *American Journal of Comparative Law*, Vol. 47 (3), 1999, pp.429—488. 在德国,这一原则不仅仅是写在《基本法》中,而是存在于人民的内心,渗透到所有集体决定的领域——包括非政府的决定——并且在 1990 年两德统一的困境下仍然得以保留。See Spahn, Paul Bernd & Jan Werner, "Germany at the Junction Between Solidarity and Subsidiarity," at Richard M. Bird & Robert D. Ebel ed., *Fiscal Fragmentation In Decentralized Countries: Subsidiarity, Solidarity and Asymmetry*, The World Bank 2007, Chapter 4.

移支付中发挥了极其重要的作用。《基本法》对此作了原则规定①,其具体操作以《财政平衡法》(Financial Equalization Law, Finanzausgleichsgesetz)为依据。

包括财政平衡机制在内的德国政府间转移支付主要包括以下几个层次:

(1) 增值税的再次分配

在财政收益权划分部分,上文提到增值税在联邦与州(包括市镇)之间进行划分,对于州获得的增值税收入,按照以下方式进行分配:州获得增值税收入的75%按州的居民人口进行分配②,即用这部分增值税收入除以各州居民总人数,得出全国人均增值税收入额,然后用某州的居民人数乘以人均增值税收入额,即得出某州按居民人数分配到的增值税份额。余下的25%部分分配给财政能力弱的州。具体给予税收收入人均水平在全国人均水平92%以下的州,从而使其相应的税收收入能力达到全国人均水平的92%。如果还有剩余,则按人口比例在所有的州之间进行分配。③

(2) 州际财政平衡

德国各州间的财政能力差异,即通常所说的水平财政失衡,主要是通过州际财政平衡机制(Interstate Equalization)实现的。其一般做法是通过贡献州(Donor States, Paying States)和接受州(Recipient States, Receiving States)④之间的资金转移,实现各州间财政能力的均等化;虽然联邦并不负担平衡资金,但是联邦在这一平衡机制中起着重要的调节作用。德国的州际财政平衡制度在世界上是很有特色的做法,为实现《基本法》规定的保证"全国生活条件一致"的宪法原则作出了重大贡献。

---

① See *Basic Law for the Federal Republic of Germany* (Grundgesetz, GG) (As last amended by the Act of 21 July 2010, Federal Law Gazette I p.944), Article 107(2).

② 这种分配具有财政平衡的作用,相当于人均增值税收入高于全国平均水平的州向低于全国平均水平的州转移资金;因为这里是按照全国平均水平进行分配的。和下文提到的明确的(Explicit)财政平衡相比,这种财政平衡可被称为是默示的或潜在的(Implicit)财政平衡。See Watts, Ronald, and Paul Hobson, "Fiscal federalism in Germany," available at http://www.aucc.ca/_pdf/english/programs/cepra/watts_hobson.pdf,2014年9月20日访问。

③ See Spahn, Paul Bernd, "Intergovernmental Transfers in Switzerland and Germany," in Ahmad, Ehtisham (ed.), *Financing Decentralized Expenditures*, Edward Elgar, 1997, p.139.

④ 累计从1995年到2010年的数据,贡献州为:黑森州、汉堡州、巴登-符腾堡州、巴伐利亚州和北莱茵-威斯特法伦州,其他11个州为接受州。巴登-符腾堡州、巴伐利亚州和黑森州宣布计划向法院起诉,原因是这三个州承担了州际财政平衡的主要负担(绝对数)。See Zipfel, Frank, "German Finances: Federal Level Masks Importance of Länder," Deutsche Bank Research, May 2011.

第二章　实现中央与地方关系法治化的财政制度模式

对每个州而言,平衡的权利根据经过调整的财政能力(Adjusted Fiscal Capacity,AFC)和平衡标准(Equalization Standard,ES)之间的差额进行计算。经过调整的财政能力是州和地方收入的总和,包括经过调整的额外的港口支出。① 其中,州的收入主要包括:分享的个人所得税和公司所得税收入、针对赌博的课税收入、不动产税收入、机动车税收入②、啤酒税收入,以及经过上一阶段调整后的增值税收入。地方政府的财政收入以50%计算。③

每个州的平衡标准的计算是由全国平均人均财政能力乘以加权的人口数得出。柏林州、不来梅州和汉堡州的权重系数为1.35。人口密度也将作为权重的因素。在计算出经调整的财政能力和平衡标准后,通过比较差额及相应的公式,就可以得出转移支付的具体数额。④ 经过这一阶段的调整,所有州的人均财政能力保证能达到全国平均水平的95%。

(3) 联邦补充拨款

联邦补充拨款(Federal Supplemental Grants)⑤是联邦为财政困难州补

---

① 不来梅州、汉堡州、下萨克森州等港口州认为港口给其他州也带来了经济效益,因此不能由它们单独负担成本。《基本法》规定的水平财政平衡,即州际财政平衡不考虑"需求"因素,但这里对港口支出的调整考虑到了"需求"因素。因此,这一调整在各州间产生了很大的争议。联邦宪法法院拒绝了这一挑战,认为这样的扣减在立法机关的权限范围之内。不过人们认为法院的决定是不公正和武断的。其他州也负担了有些设施的成本,如国际机场,对其他州也有重要的经济影响;但是这些州至少在水平财政平衡层次并没有得到补偿。See Larsen, Clifford,"States Federal, Financial, Sovereign and Social: A Critical Inquiry into an Alternative to American Financial Federalism," *American Journal of Comparative Law*, Vol. 47 (3), 1999, pp.429—488.

② 前文已述及,2006年宪法改革已将该税划转到联邦政府。

③ See Commission on Fiscal Imbalance, *Intergovernmental Fiscal Arrangements*, Bibliothèque nationale du Québec, 2001, p.9.

④ 将一州贡献或接受的平衡资金设为E,如果州的调整后财政能力在平衡标准的92%与100%之间,那么该州为接受州,平衡额度为上述差额乘以37.5%,即 $E_i = 0.375(ES_i - AFC_i)$;如果 AFC_i 低于平衡标准的92%,该州为接受州,那么 $E_i = (0.92ES_i - AFC_i) + 0.375(ES_i - 0.92ES_i)$。对于调整后的财政能力高于平衡标准的州,则需要为平衡基金作贡献。如果差额低于1%,那么 $E_i = 0.15(AFC_i - ES_i)$;对于差额在1%到10%之间的,$E_i = 0.15(1.01ES_i - ES_i) + 0.66(AFC_i - 1.01ES_i)$;对于财政能力为平衡标准110%的州,$E_i = 0.15(1.01ES_i - ES_i) + 0.66(1.1ES_i - 1.01ES_i) + 0.8(AFC_i - 1.1ES_i)$。如果最后计算出接受州所需要的数额小于贡献州所支付的数额,对于差额部分则再由贡献州按比例分担;如大于,则按比例减少贡献州的支付数额。这样有可能造成的结果是,某些贡献州的边际平衡负担率有可能超过100%。See Spahn, Paul Bernd,"Intergovernmental Transfers in Switzerland and Germany," in Ahmad, Ehtisham (ed.), *Financing Decentralized Expenditures*, Edward Elgar, 1997, pp.138—143.

⑤ See *Basic Law for the Federal Republic of Germany* (Grundgesetz, GG) (As last amended by the Act of 21 July 2010, Federal Law Gazette I p.944), Article 107 (2).

助其一般财政需要的一种形式,这种拨款不和特定的项目相联系,是不附加条件的。这种拨款的数额非常可观,1993 年,总额达到 37.8 亿马克,超过横向财政平衡转移的资金。① 联邦补充拨款包括两种类型②:一般拨款(General Grants)和特殊负担拨款(Special Burden Grants)。一般拨款是给予经过州际财政平衡之后,实际财政能力仍然低于全国平均财政能力的州。在这种一般拨款中,联邦为这些困难州拨付上述差额的 90%。因为州际财政平衡将使各州财政能力达到全国平均财政能力的 95%,而联邦补充拨款补足差额 5% 的 90%,这样,接受州的财政能力至少能达到全国平均财政能力的 99.5%。值得注意的是,和州际财政平衡仅考虑收入因素不同,这种一般拨款还考虑到了支出(Expenditure)因素。③

联邦补充拨款的第二种形式是特殊负担拨款,是针对列明的州给予特定数额的拨款,以满足特定的负担需要。《财政平衡法》规定了四种特殊负担拨款:① 针对东部五个州和西部四个人口相对少的州的行政管理基础设施负担的拨款。② 对收入不成比例的低的东部州的拨款。③ 为弥补统一后不太富裕的西部州因从接受州变为贡献州而遭受的负担而给予的拨款。④ 为减轻预算困难而给予不来梅州和萨尔州的拨款。这种特殊负担拨款也考虑到了支出因素。④

(4) 德国上述财政平衡制度的最新发展

以上三个层次构成了德国的财政平衡机制。德国特有的财政平衡制度

---

① 这种拨款在两德统一之前显得并不是很重要。See Spahn, Paul Bernd, "Maintaining fiscal equilibrium in a federation: Germany," available at www.desequilibrefiscal.gouv.qc.ca/en/pdf/spahn.pdf, 2014 年 9 月 20 日访问。

② See Larsen, Clifford, "States Federal, Financial, Sovereign and Social: A Critical Inquiry into an Alternative to American Financial Federalism," *American Journal of Comparative Law*, Vol. 47 (3), 1999, pp.429—488.

③ See Faltlhauser, Kurt, "Financial Relations in Countries with Federal Systems," presented at the Conference in Brasilia March, 2004. 前文已述及,加拿大的转移支付一般也不考虑支出因素。澳大利亚的政府间转移支付既考虑收入因素,又考虑支出因素。See Rye, C. Richard, and Bob Searle, "The Fiscal Transfer System in Australia," in Ahmad, Ehtisham (ed.), *Financing Decentralized Expenditures*, Edward Elgar, 1997, pp.155—158.

④ 不来梅州和萨尔州是传统的工业基地,前者主要是造船业,后者是钢铁业;由于历史的原因,造成了结构性的财政困难。联邦宪法法院认为仅凭这些州自己的努力不能解决其财政问题,因此为它们提供特殊拨款解决一般预算困难是合宪的。See Larsen, Clifford, "States Federal, Financial, Sovereign and Social: A Critical Inquiry into an Alternative to American Financial Federalism," *American Journal of Comparative Law*, Vol. 47 (3), 1999, pp.429—488.

第二章　实现中央与地方关系法治化的财政制度模式

具有很多优点,取得了非常显著的成绩。比如,创造了全国相对一致的生活条件;为德国战后经济复兴提供了便利;维护了国家的统一;形成了一种协商型政治;实现了宪法原则,特别是前面提到的保证全国相对一致的生活条件的原则,这和有些国家(比如澳大利亚)宪法规定和现实不符的状况形成了鲜明对比。① 不过德国的制度也面临挑战,经过五十多年的运转,积累了不少需要正视的问题。② 主要有:① 透明度和责任感的缺乏。高度整合的德国财政分权制度不利于透明度和责任划分。透明度被财政分权制度的复杂性破坏了。相互依赖的共享税网络、财政平衡制度以及相关决策制度使得公民很难区分哪级政府在为特定目的而征税、支出。如果责任要求一个清晰的机制使得行政活动受立法的控制和监督,那么德国的制度不能说体现了高水平的责任性。德国的立法和行政不匹配的制度是对划分清晰责任的一个结构性障碍。德国联邦的发展演变加强了联邦各级政府之间的互动特色。这种互动有助于有效协调各级政府间的活动,但是也更加模糊了责任的界线。② 激励机制的丧失。德国对同等生活条件的许诺导致州政府对追求自身收入的负激励。富裕的州因财政平衡机制的缘故不追求潜在的经济发展;而穷州也因财政平衡机制的存在而不去努力提高自身的财政能力。此外,目前的制度还可能导致经济上的无效率,加深了穷州与富州之间的矛盾。两德统一给德国的财政平衡制度带来了更大的压力。③

基于财政平衡机制存在的各种问题,1997 年,巴伐利亚州、巴登-符腾堡州、黑森州三个州开始讨论一种新的平衡机制,认为应该重视激励问题。由于 11 个接受州在联邦参议院占有多数,所以最后只好求助联邦宪法法院。1999

---

① See Larsen, Clifford, "States Federal, Financial, Sovereign and Social: A Critical Inquiry into an Alternative to American Financial Federalism," *American Journal of Comparative Law*, Vol. 47 (3), 1999, pp. 429—488.

② See Beierl, Otto, "Reforming intergovernmental fiscal relations in Germany: the Bavarian point of view," available at http://www.desequilibrefiscal.gouv.qc.ca/en/pdf/beierl.pdf; Spahn, Paul Bernd & Jan Werner, "Germany at the Junction Between Solidarity and Subsidiarity," at Richard M. Bird & Robert D. Ebel ed., *Fiscal Fragmentation In Decentralized Countries: Subsidiarity, Solidarity and Asymmetry*, The World Bank 2007, Chapter 4; See Jochimsen, Beate, "Fiscal Federalism in Germany: Problems, Proposals and Chances for Fundamental Reforms," in Moore, Carolyn, and Wade Jacoby (eds.), *German Federalism in Transition: Reforms in a Consensual State*, Routledge, 2010, pp. 88—89.

③ 在原有财政平衡制度下,西部州每年向东部州转移的资金数额十分巨大,相当于世界上发达国家向所有发展中国家经济援助的两倍。See Spahn & Jan, Ibid.

年11月11日联邦宪法法院的判决①认可了上述三州的意见。联邦宪法法院宣布《财政平衡法》违宪,原因在于其过分地惩罚了最富有的州,而减少了那些财政状况恶化州的责任。当时的财政平衡制度到2004年前只是一个过渡解决方案。法庭要求立法机关通过两个阶段修改平衡机制。第一个阶段包括制定关于一般标准的法律,界定财政收入划分的指导原则。第二个阶段是制定财政平衡法,要考虑第一阶段立法中确定的一般标准。② 判决要求联邦众议院和联邦参议院在2003年之前完成修改。与此同时,宪法法院也认可目前的大多数实践,包括向东部州所作的高额转移支付。但是它确实告诫立法者要评估城市州特权的适当性,以及将市镇财政能力以50%权重计算的适当性;考虑降低平衡目标低于99.5%,允许"适当的"但不是完全的平衡;限制但不是消除扭曲"绩效顺序"的联邦补充拨款。换句话说,法院要求立法者重新考虑在政策方面存在的长期争论,同时重申了一般的做法。③

立法机关很快对联邦宪法法院的判决作出了回应,2001年9月批准了关于参数标准的立法,随后在2001年12月通过了新的《财政平衡法》。④ 2000年还通过了与之相关的由联邦政府和各州政府达成的《德国团结公约 II》(German's Solidarity Pact II)。《财政平衡法》从2005年开始实施,开始运行重构的财政平衡机制,重建计划将持续到2019年。通过降低分享比例和新的贡献制度,导致一个考虑激励和绩效的更加公平的制度的产生。这个重建计划意味着没有一个州是牺牲者;相反,对所有各方,包括联邦政府,都将有一个更大的机动空间。⑤《德国团结公约 II》和《财政平衡法》对如下领域有重

---

① Financial Equalisation Case IV (BVerfGE 101, 158-11/11/1999).
② See Losco, Valeria, "Competition and Equalization: Rethinking German Federalism after Recent Legislative Reform," Bocconi Legal Studies Research Paper No. 13.
③ See Karen Adelberger, "Federalism and Its Discontents: Fiscal and Legislative Powersharing in Germany, 1948—1999", available at http://www.igs.berkeley.edu/publications/workingpapers/99-16.pdf, 2014年9月20日访问。
④ See Losco, Valeria, "Competition and Equalization: Rethinking German Federalism after Recent Legislative Reform," Bocconi Legal Studies Research Paper No. 13.
⑤ 当然,有德国学者仍然认为,因其所造成的严重的激励不足问题,财政平衡制度还需要根本性的改革。值得注意的是,2006年、2009年的宪法改革没有涉及财政平衡制度。See Jochimsen, Beate, "Fiscal Federalism in Germany: Problems, Proposals and Chances for Fundamental Reforms," in Moore, Carolyn, and Wade Jacoby (eds.), *German Federalism in Transition: Reforms in a Consensual State*, Routledge, 2010, p.89.

第二章 实现中央与地方关系法治化的财政制度模式

大影响:增值税的分配;州际财政平衡;联邦政府补充拨款;德国统一基金。①

具体而言,新修订的《财政平衡法》规定联邦与州之间分享增值税的比例分别为 50.5% 和 49.5%。在州际财政平衡方面,从 2005 年起,海岸州汉堡、梅克伦堡—前波美拉尼亚、不来梅、下萨克森不能再以港口负担为由缩减它们的税收能力。与此同时,作为对上述州的补偿,联邦政府每年拨款大约 3 500 万欧元。对于汉堡、不来梅和柏林三个城市州 1.35 的人口权重系数仍然予以保留。但是从 2005 年起,对于人口稀少的州也要考虑人口权重。同时,过去的对于市镇人口数和人口密度的考虑将被放弃。在计算州的财政能力时,市镇的收入由原来的按 50% 计算提高到按 64% 计算。② 此外,当计算单个州的市镇的真实税收能力时,在 2005 年以前根据营业税和不动产税的统一的评估率决定,这些假想的评估率在 2005 年以后不再适用。在具体的平衡公式计算方面,联邦宪法法院在许多场合确认,为了避免不公正地妨碍州的自主权,州际转移支付不能允许过度削弱贡献州的财政能力,或完全消除各州间财政能力的不平衡。新《财政平衡法》第 10 条规定了三个数学公式来决定给接受州分配的数额。第一组州是财政能力低于平衡标准 80% 的州;第二组州是财政能力高于平衡标准 80% 但低于 93% 的州;第三组州是财政能力至少达到平衡标准 93% 的州。而 1993 年的《财政平衡法》则将接受州分为两组,即财政能力低于平衡标准 92% 的州;财政能力介于平衡标准 92% 与 100% 之间的州。同样的分层系统用于决定贡献州的支付数额,支付的数额根据每个州的财政能力决定。分为三个层次,即财

---

① See Spahn, Paul Bernd, and Jan Werner, "Germany at the Junction Between Solidarity and Subsidiarity," unpublished paper available from the author; Anwar Shah, "Lessons from International Practices of Intergovernmental Fiscal Transfers," International Conference on Fiscal Decentralization, Islamabad, Pakistan, May 3—4, 2006; Losco, Valeria, "Competition and Equalization: Rethinking German Federalism after Recent Legislative Reform," Bocconi Legal Studies Research Paper No. 13; Werner, Jan, "Fiscal Equalisation among the States in Germany," Institute of Local Public Finance Working Paper 02-2008, January 2008.

② 一般而言,在财政强州,通常也有财政能力强大的市镇。从财政的观点来看,应该将市镇收入的 100% 在计算州的财政能力时予以考虑。从 50% 到 64% 的增长构成了此次横向财政平衡改革的最大变化。给予拥有财政能力强的市镇的联邦州的特殊照顾,是源于以前的财政体系,目前的做法仅仅缩减了但并没有完全废除。See Jan Werner, "The German Fiscal Federalism: in a State of Flux", available at http://www1.worldbank.org/wbiep/decentralization/ecalib/werner.pdf, 2014 年 9 月 20 日访问。

政能力低于平衡标准107%的州;财政能力在平衡标准107%到120%之间的州;财政能力高于平衡标准120%的州。1993年的《财政平衡法》也将贡献州分为三类,即财政能力低于平衡标准101%的州;财政能力介于平衡标准101%—110%之间的州;财政能力高于110%的州。新的《财政平衡法》的一个特别显著的变化是取消了1993年《财政平衡法》规定的每个州有权达到平均财政能力95%的权利。在新的横向财政平衡体制下,财政能力在平衡标准50%—95%之间的穷州,经过平衡,其财政能力将会提升到全国平均水平的86%—98%,而原来的财政平衡制度则要求达到95%以上。就贡献州而言,将最高平衡率由原来的0.8,下调为0.725。2005年以后,还将引进一个奖赏机制,该机制将对财政平衡机制下的贡献州和接受州都提供积极的激励。

还有一些关于联邦补充拨款的新规定。在一般拨款方面,原来联邦为经过横向财政平衡后财政能力低于全国平均水平的困难州拨付差额的90%,修订的《财政平衡法》则改为为财政能力低于全国平均水平99.5%(过去是100%)的困难州拨付差额的77.5%(过去是90%)。这样,过去接受州的财政能力至少能达到全国平均财政能力的99.5%,改革后,至少可以达到96.5%。

在特殊负担拨款方面,针对行政管理负担和人口稀少州的拨款由每年7.7亿欧元,自2005年起下调为5.2亿欧元。同时,除了原来的9个州以外,萨克森州也将得到这种拨款。针对不来梅州和萨尔州的预算困难拨款以及为新州加入财政平衡机制的联邦拨款(针对不来梅、萨尔州、莱茵兰-普法尔茨州、下萨克森州和石勒苏益格-荷尔斯泰茵州)到2004年截止。为补偿因德国分裂所造成相关负担的拨款(针对东部州)2005年为105亿欧元,将逐年缩减,2019年为20亿欧元,2020年将停止拨款。

除了上述提到的新规定外,德国联邦政府将接管所有因统一基金而发生的债务的年度支付,以减轻西部州的财政负担。而上面提到的各种规定将给联邦政府带来额外的财政负担。因此,联邦政府和州达成了一致意见:每年从增值税收入中分配大约13.2亿欧元作为补偿。

(5) 其他的联邦转移支付

除了作为财政平衡机制一环的联邦补充拨款外,还存在其他形式的联

第二章　实现中央与地方关系法治化的财政制度模式

邦转移支付。① 根据《基本法》的相关规定②，联邦政府为了"特别重要的投资"可以给州和地方政府提供财政援助拨款，相关投资旨在"避免整体经济平衡的混乱，平衡联邦领土内经济能力的差异，促进经济增长"等。相关细节由经过联邦参议院同意的联邦法律或基于联邦预算法的行政协议规范。转移支付的持续期限是有限制的，同时在资金使用方式方面必须接受定期检查。此外，前文已经提及，根据《基本法》的相关规定③，对于改进地区经济结构的共同任务，联邦负担一半的成本。对于改进土地结构和海岸保护的共同任务，联邦在每个州至少负担一半的支出，该负担比例在每个州必须相同。对于科学、研究和教育等特定领域的共同任务的支出责任，由联邦和州达成的协议确定。

（6）州与地方间的转移支付

此外，值得注意的是，除了联邦与州和地方政府、州与州之间的转移支付外，还存在州与地方间的转移支付。根据《基本法》的相关规定④，州需要将共享税收入的一定比例分配给市镇和联合市镇（被称为是强制性收入分享）。分享比例在各州之间有所不同。与各州内部州与市镇之间事权的历史划分有关。同时，州立法机关还可以决定是否或多大程度上将州税收入转移给市镇（被称为是选择性收入分享）。同样，在各州之间没有标准的操作方式。⑤ 在具体的转移支付方式上，有一般目的公式转移支付和特定目的分类或项目转移支付。公式转移支付通常基于人口，但也有一些基于"需求"。特定目的转移支付包括对地方政府执行特定代理任务的补偿、对基础设施的投资拨款等。⑥

2. 日本

日本的财政支出责任主要分配给地方政府，而中央政府保留主要的收益权。据统计，从 1993 年到 2002 年间，日本地方政府支出占政府所有支出

---

① See Gunlicks, Arthur, *The Länder and German Federalism*, Manchester University Press, 2003, pp. 186—188.

② See *Basic Law for the Federal Republic of Germany* (Grundgesetz, GG) (As last amended by the Act of 21 July 2010, Federal Law Gazette I p. 944), Article 104 (b).

③ See Ibid., Article 91 (a)、(b).

④ See Ibid., Article 106 (7).

⑤ See Federal Ministry of Finance, *Federation/Länder Financial Relations on the Basis of Constitutional Financial Provisions* (update 2009), Berlin, July 2010.

⑥ See Gunlicks, Arthur, *The Länder and German Federalism*, Manchester University Press, 2003, pp. 188—189.

的比例超过60%,而地方税收收入占所有税收收入的40%左右。收入和支出之间的巨大差额通过中央政府向地方政府的转移支付解决。① 此外,在给定的严格统一的地方税制度下,税基(如所得、消费和财产)价值的不同会导致税收收入的不均衡分配。这意味着,如果没有校正机制的话,财政分权制会造成一定收入的人在两个不同的地区将会得到不同的财政利益。这种差异将会干扰水平财政平衡,诱发劳动力的无效率配置。② 这表明,以平衡财政能力为目的的转移支付就显得很有必要。对于地方政府代表中央政府承办的事项,地方政府办理的有外部性的事项,以及激励地方政府去从事的特定项目,也需要中央政府进行特定目的的转移支付。

日本的政府间转移支付制度作为完善的体系是20世纪50年代初期,根据美国占领当局的指令,以"肖普劝告"(Shoup Proposal)为基础而建立起来的。③ 日本转移支付制度在日本财政运行体系及日本社会经济生活中发挥着重要的作用。日本的转移支付资金主要集中于中央政府,由中央政府对都道府县和市町村分别转移。作为地方上一级政府的都道府县对其所辖的市町村虽然也存在一些资金转移,但这种转移不仅资金量小,而且主要是以实施都道府县的政策目标为目的。以平衡地区间财力为目的的转移支付资金全部集中于中央政府,由中央政府承担转移支付的主要职责。

具体而言,日本现行的转移支付包括地方交付税、国库支出金和地方让与税三种形式④:

(1) 地方交付税

地方交付税(Local Allocation Tax)是中央用于平衡地方财力的转移支

---

① See Naito, Keisuke, and Asuka Oki, "International Comparison of Local Revenue Structures and Japan's Local Tax and Finance Reform," Mizuho Research Paper, published by Mizuho Research Institute Ltd., Tokyo, June, 2005.

② See Boadway, Robin W., et al., "Fiscal Equalization in Japan: Assessment and Recommendations," *The Journal of Economics*, Vol. 66 (4), 2001, pp.24—57.

③ 参见财政部财政制度国际比较课题组编著:《日本财政制度》,中国财政经济出版社1998年版,第112—116页。

④ 日本还有一种地方政府向中央政府的转移支付,这主要是地方政府分担由中央政府发起项目经费的一种方式。See Ishi Hiromitsu, *The Japanese Tax System*, 3rd ed., Oxford University Press, 2001, p.353. 为了弥补1999年因所得税减税引起的地方收入减少,中央政府还给地方政府提供一种无条件的一般目的转移支付,称为"特别地方拨款"(Special Local Grant)。See Naito, Keisuke, and Asuka Oki, "International Comparison of Local Revenue Structures and Japan's Local Tax and Finance Reform," Mizuho Research Paper, published by Mizuho Research Institute Ltd., Tokyo, June 2005.

第二章　实现中央与地方关系法治化的财政制度模式

付资金,其资金来源是中央税收。地方交付税在日本地区间财政均衡方面扮演了核心角色。地方交付税主要是一个水平再分配方案,其目标是平衡各地财政能力的差异以便于让地方政府有足够的财力提供全国标准水平的公共服务。① 地方交付税的总额由五种国税的一定比例构成,五种国税为所得税、酒税、法人税、消费税和烟草税。目前的比例是:所得税、酒税为32%,法人税为35.8%,消费税为29.5%,烟草税为25%。在过去的五十年中,这一比例已经提升了多次;特别是当国税缩减导致地方交付税额减少的时候。②

地方交付税分为两种类型:普通交付税和特别交付税。普通交付税分配对象是收入能力不足的地方政府,分配依据是标准财政需求大于标准财政收入的差额。由于核定的标准财政需求难以反映地方政府的特殊需求,因此,采用特别交付税的形式作为普通交付税的补充。前者占总额的94%,后者仅占6%。很明显,普通交付税在财政平衡中扮演着主要角色,但是特别交付税在弥补统一计算的普通交付税存在的缺陷方面也显得很重要。③

普通地方交付税按一定的公式进行分配,该公式根据为各地方政府计算的标准财政需求和标准财政收入之间的差额而定。由中央政府转移给那些标准财政需求超过标准财政收入的地方政府,而那些收入超过需求的地方政府,没有资格得到转移支付,但也没有义务为财政平衡机制作出贡献。从这种意义上讲,地方交付税也扮演着调整纵向财政失衡的角色。在分配公式中,标准财政需求根据一系列地方政府的活动而确定。为了调整地区之间因气候、人口密度、人口规模、公共服务提供的规模大小所造成的财政需求的差异,特别的调整系数将会得到考虑。④ 另一方面,标准财政收入根据地方政府按照《地方税法》规定的标准税率征收的所有地方税总额的一定

---

① See Mochida, Nobuki, *Fiscal Decenralization and Local Public Finance in Japan*, Routledge, 2008, p.107.

② See Domenico, Massimo Di, and Alberto Zanardi, "Comparing intergovernmental fiscal relations in Japan and Italy: assessment and suggestions," available at http://www.esri.go.jp/jp/prj-rc/macro/macro15/10-3-R.pdf,2014年9月20日访问; Aoki, Ichiro, "Decentralization and Intergovernmental Finance in Japan," PRI Discussion Paper Series (No. 08A-04), Policy Research Institute, Ministry of Finance, June 2008.

③ See Ishi, Hiromitsu, *The Japanese Tax System*, 3rd ed., Oxford University Press, 2001, p.370.

④ See Aoki, Ichiro, "Decentralization and Intergovernmental Finance in Japan," PRI Discussion Paper Series (No. 08A-04), Policy Research Institute, Ministry of Finance, June 2008.

比例(都、道、府、县为80%,市、町、村为75%)加上地方让与税[①]确定。采用两个比例的做法主要是为了给地方政府提供征收税款的激励。而将地方让与税计算在内,是因为考虑到该笔收入由中央政府征收,而与地方政府的征税努力无关。[②] 值得指出的是,标准财政收入不包括地方政府自己单独征收的税(没有列在《地方税法》当中),也不包括因超过全国水平标准税率而征收取得的收入。这样作的目的是让地方政府保持足够的税收努力。[③] 值得注意的是,事先计算的地方交付税数额不一定和公式所确定的资金总数相匹配。通常的调整措施包括:提高国税收入的比例(例如,从1998财政年度开始,法人税的比例从32%提高到目前的35.8%);从中央政府一般收入向地方交付税账户转移资金;通过"财政投资与贷款项目"借款。[④]

地方交付税是日本实现地区间财政均衡的主要手段。日本地方交付税的财政均衡能力很强,在经过地方交付税调整之后,富裕地区和贫穷地区的差别缩小了。实际上,调整后的税收收入水平在两者之间发生了倒转,即人均地方税收入低于全国平均水平的地方政府,在得到地方交付税后,大部分都高于调整后的全国平均水平;而有的人均地方税收入高于全国平均水平的地方政府由于没有得到地方交付税或者得到的数额有限,其人均财政收入水平却低于调整后的全国平均水平。[⑤] 地方交付税制度在实践中运行得比较好,在实现财政平衡的目标方面很有效果。由于地方交付税是无条件拨款,不需要地方政府提供配套资金,这就对地方自治没有影响。在政府间

[①] 关于地方让与税,下文会述及。
[②] See Mochida, Nobuki, *Fiscal Decenralization and Local Public Finance in Japan*, Routledge, 2008, pp. 107—110.
[③] See Domenico, Massimo Di, and Alberto Zanardi, "Comparing intergovernmental fiscal relations in Japan and Italy: assessment and suggestions," available at http://www.esri.go.jp/jp/prj-rc/macro/macro15/10-3-R.pdf, 2014年9月20日访问。
[④] See Mochida, Nobuki, *Fiscal Decenralization and Local Public Finance in Japan*, Routledge, 2008, p.110.
[⑤] 以1993财政年度为例,有39个中级地方政府(都、道、府、县级次)的人均财政收入低于全国平均水平;在实施地方交付税之后,情形发生了重大变化:低于全国平均水平的地方政府数降为13个。特别值得指出的是,接受地方交付税之前人均财政收入最低的冲绳县,由6万日元上升到后来的21.3万日元。而最富有的东京原来为19.6万日元,后变为20.6万日元。See Mochida, Nobuki, "Taxes and Transfers in Japan's Local Public Finances," World Bank Institute, 2001, Stock No. 37171.

第二章 实现中央与地方关系法治化的财政制度模式

财政关系中处于中性的地位。① 地方政府以地方交付税形式取得的财源,中央对其并不限定用途,可以由地方政府自主使用,在这一点上地方交付税与地方税没什么区别。地方交付税的优点在于,它既能有效地缓解地区间财源分布不平衡以及由此有可能导致的各地区居民享受到的公共服务的不均等,保证各地区居民都能享受到最低水准以上的公共服务,同时由于地方交付税不限定用途,不附加条件,因而又维护了地方政府的独立性,所以说它不失为一种较好的财政调整形式。

特别交付税发生在以下几种情况:① 普通交付税没有覆盖的一些特殊财政需求,如每四年举行一次的地方议员选举支出。② 地方财政收入被高估:因为普通交付税是根据需求和收入的差额确定的,高估的地方税收入将会导致地方交付税额度的减少,这就必须通过特别交付税予以弥补。③ 在一个财政年度内因不可预见的原因使得财政需求的增加或税收收入的减少:这将导致地方交付税额度的缩减,应该由特别交付税予以弥补。②

地方交付税根据《地方交付税法》进行管理。该法规定地方交付税应基于统一的公式;批准分配方案的最终权力属于国会。根据该法,总务省负责这种转移支付的操作和修正系数的确定。不给予总务省批准地方交付税分配公式的最终权力,是为了防止任何操纵相关资金分配的机制产生。由于具有确定可以影响地方交付税分配的修正系数的权力,总务省也得到了一定程度的自由裁量权。另外,总务省还负责搜集用于地方交付税计算的数据并对它们进行整理。③

---

① 但是也有学者认为,地方交付税由标准财政需求和标准收入之间的差额决定,这就有可能产生道德风险。地方政府有可能扩张其财政支出,但同时并不积极增加其财政收入。此外,前已述及,地方交付税导致了财政能力倒转现象,应该考虑这是否有必要。考虑各种需求的复杂计算方法也是目前制度存在的一个缺陷。基于如上原因,有学者提出比较激进的主张:取消地方交付税,把税收权力移交给地方政府。See Naito, Keisuke, and Asuka Oki, "International Comparison of Local Revenue Structures and Japan's Local Tax and Finance Reform," *Mizuho Research Paper*, published by Mizuho Research Institute Ltd., Tokyo, June, 2005; Doi, Takero, "A Missing Link in Decentralization Reform in Japan: 'Trinity Reform Package'," *PRI Discussion Paper Series* (No. 04a-08), Policy Research Institute, Ministry of Finance, 2004.

② See Ishi, Hiromitsu, *The Japanese Tax System*, 3rd ed., Oxford University Press, 2001, p.374.

③ See Mochida, Nobuki, "Taxes and Transfers in Japan's Local Public Finances," World Bank Institute, 2001, Stock No. 37171.

（2）国库支出金

国库支出金(National Governmental Disbursements)是以实施中央政府的经济社会政策为目的而对地方政府进行的财政资金转移,是中央政府拨付给地方政府用于特定支出的资金,是有条件补助。[①]与不附条件、总额拨款的地方交付税不同,国库支出金的一般目的是为了补助地方政府举办的特定公共支出项目的部分或全部。而且,国库支出金的来源是中央政府的一般财政收入,而不是像地方交付税那样分享特定国税的一定比例。这样国库支出金的总额不受特定国税变化的影响,至少从一定程度上来讲,由中央政府在年度预算程序中决定。一些国库支出金是由中央政府全额支付的,用于地方政府代表中央政府从事的项目(如国家养老金,一些社会福利项目)。一些是由于外部性而对特定地方政府给予的补贴,还有一些是为了激励地方政府从事和中央目标一致的特定支出项目(如公共建设工程)。[②]

国库支出金不像地方交付税那样由专门的法律、法规来规定其分配,有关分配的许多规定体现在与其支出的行政项目相关的法律、法规中。[③] 如《义务教育法》规定了中央财政负担地方义务教育学校教师的工资支出;《农业基本建设法》规定了中央财政支持地方从事农业基本建设的经费比率;《生活保障法》规定了对地方政府生活保障支出的补助比率等。与地方交付税一样,国库支出金也是分别直接对都道府县和市町村分配。但从分配的结构看,都道府县所占份额较大。

日本的国库支出金大致分为国库负担金、国库委托金和财政补助金三大类。[④] 国库负担金是因提供中央与地方政府共同负担的公共服务而向地方政府所进行的资金转移(如义务教育经费)。国库负担金在国库支出金中

---

① 国库支出金相当于其他国家的有条件转移支付,对市、町、村而言,中央政府和都、道、府、县等中级政府都对其进行转移支付。由于中央政府和中级政府的转移支付大同小异,这里就主要研究中央政府的有条件转移支付。

② See Domenico, Massimo Di, and Alberto Zanardi, "Comparing intergovernmental fiscal relations in Japan and Italy: assessment and suggestions," available at http://www.esri.go.jp/jp/prj-rc/macro/macro15/10-3-R.pdf,2014 年 9 月 20 日访问。

③ 参见财政部财政制度国际比较课题组编著:《日本财政制度》,中国财政经济出版社 1998 年版,第 131—132 页。

④ 参见韩世君:《日本分级财政体制剖析》,载刘溶沧、李茂生主编:《转轨中的中国财经问题》,中国社会科学出版社 2002 年版,第 371—372 页。

第二章　实现中央与地方关系法治化的财政制度模式

所占比重最大。国库委托金的支付发生在如下情形:该事务原来是中央政府的职责,但是基于便利和效率原则而委托给地方政府实施(如大选经费)。① 财政补助金以特定的目的进行分配,是中央政府为了特定的行政目的而对地方政府进行的补助,主要用于中央政府鼓励地方从事的一些社会公共事务,或引导地方政府协助中央实施全国性的方针政策,或用于地方政府在财政上的一些特殊需要。国库支出金在调节和引导地方政府行为,实现国家政治、经济目的,维护国家整体利益,以及保障地方政府拥有充足财源等方面,都起了相当重要的作用。值得注意的是,通常情况下,一个项目的国库支出金比例对于接受拨款的全国各地方政府都是统一适用的。但是,在一些情况下,也根据地方政府财政能力的强弱,决定不同的适用比例。② 这就使得国库支出金也具有一定的财政平衡功能。

国库支出金在地方财政中占有重要位置,但次于地方税与地方交付税。国库支出金在确保中央认为有必要的个别地方行政事务的规模与水准方面发挥着重要作用。虽然国库支出金存在上述作用,但是,实际执行中也存在一些弊端③,诸如妨碍了地方行政的自主性,助长了地方对中央的依赖,造成中央过度集权;使用浪费极大;地方政府出现超额负担现象等。针对国库支出金制度存在的问题,日本已着手制定完善措施,其基本出发点是尊重地方政府行政的自主性,提高财政资金使用的效率。日本政府 21 世纪初提出的"三位一体"一揽子改革方案就包括缩减国库支出金,以提高地方政府在公共支出决定方面的自治水平。④

(3) 地方让与税

地方让与税(Local Transfer Tax),就是中央把几个特定税种作为中央税征收上来之后,再按一定的目的和标准把其中的一部或全部转让给地方政

---

① See Aoki, Ichiro, "Decentralization and Intergovernmental Finance in Japan," PRI Discussion Paper Series (No. 08A-04), Policy Research Institute, Ministry of Finance, June 2008.
② See Ishi, Hiromitsu, *The Japanese Tax System*, 3rd ed., Oxford University Press, 2001, pp. 378—379.
③ 财政部国际合作司编:《国外财政考察与借鉴》,经济科学出版社 1997 年版,第 78—79 页。
④ See Mochida, Nobuki, *Fiscal Decenralization and Local Public Finance in Japan*, Routledge, 2008, pp. 157—159.

府的一种财源再分配形式。①

目前,地方让与税主要有地方道路让与税、石油气让与税、特别吨位让与税、机动车辆让与税、航空器燃料让与税等五种。② 以 2000 年为例,地方道路让与税以汽油和汽油中的石脑油为征税对象。按照各辖区道路的长度和面积,大约 60% 的地方道路让与税分配给都、道、府、县政府,剩下的分配给市、町、村政府。所有的收入要用于与公路有关的支出。关于石油气让与税,中央石油气税的一半转让给都、道、府、县政府和指定的市政府;根据道路的长度和面积进行分配;必须用于公路的建造和维护。关于特别吨位让与税,转让给东京的特别区,以及国际港口所在的地方政府。和其他几种让与税不同,特别吨位让与税不指定用途。关于机动车辆让与税,根据机动车的执照和重量,向车主征收。转移给市、町、村政府;根据市、町、村道路的长度和面积进行分配;和地方道路让与税的使用方式相同。关于航空器燃料让与税,航空器燃料税的十三分之二分配给机场所在的两级地方政府;航空器燃料税对所有航空器燃料征收,以用来改善机场和相关设施。③

地方让与税作为财政调整的形式之一,虽不如地方交付税和国库支出金那样重要,其数额在地方财政收入中所占比重也很小,然而却是为了特定目的而在中央与地方及各地区间进行财政调整的必不可少的一种形式。

(五) 协调与争议解决机制

与采用对称型制度模式的国家一样,采用非对称型制度模式的德国和日本也都有一定的协调与争议解决机制。

1. 德国

联邦参议院在德国财政分权中扮演着极为重要的角色。前文已述及,联邦参议院由各州的代表组成,这样它就成为州在联邦层面反映自己意见的重要场所。根据《基本法》的规定,凡是涉及州的财政事务的联邦立法必

---

① 这些收入实际上可被认为是地方政府的收入来源。在理论上,它们应当作为地方税来征收。但从实务的观点而言,主要由于税基分配的不平均和地方征管的低效率,使得地方政府像对待普通税一样征收这部分收入显得非常困难。因此,中央政府就将这些收入当作国税收入而予以征收,然后再将其全部或部分地转移给地方政府。
② 消费让与税于 1989 年开征,1998 年废止,被整合到地方消费税当中。
③ See Ishi, Hiromitsu, *The Japanese Tax System*, 3rd ed., Oxford University Press, 2001, p.365.

第二章 实现中央与地方关系法治化的财政制度模式

须得到联邦参议院的同意。但是有时联邦参议院和联邦议院关于这一权力的范围会产生争议,一方认为有权反对法案的通过,而另一方则认为相关法案与州的事务无关。在这种情况下,将由联邦宪法法院解决争议。对于必须经两院批准的法案,在两院达不成妥协的情况下,任何一院都可以提交仲裁委员会裁决。该委员会的构成为:每个州政府的代表(同时为联邦参议院议员)各一名,联邦众议院按政党席位比例确定的代表16人,共32人。主席由两院成员轮流担任。[①]

除了参议院发挥正式的协调作用外,还有一些非正式的协调机制,这主要包括由各州总理和联邦政府总理参加的至少每年两次的会议,以及由联邦和州政府财政部长参加的至少每6个月召开一次的会议。[②] 由于往往会形成政治决定,使得这些会议在实践中具有重要意义。此外,有许多政府间委员会处理各种各样的涉及各级政府的事务。尽管这些委员会只是作为一个咨询角色,但是它们的意见在制定政策时往往会被采纳。例如:财政计划委员会即扮演类似角色。财政计划委员会由如下人员组成:联邦财政部长(主席)、16个州的财政部长、由联邦参议院选举的4个地方当局的代表。另外,德国联邦银行的一个代表作为常任顾问参加财政计划委员会的会议。财政计划委员会每年开两次会,旨在讨论联邦、州和地方政府的共同预算政策。然而,财政计划委员会没有任何执行权力制裁三级政府。财政委员会的主要功能是为政治决定者创造一个论坛以解决所面临的财政问题。[③]

除了上述协调机制以外,德国还建立了相关的争议解决机制。对于财政分权领域的争议,主要通过向联邦宪法法院提起诉讼得以解决。联邦宪法法院在德国财政分权制度中扮演着重要的平衡角色。司法审查已成为联邦适应环境变化的重要方法,这部分应归因于德国的社会观念,即将政治生活纳入法律框架。联邦宪法法院平衡管辖权争议的方法表明,两级政府都

[①] See Commission on Fiscal Imbalance, *Intergovernmental Fiscal Arrangements*, Bibliothèque nationale du Québec, 2001, p.11.

[②] See Watts, Ronald L., "Intergovernmental Councils in Federations," Constructive and Co-operative Federalism? 2003 (2), c II GR, Queen's University; IRPP, Montreal.

[③] See Werner, Jan, "Fiscal Equalisation among the States in Germany," Institute of Local Public Finance Working Paper 02-2008, January 2008.

可以通过法院来陈述自己的主张与理由。① 联邦宪法法院在这一领域作出了许多重要的判决,前文所述巴登-符腾堡、巴伐利亚和黑森州诉讼案即为一例。在1952年②、1986年③和1992年④发生的三起"财政平衡案"也是重

---

① See Watts, Ronald, and Paul Hobson, "Fiscal federalism in Germany," available at http://www.aucc.ca/_pdf/english/programs/cepra/watts_hobson.pdf,2014年9月20日访问。

② Finance Equalization Case Ⅰ (BVerfGE 117-20/02/1952)。在1952年,富裕的汉堡州和巴登-符腾堡州,抱怨联邦法律要求它们偿付一定数量的联邦财政平衡资金。它们在联邦宪法法院宣称,联邦法律违反了联邦主义的中心原则,包括《基本法》保障的各州预算独立。但宪法法院判决,联邦主义原理不仅创造权力,而且也创造了责任:其中之一就是在宪法允许的限度内,财政强州有责任资助财政弱州。联邦执行横向平衡的限度,是财政平衡法律不得削弱支出州的财政能力,或造成各州财政一律平等。但在本案中,联邦法律并未超出申诉州的财政能力限度。

③ Finance Equalization Case Ⅱ (BVerfGE 72, 330-24/06/1986)。在1986年,六个州(巴登-符腾堡州、不来梅州、汉堡州、黑森州、北莱茵-威斯特法伦州、萨尔州)在宪法法院挑战1969年《财政平衡法》和《税收分配法》的某些条款的合宪性。宪法法院判决,联邦法律未能适当地考虑地方政府的财政能力,因而违反了《基本法》所规定的横向平衡要求。这项决定表明,一旦联邦的税收分配公式危及了各州在联邦内的平等地位,宪法法院将愿意支持相对贫困的州。

④ Finance Equalization Case Ⅲ (BVerfGE 86, 148-27/05/1992)。该案是1990年两德统一后有关财政平衡的第一个案件。1992年,四个州(不来梅州、汉堡州、萨尔州和石勒苏益格-荷尔斯泰因州)向联邦宪法法院提起诉讼。它们质疑《财政平衡法》的多个条款的合宪性。主要关注两个问题:根据《基本法》第107(2)条的水平财政平衡的范围;对财政弱州的额外财政拨款的问题。关于第一个问题,1987年《财政平衡法》第6条确定了计算财政平衡资金的两个重要标准:财政能力和平衡标准。一州的财政能力由该州及其市镇的收入构成,《财政平衡法》第7、8条确定了计算时的特定税种及其考虑范围。一州的平衡标准由该州居民总数乘以各州人均收入获得。根据《财政平衡法》第9条,基于人口密度方面的考虑,对城市州(不来梅州和汉堡州)给予135%的加权。法院确认,财政能力的概念必须综合的解释而不能仅包括税收能力。尽管单个州特殊的需求在决定一个州的财政能力时不能被考虑,但是对于三个海港州(不来梅州、汉堡州和下萨克森州)的例外是允许的。理由是这三个州负责维护、开发那些港口,而其他州也在使用。在确定这些州的财政能力时,《财政平衡法》第7(3)条规定了特定条款将其收入予以大量缩减,以便让它们能够有资格获得财政平衡资金。宪法法院认为,这些条款是合宪的,被认为是州与德国财政宪法之间财政平衡安排的传统上的一部分。对于不来梅州和汉堡州提出135%人口加权过低的主张,宪法法院予以驳回。认为《财政平衡法》相关条款是合宪的,理由是联邦议院在其宪法权限内行使权力,不须为特定人口加权的决定提供理由。

对经受严重财政危机的萨尔州和不来梅州给予额外联邦拨款是本案中联邦宪法法院审查的第二个重要问题。由于历史和产业结构等方面的原因,萨尔州遭遇不断增加的失业问题,导致很多人离开该州到其他州找工作。这些情况造成了财政状况的紧张。而不来梅的情况则有所不同,该州多年来经历着收入低于平均水平的低增长,同时必须应对来自其他州的流动工人所造成的支出方面的需求压力。这使得债务和预算赤字增加,从而出现严重的财政危机。互相帮助的责任被宪法法院所确认,法院认为,在一个州经历极端财政危机的情况下,其他州有责任去支持该州以稳定其财政状况。此外,给财政弱州提供的联邦额外拨款不能替代水平财政平衡。宪法法院认为,额外联邦拨款是补充性的支付。法院宣布,《财政平衡法》第11a条是合宪的,但是,对不来梅州的额外拨款应该增加到和萨尔州同等的水平。作为一个和萨尔州类似的小州,不来梅获得的资金少于萨尔州,而在1987和1988年,其没有得到任何额外拨款。这被认为是违宪的,因为各州必须被公平地对待。这一判决对于1995年1月1日后进入财政平衡体系的新州具有特殊意义。新州的财政状况比不来梅州和萨尔州的情况更为严重。

第二章　实现中央与地方关系法治化的财政制度模式

要的例子。①

2. 日本

在政府间财政关系协调方面,日本具有一个独特的机构安排。2001年自治省和其他部门合并成立了总务省,自此由总务省作为中央部门监控地方政府,同时在中央政府部门内部作为地方政府利益的代表。首先,在所有涉及地方政府的事务(比如地方交付税的缩减)方面,总务省总是保护地方政府的利益,而与其他欲插手地方财政事务的中央政府部门(特别是财务省)进行艰苦的斗争。因此,总务省经常被说成是"中央政府内的一个反对党"。其次,总务省是地方政府的代表,这是其在中央政府中拥有部门权力的主要基础。随着时间的推移,总务省和地方政府之间的关系越来越互相依赖。目前,总务省有一个秘书处、三个局、两个处和一个学院。其中的两个局——地方财政局和地方税务局与地方财政事务有着密切的联系。前者负责制定和执行地方财政制度。地方交付税是该局制定的最重要的转移支付制度。后者负责制定和执行地方税收制度。② 值得注意的是,日本的这种机构安排也受到政治因素的干扰,由于政客和官僚在地方财政事务方面具有重大的利益,使得改变现状非常困难。负责地方交付税的总务省反对地方交付税改革,负责支出的相关部门抵制缩减附条件转移支付的任何计划,而财务省反对从中央政府向地方政府转移税收收入。③

"地方财政计划"(Local Public Finance Program)是日本协调中央与地方财政关系的一个独特的机制。④ 该计划由总务省负责,总务省代表地方政

---

① 参见张千帆:《西方宪政体系》(下册·欧洲宪法),中国政法大学出版社2001年版,第217—218页;Brand, Dirk, *Financial Constitutional Law: A Cmoparison between Germany and South Africa* (The paper was originally presented as a dissertation and approved for the Degree of Doctor of Law at the University of Stellenbosch, December 2005), Konrad-Adenauer-Stiftung, 2006, available at http://www.kas.de/wf/doc/kas_10784-1522-2-30.pdf? 070502120247,2014年9月20日访问。

② See Mochida, Nobuki, "Taxes and Transfers in Japan's Local Public Finances," World Bank Institute, 2001, Stock No. 37171.

③ See Mochida, Nobuki, *Fiscal Decenralization and Local Public Finance in Japan*, Routledge, 2008, pp.19—20.

④ See Mihaljek, Dubravko, "Japan," in Ter-Minassian, Teresa (ed.), *Fiscal Federalism in Theory and Practice*, IMF, 1997, p.298; Aoki, Ichiro, "Decentralization and Intergovernmental Finance in Japan," PRI Discussion Paper Series (No. 08A-04), Policy Research Institute, Ministry of Finance, June 2008.

府同财务省与内阁进行谈判。在每个财政年度,中央政府对于地方政府的收入与支出要作一个正式的估计。在收入一边,这一估计覆盖了地方税、非税收入、地方交付税、地方让与税、国库支出金和地方借款等收入。在支出一边,估计包括工资和薪金、货物和服务支出、资本费用、利息、给公共企业的补助等。"地方财政计划"有两个重要的功能。首先,为地方政府的年度支出规模和预期的财政平衡状况提供一个概要。当发现赤字后,中央政府将通过调整其财政计划(地方交付税和地方债券)为地方政府获取资金。这样就保证了地方政府拥有充足的收入来提供全国标准水平的公共服务。其次,虽然"地方财政计划"没有法定约束力,但是在实践中,许多地方政府会遵循相关的指导方针从而从中央政府获得充足的转移支付资金。因此,"地方财政计划"对于地方政府的财政管理具有指导性功能。①

成立于 1947 年的全国知事会(National Governors' Association),作为地方首长组成的全国性咨询机构,在中央与地方政府间财政关系的协调方面也发挥着一定的作用。在该协会设立的 12 个特殊委员会中,有两个与政府间财政关系协调直接相关,分别是:"地方分权促进委员会"、"地方税收和财政委员会"。②

在争议解决机制方面,根据《日本国宪法》第 81 条的规定,"最高法院为有权决定一切法律、命令、规则,以及处分是否符合宪法的终审法院"。③由此可推知,对于中央与地方财政关系领域发生的争议,也应由最高法院来进行处理。④ 此外,值得注意的是,上文已提到,日本改革了法定外普通税的批准程序,以协商程序代替,同时成立了争议解决委员会来解决相关的争议。

---

① See Mochida, Nobuki, *Fiscal Decenralization and Local Public Finance in Japan*, Routledge, 2008, pp. 57—60.

② See "Introduction of NGA," available at http://www.nga.gr.jp/english/roughly/rougtop.html, 2014 年 9 月 20 日访问。

③ 〔日〕三浦隆:《实践宪法学》,李力、白云海译,中国人民公安大学出版社 2002 年版,第 241 页。

④ 由于受资料所限,这里并不能确定在中央与地方财政关系领域日本最高法院是否也承担解决争议的角色。

三、两种制度模式比较

上文以美国、加拿大、德国和日本为例,分析了中央与地方关系法治化的两种财政制度模式的主要做法。在此基础上,下文将对两种制度模式进行比较分析,以比较准确地把握两种模式的本质,从而为我国相关制度的完善提供模式选择方面的思路。

(一) 差异分析

两种制度模式之间的差异还是比较明显的。概括起来,主要有如下几个方面:

(1) 事权划分上的不同。两种制度模式在处理事权实施与立法监管的关系方面具有不同的方式。在对称型制度模式下,事权划分的一致程度比较高,事权实施与立法监管一般都由承担相关事权的同级政府承担,中央政府主要负责中央政府事权范围内的立法监管。在非对称型制度模式下,事权实施和立法监管方面存在一定程度的分离,中央政府对次中央政府事权范围内的事务行使一定的立法监管权。

此外,在非对称型制度模式下,共同事权、委托事权的比例较高。德国《基本法》规定了较多的共同任务,联邦政府通常委托州政府完成其相关的任务。日本有法定的委托事权。根据学者对联邦制国家的相关研究,在综合考虑明示的法定共同事权和事实上存在的共同事权的情况下,在联邦和州享有重叠权力的比例方面,加拿大为46%,美国为53%,德国为75%。德国的比例远高于美国和加拿大。而在联邦独享权力方面,加拿大为35%,美国为22%,德国为21%;在州级政府独享权力方面,加拿大为19%,美国为24%,德国仅为4%。相关比例体现出美国、加拿大州级政府的相对独立性。[1]

(2) 财政收益权与事权的匹配程度不同,与此相适应的是,纵向财政不平衡程度也不同。在对称型制度模式下,财政收益权与事权的匹配程度相

---

[1] See Watts, Ronald L., *Comparing Federal Systems*, 2nd ed., McGill-Queen's University Press, 1999, pp. 193—198.

对比较高,次中央政府财政支出的较大比例通常由相应的财政收益权予以保证。例如:正如有学者所言,加拿大代表了教科书上财政联邦主义的最实际的系统。自治的省政府负责提供许多重要的公共服务,同时自己负责筹集它们收入中的很高比例。[1] 而在非对称型制度模式下,财政收益权与事权的匹配程度则相对比较低,次中央政府所承担财政支出的资金来源有相当部分来自中央政府的转移支付。而中央政府享有超过其本级财政支出很大比例的财政收益权。

由于财政收益权与事权的匹配程度不同,使得相关国家的纵向财政不平衡程度也不同。从理论上而言,采用非对称制度模式国家的纵向财政不平衡程度应该高于采用对称型制度模式的国家。有学者整理的相关数据[2]也支持这一推论。德国次中央政府(包括州和地方政府)的财政收入[3]占全国政府所有财政收入的35%,支出占全国政府所有财政支出的63%,纵向财政不平衡率(上述两个百分比的差额,下同)为28%;日本两级地方政府的财政收入占全国政府所有财政收入的42%,支出占全国政府所有财政支出的62%,纵向财政不平衡率为20%;美国次中央政府(包括州和地方政府)的财政收入占全国政府所有财政收入的33%,支出占全国政府所有财政支出的46%,纵向财政不平衡率为13%;加拿大次中央政府(包括省政府和地方政府)的财政收入占全国政府所有财政收入的56%,支出占全国政府所有财政支出的63%,纵向财政不平衡率为7%。由此可知,采用非对称型制度模式的德国和日本,其纵向财政不平衡率分别为28%和20%,远远高于采用对称型制度模式的美国和加拿大,后者纵向财政不平衡率分别为13%和7%。

值得注意的是,弥补财政收益权与事权不匹配的主要机制是政府间转移支付。而转移支付在两种制度模式中所扮演的角色和发挥的作用是不同的。以中央政府转移支付占次中央政府收入的比例来衡量,采用对称型制度模式的美国和加拿大分别为29.6%和19.8%;采用非对称型制度模式的

---

[1] See Boadway, Robin, "Canada," in Shah, Anwar, and John Kincaid (eds.), *The Practice of Fiscal Federalism: Comparative Perspectives*, McGill-Queen's University Press, 2007, pp.99—124.

[2] See Watts, R.L., "Autonomy or Dependence: Intergovernmental Financial Relations in Eleven Countries," Working Paper2005 (5) c IIGR, Queen's University.

[3] 值得注意的是,在计算纵向财政不平衡率时不包括债务收入。

第二章 实现中央与地方关系法治化的财政制度模式

德国和日本①则分别为43.8%和37.2%。②

(3) 财政立法权与财政收益权的适应程度不同。③ 在对称型制度模式下,财政立法权与财政收益权基本上是相适应的,享有一定的财政收益权表明同时享有一定的财政立法权,美国和加拿大的做法都是如此。④ 而在非对称型制度模式下,则不尽然。享有一定的财政收益权并不表明自然就享有相应的财政立法权,主要的财政立法权往往由中央政府享有,德国和日本采用这一做法。此外,即使在次中央政府享有财政立法权的情况下,对财政立法权行使的要求也并不相同。实行对称型制度模式的国家,中央政府多不加限制,一般由次一级中央政府(美国的州政府、加拿大的省政府)的宪法和法律予以规范。而实行非对称型制度模式的国家,其中央政府则要施加一些限制条件,以保证相关制度的全国统一。如日本通过制定《地方税法》规定地方政府行使立法权的条件和相关程序,从而实现中央政府对地方政府财政立法的有效控制。德国的联邦税、共享税都由联邦行使立法权,州的相

---

① 根据另外一个资料来源,日本的相关比例应超过60%。See Naito, Keisuke, and Asuka Oki, "International Comparison of Local Revenue Structures and Japan's Local Tax and Finance Reform," Mizuho Research Paper, published by Mizuho Research Institute Ltd., Tokyo, June, 2005.

② See Watts, R. L., "Autonomy or Dependence: Intergovernmental Financial Relations in Eleven Countries," Working Paper2005 (5) c IIGR, Queen's University.

③ 类似的情况也体现其他方面。例如:在前文提到的事权划分方面,采用对称型制度模式的国家在事权执行和立法监管方面基本上是一致的,而采用非对称型制度模式的国家则有一定的分离;在次中央政府发行公债方面,采用对称型制度模式的国家对公债发行相关的立法不加干预;而在采用非对称型制度模式的国家,其中央政府则要规定公债发行的相关条件,或者施加程序方面的限制。

④ 值得注意的是,即使在实行对称型制度模式的国家,其财政立法权和财政收益权也不是完全相适应的。例如,美国有的州政府在所得税征收方面和联邦政府进行协调。有37个州用联邦的定义计算其所得税基,有27个州采用联邦的调整毛所得,有10个州使用联邦应税所得;有的州则走得更远,将对低收入者的所得税抵免额界定为联邦相应抵免额的一个百分比。上述做法导致的结果是,联邦政府相关立法权的行使将会影响到州政府财政收益权的增减,从而使得州政府的相关财政收益权和立法权发生分离。当然,这对州政府来说也可以获得税务行政管理方面的便利。See Super, David A., "Rethinking Fiscal Federalism," *Harvard Law Review*, Vol. 118 (8), 2005, pp. 2544—2652; Mason, Ruth, "Federalism and the Taxing Power," *California Law Review*, Vol. 99, 2011, pp. 975—103; Fox, William F., "The United States of America," in Shah, Anwar, and John Kincaid (eds.), *The Practice of Fiscal Federalism: Comparative Perspectives*, McGill-Queen's University Press, 2007, p.359. 而加拿大早期执行的所得税征管协议规定,如果省政府征收的税款额为联邦税的一定比例(Tax -on-Tax),联邦政府将无偿为省政府征税。在这种情况下,联邦税法也就成为省税的基础,省政府的财政立法权和财政收益权也发生了一定的分离。See Boadway, Robin, and Ronald Watts, "Fiscal Federalism in Canada," available at http://www.fiscalreform.net/library/pdfs/fiscal_federalism_in_canada.pdf,2014年9月20日访问。

关立法都应根据《基本法》制定,以保证全国税法和税制的统一性。一组统计数据可以佐证上面的论述。根据对 OECD 国家 1996—2001 年间次中央政府税收收入状况的统计,在次中央政府"税收收入"占全国税收收入比例和次中央政府"自主税收收入"①占全国税收收入比例两个指标上,实行对称型制度模式的美国和加拿大的相关百分比都是一样的,前者均为 35.6%,后者均为 51.8%。而实行非对称型制度模式的德国和日本则在两个百分比上显示出差别。德国的百分比分别为 49.3% 和 7.2%,而日本的则分别为 41.3% 和 37.5%。②

(4) 所采取政府间转移支付的方式和规模有所不同。采用非对称制度模式的德国和日本都有均等化水平比较高的转移支付,且均等化转移支付占转移支付的比例比较高。美国在联邦与州政府间不存在专门的均等化转移支付。和其他国家相比,美国没有明显的地区分裂运动。③ 这或许是其不存在均等化转移支付的一个因素。加拿大的情况则比较复杂,一方面,加拿大省政府享有的财政权限比较全面,使得各省之间的财政能力差别很大;另一方面,该国宪法又明确规定了对所有加拿大公民相当水平公共服务提供的保障,这样,以均等化为目标的政府间转移支付就成为必要。而上述两个方面是存在矛盾的,省政府财政自主权所造成的各省间财政能力差别给均等化转移支付带来了巨大压力。④ 值得注意的是,在进一步下放收入筹集权力方面应该特别慎

---

① 所谓"自主税收收入"是指该层级政府不但享有税收收益权,还同时享有税基、税率和其他税收事项的决定权,也就是相关的立法权。

② See Buettner, Thiess, "Fiscal Equalization in Germany," in Bosch, Núria, and José M. Durán (eds.), *Fiscal Federalism and Political Decentralization: Lessons from Spain, Germany and Canada*, Edward Elgar, 2008, pp.137—145. 值得注意的是,如果把自主税收收入界定为该级政府在税基、税率等方面的完全自主的话,日本的相应比例应该会更低。

③ See Keen, Michael, "Peculiar Institutions: A British Perspective on Tax Policy in the Unites States," *Fiscal Studies*, Vol. 18 (4), 1997, pp.371—400.

④ See Boadway, Robin, "The Economics of Equalization: An Overview," in Boadway, Robin W., and Paul A. R. Hopson (eds.), *Equalization: Its Contribution to Canada's Economic and Fiscal Progress*, John Deutsch Institute For the Study of Economic Policy, 1998, pp.87—88. 值得注意的是,尽管面临很大的压力,加拿大在均等化转移支付制度建设方面还是取得了突出的成就,为加拿大的国家统一和公民平等权的实现作出了重要贡献。

第二章 实现中央与地方关系法治化的财政制度模式

重。那样会使得水平财政平衡的实现将更加困难。①

从数量规模来看,据有学者的相关研究,美国的转移支付占次中央政府收入的29.6%,没有均等化转移支付;加拿大的转移支付占次中央政府收入的19.8%,其中均等化转移支付占4.0%;德国的转移支付占次中央政府收入的43.8%,其中均等化转移支付占34.0%;日本的转移支付占次中央政府收入的37.3%,其中均等化转移支付占21.0%。② 美国、加拿大的相关比例和德国、日本的相比,具有很大差别。

(5)次中央政府财政预算权行使的自主程度不同。在对称型制度模式下,次一级中央政府在行使财政预算权时享有较大的自主性;而在非对称型制度模式下,次一级中央政府在行使财政预算权时往往受到中央政府的一定限制。更为重要的是,与财政预算权的行使相一致,在对称型制度模式下,当次中央政府发生债务危机时,中央政府一般不采取紧急救助措施;而在非对称型制度模式下,当次中央政府发生债务危机时,中央政府通常会采取紧急救助措施。

和明显差异相伴的是,两种制度模式也各有其优劣。通过考察各国的状况,可以发现,对称型制度模式的优点在于:(1)多样性、创造性。在对称型制度模式下,由于次一级中央政府享有比较完整的包括财政收益权、财政立法权、财政预算权等在内的财政权限,使得这些政府具有充分的权限来处理各自的事务,这就有利于保持各地的区域特色,最大限度地保持多样性,满足各地区居民的不同需求。同时,次一级中央政府比较广泛的财政权限也为其进行制度创新提供了条件。美国最高法院著名的大法官路易斯·布兰代斯就曾指出:"州政府为实验公共政策提供了巨大的实验室。如果他们采用的计划失败,消极影响有限;如果计划取得成功,可以被其他州和全国政府采用。"③在实践中,这一创造性在采用对称型制度模式的国家也体现

---

① See Boadway, Robin, "Fiscal Equalization: the Canadian Experence," in Bosch, Núria, and José M. Durán (eds.), *Fiscal Federalism and Political Decentralization: Lessons from Spain, Germany and Canada*, Edward Elgar, 2008, pp.109—135.

② See Watts, R. L., "Autonomy or Dependence: Intergovernmental Financial Relations in Eleven Countries," Working Paper2005 (5) c IIGR, Queen's University.

③ 〔美〕詹姆斯·M.伯恩斯、杰克·W.佩尔塔森、托马斯·E.克罗宁:《民治政府》,陆震纶、郑明哲等译,中国社会科学出版社1996年版,第72页。

得较为突出。(2)责任感。在对称型制度模式下,由于财政收益权与事权的匹配程度较高,财政收益权与财政立法权相适应,加之行使财政预算权的自主程度较高,特别是中央政府不对次中央政府的财政危机进行紧急救助,使得各次中央政府能够比较独立地处理其自身事务,同时承担各自的责任。这就加大了对各次中央政府的制约,有助于增强其责任感。

非对称型制度模式的优点在于:(1)一致性。在这一制度模式下,由于财政收益权与事权的匹配程度较低,中央政府拥有更多的财力用于均等化转移支付,使得各地区的财政能力均等化水平比较高,从而使得提供公共服务的一致性也比较强,保证了全国公民享受基本权利方面的大体一致。(2)协调性。由于在非对称型制度模式下,各次中央政府享有的财政立法权比较有限,这就使得全国各地区的税收制度相对比较统一,防止了各地为吸引投资等原因所导致的恶性税收竞争,也保证了中央政府税收和次中央政府税收之间的协调。

世界上没有完美的事物,两种制度模式在各具优点的同时,也有其各自的劣势。从某种意义上而言,两种制度模式各自的优点也就是对方的劣势所在。比如,对称型制度模式具有促进多样性、创造性,提高责任感等方面的优点,而非对称型制度模式在这方面则处于劣势。由于享有财政权限的不完整,实行这种制度模式国家的次中央政府的创造性以及处理地方事务的多样性方面自然受到一定的限制;同时,由于财政收益权与事权的匹配程度较低,行使财政预算权的自主性受到限制,在面临财政危机时有可能得到中央政府的紧急救助,使得对相关政府的财政约束力不够充分,导致政府责任感的欠缺。与之形成对比的是,非对称型制度模式所具有的均等化水平高、一致性强,特别是税收制度的统一等方面,对称型制度模式却又不具备。由于享有比较完整的财政立法权,在对称型制度模式下,次一级中央政府之间以及次一级中央政府与中央政府之间的税收制度有可能产生冲突,这给税收协调带来了一定的困难[①],也使各地

[①] 上文所分析的美国和加拿大复杂的税收协调制度就是一个例证。有学者在进行美国和加拿大联邦制的比较研究时,也指出在协调、合作、政策实施方面所面临的挑战是两国的共同特征。See Simeon, Richard, and Beryl A. Radin, "Reflections on Comparing Federalisms: Canada and the United States," *Publius: The Journal of Federalism*, Vol. 40 (3), 2010, pp. 357—365.

第二章 实现中央与地方关系法治化的财政制度模式

政府间发生税收竞争成为可能。

两种制度模式各有其优劣。各国对两种制度模式的选择是有其深刻根源的。具体而言,主要包括:(1) 政治哲学。虽然采用两种制度模式的国家在政治哲学上都基本上奉行自由主义,但是还是有所差异。采用对称型制度模式的美、加等国更多地崇尚自由,反对政府的过多干预。其公民更喜好竞争,不信任中央集权化的政治。① 这些理念表现在财政分权领域,就是反对中央政府对次中央政府在财政权限方面有过多的控制。而采用非对称型制度模式的国家,则更多地崇尚平等,主张政府通过一定的途径解决不公平问题。表现在财政分权领域,就是对次中央政府间财政能力差异的重视,一般都在中央政府主导下采取一定措施对存在的差异予以平衡。德国奉行社会法治国原则,社会法治国奠基于大部分自由主义基本理念之上,但更加强调对平等权的保障。社会法治国是"保障性之给付国家","社会法治国家为提供国民社会生活最低限额之直接保障,提供社会保险、社会救助等等以保障国民之生存权。个人人格发展可能性,须先拥有实体及精神上之物资,作为自我决定之前提"。② 德国《基本法》特别强调对公民同等生活条件的保障。有学者也指出,广泛的富州与穷州之间的财政平衡也有深刻的哲学根基,即在德国内部实现同等的生活标准。对于达到怎样的平衡程度各州之间存在争议是个事实,但是作为实现公共生活标准的财政平衡原则仍然是一个普遍的共识。事实上,即使关于地区改革、财政转移支付制度的改进建议并不是破坏同等生活条件的目标,而是为了更好地促使其实现。因此,以高度一体化、相互依赖为特征的德国财政联邦主义深深植根于其主流的政治文化。③ 可以说,德国的政治哲学传统对非对称型制度模式的选择有很大的影响。④ 第二次世界大战以后,日本开始向新构造的地方政府下放权力。但是,日本人民不愿意放弃具有强大中央政府的历史传统,而导致地区

---

① See Greve, Michael S., "Against Cooperative Federalism," *Mississippi Law Journal*, Vol. 70, 2000, pp.557—622.
② 葛克昌:《国家学与国家法——社会国、租税国与法治国理念》,台湾月旦出版社股份有限公司1996年版,第50、56页。
③ See Watts, Ronald, and Paul Hobson, "Fiscal federalism in Germany," available at http://www.aucc.ca/_pdf/english/programs/cepra/watts_hobson.pdf,2014年9月20日访问。
④ 值得注意的是,这一强大的政治传统也成为近年来推行相关改革的重要阻力。

间重大差异的出现。对公共产品的平等获得和公平承担相应的财政负担被认为是经济和社会发展的要旨。因此,地方政府愿意在某种程度上牺牲自治而支持地区间的平等。① 在这一强烈偏向平等的传统之下,由中央政府主导财政权限配置,并辅以大规模均等化转移支付的非对称型制度模式就成为必然的选择。(2)国家体制。就本研究所考察的四个国家而言,国家结构形式对制度模式的选择也是具有一定影响的。日本是典型的单一制国家,实行非对称型制度模式。美国和加拿大传统上实行"二元联邦制"(Dual Federalism)。在二元联邦制下,各级政府的自主权得到保证,各级政府的职责划分比较清晰。这些特征和对称型制度模式是相一致的。而德国的联邦制被称为"合作联邦制"(Cooperative Federalism),强调各级政府之间职责的相互关联。② 强调中央政府的权威,强调国家各组成部分的一致性,有人因此也称之为"单一联邦制"(Unitary German Federation)、"行政联邦制"(Executive Federalism)③。早在俾斯麦时期,君主联邦国家的国家层次的权力由首相(同时是普鲁士的首相)和由构成帝国的各王国、公爵领地、公国、自由市的行政首脑组成的联邦参议院共同行使。1919 年的革命使得君主制被议会民主制所代替,这一改变仍然和政治权力的大规模集中化相联系:立法权集中在国家层次;构成联邦的州被弱化为拥有自治地位的行政省;联邦参议院仍由各州的行政人员组成,在国家立法中仅行使未定的否决权。即使是联邦制度的一些残余,在纳粹时期也被废除,纳粹政府创建了完全集中化的单一制国家。第二次世界大战之后,在联邦德国,虽然纳粹政权下单一化和集中化的国家崩溃了,但是当时对国家统一的要求和期待似乎被加强了,而不是削弱。④ 这体现在《基本法》的相关制度设计中,即联邦政府行使主要的立法权,由各州代表组成的联邦参议院行使特定的否决权。德国的这

---

① See Mihaljek, Dubravko, "Japan," in Ter-Minassian, Teresa (ed.), *Fiscal Federalism in Theory and Practice*, IMF, 1997, p. 289.

② Boadway, Robin, and Anwar Shah, *Fiscal Federalism: Principles and Practices of Multiorder Governance*, Cambridge University Press, 2009, pp. 5—8.

③ See Spahn, Paul Bernd, and Wolfgang Föttinger, "Germany," in Ter-Minassian, Teresa (ed.), *Fiscal Federalism in Theory and Practice*, IMF, 1997, p. 226; Gunlicks, Arthur, *The Länder and German Federalism*, Manchester University Press, 2003, pp. 68—70.

④ See Scharpf, Fritz W., "No Exit from the Joint Decision Trap? Can German Federalism Reform Itself?" MPIfG Working Paper 05/8, September 2005.

第二章　实现中央与地方关系法治化的财政制度模式

种"单一联邦制"对其采用非对称型制度模式应该也具有一定的影响。(3) 经济体制。特定的经济体制对制度模式的选择也会产生一定的影响。美国、加拿大是实行自由市场经济模式的代表,而德国则实行社会市场经济,日本则实行政府主导型的市场经济。由于实行的经济体制不同,在德、日等国,中央政府的重要性一般要高于美、加等国。这种差异表现在财政分权领域,就是在财政权限划分上向中央政府倾斜。(4) 特殊国情。除了政治哲学、国家体制、经济体制这些比较宏观的背景以外,各国特殊的国情在制度模式选择方面也扮演着比较重要的角色。一定的人口结构会对制度模式的选择产生影响,最为典型的例子就是加拿大。加拿大由法语区和英语区组成。两地区的居民都想保持各自的生活习惯、文化传统等,这就客观上要求各地政府须享有相应的自主权。表现在财政分权领域,就是要享有比较完整的财政权限。一国特殊的历史发展背景也会影响到制度模式的选择。美国在联邦政府成立前,各州政府早已存在。各州对其自主权极为珍视,这使得联邦政府成立前还发生了一段插曲,那就是邦联政府的成立。由于邦联政府无法正常运转[①],遂转向成立联邦政府。但尽管如此,各州仍然十分重视各自的自主权,经过激烈的讨价还价,最终才制定宪法,成立了联邦政府。这一历史前提使得其各州必将享有比较广泛的财政权限。加拿大在这方面与美国也比较类似,也是由原加拿大、新不伦瑞克和诺瓦斯科舍合并为一个联邦,作为英国的一个自治领。此后其他各省相继加入联邦。与这两国相反的是,德国、日本在历史上都比较崇尚统一。德国现行宪法和历史上的《德国帝国宪法》和《魏玛宪法》具有很密切的承继关系[②];而日本在明治时期制定宪法时就开始学习德国,战后虽在美国的主导下制定新宪法,

---

[①] 1781年3月1日,《邦联条款》正式生效。值得注意的是,《邦联条款》并没有给予国会有效的征税权、关税权以及管理州际贸易的权力。表现在财政上,当时的邦联是一片混乱。因邦联不能直接征税,就只能等待各州把税征收以后向邦联上缴它们各自应承担的款额。这一历史背景表明当时州政府的权力远强于邦联政府。为了克服《邦联条款》的诸多弱点,1787年5月25日至9月17日,联邦制宪会议在费城召开。最终将邦联制改为联邦制。参见王希:《原则与妥协:美国宪法的精神与实践》,北京大学出版社2000年版,第76—84页;Kincaid, John, "The Federalist and V. Ostrom on Concurrent Taxation and Federalism," *Publius: The Journal of Federalism*, Vol. 44 (2), 2014, pp. 275—297.

[②] 有学者从历史制度主义的视角研究了德国和加拿大联邦制的显著区别。See Broschek, Jörg, "Historical Institutionalism and the Varieties of Federalism in Germany and Canada," *Publius: The Journal of Federalism*, Vol. 42 (4), 2011, pp. 662—687.

但是一些固有的制度传统还是有所保留。[①] 有学者也指出,日本公众对统一倾向普遍认可,特别是在战后,这是日本模式得以成功的一个重要的前提条件。[②] 这些历史因素作用在财政分权领域,就是两国对非对称型制度模式的选择。

(二) 共性分析

上文的分析表明,两种制度模式具有明显的差异,各有其优劣。但是,它们之间也存在许多共同之处。具体而言,两种制度模式的共同之处主要有:(1) 宪政和法治的治理。本研究第一章所分析的权力制约、权利保障和地方自治等宪政理念在相关国家都得到了不同程度的贯彻和体现。本研究所具体考察的美国、加拿大、德国和日本四国都实行宪政和法治的治理。美国宪法规定了财政权限划分的基本原则,而德国和加拿大宪法对财政权限划分规定得颇为细致。日本宪法虽没有规定财政权限划分问题,但是也有专门立法予以调整,如《地方财政法》《地方税法》《地方自治法》《地方交付税法》等。其他国家除了宪法规定外,在法律中对财政分权问题也有更为细致的规定,如加拿大《联邦与省财政安排法》、《加拿大健康法》、《德国财政平衡法》等。除了宪法和法律的规定之外,真正关键的是,这些制度都在实践中得到了良好的贯彻执行。比如,美国从立国到至今,其奉行的联邦主义已发生了很多变化[③],但无论是罗斯福新政前后财政分权的剧烈变化,还是20世纪80年代的财政分权改革,都是在美国宪法规定的法律框架之内进行的。而日本支出负担的分配由前文提到的国家法律来规定,并不能根据中央政府单方面的想法而改变。中央政府不具有向地方政府下达无资助任务

[①] See Muramatsu, Michio, and Frieder Naschold, *State and Administration in Japan and Germany*, Walter de Gruyter, 1997, pp. 39—41; Scharpf, Fritz W., "No Exit from the Joint Decision Trap? Can German Federalism Reform Itself?" MPIfG Working Paper 05/8, September 2005.

[②] 〔日〕村松通男等:《地方政府的发展经验》,载《政府间财政关系比较研究》,政府间财政关系课题组编译,中国财政经济出版社2004年版,第172页。

[③] 美国的联邦主义先后经历了二元联邦主义、合作联邦主义、创造性的或强制的联邦主义;针对联邦政府权力集中所造成的弊端,20世纪80、90年代里根政府和克林顿政府进行了分权化的改革。See Saffell, David C. and Harry Basehart, *State and Local Government*, 7th ed., McGraw-Hill, 2001, pp. 42—48.

第二章　实现中央与地方关系法治化的财政制度模式

的法律权力。①（2）政府层级结构。本研究所考察的四个国家,无论是采用对称型制度模式,还是采用非对称型制度模式,在政府层级结构上多实行三级制②。这些国家的面积、人口、历史传统等各方面都存在重大的差异,而多采用三级政府层级结构,表明了这一选择具有一定的客观性和合理性。（3）在税收征管方面,两种制度模式都注重各级政府征管机构之间的协作配合。（4）在次级中央政府预算储备基金的设立方面,两种制度模式都有一定的要求。（5）基层地方政府财政。前文已言及,各国都实行三级政府层级结构。值得注意的是,两种制度模式的差异主要体现在中央政府和次一级中央政府（美国、德国的州,加拿大的省,日本的都、道、府、县）之间,而在如何处理基层地方政府,即第三层级政府的财政问题上,各国具有类似性。在财政上,基层地方政府往往更多地与次一级中央政府发生关系。前文已述及,美国实行的是所谓"州内单一制",而加拿大的市镇则是省的"创造物";德国和日本的基层地方政府也多受上级政府的控制。（6）协调与争议解决机制的建立。虽然具体方式有所不同,但是采用两种制度模式的国家都建立了各自的协调与争议解决机制。美国参议院和众议院的政府事务委员会、德国的联邦参议院、日本的总务省,以及加拿大的中央与省间行政协调机制都对各国政府间财政关系的协调起了重要的作用。美国、加拿大和德国等国所固有的违宪审查制度在解决财政分权领域的争议方面也发挥了其他制度所不可替代的作用。这些协调与争议解决机制的建立有助于提高相关国家财政分权制度的稳定性和适应性。能够在基本财政分权制度框架保持稳定的同时,通过一定机制回应社会、经济形势的重大变化,显示了其比较强大的适应性。

（三）融合趋势

值得注意的是,在存在差异和共性的同时,两种制度模式还存在一定程度的融合趋势。前文已经提到,两种制度模式各有其优劣。因此,各国为了

---

① See Mochida, Nobuki, "Taxes and Transfers in Japan's Local Public Finances," World Bank Institute, 2001, Stock No. 37171.

② 值得注意的是,在有的国家也存在一定的例外。

使各自的制度发挥更大的优越性,多在对本国固有的财政分权制度进行改革,从某种程度上借鉴其他国家的做法,体现出两种制度模式的融合趋势。由于认识到非对称型模式在多样性、创造性,特别是责任感方面的缺失,德国和日本近年来都进行了比较大规模的改革,开始借鉴对称型制度模式的一些做法。① 现代宪政的发展使得对平等权、社会权、发展权等第二、三代人权的追求更为凸显。这在财政分权领域就表现为中央政府财政权限的扩大,从而使得政府具有促进平等、进行社会再分配的手段。而美国和加拿大由于采用对称型制度模式,对财政收益权、财政立法权和财政预算权等财政权限在中央与次中央政府间作严格的划分,中央政府在影响次中央政府方面作用有限。在这些国家,通过修改宪法调整政府间财政权限划分又相当困难。为了应对现实的挑战,这些国家通过由最高法院或宪法法院判例认可的所谓"支出权"②的行使发挥对次中央政府的影响作用。通过行使支出权,对下级政府进行转移支付,进入原来由州政府或省政府所单独享有的事权范围,进而对下级政府的财政能力进行调整,以达到一定的政策目标。从20世纪60年代约翰逊总统发起的"伟大社会"(Great Society)运动开始,美国就更加注重联邦和州基于合作以应对一系列公共问题。③ 这一情形表明在对称型制度模式下,中央政府的财政权限较之以往,呈现扩大趋势。总之,通过对相关国家发展实践的分析,可以

---

① 值得指出的是,由于对平等价值的过度追求,德国、日本的相关财政分权制度已经在相当程度上阻碍了其经济的快速发展。See Scharpf, Fritz W., "No Exit from the Joint Decision Trap? Can German Federalism Reform Itself?" MPIfG Working Paper 05/8, September 2005; Mihaljek, Dubravko, "Japan," in Ter-Minassian, Teresa (ed.), *Fiscal Federalism in Theory and Practice*, IMF, 1997, pp. 301—304. 有学者对以"非对称"(asymmetry)为特征的德国财政分权制度明确提出了强烈的批评。See Jochimsen, Beate, "Fiscal Federalism in Germany: Problems, Proposals and Chances for Fundamental Reforms," in Moore, Carolyn, and Wade Jacoby (eds.), *German Federalism in Transition: Reforms in a Consensual State*, Routledge, 2010, pp. 84—101. 有实证研究表明,转移支付对日本地方政府的成本-效益(Cost-Efficiency)影响是消极的,进而主张更多的地方分权改革。See Otsuka, Akihiro, Mika Goto, and Toshiyuki, "Cost-efficiency of Japanese Local Governments: Effects of Decentralization and Reginal Integration," *Regional Studies, Regional Science*, Vol. 1 (1), 2014, pp. 207—220.

② 关于美、加两国支出权的行使,前文相关部分有比较详细的分析。

③ See Zimerman, Joseph F., *Contemporary American Federalism: The Growth of National Power*, Leicester University Press, 1992, p. 9; Simeon, Richard, and Beryl A. Radin, "Reflections on Comparing Federalisms: Canada and the United States," *Publius: The Journal of Federalism*, Vol. 40 (3), 2010, pp. 357—365.

第二章 实现中央与地方关系法治化的财政制度模式

发现两种制度模式存在一定的融合趋势。各国的改革旨在多样性、创造性与一致性的实现方面达成平衡,在平等权与自由权的保护方面达成平衡。当然,对于两种制度模式所固有的一些特征和制度,在现在看来,似乎还没有发生根本性变革的可能性。[1]

---

[1] 如在美国,有学者认为应该进一步完善目前的所谓合作财政联邦主义(Cooperative Fiscal Federalism)。See Super, David A., "Rethinking Fiscal Federalism," *Harvard Law Review*, Vol. 118 (8), 2005, pp.2544—2652; Kincaid, John, "The Federalist and V. Ostrom on Concurrent Taxation and Federalism," *Publius: The Journal of Federalism*, Vol. 44 (2), 2014, pp.275—297. 也有加拿大学者探讨了合作联邦主义在本世纪的发展趋势。See Cameron, David, and Richard Simeon, "The Intergovernmental Relations in Canada: The Emergence of Collaborative Federalism," *Publius: The Journal of Federalism*, Vol. 32 (2), 2002, pp.49—71. 而也有美国学者坚决反对德国欧洲式的合作联邦主义,主张继续实行美国传统的二元联邦主义(Dual Federalism)。See Greve, Michael S., "Against Cooperative Federalism," *Mississippi Law Journal*, Vol. 70, 2000, pp.557—622. 最终的可能结果只能是,在坚持自己固有传统的前提下,借鉴对方的先进做法;而不可能一下子走到自己固有传统的反面。

第三章 我国中央与地方财政关系的演变历史

为了从财政维度为我国中央与地方关系的法治化提出思路,本章将对我国的中央与地方财政关系的演变历史进行研究。① 首先通过划分四个阶段的方式对其进行历史回溯,对新中国成立以来我国历史上出现过的各种财政权限划分方式予以描述。其次,对我国中央与地方财政关系演变所取得的历史经验予以总结,这些经验是我们进行相关制度建设的前提和基础。再次,从经济和政治两个方面对历史演变的动因予以分析。最后,将揭示尚存在的一些问题,以使我们提出的相关对策建议具有针对性。

一、历 史 回 溯

下文将我国中央与地方财政关系的演变划分为四个发展阶段来进行历史回溯,将对各个阶段的发展特征、重要制度和做法进行比较细致的梳理。

(一) 1949—1979 年——"两个积极性"的反复调试

毛泽东同志在 1956 年所作的《论十大关系》中指出,要发挥中央和地方两个积极性。② 而财政是中央与地方发挥积极性的重要领域。在这一阶段,财政权限在我国中央与地方之间变动频繁,故把该阶段的特征总结为"两个积极性"的反复调试。③ 在这一阶段,财政权限在中央与地方之间调整频

---

① 需要说明的是,我国习惯上将财政权限在不同层级政府之间的划分称作"财政管理体制"或"财政体制",为了叙述的方便,本研究在有些场合仍然延用这一做法。

② 毛泽东同志指出:"我们的国家这样大,人口这样多,情况这样复杂,有中央和地方两个积极性,比只有一个积极性好得多。我们不能像苏联那样,把什么都集中到中央,把地方卡得死死的,一点机动权也没有。"参见毛泽东:《论十大关系》,人民出版社 1976 年版,第 11 页。

③ 当然,这并不是说,在 1979 年以后的各个阶段,就不需要发挥中央与地方的两个积极性;作这种界定是因为考虑到毛泽东同志的伟大著作就发表在这一阶段,而且这一阶段我国中央与地方之间的财政权限划分确实变动频繁。

繁,其所体现的核心主线是中央集权①;而与之后的"分灶吃饭""分税制"财政体制有明显的不同。曾经实行的财政管理体制主要包括:"统收统支""分类分成""总额分成""固定比例留成"等。也试行过一些试点方案,例如:"增收分成、收支挂钩""比例包干"等。

1. 国民经济恢复时期

新中国成立初期,财政状况十分严峻②,在这种情况下,国家采取了"统收统支",即"收支两条线"的财政管理体制,统一管理收入,统一安排支出,即收入全部上缴中央,支出由中央统一分配,把财权集中在中央和大行政区③两级。县一级还没有建立独立的一级财政。④ 当时的财政体制是中央高度集权的做法,在特定的历史背景下,这一体制为应对抗美援朝战争、恢复国民经济作出了重大的贡献。这一阶段的主要制度规定有:

1949年9月29日中国人民政治协商会议第一届全体会议通过的《中国人民政治协商会议共同纲领》(下文简称《共同纲领》)第40条规定了财政方面的事项。具体为:关于财政:建立全国预算决算制度,划分中央和地方的财政范围,厉行精简节约,逐步平衡财政收支,积累国家生产资金。国家的税收政策:应以保障革命战争的供给、照顾生产的恢复和发展及国家建设的需要为原则,简化税制,实行合理负担。⑤ 作为宪法性文件,《共同纲领》明确规定了要划分中央和地方的财政范围。

1950年1月中央人民政府政务院发布了《关于统一全国税收⑥的决定》

---

① "反复调试""调整频繁"所体现出的基调是中央集权而不是地方分权。
② 当时,国家财政困难的主要原因有:(1)战争尚未结束。(2)对一切不愿抵抗和不愿投靠国民党反动派的军政公教人员采取一律包下来的政策。(3)国民经济经过抗日战争和解放战争,已是千疮百孔、山穷水尽。(4)多年战争使农林水利事业遭到极大的破坏,年久失修,而以1949年最为严重。同时,国家财政收入来源有限,税收制度没有来得及建立。此外,财政收支管理严重脱节。参见许飞青、冯羡云:《我国财政管理体制问题》,中国财政经济出版社1964年版,第22页。
③ 大行政区是指新中国成立初期在全国划分的华北、东北、西北、华东、中南、西南六大行政区。各大行政区设有中共中央的代表机关中央局。1949年10月中央人民政府成立后,除华北外,其他五个大行政区都设有大区一级行政机构。1952年11月,中央人民政府决定各大行政区行政机构一律改为行政委员会,作为中央人民政府的派出机关,不再是一级地方政府。1954年4月,中央政治局扩大会议决定撤销大区一级党政机构。
④ 参见宋新中主编:《中国财政体制改革研究》,中国财政经济出版社1992年版,第42页。
⑤ 参见财政部税务总局编:《中华人民共和国财政史料》(第4辑),中国财政经济出版社1987年版,第36页。
⑥ 税收是当时国家主要的财政收入之一,是全国恢复经济所需现金的最大来源。参见《陈云文选》(1949—1956),人民出版社1984年版,第65—66页。

的通令,同时公布了《全国税政实施要则》和《全国各级税务机关暂行组织规程》。①

《全国税政实施要则》共12条,规定全国征收14种税,即货物税、工商业税、盐税、关税、薪给报酬所得税(未开征)、存款利息所得税、印花税、遗产税(未开征)②、屠宰税、交易税、房产税、地产税、特种消费行为税、车船使用牌照税。其第5条特别对税收立法权的划分作了规定。③《全国各级税务机关暂行组织规程》第2条对全国各级税务机关的设置作了规定。④

1950年3月3日政务院第22次政务会议通过了《关于统一国家财政经济工作的决定》⑤。根据该决定,全国各地所收公粮,除地方附加粮外,全部归中央人民政府财政部统一调度使用。除批准征收的地方税以外,所有关税、盐税、货物税、工商税的一切收入,均归中央人民政府财政部统一调度使用。1950年3月政务院还发布了《关于统一管理1950年度财政收支的决定》⑥。这个决定的基本内容有三项,即统一全国财政收支管理,统一全国物资管理,统一全国现金管理。关于统一财政收支,重点在于统一财政收入,财政收入主要是公粮和城市税收。征收公粮的税则、税率,统一由中央

---

① 参见财政部税务总局编:《中华人民共和国财政史料》(第4辑),中国财政经济出版社1987年版,第46—49页。

② 值得注意的是,遗产税至今仍未开征。

③ 具体包括:(1)凡有关全国性的税收条例法令,均由中央人民政府政务院统一制定颁布实施,各地区应切实遵照执行,如有意见可建议中央考虑。在中央未修改前,不得自行修改或变更。(2)凡有关全国性之各种税收条例之施行细则,由中央税务机关(当时的中央税务机关是现国家税务总局的前身财政部税务总局)统一制定,经财政部批准执行。各区税务管理局得根据中央颁布之税法章则精神制定稽征办法,经大行政区财政部批准执行。(3)凡有关地方性税收之立法属于县范围者得由县人民政府拟议报请省人民政府核转大行政区人民政府或军政委员会批准,并报中央备案;其属于省(市)范围者,得由省(市)人民政府拟议报请大行政区人民政府或军政委员会核转中央批准。

④ 具体为:(1)中央财政部税务总局(直辖河北、平原、山西、察哈尔、绥远五省及北京、天津两市税务局)。(2)区税务管理局(分设华东、中南、东北、西北、西南、内蒙各局)。(3)省、盟或中央直辖市、区辖市税务局。(4)专区税务局及省辖市税务局。(5)县、旗、市、镇税务局。(6)税务所。此外,《全国各级税务机关暂行组织规程》对税务总局职掌的事项,税务总局各处室的设置,局长、副局长、室主任、处长、科长、秘书、检查专员、科员、助理员的人员编制等都作了规定;对区税务管理局、省税务局、专区税务局、省辖市税务局、县税务局、税务所的机构设置和人员编制也作了规定。

⑤ 参见财政部科学研究所编:《十年来财政资料汇编》(第1辑),财政出版社1959年版,第25—30页。

⑥ 1950年3月24日经政务院第25次政务会议通过,1950年4月1日发布,载《人民日报》1950年4月2日。

第三章 我国中央与地方财政关系的演变历史

人民政府政务院规定。城市征收的货物税、工商业税、盐税、关税等一切收入,均由中央人民政府财政部统一调度使用。税则、税目、税率,统一由财政部报请政务院决定施行。统一支出,主要是保证军队和各地人民政府的开支,保证恢复国民经济必须的开支。1950年财政工作的统一管理,使国家财政收支接近平衡;从而制止了通货膨胀,稳定了物价。①

经过一年之后,国家财政状况有了初步好转,地方上的一些困难需要适当予以解决。因此,在统一领导下,适当地把若干权责划归地方,有利于地方积极性的发挥,使中央的领导更加巩固。② 为此,1951年3月政务院《关于1951年度财政收支系统划分的决定》③指出,为了巩固财政工作的统一领导,并作到因地制宜,决定自1951年起,国家财政的收支系统,采取统一领导分级负责的方针,实行三级制,即中央级财政,大行政区级财政和省(市)财政。专署及县(市)的财政,列入省财政内。县(市)所属的乡村财政,单独编制预算,不列入省财政预算内。中央级财政称为中央财政,大行政区级以下财政统称为地方财政。对各级财政的支出和收入划分也作了规定。

1951年5月,政务院公布了《关于划分中央与地方在财政经济工作上的管理职权的决定》④,把适宜由地方管理的职权交给地方政府,以利于因地制宜。这些规定体现了即使在实行高度集中财政管理体制的时候,中央也没有忽视充分发挥地方积极性的重要作用。⑤

1951年的财政体制同1950年相比,由"收支两条线"改为收支挂钩,地方有了自身的收支范围,地方财政可以从本地区组织的收入中留用一部分

---

① 新华社:《一年来全国财政的统一》(1950年12月1日),载中国社会科学院、中央档案馆编:《中华人民共和国经济档案资料选编·财政卷(1949—1952)》,经济管理出版社1995年版,第253页。
② 参见《人民日报》社论:《统一领导、分级负责是财政工作的正确方针》,载《人民日报》1951年4月5日。
③ 参见财政部科学研究所编:《十年来财政资料汇编》(第1辑),财政出版社1959年版,第118—121页。
④ 参见财政部综合计划司编:《中华人民共和国财政史料》(第1辑),中国财政经济出版社1982年版,第51—52页。
⑤ 当时的《人民日报》社论认为:"中国如此之大,我们的国营企业又散处各地,中央财经各部门对于每一个企业中的人员状况怎能够一一了解呢?事实证明,这些工作除依靠地方外,是绝没有办法办好的。"《人民日报》社论:《论中央与地方财经工作职权的划分》,载《人民日报》1951年5月26日。

抵充自身的财政支出,这对调动地方的积极性有一定好处。不过,由于当时正在进行抗美援朝战争和"三反""五反"等重大社会改革,财政资金绝大部分仍需要集中在中央。①

在这一时期,国家也重视加强预算方面的制度建设。1951年7月20日由政务院第94次会议通过的《预算决算暂行条例》②规定:国家总预算、总决算由中央级预算、决算,大行政区总预算、总决算,中央直属自治区总预算、总决算,及中央直属省、市总预算、总决算组成。还对大行政区、中央直属自治区、省(行署)、中央及大行政区直属市、县(市)的总预算、总决算作了规定。还规定了各级政府在预算编制及核定、预算执行、决算编制及审定方面的权限划分。

2."一五"时期

自1953年起,新中国开始实行大规模经济建设的第一个"五年计划"。为了适应形势的变化,财政体制上的高度集中状况有所改变。最初,实行中央、大行政区和省三级财政,后又撤销了大行政区财政,增设县级财政,使财政体制变为中央、省、县三级,并且在划分中央地方收支上实行"分类分成"③的办法。这一阶段的主要制度规定有:

1953年《政务院关于编造1954年预算草案的指示》④指出,要在中央统一领导和计划下,实行财政的分级管理。其主要规定有:(1)国家预算,分为中央预算与地方预算,实行分级管理。大行政区预算为中央预算之组成部分。地方预算暂分为省(市)预算与县(市)预算,专区预算为省预算之组成部分。区乡预算为县预算之组成部分。(2)一切列入国家预算的收入,均为国家收入。应按收入的性质和各级人民政府收支的情况,分为中央与

---

① 参见《建国三十年来(1950—1980)财政管理体制演变概况》,载财政部综合计划司编:《中华人民共和国财政史料》(第1辑),中国财政经济出版社1982年版,第4页。

② 参见财政部科学研究所编:《十年来财政资料汇编》(第2辑),财政出版社1959年版,第342—350页。

③ "分类分成"的模式对以后我国财政体制改革具有重要的参考价值和实验价值。无论是1958年实行的"以收定支,五年不变"的体制,或是1980年实行的"划分收支,分级包干",即"分灶吃饭"的财政体制,还是1985年实行的"划分税种,核定收支,分级包干"的财政体制,都受到1954年"分类分成"模式的重要影响。参见宋新中主编:《中国财政体制改革研究》,中国财政经济出版社1992年版,第44页。

④ 参见财政部综合计划司编:《中华人民共和国财政史料》(第1辑),中国财政经济出版社1982年版,第68—70页。

地方的固定收入、固定比例分成收入与中央调剂收入。属于中央与地方固定比例分成收入的各税具体分成比例,由中央财政部按各地区收支情况分别规定。中央调剂收入的目的是用以补充某些地方收入的不足。每年调剂的具体比例,由中央财政部在核定地方预算时,按各地区收支情况分别核定。(3)所有各项预算支出,必须明确划归中央预算和地方预算。①

这一时期的财政管理体制是在保证国家集中主要财力进行重点建设的前提下,实行划分收支,分级管理的体制,地方有固定的收入来源和一定的机动财力,这有利于调动地方的积极性,在总体上是适应当时情况的。

3."大跃进"时期

1958年,我国进入了第二个"五年计划"时期。当时社会主义改造已经基本完成,经济建设有了很大发展。根据当时经济发展的客观情况,中央决定把一大批中央企业下放地方管理,对财政管理体制也随之进行了改革。②但由于"大跃进"的冲击,实行一年就改变了办法。同时,由于受"大跃进"总体思路的影响,不适当地下放了一些财政权限,使国家财政遭受了严重的挫折。这一阶段的主要制度规定有:

自1958年起施行的《关于改进财政管理体制的规定》③规定:(1)地方财政收入一般分为三类:① 地方固定收入,包括原有地方企业收入、地方事业收入,原已划给地方的7种税收及地方其他零星收入,全部划归地方。② 企业分成收入,凡属各省、直辖市用上述地方固定收入解决正常年度支出不足的,划给企业分成收入;企业分成收入就是将中央划归地方管理的企业和

---

① 国务院《关于编造1955年预算草案的指示》对1954年实行的财政管理体制有所调整。强调基于各级人民代表大会业已召开,要求各省认真建立和健全所属县、市预算,妥善划分县、市开支。参见财政部综合计划司编:《中华人民共和国财政史料》(第1辑),中国财政经济出版社1982年版,第80—81页。
② 参见《建国三十年来(1950—1980)财政管理体制演变概况》,载财政部综合计划司编:《中华人民共和国财政史料》(第1辑),中国财政经济出版社1982年版,第7页。
③ 由陈云起草,经国务院全体会议第61次会议通过,1957年11月14日第一届全国人民代表大会常务委员会第84次会议原则批准,自1958年起施行。引自《陈云文选》(1956—1985年),人民出版社1986年版,第90—93页。除了这一规定外,全国人民代表大会常务委员会还同时批准了国务院通过的关于改进工业管理和商业管理体制的规定。这三个规定的总的精神,是把一部分工业管理、商业管理和财政管理的权力,下放给地方行政机关和厂矿企业单位,以便进一步发挥地方的、企业的主动性和积极性。参见《人民日报》社论:《改进工业、商业和财政的管理体制》,载《人民日报》1957年11月18日。

虽然仍属中央管理但地方参与分成的企业利润的20%,分给企业所在的省、直辖市,作为地方收入。③调剂分成收入,凡属各省、直辖市用上述的地方固定收入和企业分成收入解决正常年度支出还不足的部分,再用不同比例的调剂收入来补足。(2)有的省、直辖市,如果地方固定收入已经超过了正常年度支出的,收入超过支出的金额,按一定比例上缴。有的省、直辖市,如果地方固定收入加上企业分成收入已经超过正常年度支出的,收入超过支出的余额,按一定的比例上缴。有的省、直辖市,除了地方固定收入和企业分成收入以外,将调剂收入的全部划给地方,仍然不够正常年度支出的,差额由中央另行拨款补助。(3)规定分成的计算方法和分成比例三年不变①。

这一财政管理体制的突出特征是"以收定支,五年不变",和过去的"以支定收,一年一变"具有根本区别。这样,在五年内,地方可以按照收入情况自行安排支出。

随着财政管理体制和工商业管理体制的改进,对税收管理体制也进行了相应地改进。1958年《国务院关于改进工商税收管理体制的规定》②的主要规定有:(1)把若干可以由地方负责管理的税收,交给地方管理。作为地方固定收入的印花税、利息所得税、屠宰税、牲畜交易税、城市房地产税、车船使用牌照税等7种税收,除了征收的税款完全划给地方以外,有关这些税收的管理权限,也同时交给地方掌握。地方在统一的征税条例的基础上,根据当地实际情况,有权对某些地区和某些项目采取减免税的措施;有权对征收地区、征收项目和税率作必要的调整。(2)把若干仍然由中央管理的税收,在一定范围内,给地方以机动管理的权限。作为调剂分成收入的商品流通税、货物税、营业税、所得税等4种税收,除了征收的税款按照一定的比例,由中央和地方实行分成以外,有关这些税收的管理权限,仍然基本上归中央集中掌握。但是对于这些税收,也允许地方在一定的范围内,根据实际情况,实行减免税或者加成征收。(3)允许地方制定单行法规,征收地区性

---

① 1958年4月11日发布了《关于地方财政的收支范围、收入项目和分成比例改为基本上固定五年不变的通知》指出,为了和国家的五年计划相适应,将原定地方财政的收支范围、收入项目和分成比例基本固定三年不变改为基本固定五年不变。参见《当代中国财政》编辑部:《中国社会主义财政史参考资料:1949—1985》,中国财政经济出版社1990年版,第285页。

② 1958年6月9日由全国人民代表大会常务委员会第97次会议批准。同上注,第289页。

第三章　我国中央与地方财政关系的演变历史

的税收。除了以上各种工商税收以外,省、自治区、直辖市人民委员会在认为有必要的时候,还可以对当地某些利润较大的土特产品和副业产品,制定单行税法,开征地区性的税收。这种单行税法,应当事先经过同级人民代表大会批准,或者事后经过同级人民代表大会追认,并且报国务院备案。

1958年的财政管理体制改革是一次比较大的改革,然而,虽然上文提到是"五年不变",但是只执行了一年,第二年就变了。1958年国务院《关于进一步改进财政管理体制和改进银行信贷管理体制的几项规定(草案修改稿)》①指出,进一步改进财政管理体制的基本内容为:收支下放,计划包干,地区调剂,总额分成,一年一变。具体内容为:(1)国家财政收入,除了少数仍然由中央直接管理的企业的收入和不便于按地区划分的收入以外,所有其他各种收入全部划为地方财政收入。不再划分地方固定收入、企业分成收入和调剂分成收入。(2)国家财政支出,除了保证中央各部门直接办理的少部分经济建设支出、中央级行政和文教支出、国防支出、援外和债务支出以外,所有其他各种支出,全部划为地方财政支出,不再区别地方正常支出和中央专案拨款支出。(3)根据年度国民经济计划和其他有关指标计算,收支相抵,收入大于支出的地方,多余的部分上解中央,收入小于支出的地方,不足的部分由中央给予补助;然后在此基础上,归省、自治区、直辖市包干使用。(4)地方上解中央的部分,除了少数用于中央的开支以外,主要用来补助经济落后地区、少数民族地区和收入少、建设项目多的地区的不足。(5)地方每年的财政收支指标、分成比例和补助数字,需要每年根据计划和有关指标重新计算确定,一年一变,不再实行原来规定的基本上固定五年不变的办法。

值得注意的是,这一阶段还进行了发行地方公债的尝试。1958年6月5日由全国人民代表大会常务委员会第97次会议通过的《中华人民共和国

---

① 为1958年9月24日经国务院全体会议第80次会议讨论通过的文件,已报全国人民代表大会常务委员会,后来因故未正式发文,但自1959年到1970年的财政体制,均按此规定的精神办理。参见财政部综合计划司编:《中华人民共和国财政史料》(第1辑),中国财政经济出版社1982年版,第119—121页。

地方经济建设公债条例》①规定,省、自治区、直辖市认为确有必要时,可以发行地方经济建设公债,由各该省、自治区、直辖市人民委员会统一办理。地方经济建设公债的发行,应当由省、自治区、直辖市人民委员会拟定具体办法,经本级人民代表大会通过后执行,并且报国务院备案。

4. 国民经济调整时期

面对"大跃进"给国民经济造成的损害,加之严重的自然灾害,1961年1月,中共中央决定对国民经济实行"调整、巩固、充实、提高"的方针。这个时期,财政上实行的是比较集中的体制,但不是新中国成立初期的高度集中和"一五"时期偏于集中体制的简单恢复,而是集权和分权处理得比较得当。这一阶段的主要制度规定有:

1961年1月20日《中共中央关于调整管理体制的若干暂行规定》②强调,财权必须集中,各级的预算收支必须平衡,不许有赤字预算。切实整顿预算外资金的收支。1961年1月15日,中共中央批转了财政部党组《关于改进财政体制,加强财政管理的报告》。③ 该报告强调财政管理的集中统一。主要内容有:要改进预算管理体制,适当紧缩预算外资金,加强预算管

---

① 参见《当代中国财政》编辑部:《中国社会主义财政史参考资料:1949—1985》,中国财政经济出版社1990年版,第288—289页。迄今为止,这是我国唯一的关于地方政府公债发行的法律层次的规定。在新中国成立初期,为了支援解放战争,迅速统一全国,以利安定民生,尽快恢复和发展国民经济,1949年12月2日中央人民政府委员会第4次会议通过了《中央人民政府委员会关于发行人民胜利折实公债的决定》。国务院还于1954年12月10日发布了《1955年国家经济建设公债条例》。参见财政部综合计划司编:《中华人民共和国财政史料》(第1辑),中国财政经济出版社1982年版,第5—6,137—138页。新中国成立初期,从1950年到1958年,先后发行过六次公债。1968年底已全部还清。原苏联援助借款本息总共14.06亿新卢布,1965年初提前全部还清。至此,我国成为既无内债又无外债的国家。参见蔡正:《毛主席的独立自主、自力更生伟大方针的胜利——欢呼我国成为一个既无内债又无外债的社会主义国家》,载《人民日报》1969年5月11日。直到1979年,我国恢复举借外债;1981年,根据《中华人民共和国国库券条例》(1981年1月16日国务院常务会议通过)的规定,我国开始发行国库券。国债从此成为中央政府取得财政收入的一种方式。

② 参见《当代中国财政》编辑部:《中国社会主义财政史参考资料:1949—1985》,中国财政经济出版社1990年版,第362—363页。

③ 参见财政部综合计划司编:《中华人民共和国财政史料》(第1辑),中国财政经济出版社1982年版,第132—133页。

理。国家财政应当基本上集中在中央、大区①和省、市、自治区三级,对各省、市、自治区,继续实行"收支下放、地区调剂、总额分成、一年一变"的办法。国家财政预算,从中央到地方实行上下一本账,坚持"全国一盘棋"。国务院《关于1963年预算管理制度的几项规定》和《关于1964年预算管理制度的几项规定》②对当时的财政收支作了一些调整。

1965年,随着国民经济的好转,在财政管理体制上又作了一些小的调整。1965年《财政工作纲要(草案稿)》③第七章"统一领导,分级管理"部分提到,财政工作必须根据统一领导,分级管理的原则,作到"大权独揽、小权分散""管而不死、活而不乱"。下列权限必须集中到中央:(1)一切财政收入,除国家规定的以外,必须纳入国家预算,不能坐支留用。(2)国家财政资金由中央统一分配,不能各自为政。(3)财政收支的项目和范围由中央统一规定,非经批准,不得自行扩大变更。(4)各项重大的财政规章制度由中央统一制定。国家财政原则上划分为中央、省(自治区、直辖市)、县(市)、乡四级。中央对省、自治区、直辖市一级财政的收支划分,采取"核定收支,总额分成,一年一定,结余留用"的办法。

5. "文化大革命"时期

由于受当时政治经济形势的影响,这个时期的财政体制,几乎是一年一个样子,只是应付局面,维持过日子而已。④ 这一阶段总体上实行的是"总额分成"的办法。1968年,国民经济状况恶化,为了保证地方政府的正常支出,不得不恢复新中国成立初期采用的"收支两条线",即"统收统支"的办法。之后,由于社会情况的混乱,财政体制实行过许多临时性的措施,1971—1973年实行过包干上缴或者包干补助的办法,1974年和1975年实行过"收入按固定比例留成,支出按指标包干,超收另定比例分成"的办法,1976年又实行了"收支挂钩,总额分成"的办法。这一阶段的主要制度规

---

① 是指协作区,和新中国成立初的大行政区不同。在"八大"二次会议后,决定把全国划分为东北、华北、华东、华南、华中、西南、西北七个协作区,要求各协作区尽快地分别建立大型工业骨干和经济中心,形成若干个具有比较完整的工业体系的经济区域。参见柳随年、吴群敢主编:《中国社会主义经济简史(1949—1983)》,黑龙江人民出版社1985年版,第226页。

② 参见《当代中国财政》编辑部:《中国社会主义财政史参考资料:1949—1985》,中国财政经济出版社1990年版,第415—416、462—463页。

③ 参见同上书,第482—483页。

④ 参见宋新中主编:《中国财政体制改革研究》,中国财政经济出版社1992年版,第48页。

定有:

财政部《关于1967年实行完全的总额分成办法的报告》[①]决定从1967年开始,取消地方固定收入的办法,在财政体制上实行完全的总额分成办法。同时,国务院《关于1967年实行完全的总额分成和地方企业的折旧基金不再上交财政的通知》[②]指出,1967年的财政体制将原来实行的"总额分成加小部分固定收入"的办法,改为完全的总额分成。从1967年起,凡属地方组织的收入,除去留给地方的城市房地产税以外,一律实行总额分成。

1970年国务院提出了《第四个五年计划发展纲要(草案)》,对经济体制调整提出了一个比较全面的设想。为了充分调动地方的积极性,中央决定把大部分企事业单位下放到地方管理。这次下放的企业比1958年还要多。与此相适应,财政管理体制也进行了比较大的改革。

1971年《财政收支包干试行方案》[③]提到,随着中央企业、事业单位的下放,要相应地扩大地方财政收支范围。国家财政收入和支出,除了中央部门直接管理的企业收入、关税收入和中央部门直接管理的基本建设、国防战备、对外援助、国家物资储备等支出以外,其余都划归地方财政。年度国家预算,根据中央的方针、政策和当年的国民经济计划讨论确定。地方预算收支,由省、市、自治区提出建议数字,经中央综合平衡,核定下达。中央核定的省、市、自治区预算收支总额,收入大于支出的,包干上缴中央财政;支出大于收入的,由中央财政按差额数包干给予贴补。同时强调加强预算外资金的管理。

针对实际运行中出现的各地收入不均衡问题,1972年财政部《关于改进财政收支包干办法的通知》[④]指出,地方财政向中央财政上缴一部分资金,主要用于地区之间的调剂。

---

① 这是财政部给国务院财贸办公室的报告。报告中所拟办法经国务院1967年2月16日通知执行。参见财政部综合计划司编:《中华人民共和国财政史料》(第1辑),中国财政经济出版社1982年版,第158—159页。

② 参见《当代中国财政》编辑部:《中国社会主义财政史参考资料:1949—1985》,中国财政经济出版社1990年版,第494页。

③ 于1971年3月1日由财政部通知试行。参见财政部综合计划司编:《中华人民共和国财政史料》(第1辑),中国财政经济出版社1982年版,第167—169页。

④ 参见注②,第510页。

第三章 我国中央与地方财政关系的演变历史

同年,财政部制定的《试行财政收入固定比例留成的办法(草稿)》①提到,从 1971 年开始,在全国试行了"定收定支、收支包干,保证上缴(或差额贴补),结余留用,一年一定"的财政收支包干办法。这一体制在实践运行中还存在一些问题,需要进行调整。因此从 1973 年开始,在华北地区和江苏省试行财政收入固定比例分成办法。留成比例确定后,固定三年不变。

由于"文化大革命"对国民经济的破坏,财政收入受到影响,地方的机动财力没有保障,财政收支包干办法难以执行下去。针对当时的情况,提出了"收入按固定比例留成,超收另定分成比例,支出按指标包干"的办法,1973 年先在华北、东北地区和江苏省试行,1974 年在全国推行。② 1973 年财政部《关于改进财政管理体制的意见(征求意见稿)》③提到,1971 年以来,对地方实行了财政收支包干办法。从 1974 年起,财政收入按固定比例给地方留成。留成的比例确定以后,固定三年不变。对收入超收的部分,另定超收分成比例。

为了解决固定比例留成体制存在的问题,1976 年财政部《关于财政管理体制问题的通知(草稿)》④指出,确定从 1976 年起,中央对各省、市、自治区实行"定收定支,收支挂钩,总额分成,一年一定"的财政管理体制。简称"收支挂钩,总额分成"。这一体制实际上就是 1959—1970 年实行的"总额分成,一年一变"的体制。

6. 试点时期

"文革"结束后的 1977—1979 年间,我国在财政管理体制方面进行了一些有益的探索,这些探索为后来进行的财政管理体制改革作了一些准备。

具体而言,财政部于 1978 年 2 月 12 日发布了《关于试行"增收分成,收

---

① 曾在全国计划会议上讨论,大家同意照此执行。参见财政部综合计划司编:《中华人民共和国财政史料》(第 1 辑),中国财政经济出版社 1982 年版,第 175—177 页。
② 参见《建国三十年来(1950—1980)财政管理体制演变概况》,载财政部综合计划司编:《中华人民共和国财政史料》(第 1 辑),中国财政经济出版社 1982 年版,第 16 页。
③ 该文件在全国计划会议上发给了各省、市、自治区,1974、1975 年两年,均实行这种财政体制。同上注,第 178—180 页。
④ 这一财政管理体制,在全国计划会议上进行讨论,会后,财政部于 1976 年 3 月 3 日以(76)财预字第 9 号文件请示国务院,根据国务院领导同志指示精神,用电话通知各省、市、自治区执行,未正式发文。同上注,第 187 页。

支挂钩"财政管理体制的具体办法》。① 根据该办法,1978年选择几个省、市试行"增收分成,收支挂钩"的财政管理体制。② 对于试行"增收分成,收支挂钩"财政体制的地区,分别确定增收分成比例。③ 地方当年的实际收入比上年增加的部分,即按这个比例分成,取得机动财力。1979年的财政体制,除江苏省仍实行"固定比例包干"的办法,广西、宁夏、内蒙古、新疆、西藏、青海、云南7个省、自治区实行民族自治地方的财政体制外,其余21个省、市实行"收支挂钩,超收分成"的办法。④

1977年开始对江苏试行"比例包干"的办法⑤,即根据江苏省历史上地方财政支出占收入的比例,确定一个收入上缴、留用的比例,一定四年。上缴国家的部分由国家安排;留给地方的部分,由地方根据中央的方针和省的实际情况统筹安排。⑥

1979年中共中央、国务院原则同意广东省委和福建省委的报告。考虑到广东、福建两省靠近港澳,具有加快经济发展的许多有利条件,中央决定,对两省对外经济活动实行特殊政策和灵活措施,给地方以更多的主动权。根据两省建议,对两省的经济管理体制实行中央统一领导下的大包干办法。⑦

---

① 1978年2月17日(78)财预字第10号。
② 对于不试行上述体制的地区,除江苏省继续试行"比例包干,几年不变"的办法外,西藏、宁夏、新疆、内蒙、广西五个少数民族自治区和云南、青海两省,试行国务院1963年批转财政部、民族事务委员会提出的民族自治地方财政体制,其余省、市,1978年一律实行现行的"定收定支,收支挂钩,总额分成,一年一定"的办法。
③ 1978年有10个地区实行这种财政体制,它们的增收分成比例分别是:陕西省75%,甘肃省70%,湖南省55%,浙江省55%,江西省70%,福建省75%,山东省40%,北京市40%,吉林省70%,黑龙江省45%。参见财政部综合计划司编:《中华人民共和国财政史料》(第1辑),中国财政经济出版社1982年版,第191页。
④ 财政部《关于1979年国家财政预算编审工作的通知》(1979年11月24日,(79)财预字第116号)。
⑤ 参见《国家计委印发〈关于改革江苏省财政、物资管理体制问题的讨论纪要〉的通知》(1976年12月28日,(76)计计字340号)。
⑥ 1978年又对财政包干作了调整,即适当缩小财政包干范围。参见国家计委、财政部、国家物资总局《关于调整江苏省财政包干范围和财政收入留缴比例的通知》(1978年1月31日,(1978)计计字65号。
⑦ 参见《中共中央、国务院批转广东省委、福建省委关于对外经济活动实行特殊政策和灵活措施的两个报告》(1979年7月15日,中发[1979]50号)。

（二）1980—1991年——"分灶吃饭"的改革脉络

在经济体制改革的宏观背景下，旧有的财政管理体制已经不适应经济社会发展的要求。因此，从1980年我国开始了"分灶吃饭"的财政管理体制改革。正如当时的财政部长所讲的，"由'一灶吃饭'改为'分灶吃饭'，过去全国财政基本是一个灶，这次改为分灶吃饭，分为中央一个灶，地方二十九个灶，打破了过去那种统收统支或者统收不统支、吃大锅饭的局面"。[①] "分灶吃饭"的改革主要经历了1980、1985、1988年三次大的调整。这些改革的共同目标是：在划分收支的基础上，分级包干，自求平衡。主要是解决中央集权和地方分权的问题。[②] 从整体上看，改革后的体制虽已具备了分级财政体制的明显特征，但还没有完全突破传统体制的基本构造。因此，财政包干制还不是一种完备的体制类型，而是一种过渡性的体制。[③] 具体的模式包括：

1. 1980年的四种模式

十一届三中全会之后，我国开始了经济体制改革。1979年政府采取了调整部分职工工资、提高农副产品收购价格、减免一部分农业税收、试行企业基金制以及安置和扩大就业等一系列与增支减收有关的措施，从而使得预算内收入锐减[④]，造成了前所未有的巨额赤字。[⑤] 在这种情况下，各地纷纷向中央求援，深化财政体制改革迫在眉睫。于是，"分灶吃饭"便由试点转向全面推行。从这个意义上讲，由"一灶吃饭"转向"分灶吃饭"是深化财政体制改革的自然逻辑和客观要求。[⑥]

1980年2月，国务院发布了《关于实行"划分收支、分级包干"的财政管

---

① 参见王丙乾：《在国务院各部委财务局局长座谈会上的讲话》（1980年1月7日），载《当代中国财政》编辑部：《中国社会主义财政史参考资料：1949—1985》，中国财政经济出版社1990年版，第581页。
② 参见《财政》评论员：《实行"划分收支、分级包干"办法，搞好财政管理体制的改革》，载《财政》1980年第12期。
③ 参见寇铁军：《中央与地方财政关系研究》，东北财经大学出版社1996年版，第149—150页。
④ 参见宋新中：《中国财政体制改革研究》，中国财政经济出版社1992年版，第64页。
⑤ 参见《中国统计摘要》（1992），中国统计出版社1992年版，第34—35页。
⑥ 参见寇铁军：《中央与地方财政关系研究》，东北财经大学出版社1996年版，第150页。

理体制的暂行规定》①,决定从 1980 年起实行财政管理体制改革。改革的基本内容是:从 1980 年初起,除北京、天津、上海三个直辖市继续实行"收支挂钩,总额分成,一年一定"的财政体制以外,对各省、自治区统一实行"划分收支,分级包干"的财政体制,并在此前提下,对于不同地区,根据具体情况,采取了不同的做法。

具体而言,有以下四种模式②:(1) 对广东、福建两省实行"划分收支、定额上缴或定额补助"的特殊照顾办法。以 1979 年这两个省的财政收支决算数为基数,确定一个上缴或补助的数额,一定五年不变。执行中收入增加或支出结余全部留归地方使用。具体而言,对广东省实行"划分收支,定额上缴"的包干办法,对福建省实行"划分收支,定额补助"的包干办法。(2) 对四川、陕西、甘肃、河南、湖北、湖南、安徽、江西、山东、山西、河北、辽宁、黑龙江、吉林、浙江等省实行"划分收支,分级包干"的办法。分成比例和补助数额确定以后,五年不变。在包干的五年当中,地方多收了可以多支。(3) 对江苏省继续试行固定比例包干的办法。江苏省从 1977 年起就试行固定比例包干的财政管理体制。即根据江苏省历史上地方财政支出占收入的比例,确定一个上缴、留用的比例,一定四年不变。由于当时财政收支平衡情况较紧,1977 年暂定上缴 58%,留用 42%,1978—1980 年平均每年上缴 57%,留用 43%。1980 年以后改为上缴 61%,留用 39%。(4) 对内蒙古、新疆、西藏、宁夏、广西 5 个自治区和云南、青海、贵州少数民族人口比较多的 3 个省,仍实行民族自治的地方财政体制,保留原来对民族自治地区的特殊照顾。

值得注意的是,1982 年 12 月 4 日国务院下发了《关于改进"划分收支、分级包干"财政管理体制的通知》③。根据该通知,从 1983 年起,除广东、福建两省外,对其他省、自治区一律实行收入按固定比例总额分成的包干办法。

2. 1985 年的"划分税种"模式

按照原定计划,从 1980 年开始实行的的财政管理体制 1984 年已经到

---

① 参见《当代中国财政》编辑部:《中国社会主义财政史参考资料:1949—1985》,中国财政经济出版社 1990 年版,第 588—589 页。
② 参见项怀诚、姜维壮主编:《中国改革全书(1978—1991):财政体制改革卷》,大连出版社 1992 年版,第 7—9 页。
③ 参见《当代中国财政》编辑部:《中国社会主义财政史参考资料:1949—1985》,中国财政经济出版社 1990 年版,第 738—739 页。

第三章 我国中央与地方财政关系的演变历史

期。同时,从 1984 年第四季度开始,我国实行了国营企业第二步利改税①,对财政管理体制也作出了相应的调整。

1985 年 3 月国务院通过了《关于实行"划分税种、核定收支、分级包干"财政管理体制的规定》。② 根据该规定,从 1985 年起,对各省、自治区、直辖市一律实行"划分税种、核定收支、分级包干"的新的财政管理体制。其基本原则是:继续坚持"统一领导,分级管理"的原则,进一步明确各级财政的权力和责任,充分发挥中央和地方两个积极性。新财政管理体制的主要内容是:(1) 基本上按照第二步利改税以后的税种设置,划分各级财政收入:中央财政固定收入、地方财政固定收入、中央和地方财政共享收入。(2) 中央财政支出和地方财政支出,仍按隶属关系划分。(3) 各省、自治区、直辖市都要按照规定划分财政收支范围,凡地方固定收入大于地方支出的,定额上解中央;地方固定收入小于地方支出的,从中央、地方共享收入中确定一个分成比例,留给地方;地方固定收入和中央、地方共享收入全部留给地方,还不足其支出的,由中央定额补助。收入的分成比例或上解、补助的数额确定以后,一定五年不变。地方多收入可以多支出,少收入就要少支出,自求收支平衡。(4) 广东、福建两省继续实行财政大包干办法。

3. 1988 年"大包干"的六种模式

中央原来曾设想,在第二个包干期满后改革财政管理体制,即在合理划分中央与地方财政收支范围的前提下,实行分税制。但是,当时各项配套改革还没有到位,推行分税制的条件尚不成熟,有必要继续完善承包制。为此,根据发布的《关于地方实行财政包干办法的决定》③,从 1988 年到 1990 年期间,在原定财政体制的基础上,对包干办法作了一些改进。全国 39 个省、自治区、直辖市和计划单列市,除广州、西安两市财政关系仍分别与广东、陕西两省联系外,对其余 37 个地区分别实行不同形式的包干办法,共有

---

① 在对国营企业征收所得税和调节税(通常称为"第一步利改税")的基础上,我国进行了所谓"第二步利改税",即将当时的工商税按照纳税对象,划分为产品税、增值税、盐税和营业税;将第一步利改税设置的所得税和调节税加以改进;增加资源税、城市维护建设税、房产税、土地使用税和车船使用税。参见《国营企业第二步利改税试行办法》(1984 年 9 月 18 日国务院批转财政部发布)。

② 参见《当代中国财政》编辑部:《中国社会主义财政史参考资料:1949—1985》,中国财政经济出版社 1990 年版,第 862—863 页。

③ 国发[1988]50 号。

六种模式:(1)"收入递增包干"模式。实行这种办法的地区有 10 个,包括北京市、河北省、辽宁省(不包括沈阳市和大连市)、沈阳市、哈尔滨市、江苏省、浙江省(不包括宁波市)、宁波市、河南省和重庆市。(2)"总额分成"模式。实行这种办法的有天津市、山西省和安徽省。(3)"总额分成加增长分成"模式。大连市、青岛市和武汉市实行这种模式。(4)"上解额递增包干"模式。广东省和湖南省实行这种模式。(5)"定额上解"模式。上海市、山东省和黑龙江省实行这种模式。(6)"定额补助"模式。有 16 个地区实行这一模式,包括吉林省、江西省、陕西省、甘肃省、福建省、内蒙古自治区、广西壮族自治区、西藏自治区、宁夏回族自治区、新疆维吾尔自治区、贵州省、云南省、青海省和海南省。此外,湖北省、四川省划出武汉、重庆两市后,由上解省变为补助省,其支出大于收入的差额,分别由武汉市、重庆市从其收入中上缴本省一部分,作为中央对地方的补助。

值得注意的是,在这一阶段,国家也加强了对预算管理权限的配置。1991 年国务院制定了《国家预算管理条例》。[①] 该条例规定,国家预算管理,实行统一领导、分级管理、权责结合的原则。国家设立中央、省(自治区、直辖市)、设区的市(自治州)、县(自治县、不设区的市、市辖区、旗)、乡(民族乡、镇)五级预算。

(三) 1992—1994 年——分税制的确立

在实行社会主义市场经济体制的新形势下,"分灶吃饭"的财政包干体制对经济体制的适应空间已经极为有限[②],需要在原有制度基础上进行制度

[①] 1991 年 9 月 6 日经国务院第 90 次常务会议通过,国务院令第 90 号发布。

[②] 当时财政体制存在的主要弊端有:(1) 按企业隶属关系划分财政收支范围,强化了地方利益机制,从而助长了地区经济封锁,加剧了盲目建设和重复建设,不利于全国统一市场的形成。(2) 国家财力分散,中央财政收入所占比例逐年下降。财政包干体制使得中央与地方之间的财政分配格局僵化,中央财政收入在整个财政收入增量中所占份额越来越小,占全部财政收入的比重也不断下降。这种状况严重弱化了中央的宏观调控能力。(3) 中央财政与地方财政之间的财政权限划分缺乏规范性。财政包干体制种类较多,在包干形式、收支基数的确定和上解、补助数额等方面,往往需要反复协商和讨价还价。同时,不规范的财政权限划分使得地方政府无法产生稳定预期,造成地方政府的短期行为。(4) 改革过程中采用的基数法在保证地方既得利益的同时,拉大了地区间差距。参见张弘力:《改革财政管理体制,推动社会经济发展》,载《中国财政年鉴》(1999),中国财政杂志社 1999 年版,第 287 页;肖捷:《新中国财政体制改革五十年》,载《中国财政年鉴》(2000),中国财政杂志社 2000 年版,第 306 页。

第三章　我国中央与地方财政关系的演变历史

创新以应对新经济体制的要求。

1. 1992 年的试点

1992 年,经国务院批准同意,浙江省、辽宁省、新疆维吾尔自治区、天津市、武汉市、青岛市、大连市、沈阳市和重庆市进行了分税制财政体制改革试点。分税制财政体制试点的主要内容有①:(1)将各种收入划分为中央财政固定收入、地方财政固定收入、中央和地方财政共享收入。(2)将支出划分为中央财政支出、地方财政支出、由中央掌管的专项支出。(3)对试点地区,按照上述划定的收支范围进行计算。凡地方财政固定收入加上分享收入大于地方财政支出基数的部分,一律按 5% 的比例递增包干上解;凡地方财政固定收入加上分享收入小于地方财政支出基数的部分,由中央财政给予定额补助,对少数民族地区,给予适当照顾。(4)对原实行固定比例分成部分和专项收入,继续执行原办法。外贸企业出口退税由中央和地方共同负担,其中由中央负担 80%,地方负担 20%。

2. 1994 年的正式改革

基于 1992 年在部分地区的试点经验,1993 年 12 月 15 日国务院发布了《关于实行分税制财政管理体制的决定》②,决定从 1994 年 1 月 1 日起在全国范围内改革财政包干体制,实行分税制财政管理体制。这次财税体制改革是新中国成立以来改革力度最大、范围最广、影响最为深远的一次财政制度创新。基本上建立起了适应社会主义市场经济发展要求的财政管理体制框架。

分税制财政管理体制改革的主要内容包括:(1)中央与地方的事权和支出划分。中央财政主要承担国家安全、外交和中央国家机关运转所需的经费,调整国民经济结构、协调地区发展、实施宏观调控所必须的支出以及由中央直接管理的事业发展支出。地方财政主要承担本地区政权机关运转所需支出以及本地区经济、事业发展所需支出。(2)中央与地方的收入划分。按税种划分中央收入和地方收入。将维护国家权益、实施宏观调控所必须的税种划分为中央税;将同经济发展直接相关的主要税种划分为中央与地方共享税;将适合地方征管的税种划分为地方税。分设中央与地方两

---

① 《关于实行"分税制"财政体制试点办法》(1992 年 6 月 5 日财政部发布)。
② 国发[1993]85 号。

套税务机构,中央税务机构征中央税和中央与地方共享税,地方税务机构征收地方税。(3)为了保持地方既得利益,顺利推进改革,实行税收返还制度。同时,逐步实行比较规范的中央财政对地方的转移支付制度。

值得注意的是,在确立分税制财政管理体制的同时,我国对中央与地方间预算管理职权的划分也作了重新安排。在1991年10月21日国务院发布的《国家预算管理条例》的基础上,我国于1994年制定了《中华人民共和国预算法》(下文简称《预算法》)①。该法将预算收入划分为中央预算收入、地方预算收入、中央和地方预算共享收入。将预算支出划分为中央预算支出和地方预算支出。同时规定,中央预算与地方预算有关收入和支出项目的划分、地方向中央上解收入、中央对地方返还或者给予补助的具体办法,由国务院规定,报全国人民代表大会常务委员会备案。《预算法》还规定,国家实行一级政府一级预算,设立中央,省、自治区、直辖市,设区的市、自治州,县、自治县、不设区的市、市辖区,乡、民族乡、镇五级预算。对中央和地方预算的编制、审查和批准、执行、调整、决算等都作了规定。

(四) 1995年至今——分税制的调整

从1995年至今,我国对分税制财政管理体制作了进一步的调整,以符合新的社会经济形势对中央与地方财政分权的要求。主要的调整措施有如下一些:

从1997年1月1日起,将中央与地方共享收入中的证券交易印花税的分享比例由原来中央与地方各分享50%,调整为中央分享80%,地方分享20%,后又调整为中央分享88%,地方分享12%。自2000年10月1日起,又将分享比例调整为中央分享91%,地方分享9%,并将分三年把分享比例调整到中央分享97%,地方分享3%。②

从1999年1月1日起,为了严格控制土地使用,对国有土地有偿使用收入分配作了必要调整,规定今后新增的国有土地有偿使用费应当全部用

---

① 由第八届全国人民代表大会第二次会议于1994年3月22日通过,自1995年1月1日起执行。中华人民共和国主席令第21号发布。
② 参见《国务院关于调整证券交易印花税中央与地方分享比例的通知》(2000年9月29日)。

于耕地开发,30%由中央安排,70%由地方政府安排。① 财政部、国土资源部和中国人民银行于2006年发布的《关于调整新增建设用地土地有偿使用费政策等问题的通知》②再次确认了上述收入划分比例。

从2002年1月1日起,将按企业隶属关系划分中央和地方所得税收入的办法改为中央和地方按统一比例分享。根据《国务院所得税收入分享改革方案》③的规定,除铁路运输、国家邮政、中国工商银行、中国农业银行、中国银行、中国建设银行、国家开发银行、中国农业发展银行、中国进出口银行以及海洋石油天然气企业缴纳的所得税继续作为中央收入外,其他企业所得税和个人所得税收入由中央与地方按比例分享。2002年所得税收入中中央分享50%,地方分享50%;2003年所得税收入中央分享60%,地方分享40%。国务院决定自2004年起,中央与地方所得税收入分享比例继续按中央分享60%,地方分享40%执行。④ 同时规定,中央财政因所得税分享改革增加的收入全部用于对地方(主要是中西部地区)的转移支付。同时,1995年开始实行的"过渡期转移支付"停止执行,更名为"一般性转移支付"。将原来的"一般性转移支付"改为"财力性转移支付"。2009年,将原"财力性转移支付"改为"一般性转移支付"⑤,将原"一般性转移支付"更名为"均衡性转移支付"。⑥

改革出口退税负担机制,建立中央和地方共同负担出口退税的新机

---

① 参见《新增建设用地土地有偿使用费收缴使用管理办法》(财综字[1999]117号)。该办法已废止。
② 参见财综字[2006]48号。
③ 国发[2001]37号。
④ 国务院决定自2004年起,中央与地方所得税收入分享比例继续按中央分享60%,地方分享40%执行。参见《国务院关于明确中央与地方所得税收入分享比例的通知》(国发[2003]26号)。
⑤ 除了均衡性转移支付,目前的一般性转移支付包括:民族地区转移支付、调整工资转移支付、农村税费改革转移支付、资源枯竭城市转移支付、成品油税费改革转移支付、定额补助(原体制补助)、企事业单位划转补助、结算财力补助、工商部门停征两费转移支付、基层公检法司转移支付、义务教育转移支付、基本养老金和低保转移支付、新型农村合作医疗等转移支付、村级公益事业奖等转移支付。参见财政部:《税收返还和转移支付制度》,载 http://www.mof.gov.cn/zhuantihuigu/czjbqk2011/cztz2011/201208/t20120831_679750.html,2014年9月20日访问。
⑥ 参见李萍主编:《财政体制简明图解》,中国财政经济出版社2010年版,第58页;楼继伟:《中国政府间财政关系再思考》,中国财政经济出版社2013年版,第99—107页。

制。① 从 2004 年起,以 2003 年出口退税实退指标为基数,对超基数部分的应退税额,由中央和地方按 75∶25 的比例共同负担。自 2005 年 1 月 1 日起调整中央与地方出口退税分担比例。国务院批准核定的各地出口退税基数不变,超基数部分中央与地方按照 92.5∶7.5 的比例共同负担。②

根据《财政部关于调整彩票公益金分配政策的通知》③,经国务院批准,从 2005 年起,对彩票公益金分配政策作如下调整:彩票公益金在中央与地方之间,按 50∶50 的比例分配;中央集中的彩票公益金,在社会保障基金、专项公益金、民政部和国家体育总局之间,按 60%、30%、5% 和 5% 的比例分配;地方留成的彩票公益金,将福利彩票和体育彩票分开核算,坚持按彩票发行宗旨使用,由省级人民政府财政部门商民政、体育部门研究确定分配原则。

2008 年进行了成品油价格和税费改革,在取消公路养路费、航道养护费、公路运输管理费、公路客货运附加费、水路运输管理费、水运客货运附加费等六项收费的同时,开征成品油消费税。该税为中央税。新增收入由中央财政通过财政转移支付方式分配给地方。④ 同时,和所得税分享改革类似,为保证既得利益,中央政府对地方政府进行税收返还。

值得注意的是,在中央与省级政府间财政关系趋向规范化的同时,我国省级以下分税制财政管理的完善也提上了议事日程。早在 1996 年,财政部就发布了《关于完善省以下分税制财政管理体制的意见》。2002 年财政部又发布了《关于完善省以下财政管理体制有关问题的意见》。⑤ 该意见并没有具体规定我国省级以下财政管理体制,而是结合近年来我国省级以下财政管理体制运行的实际情况,对完善省级以下财政管理体制提出了宏观指导意见,具体的制度由各省级政府自己制定。

此外,各地还开始试点"省直管县"财政体制改革。2009 年中央一号文

---

① 参见《国务院关于改革现行出口退税机制的决定》(国发[2003]24 号)、《国务院关于完善中央与地方出口退税负担机制的通知》(国发[2005]25 号)。
② 值得注意的是,新的负担机制在实践运行中仍存在许多问题。例如:地方财政压力加大;各地负担不均;地方负担部分在地方各级政府间层层下划,导致出口退税款支付不足;地方保护主义等。对于出口退税的负担机制还有待继续探索。
③ 财综函[2006]7 号。
④ 参见《国务院关于实施成品油价格和税费改革的通知》(国发[2008]37 号)。
⑤ 参见《国务院批转财政部关于完善省以下财政管理体制有关问题的意见的通知》(国发[2002]26 号)。

件《中共中央国务院关于2009年促进农业稳定发展农民持续增收的若干意见》指出,要"推进'省直管县'财政管理方式改革,充实内容和形式,加强县(市)财政管理。"据此,财政部于2009年6月发布了《关于推进省直接管理县财政改革的意见》,明确提出进一步推进省直接管理县财政改革。改革的主要内容是:在政府间收支划分、转移支付、资金往来、预决算、年终结算等方面,省财政与市、县财政直接联系,开展相关业务工作。①

二、经验总结

新中国成立至今六十多年来,我国在处理中央与地方财政关系方面积累了不少有益的经验,在上文对各个阶段的发展特征、重要制度和做法进行历史回溯的基础上,对这些经验予以总结、提炼,将有助于我国相关制度的进一步发展完善。在这里,我们以法治化的标准来衡量过去中央与地方财政关系的演变历史,或许可以得出一些有益的启示:

(一) 制度化思路逐步形成

从上文的详细描述可以看出,中央与地方财政关系的法治化与整个国家治理模式的法治化紧密相关。改革开放之前,我国在治理模式的选择上基本上是人治模式,不重视对法律规则的遵守与坚持,强调灵活性与机动性,强调因地制宜。② 尽管如此,建国初期国家还是很重视中央与地方财政关系的制度化调整。在这方面的相关重要制度建设成就主要包括:1949年通过的宪法性文件《共同纲领》中有关于划分中央与地方的财政范围的规定;1950年制定的《全国税政实施要则》和《全国各级税务机关暂行组织规程》对各级政府税收立法权限的划分和各级税务机关之间的职责划分作了规定;1958年的《国务院关于改进工商税收管理体制的规定》提到了省、自治区、直辖市人民委员会可以在必要时"制定单行税法,开征地区性的税收";1951年根据《共同纲领》的规定制定了《预算决算暂行条例》,对财政预

---

① 参见谢旭人主编:《中国财政60年》(下卷),经济科学出版社2009年版,第636—638页。
② 值得注意的是,这些选择在特定的历史背景下具有其合理性。下文在"动因分析"部分还将予以深入分析。

算权限的划分进行了规定。尽管相关制度并没有得到很好的执行,但如果仅仅从形式方面进行判断,那么这些制度建设还是具有很高水平的。即使在今天,我国现行《宪法》也没有像《共同纲领》那样明确提出要划分中央与地方的财政范围;对于地方税收立法权的赋予目前也没有类似的尝试。此外,在财政管理体制的频繁变动中,尽管很长时期实行的是"总额分成"体制,但是,从1953年的"分类分成"体制、1958年《关于改进财政管理体制的规定》提出的"以收定支、五年不变"①的体制、1980年的"划分收支、分级包干"体制、1985年的"划分税种、核定收支、分级包干"体制中,我们还是会看到一些"分税制"财政体制的影子和线索。前人的这些探索为日后的分税制财政体制改革提供了宝贵的经验和启示。

尽管取得了如上成就,但中央与地方财政关系的制度化还是受制于当时的政治形势、经济体制的限制,而没有得到真正的发展。随着社会主义市场经济体制改革目标的确立,中央与地方财政关系的制度化思路终于开始出现,并显示出法治化的可能性,为未来全面实现我国中央与地方财政关系的法治化打下了比较坚实的基础。这一时期相关制度建设的重要成就主要包括②:(1) 1993年国务院发布的《关于实行分税制财政管理体制的决定》奠定了我国目前政府间财政关系的制度框架;(2) 2002年的所得税收入分享体制改革建立起了均衡性转移支付资金稳定增长的长效机制。

1992年,我国确立了建立社会主义市场经济体制的目标。这样,各方面的建设遂逐步考虑和市场经济的要求相契合,中央与地方财政关系领域也不例外。在新中国成立以来各种成功经验和失败教训的基础上,我国在中央与地方财政关系领域进行了重大改革,由分税制替代了原先实行的财政承包制。1993年12月15日国务院发布了《关于实行分税制财政管理体制的决定》。尽管在此之后,国家对分税制财政管理体制也进行了若干调整,但是该决定所规定的中央与地方财政关系框架在实行了十多年之后,并没有发生根本性的变化。终于使我国的中央与地方财政关系得以制度化,告别了过去"一年一变"或"几年一变"的变动不定的局面。这在我国中央

---

① 尽管只实行了1年。
② 值得指出的,相关文件的效力层级并不高,都是由国务院作出的。对这一问题,下文还会有所讨论。

与地方财政关系制度建设史上是绝无仅有的,具有里程碑式的意义。① 应该说,在我国所处的这样一个制度变迁相当频繁的转型阶段,这是一个相当了不起的成就。和原先的财政承包制相比,新的制度安排在稳定性、透明度、可预期性等方面都有了显著的进步。② 在这一财政体制下,形成了中央与地方财政收入稳定增长的机制。全国财政收入在1999年突破了1万亿元,在2003、2005年又相继突破2万亿和3万亿元,2008年则超过了6万亿元。③ 2010年则突破了8万亿元。2011年突破10万亿元。④ 和改革前相比,当初提出的重要改革目标,即提高"两个比重"⑤,也逐步得到了实现(见表1、表2、图1、图2)。国家财政收入占国内生产总值的比重自1994年以来一直在增长,2007年超过20%。中央财政收入在国家财政收入中所占的比重在1994年就达到了55.7%,而改革前的1993年为22.0%,1994年之后的大部分年份都保持在50%以上。⑥

表1 国家财政收入占国内生产总值的比重

年份	财政收入		GDP	两者占比(%)	
	一般预算收入	考虑其他收入		一般预算收入占比	考虑其他收入占比
1952	173.94		679.0	25.6	
1953	213.24		824.0	25.9	
1954	245.17		859.0	28.5	

---

① 有学者甚至指出,理解今天中国治理问题的起点不只是三十年前的十一届三中全会,更重要的是十五年前的分税制改革。参见周飞舟:《以利为利:财政关系与地方政府行为》,上海三联书店2012年版,第50页。该学者还认为,虽然带来了土地财政的后果,但与财政包干制相比,分税制无疑都是一个理性化的制度变革,这一改革建立了中央与地方财政关系的稳定互动框架。参见孙秀林、周飞舟:《土地财政与分税制——一个实证解释》,载《中国社会科学》2013年第4期。而现任财政部长楼继伟则认为"1994年的改革是一个奇迹"。参见楼继伟:《中国政府间财政关系再思考》,中国财政经济出版社2013年版,第130页。
② 分税制改革也受到关注我国财政分权问题的国外学者的积极评价。See Bahl, Roy, *Fiscal Policy in China: Taxation and Intergovernmental Fiscal Relations*, The 1990 Institute, 1999, pp.1—2.
③ 参见《中国财政年鉴2011》,中国财政杂志社2011年版,第449页。
④ 参见《2010年全国公共财政收入决算表》、《2011年全国公共财政收入决算表》。
⑤ "两个比重"是指财政收入占国内生产总值的百分比和中央财政收入占全国财政收入的百分比。
⑥ 值得注意的是,上述比例是按照一般预算收入计算的。在考虑了政府性基金等收入后,相关的比例会发生变化。详见正文表1、2。

(续表)

年份	财政收入		GDP	两者占比(%)	
	一般预算收入	考虑其他收入		一般预算收入占比	考虑其他收入占比
1955	249.27		910.0	27.4	
1956	280.19		1028.0	27.3	
1957	303.2		1068.0	28.4	
1958	379.62		1307.0	29.0	
1959	487.12		1439.0	33.9	
1960	572.29		1457.0	39.3	
1961	356.06		1220.0	29.2	
1962	313.55		1149.3	27.3	
1963	342.25		1233.3	27.8	
1964	399.54		1454.0	27.5	
1965	473.32		1716.1	27.6	
1966	558.71		1868.0	29.9	
1967	419.36		1773.9	23.6	
1968	361.25		1723.1	21.0	
1969	526.76		1937.9	27.2	
1970	662.9		2252.7	29.4	
1971	744.73		2426.4	30.7	
1972	766.56		2518.1	30.4	
1973	809.67		2720.9	29.8	
1974	783.14		2789.9	28.1	
1975	815.61		2997.3	27.2	
1976	776.58		2943.7	26.4	
1977	874.46		3201.9	27.3	
1978	1132.26		3645.2	31.1	
1979	1146.38		4062.6	28.2	
1980	1159.93		4545.6	25.5	
1981	1175.79		4891.6	24.0	
1982	1212.33	2015.07	5323.4	22.8	37.9
1983	1366.95	2334.63	5962.7	22.9	39.2
1984	1642.86	2831.34	7208.1	22.8	39.3
1985	2004.82	3534.85	9016.0	22.2	39.2
1986	2122.01	3859.32	10275.2	20.7	37.6
1987	2199.35	4228.15	12058.6	18.2	35.1
1988	2357.24	4718.01	15042.8	15.7	31.4
1989	2664.9	5323.73	16992.3	15.7	31.3

(续表)

年份	财政收入		GDP	两者占比(%)	
	一般预算收入	考虑其他收入		一般预算收入占比	考虑其他收入占比
1990	2937.1	5645.74	18667.8	15.7	30.2
1991	3149.48	6392.78	21781.5	14.5	29.3
1992	3483.37	7338.29	26923.5	12.9	27.3
1993	4348.95	5781.49	35333.9	12.3	16.4
1994	5218.1	7080.63	48197.9	10.8	14.7
1995	6242.2	8648.7	60793.7	10.3	14.2
1996	7407.99	11301.33	71176.6	10.4	15.9
1997	8651.14	11477.14	78973.0	11.0	14.5
1998	9875.95	12958.24	84402.3	11.7	15.4
1999	11444.08	14829.25	89677.1	12.8	16.5
2000	13395.23	17221.66	99214.6	13.5	17.4
2001	16386.04	20686.04	109655.2	14.9	18.9
2002	18903.64	23382.64	120332.7	15.7	19.4
2003	21715.25	26282.05	135822.8	16.0	19.4
2004	26396.47	31095.65	159878.3	16.5	19.4
2005	31649.29	37193.45	184937.4	17.1	20.1
2006	38760.2	45168.08	216314.4	17.9	20.9
2007	51321.78	58142.1	265810.3	19.3	21.9
2008	61330.35	83583.95	314045.4	19.5	26.6
2009	68518.3	93267.99	340902.8	20.1	27.4
2010	83101.51	125236.6	401513.0	20.7	31.2
2011	103874.4	145999.1	473104.0	22.0	30.9
2012	117253.5	156343.4	518942.1	22.6	30.1
2013	129142.9	210176.9	588019①	22	35.7

注：本表财政收入中不包括国内外债务收入。

关于考虑其他收入的国家财政收入，从1982—2010年，增加了预算外资金收入。此外，根据相关年度的《关于中央和地方预算执行情况与中央和地方预算草案的报告》，2008、2009年增加了政府性基金收入，2010年增加了政府性基金收入、国有资本经营收入。2011、2012年为一般预算收入加上政府性基金收入、国有资本经营收入。2013年为一般预算收入加上政府性基金收入、国有资本经营收入、社会保险基金收入（扣除财政补贴的额度）。从1997年起，预算外收支不包括纳入预算内管理的政府性基金，1997—2007年间的政府性基金收入没有计算在内。

数据来源：《中国财政年鉴2013》，中国财政杂志社2013年版，第423、447—448页。

---

① 参见《中华人民共和国国家统计局关于修订2013年国内生产总值数据的公告》。载 http://www.stats.gov.cn/tjsj/zxfb/201412/t20141219_655915.html，2014年9月20日访问。

中央与地方关系法治化研究

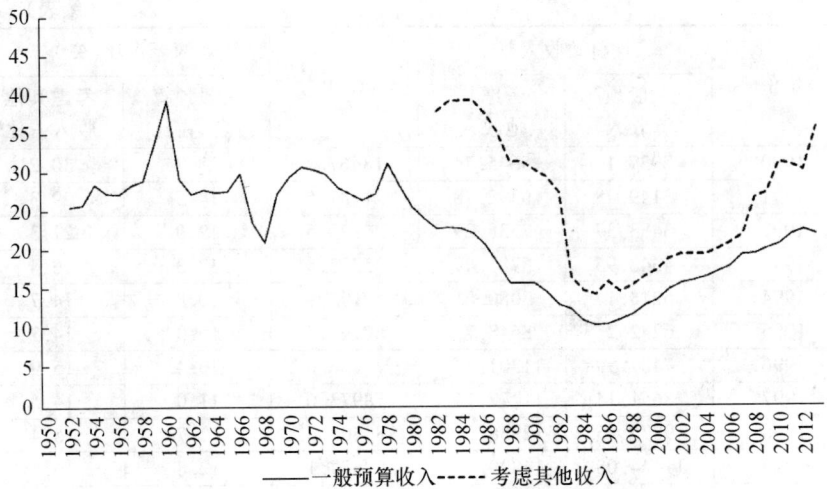

图 1 1995—2013 年国家财政收入占国内生产总值的比重(%)

数据来源:同表 1。

表 2 中央与地方财政收支比重

	中央地方收入比重(%)		中央地方支出比重(%)	
	一般预算收入	考虑其他收入	一般预算支出	考虑其他支出
1953	83	17	73.9	26.1
1954	76.6	23.4	75.3	24.7
1955	77.6	22.4	76.5	23.5
1956	79.3	20.7	70.4	29.6
1957	73.5	26.5	71	29
1958	80.4	19.6	44.3	55.7
1959	24.4	75.6	45.9	54.1
1960	25	75	43.3	56.7
1961	21.5	78.5	45	55
1962	29.7	70.3	61.6	38.4
1963	23.1	76.9	57.9	42.1
1964	25.2	74.8	57.1	42.9
1965	33	67	61.8	38.2
1966	35.2	64.8	63.1	36.9
1967	31.6	68.4	61.4	38.6

（续表）

	中央地方收入比重(%)				中央地方支出比重(%)			
	一般预算收入		考虑其他收入		一般预算支出		考虑其他支出	
1968	29.6	70.4			61.3	38.7		
1969	32.5	67.5			60.7	39.3		
1970	27.6	72.4			58.9	41.1		
1971	16	84			59.5	40.5		
1972	13.8	86.2			56.3	43.7		
1973	14.8	85.2			55.6	44.4		
1974	17.2	82.8			50.3	49.7		
1975	11.8	88.2			49.9	50.1		
1976	12.7	87.3			46.8	53.2		
1977	13	87			46.7	53.3		
1978	15.5	84.5			47.4	52.6		
1979	20.2	79.8			51.1	48.9		
1980	24.5	75.5			54.3	45.7		
1981	26.5	73.5			55	45		
1982	28.6	71.4	30.6	69.4	53	47	44.7	55.3
1983	35.8	64.2	36.4	63.6	53.9	46.1	46.4	53.6
1984	40.5	59.5	40.1	59.9	52.5	47.5	46.7	53.3
1985	38.4	61.6	39.8	60.2	39.7	60.3	40.2	59.8
1986	36.7	63.3	38.7	61.3	37.9	62.1	39	61
1987	33.5	66.5	37	63	37.4	62.6	38.7	61.3
1988	32.9	67.1	35.6	64.4	33.9	66.1	36.4	63.6
1989	30.9	69.1	35.6	64.4	31.5	68.5	35	65
1990	33.8	66.2	36.6	63.4	32.6	67.4	35.3	64.7
1991	29.8	70.2	36.3	63.7	32.2	67.8	36.3	63.7
1992	28.1	71.9	36.6	63.4	31.3	68.7	37.4	62.6
1993	22	78	20.8	79.2	28.3	71.7	25.4	74.6
1994	55.7	44.3	45	55	30.3	69.7	26.4	73.6
1995	52.2	47.8	41.3	58.7	29.2	70.8	25.6	74.4
1996	49.4	50.6	40.8	59.2	27.1	72.9	27.1	72.9
1997	48.9	51.1	38.1	61.9	27.4	72.6	22.5	77.5

(续表)

	中央地方收入比重(%)				中央地方支出比重(%)			
	一般预算收入		考虑其他收入		一般预算支出		考虑其他支出	
1998	49.5	50.5	39	61	28.9	71.1	23.8	76.2
1999	51.1	48.9	41	59	31.5	68.5	26.4	73.6
2000	52.2	47.8	42	58	34.7	65.3	29.5	70.5
2001	52.4	47.6	43.2	56.8	30.5	69.5	26.5	73.5
2002	55	45	46.3	53.7	30.7	69.3	27.2	72.8
2003	54.6	45.4	46.6	53.4	30.1	69.9	26.9	73.1
2004	54.9	45.1	47.8	52.2	27.7	72.3	25.2	74.8
2005	52.3	47.7	45.6	54.4	25.9	74.1	23.6	76.4
2006	52.8	47.2	46.3	53.7	24.7	75.3	22.4	77.6
2007	54.1	45.9	48.6	51.4	23	77	21.3	78.7
2008	53.3	46.7	42.7	57.3	21.3	78.7	18.8	81.2
2009	52.4	47.6	41.6	58.4	20	80	18.3	81.7
2010	51.1	48.9	37.2	62.8	17.8	82.2	14.9	85.1
2011	49.4	50.6	37.8	62.2	15.1	84.9	13	87
2012	47.9	52.1	38.7	61.3	14.9	85.1	14	86
2013	46.6	53.4	35.8	64.2	14.6	85.4	12.7	87.3

注:1. 中央、地方财政收入均为本级收入。2. 本表数字不包括国内外债务收入。3. 中央、地方财政支出均为本级支出。4. 本表数字 2000 年以前不包括国内外还本付息支出和利用国外借款收入安排的基本建设支出。从 2000 年起,中央财政支出中包括国内外债务付息支出。

关于考虑其他收入的国家财政收入,从 1982 年—2010 年,增加了预算外资金收入。此外,根据相关年度的《关于中央和地方预算执行情况与中央和地方预算草案的报告》,2008、2009 年增加了政府性基金收支,2010 年增加了政府性基金收支、国有资本经营收支。2011、2012、2013 年为一般预算收支加上政府性基金收支、国有资本经营收支[①]。从 1997 年起,预算外收支不包括纳入预算内管理的政府性基金,1997—2007 年间的政府性基金收支出没有计算在内。

数据来源:《中国财政年鉴 2013》,中国财政杂志社 2013 年版,第 434—437 页,第 447—448 页。

[①] 2013 年虽然有社会保险基金收支数据,但是无法区分中央地方收支,因此在这里没有纳入。

第三章　我国中央与地方财政关系的演变历史

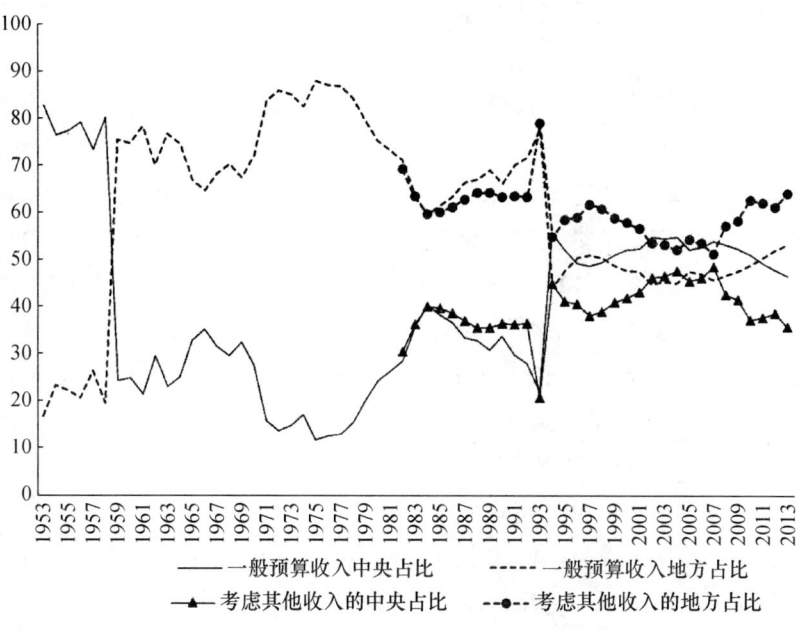

图 2　1953—2013 年中央和地方财政收入比重(%)

数据来源:同表 2。

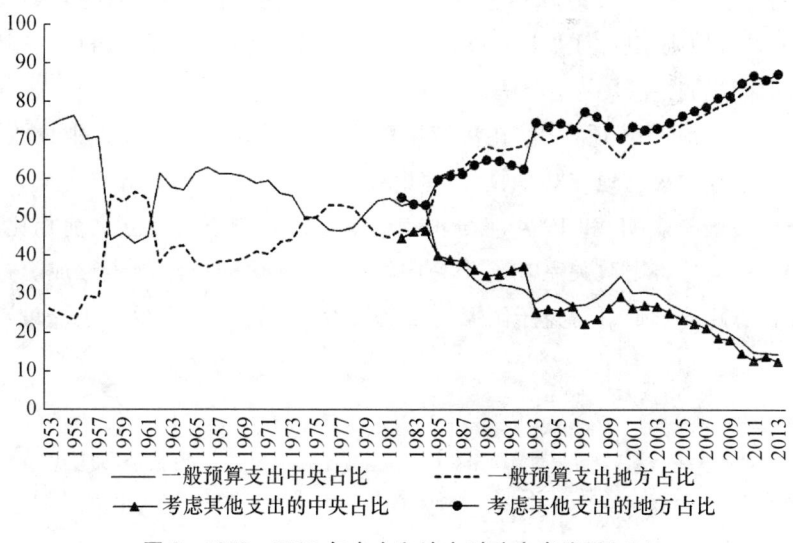

图 3　1953—2013 年中央和地方财政支出比重(%)

数据来源:同表 2。

2002年实施所得税收入分享改革,中央财政因改革收入分享办法增加的收入全部用于对地方主要是中西部地区的均衡性转移支付,建立了均衡性转移支付资金的稳定增长机制。按照现行体制,均衡性转移支付的资金来源包括两个方面:一是中央财政另外安排的预算资金。从2002年的153亿元起,每年增加10亿元,2008年达到203亿元,占均衡性转移支付总额的比例从55%下降到6%。二是上文提到的实施所得税收入分享改革中央增加的收入。2002年为126亿元,2008年为3308亿元,占均衡性转移支付总额的比重从45%上升到94%。而2002年均衡性转移支付的总额只有279亿元,2008年为3511亿元。① 2011年则达到7487.67亿元。② 2012年达到8582.62亿元,2013年达到9812.01亿元,2014年的预算数为10807.81亿元。③ 2013年是2002年的35.3倍。从这些数字可以明显看出,2002年的所得税收入分享改革为我国均衡性转移支付提供了稳定的制度支持,显示出制度建设的强大威力。由此也可以认为,2002年的改革也是我国中央与地方财政关系领域制度化建设的重要成就。

除了上述两项重要制度建设成就外,2006年实施的农村义务教育经费保障新机制也是我国中央与地方财政关系制度化思路的具体体现。按照"明确各级责任、中央地方共担、加大财政投入、提高保障水平、分步组织实施"的基本原则,建立了"中央和地方分项目、按比例分担"的农村义务教育经费保障机制。④

此外,1994年《预算法》在法律层面明确将财政收入划分为中央收入、地方收入和中央与地方共享收入,将财政支出划分为中央支出和地方支出。

种种迹象表明,和1994年分税制财政管理体制正式确立之前相比,我国的中央与地方财政关系在逐步趋向稳定,制度化的思路逐步形成。这种制度化思路的形成既得益于国家的宏观政治、经济状况,也得益于决策者对

---

① 参见李萍主编:《财政体制简明图解》,中国财政经济出版社2010年版,第60页。
② 参见财政部:《税收返还和转移支付制度》,载 http://www.mof.gov.cn/zhuantihuigu/czjbqk2011/cztz2011/201208/t20120831_679750.html,2014年9月20日访问。
③ 参见2013、2014年《中央对地方税收返还和转移支付预算表》,载 http://yss.mof.gov.cn/2014zyjs/201403/t20140325_1059171.html,2014年9月20日访问。
④ 参见《国务院关于深化农村义务教育经费保障机制改革的通知》(国发[2005]43号)。

制度建设、制度创新重要性的清醒认识。① 虽然我国中央与地方财政关系领域的制度化还远远不够，但如上制度建设所体现的制度化思路无疑将构成我国下一步制度创新的重要基础。

（二）在集权和分权之间达成适度平衡

要实现中央与地方财政关系的法治化，就是要通过法治的手段解决各级政府之间的财政权限配置与关系冲突。在导言部分，我们提到，财政权限配置的理想状态应该是：财政权限在中央政府与地方政府之间能够有一个适度的分配，并同时由一定的制度框架作为保证，进而保持一定的稳定性。和前文所述我国制度化思路的逐步形成相一致，我国的财政权限划分也由过去的高度集权向集权和分权适度平衡的方向发展。

改革开放之前，我国的中央与地方财政关系变化频繁，大多数年份实行的是"一年一定"的做法。变化频繁的财政分权，一方面表明当时的财政分权状况不适应经济发展的要求；另一方面也说明，在财政权限的划分中，中央政府处于主导地位，中央政府可以根据形势的变化频繁地改变财政权限在中央政府与地方政府之间的划分。这种变化频繁的财政分权状况背后隐含着财政权限向中央政府高度集中的事实。

下文通过一些数据（见表2、图2、图3）来进行具体分析。上文在历史回溯部分已经提到，我国在1958年和1970年两次大规模下放国营企业，同时调整了财政管理体制。1953年到1958年历年的中央财政收入占比分别为：83.0%、76.6%、77.6%、79.3%、73.5%、80.4%。而1959年中央财政收入占比急剧下降为24.4%。此后一直到1970年，中央财政收入占比都在百分之二十几到百分之三十几的水平。1971年则下降到20%以下，1975年更是降到11.8%。从1979年开始，中央财政占比开始回升。如何理解

---

① 朱镕基同志指出："市场经济的意义，就是要规范化、法制化，要平等竞争。因此，在我们建设社会主义市场经济体制的过程中，必须逐步改革现行的不适应市场经济发展要求的各种经济体制，这也是正确的，是历史所证明了的。所有市场经济国家在发展过程中所发生的问题，在我们这里都曾经发生过或正在发生。所以，如果不考虑参照、采用市场经济国家的一些现成做法，并结合中国的特点，根据邓小平同志建设有中国特色社会主义理论，创造我们的市场经济模式，许多问题都解决不了。""这次分税制改革是按照全国统一的税制、一样的比例、一样的做法，不能有单独不一样的方法，更不能有'一省一率'。"参见《朱镕基讲话实录》（第一卷），人民出版社2011年版，第358—359、361页。

1959年以来中央财政收入占比如此之低的事实？能否就此得出我国在财政领域实行高度地方分权的结论？让我们再来看财政支出占比的情况。从1953年到1957年，中央财政支出占比分别为：73.9%、75.3%、76.5%、70.4%、71.0%。可以看出，这些支出比例和上文所列的收入比例基本是一致的。和1958年的调整相一致，从1958年开始，中央财政支出占比也大幅度降低。但是，值得注意的是，降低后的财政支出占比远高于同年的财政收入占比。大致保持在百分之四十几到百分之六十几的水平。如何理解中央财政收支占比如此之大的差距？一个解释是，尽管地方政府的财政收入占比远高于中央政府，但是，其并没有获得独立的财政主体地位，在支出安排方面仍然受到中央政府的严格控制，而且需要安排中央政府的支出。这里所体现出来的事实应该是中央集权而不是地方分权。①

改革开放以后，我国在财政管理体制方面开始了"分灶吃饭"的尝试。这一尝试的一个直接后果是，以前实行的财政"大锅饭"得以打破，地方政府的财政主体地位得以逐步确立。② 我们再通过相关的数据来考察。1985年，中央财政收入占比为38.4%，支出占比为39.7%；此后一直到1993年，中央财政收支占比都维持在类似的水平。③ 这些数字表明，地方政府取得了安排其支出的自主权，同时不需要安排中央政府的支出，和之前相比，地方政府的财政主体地位得以确立。④ 这为下一步的改革打下了基础。但是，"分灶吃饭"改革是把双刃剑。改革在成功塑造地方政府财政主体地位的同时，也在很大程度上削弱了中央政府的财政地位。在一些年份，中央政府竟然需要向有的地方政府"借款度日"，就是一个极其典型的例子。⑤ 这在我

---

① 关于这一问题，还需要进一步深入研究当时的财政体制机制。
② 随着中央政府向地方政府下放事权和财政支出责任，地方政府成为向当地居民和企业提供公共产品的重要组织。地方政府也一度成为推动国民经济发展的一支重要力量。参见林毅夫、刘志强：《中国的财政分权与经济增长》，载《北京大学学报（哲学社会科学版）》2003年第5期。
③ 参见《中国财政年鉴2011》，中国财政杂志社2011年版，第459、461页。
④ 在前文关于财政包干制的历史回溯部分也可以看到，"在包干的五年当中，地方多收了可以多支"；"一定五年不变。地方多收入可以多支出，少收入就要少支出，自求收支平衡"。
⑤ 参见李萍主编：《财政体制简明图解》，中国财政经济出版社2010年版，第22页；刘克崮、贾康主编：《中国财税改革三十年亲历与回顾》，经济科学出版社2008年版，第322页。

国这样一个长期有中央集权传统的国家是不可想象的。① 1994 年,和市场经济相适应的分税制财政管理体制的正式确立,使得财政权限在中央与地方之间实现了适度平衡,并以相应的制度框架作为保证。值得注意的是,与分税制财政管理体制改革同期进行的工商税制改革也强调"合理分权"的问题。② 由此,我国的财政权限划分将步入规范的集权与分权适度平衡的发展方向。

(三)制度设计上逐步和国际惯例接轨

西方发达国家多在法治框架下处理其中央与地方财政关系,在长期的实践中,形成了一系列行之有效的制度做法。社会主义市场经济体制是市场经济体制的一种,与其相关的制度设计应该和实行市场经济体制国家的一般做法相适应。建立在社会主义市场经济体制之上的分税制财政管理体制就是借鉴国际惯例的一个成功的制度设计。在分税制财政管理体制的框架内,我国的财政分权制度在许多方面正逐步和国际惯例进行接轨。

在财政收益权的划分方面,我国改变了过去财政承包制的做法,借鉴国际惯例,根据税种的不同在中央与地方之间进行划分,将所有的税种划分为中央税、地方税和中央与地方共享税。这样,就使得中央和地方的财政收益权都有了保障。

---

① 当时负责组织领导分税制改革的朱镕基同志在相关讲话中指出:"这次改革的目的,是为了解决中央财政的困难。目前中央财政十分困难,已经到了难以为继的地步。如果不适当地集中中央财政收入,加强中央财力,日子就过不下去,最终全国都受害,都搞不下去……现在的情况是,地方财政增长很快,中央财政却在下降,地方纷纷到银行挂账并且数目越来越多。中央财政背了巨大的赤字,大量靠银行透支、发国债、借外债。……目前,中央财政收入占全国财政收入的比例太低了……""现在的体制根本不行,每年都是地方收地方的税,中央收中央企业的税,实际上也是分税制,但这种分税制跟我们现在的方案不一样,它使地方的税收增长很快,中央的税收却在不断下降。这个日子怎么过? 中央收税是为了保证军队的需要,保证党政机关的需要,保证重点建设的需要,保证国家外交政策的需要,还要支援别的国家,还要保证全国各地区发展的平衡。富裕地区要对贫困地区作些贡献,如果中央不收一点钱的话,那样会富的更富、贫的更贫。邓小平同志有一个思想就是共同富裕。说实话,这是实行分税制的最主要的理由。现在中央的财政状况相当紧张,我说个数字,你们就清楚了。广东今年的地方财政收入增加 32%,中央在广东的财政收入却下降了 11%。中央财政收入一年一年下降,赤字越来越多。"参见《朱镕基讲话实录》(第一卷),人民出版社 2011 年版,第 360、372—373 页。

② 国务院批转的国家税务总局制定的《工商税制改革实施方案》(国发(1993)90 号)规定的指导思想是:统一税法、公平税负、简化税制、合理分权,理顺分配关系,保障财政收入,建立符合社会主义市场经济要求的税制体系。

和财政收益权的划分相配套,我国在财政征收权的划分方面也进行了重大改革。将原来单一的税收征管体制改为中央和地方分设税务机关的税收征管体制①,由国家税务局系统征收中央税和中央地方共享税,地方税务局系统征收地方税。这就避免了实行分税制财政管理体制之前,地方政府利用税收征管的便利截留财政收入的做法②,使得中央政府和地方政府财政收益权的实现都有了体制上的保障。

在财政预算权的划分方面,1994年制定的《预算法》也对1991年的《国家预算管理条例》进行了修正。改变了过去由中央替地方代编预算的做法,确立了地方的预算自主权,建立健全了分级预算制度,强化了地方的预算约束。③ 过去每年由国务院提前向地方提出编制预算的要求。地方编制预算后,报财政部汇总成国家预算。根据原规定,全国人民代表大会审查和批准包括中央预算和地方预算在内的国家预算,县级以上的地方各级人民代表大会审查和批准包括本级政府预算和汇总的下一级总预算在内的本级总预算。这就出现了人民代表大会重复审批预算的问题,使预算审批关系不清。为此,《预算法》规定,全国人民代表大会审查中央和地方预算草案,批准中央预算;县级以上地方各级人民代表大会审查本级总预算草案,批准本级预算。即全国人民代表大会只批准本级政府预算,不批准地方预算;县级以上地方各级人民代表大会只批准本级政府预算,不批准汇总的下一级总预算。这一规定有助于加强地方各级人民代表大会在预算审查和监督方面的权

---

① 朱镕基同志指出:"坚持分税制的主要基础,即坚持分设两个税务局、分别税种、分开收税的原则。国税局是中央单位,由中央领导,中央发工资,中央任命局长。地方税务局是中央、地方双重领导,以地方为主。必须这样收税,不然中央的税收没有保证。这一条必须坚持。"参见《朱镕基讲话实录》(第一卷),人民出版社2011年版,第363页。

② 在实行分税制财政管理体制之前,我国的税收征管由地方税务系统负责征收,中央没有专门的税务系统负责税款征收。在这一时期,一个值得注意的现象是,越权减免税问题一直受到中央政府的重视。20世纪80年代以后,中央出台了一系列关于限制减免税、禁止越权减免税的文件,如《国务院关于平衡财政收支、严格财政管理的决定》(1981年1月)、《国务院关于严肃税收法纪加强税收工作的决定》(1987年4月)、《国务院关于违反财政法规处罚的暂行规定》(1987年6月)、《国务院关于整顿税收秩序加强税收管理的决定》(1988年12月)、《国务院关于加强税收管理和严格控制减免税收的通知》(1993年7月)等。对出台如此之多减免税规定的一个比较合理的解释是:在实行财政承包制的情况下,地方政府往往会通过向企业提供减免税的方式有意缩小被分享的收入,把收入向不参加分享的预算外资金(关于预算外资金,下文还将涉及)转移。其结果便是地方政府通过非规范做法保留更多的收入。

③ 参见楼继伟:《中国政府间财政关系再思考》,中国财政经济出版社2013年版,第129页。

威,也有助于强化地方政府的责任。

和分税制财政管理体制相配合,我国的政府间转移支付制度也逐步和国际惯例接轨。1995年财政部发布了《过渡期转移支付办法》,决定从1995年起实行过渡期财政转移支付办法。和我国传统的政府间补助大为不同的是,过渡期转移支付采用的是国际上通行的办法。过渡期转移支付明确提出兼顾公平和效率,强调公平优先。过渡期转移支付的数额建立在公式基础上,通过数量分析确定,这也是符合国际通行做法的。1999年调整居民收入分配,改革中央对地方的补助;2000年起新增对民族地区的专项转移支付;2001年调整机关事业单位职工工资,调整中央对地方的补助等项目,也都采用了过渡期转移支付的办法。2003年,财政部又制定了《2003年一般性转移支付办法》,从此由一般性转移支付替代原来的过渡期转移支付。2009年起一般性转移支付更名为均衡性转移支付。财政部制定的2011年和2012年《中央对地方均衡性转移支付办法》①都明确提出均衡性转移支付的目标为:缩小地区间财力差距,逐步实现基本公共服务均等化。这一表述和国际上的通常表述已非常接近。此外,均衡性转移支付在分配原则、分配方法等各方面都逐步和国际惯例相接轨。

三、动因分析

有必要对我国中央与地方财政关系的演变历史以及成功经验的取得,进行动因分析,进而为未来的进一步完善提供参考。

(一) 经济因素

从某种程度上而言,建国以来我国中央与地方财政关系的演变历程是由特定的经济体制所决定的。计划经济体制和市场经济体制都要求与之相适应的中央与地方财政关系。在计划经济体制下,国营(国有)企业是最主要的经济主体,国营企业隶属于中央与各级地方政府;国营企业的上缴利润则构成政府的主要财政收入。按照企业隶属关系划分中央与地方收支是当

---

① 财预[2011]392号、财预[2012]300号。

时的一个重要原则。而国营企业的隶属关系不是基于市场经济条件下的经济利益关系,而更多的是基于经济计划和行政权力。国家根据需要,可以将中央所属的国营企业下放给地方管理,也可以将地方所属的国营企业上收由中央管理。这样,国营企业隶属关系的改变也就相应带来了中央与地方政府间财政关系的改变。上文在历史回溯部分曾提到,1958年、1970年中央就将大量的企业下放给地方管理,从而对财政管理体制也进行了相应的调整。①

改革开放以来,我国的经济体制在不断进行调整,从传统的计划经济体制向市场经济体制转变。在市场经济体制下,政府和企业的关系在发生改变。通过两步"利改税",国有企业和政府之间的经济关系由原来的上缴利润改为主要缴纳税收。利润是国家基于投资关系(国家所有权)所取得的,而税收是国家基于普通的社会管理者身份所取得的。两者在法律性质上具有很大的区别。值得指出的是,随着经济体制改革的深入,国有企业在国民经济中的比例在发生改变,大量的私营企业、三资企业等非国有企业开始涌现出来。根据税法规定,所有的企业都应该依法纳税。可以看出,到了这个阶段,国家和企业之间的经济关系已经不完全是过去计划经济条件下的利润关系,而是转向税收关系。税收的征收在客观上要求规范性,要与全国统一市场的建设相结合。根据党的十四大精神,中央决定在1994年进行一系列以建立社会主义市场经济体制为目标的改革。其中,财税体制改革,即中央与地方财政关系改革,是最重要也是阻力最大的一项改革。朱镕基同志在关于分税制改革的相关讲话中就指出,"市场经济的意义,就是要规范化、法制化,要平等竞争"。"这次分税制改革是按照全国统一的税制、一样的比例、一样的做法,不能有单独不一样的方法,更不能'一省一率'。"②可以说,改革开放以来十多年的经济体制改革为1994年的分税制财政体制改革创造了经济条件。而以此次改革为界,可以清楚地看到,我国中央与地方财政关系从此改变了过去计划经济体制下频繁变动的做法,而走向相对稳定的

---

① 即使在目前,按照企业隶属关系划分财政收入的做法仍然没有完全消除。2002年所得税分享改革将按企业隶属关系划分中央和地方所得税收入的办法改为中央和地方按统一比例分享。但是,铁路运输、国家邮政、中国工商银行、中国农业银行、中国银行、中国建设银行、国家开发银行、中国农业发展银行、中国进出口银行以及海洋石油天然气企业缴纳的所得税继续作为中央收入。

② 参见《朱镕基讲话实录》(第一卷),人民出版社2011年版,第361页。

发展阶段。这与这一改革契合了社会主义市场经济体制的本质要求是紧密相关的。

(二)政治因素

作为整个中央与地方关系重要组成部分的中央与地方财政关系,还受到政治因素方面的影响。考察建国以来的中央与地方财政关系,不能脱离当时中国的政治状况。有学者对这一问题作过相当精彩的分析。[①] 他认为,影响解放后中国高度中央集权的关键因素可能有两个:国家统一与建国;革命政权的转型。具体而言,新中国成立初期,中国是一个各地经济文化发展不平衡的国家,而建立统一的民族国家,是实现现代化的最基本条件。因此,对于1949年建立的新中国来说,当时首要的问题并不是分权,而是如何集权。此外,革命政权的初建时期通常不是一个常规时期。从中国历史上的朝代更替来看,这一时期是一个政权从魅力型统治向法理型统治转化的时期;在这段时期,在政权交接问题上往往会发生某些重大政治事变,处理不好会发生政权的瓦解。因此,防止第一代打仗出身的军政领袖长期握有可能导致分裂的权力,是毛泽东和第一代中国共产党领袖的一个重要关注点。在这一历史背景下,可以看出,中国在当年实行强有力的中央集权,压缩地方权力,几乎不可避免。而在改革开放之后,随着统一民族国家的建成,革命政权转型时所可能存在的导致分裂因素的消失,分权问题便自然提上了议事日程。同时,集权体制所累积的弊端也需要予以治理。包括财政关系在内的中央与地方关系的制度化、法治化在新的历史时期也就有了可能性。

四、问题分析

我国在处理中央与地方财政关系方面尽管取得了突出的成绩,有许多经验可以成为今后制度建设的基础,但是还存在一些问题需要认真的分析和揭示,从而使今后的相关制度完善更加具有针对性。目前存在的问题主

[①] 参见苏力:《当代中国的中央与地方分权——重读毛泽东〈论十大关系〉第五节》,载《中国社会科学》2004年第2期。

要包括如下一些：

（一）法治和宪政视角的缺失

尽管前文已经提及我国在这一领域的制度化思路正在逐步形成，并已经取得了一些显著的成就。但是，和法治发达国家处理相关问题的做法相比，我国还有很长的路要走。从前面的历史回溯可以看出，我国在这一领域基本上是行政主导的做法，即使是制度化的思路目前仍只停留在行政层面，而没有进入立法层面，归结为一句话，就是缺失法治和宪政的视角。

《共同纲领》作为新中国成立初期我国的宪法性文件，对中央与地方之间财政范围的划分作了规定。和《共同纲领》的做法不同的是，1954年以后我国制定的历部《宪法》都没有中央与地方财政关系方面的条款。和《宪法》对中央与地方财政关系不够重视相适应的是，我国到目前为止尚没有一部专门的法律调整这一领域的事项。1994年《预算法》仅仅规定将预算收入划分为中央预算收入、地方预算收入、中央和地方预算共享收入；将预算支出划分为中央预算支出和地方预算支出。而把预算收入和支出项目的划分、转移支付等涉及中央与地方财政关系的诸多事项一揽子授权国务院规定。这和国际上其他国家的做法大为不同，前文所列各国大都在宪法中明确规定相关事项：美国《宪法》设专门条款予以规定；德国《基本法》、加拿大《宪法法》则比较细致地规定财政及中央与次中央政府财政关系事项。此外，除了宪法强调以外，在法律层面就具体的事项还作出详尽的规定，如德国《财政平衡法》、加拿大《联邦与省财政安排法》和《健康法》、日本《地方财政法》和《地方税法》等。

值得注意的是，新中国成立之初，在财政权限划分领域，我国尚比较重视全国人民代表大会常务委员会的作用。如1957年的《国务院关于改进财政管理体制的规定》经国务院全体会议第六十一次会议通过后，由第一届全国人民代表大会常务委员会第八十四次会议原则批准；1958年的《国务院关于改进工商税收管理体制的规定》由全国人民代表大会常务委员会第九十七次会议批准。遗憾的是，上述做法并没有得到很好的坚持。之后，全国人民代表大会及其常务委员会在这一领域长期处于缺席状态。这和前引各国的一般做法并不一致。在这些国家，财政分权方面的立法，只能由议会作出,而不能由行政机关制定。在我国,中央与地方财政关系领域主要是通过国务院及其部门制定相关的文件予以调整,实行的是一种行政主导的模式。①

与前述问题相联系,在中央与地方财政关系领域,我国在实践中的有些做法也显得不够规范。前文在历史回溯部分曾提到,1958年的《国务院关于进一步改进财政管理体制和改进银行信贷管理体制的几项规定(草案修改稿)》为1958年9月24日经国务院全体会议第八十次会议讨论通过的文件,已报全国人民代表大会常务委员会,后来因故未正式发文,但自1959年到1970年的财政体制,均按此规定的精神办理;1976年,财政部制定的《关于财政管理体制问题的通知(草稿)》曾在全国计划会议上进行讨论,会后,财政部于1976年3月3日以(76)财预字第9号文件请示国务院,根据国务院领导同志指示精神,用电话通知各省、市、自治区执行,未正式发文;等等。

宪法、法律层次调整的缺乏、全国人民代表大会及其常务委员会的长期缺席,是我国中央与地方财政关系领域宪政视角缺失的突出体现。除此之外,宪政理念方面的缺乏也是一个重要体现。本研究第一章提到,中央与地方政府间财政权力的配置对于权力制约、权利保障和地方自治具有重大意义。通过对我国的中央与地方财政关系所进行的历史回溯,我们可以发现,我国的实践并没有特别重视这些宪政理念的贯彻与实现。财政权限在中央政府和地方政府之间的恰当划分,既是对中央政府的制约,也是对地方政府的制约。而在我国的实际情况是,中央政府对地方政府采取的种种"截留"财政收入的做法往往无可奈何;而地方政府对中央政府单方面频繁改变规则的做法也只能"望洋兴叹"。② 中央政府与地方政府之间权责的不清晰,以及协调与争议解决机制的缺乏③,影响财政分权制约功能的有效发挥,最终导致财政风险加大。④ 我国中央与地方财政关系领域的现状以及与之相关的财政风险问题,与制度设计时权力制约理念的缺乏不无关系。权利保障也是财政权力配置的重要理念。财政权限在中央政府与地方政府之间的

---

① 规定财政预算权限划分的《预算法》是个例外。
② 当然,这些问题目前已大有好转。
③ 下文还将涉及这个问题。
④ 失去约束的地方政府带来的财政风险如果处理不当,最终只能由中央政府来承担。

适当配置,归根到底应该是为了保障公民基本权利的实现,而不是其他。现代宪政的变迁,对于平等权、社会保障权、受教育权等方面的保障已成为国际趋势。作为积极权利,对于这些权利的保障需要大量的政府财政投入。而在我国的相关制度设计中,由于事权、财政支出责任划分的不到位,以及整个转移支付体系的均等化水平还比较低①,这就使我国在相关权利的保障方面还显不足。最后,美国、加拿大、德国、日本等国的制度设计非常重视地方自治的理念,一定的财政权限对于地方自治颇有助益;而地方自治在培养公民权利意识、公民行使民主权利、督促公职人员尽职尽责等方面都有特别的意义。我国虽然不实行地方自治,但这种理念还是值得学习的。由此,给予基层地方政府分配适当的财政权限,对于我国公民权利意识培养,公职人员责任感的提高等方面都具有重大意义。而我国现实的制度设计尚没有特别地考虑这一因素。

(二)制度模式定位的模糊

本研究第二章将世界上比较成熟稳定的做法归纳为两种制度模式,即对称型制度模式和非对称型制度模式。这两种制度模式各有特点,也各具优劣,与一定国家的政治、经济、社会诸因素相适应。一国在进行相关制度设计时,应大体以上两种制度模式中作出选择。我国目前在制度模式定位和选择方面还不够清晰。在我国,理论上主张的是"一级政府、一级事权、一级财权",而实践中更多的是中央政府向地方政府、上级地方政府向下级地方政府下放事权和财政支出责任,而并不对财政收益权进行相应调整。此外,地方政府并没有财政立法权,由此使得地方政府不能通过正式途径开辟新财源,而只能采取"预算外"②"制度外"③(见表3)等非正式的途径弥补

---

① 关于我国政府间转移支付存在的问题,下文还将专门涉及。
② 预算外资金是国家机关和有关单位、部门为履行或代行政府职能而收取、提取、募集的财政性资金。前文的历史回溯部分表明,新中国成立初期我国就开始设置预算外资金,不过当时的数量和项目极少。改革开放之后,预算外资金的项目数量迅速增加,规模也迅速扩大,几乎和预算内收入并驾齐驱。由于预算外资金不纳入国家正式预算管理,从而带来了一系列严重的问题。
③ 制度外收入,有学者也称为"非规范收入",包括地方政府的各种"自筹资金",即以各种方式和名目的集资、摊派、收费、捐款、借款等收入。这类收入的突出特征是缺乏规范性。参见樊纲:《论公共收支的新规范——我国乡镇"非规范收入"若干个案的研究与思考》,载《经济研究》1995年第6期。

财政收支缺口。① 在这种背景下,赋予地方政府一定的财政立法权成为一些专家、学者的主张。② 这可以认为是对称型制度模式的思路。

表3 中国政府收入各组成部分占总收入之比(%)

年份	全部政府收入	预算内收入占比	预算外收入占比	制度外收入占比
1987	100	44.9	41.4	13.7
1988	100	42.4	42.5	15.1
1989	100	43.0	42.9	14.1
1990	100	43.8	40.5	15.7
1991	100	39.9	41.1	20.0
1992	100	36.5	40.5	23.0
1993	100	48.7	16.0	35.3
1994	100	43.3	15.4	41.3
1995	100	43.9	16.9	39.2
1996	100	43.4	22.7	33.9
1997	100	46.3	15.1	38.6
1998	100	47.5	14.8	37.7
1999	100	48.0	14.2	37.8
2000	100	52.4	15.0	32.6

数据来源:高培勇主持:《中国税费改革问题研究》,经济科学出版社2004年版,第106页。值得注意的是,预算外收入在有些年份的大规模缩减与统计口径有关。

---

① 不过,国家一直重视对预算外资金的治理。针对预算外资金的"收支两条线"改革取得了一定成效。1993年底,党中央、国务院决定对行政性收费、罚没收入实行预算管理(即"收支两条线"管理),在中办发[1993]19号文件中对"收支两条线"管理体制的具体内容作了规定。1997年国务院发布了《罚款决定与罚款收缴分离实施办法》(国务院第235号令)。1998年党中央、国务院发布了《财政部、国务院发展计划委员会、监察部、公安部、最高人民检察院、最高人民法院、国家工商行政管理局关于加强公安、检察院、法院和工商行政管理部门行政性收费和罚没收入收支两条线管理工作的规定》(中办发[1998]14号文件),规定在中央一级、省一级以及副省级城市、省会城市法院、检察院、公安和工商部门率先实行"收支两条线"管理。1999年由财政部、监察部、国家发展计划委员会、审计署、中国人民银行研究制定了《关于行政事业性收费和罚没收入实行"收支两条线"管理的若干规定》(财综字[1999]87号),对"收支两条线"管理体制作出了更为详细的规定。2010年6月财政部发布了《关于将按预算外资金管理的收入纳入预算管理的通知》(财预[2010]88号),决定从2011年1月1日起,将按预算外资金管理的收入(不含教育收费)全部纳入预算管理。全面取消预算外资金,在我国预算管理制度改革乃至财政制度改革进程中具有重大的历史意义与现实意义。

② 参见苏明:《财政理论与财政政策》,经济科学出版社2003年版;许善达等:《中国税权研究》,中国税务出版社2003年版。

我国中央与地方财政关系实践中也有非对称型制度模式的特征体现。自从 1994 年分税制财政体制改革以来,中央政府财政收入在全国财政收入中所占比重在逐步上升(见表 2),与此同时,中央政府财政支出的规模保持相对稳定(见表 2、图 3)。以一般预算收支来来衡量,2010 年,中央财政收入占比为 51.1%,中央财政本级支出占比为 17.8%,纵向财政不平衡率为 33.3%。2011 年,中央财政收入占比为 49.4%,中央财政本级支出占比为 15.1%,纵向财政不平衡率为 34.3%。2012 年,中央财政收入占比为 47.9%,中央财政本级支出占比为 14.9%,纵向财政不平衡率为 33%。2012 年,中央财政收入占比为 47.9%,中央财政本级支出占比为 14.9%,纵向财政不平衡率为 33..0%。2013 年,中央财政收入占比为 49.6%,中央财政本级支出占比为 14.6%,纵向财政不平衡率为 32.0%。前文提到的采用非对称型制度模式的德国和日本分别为 28% 和 20%,采用对称型制度模式的美国和加拿大分别为 13% 和 7%。我国的相关比率更接近采用非对称型模式的国家。[①] 与此相关的是,中央财政转移支付占地方财政支出[②]的额度在逐年增加,比例大致保持在 40%—50% 之间(见图 4、图 5)。可以看出,我国转移支付占比的相关数据与采取非对称型制度模式的德国、日本比较类似,而和采取对称型制度模式的美国、加拿大差别较大。[③]

事权和财政收益权的匹配程度较低,同时和一定的转移支付相配合,可以认为是非对称型模式的一个特点。但是,我国政府间转移支付的均等化水平还比较低,和非对称型制度模式的要求还存在距离。[④] 此外,我国的财

---

① 值得注意的是,在考虑了政府性基金等收入后,2010—2013 年的纵向财政不平衡率分别为:2.3%、24.8%、24.7%、23.1%。仍与德国、日本比较接近。此外,土地使用权出让金占地方政府本级总收入的比例:2008 年为 24.8%,2009 年为 28.8%,2010 年为 39.8%,2011 年为 36.6%,2013 年为 35.1%。该收入是一次性收入,不具有可持续性。为了达到十八届三中全会提出的"保持现有中央和地方财力格局总体稳定",未来为地方政府寻找土地使用权出让金及其他相关收入的替代财源,是一个紧迫而具有挑战性的课题。

② 这里是指一般预算支出。

③ 根据前文的研究,采用对称型制度模式的美国和加拿大的相应比例分别为 29.6% 和 19.8%,而采用非对称型制度模式的德国和日本则分别为 43.8% 和 37.2%(而根据另一资料,日本的相应比例应超过 60%)。值得注意的是,我国的相关比例计算仅仅考虑了一般预算收支。如果将地方政府性基金支出和中央对地方的政府性基金转移支付计算在内,计算的 2008、2010、2011、2012、2013 年各年份的相关比例是 37.8%、31.8%、31.4%、33.1%、29.5%。因此,对于这一问题还需要进一步研究和思考。

④ 下文将予以分析。

第三章　我国中央与地方财政关系的演变历史

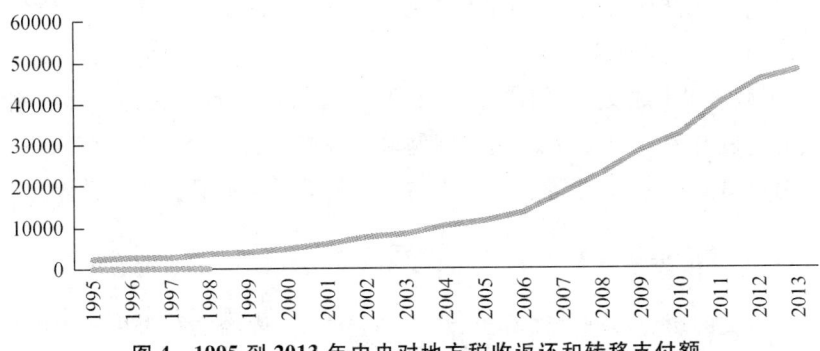

图 4　1995 到 2013 年中央对地方税收返还和转移支付额

数据来源：历年《中央和地方预算执行情况与中央和地方预算草案的报告》。

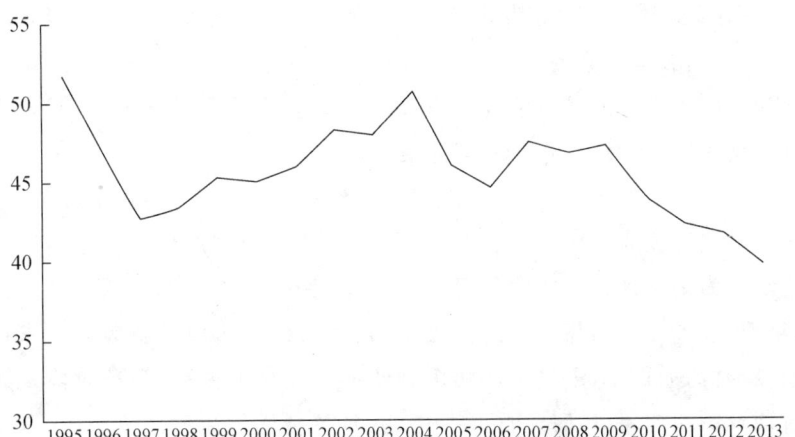

图 5　1995—2003 年中央对地方税收返还和转移支付收入占地方财政支出的比重

数据来源：历年《中央和地方预算执行情况与中央和地方预算草案的报告》。①

政立法权基本上由中央政府行使，地方政府拥有极小的财政立法权，这和非对称型模式的做法比较一致。但是我国的这种高度集中的财政立法权限划分安排，并没有保证全国财政秩序的稳定和协调，大量的"减免税办法""土政策"②严重地冲击了整个国家的财政秩序，对国家财力在各级政府之间进行适当的划分带来了障碍。

---

① 不包括地方上解中央支出。
② "减免税办法""土政策"和上文提到的"预算外""制度外"是紧密相关的。这也从一个侧面说明，虽然地方政府没有正式的财政立法权，但是却在事实上行使着非正式的财政立法权。

由此可知,理论和实践的错位和脱节,导致了我国制度模式定位的模糊。而制度模式几乎关系到制度设计的各个方面,事权与财政支出责任的划分、财政收益权的划分、财政立法权的划分、政府间转移支付等都与制度模式的定位有关。因此,对于这一问题值得我们进行理论层面的深入思考,并作出审慎的选择,以指导我国中央与地方财政关系的具体制度设计。

(三) 政府层级过多

从前文的历史回溯可以看出,新中国建立后,曾经实行过中央、大行政区和省(市)三级制,中央、省、县三级制,中央、省(自治区、直辖市)、县(市)、乡四级制。目前实行的是中央、省(自治区、直辖市)、市、县、乡五级制。《宪法》并没有明确五级政府,但是《预算法》明确国家实行一级政府一级预算,设立五级预算。①

和我国历史上的政府层级演变和国外的政府层级设置来看,我国现行的五级制政府层级结构相对来说都是比较多的。

从民国以前的历史来看,我国的政府层级在三级制和四级制之间来回变换。就地方政府层次的演变而言,从秦汉到民国初期历经三个阶段。第一个阶段为秦汉魏晋南北朝时期,历时八百年,地方组织从两级制变成三级制,是郡、县二级制向州、郡、县三级制的转化;第二阶段是隋唐五代宋辽金时期,历时约七百年,重复了从两级制变成三级制的循环;第三阶段是元明清时期及民国初年,历时六百五十年,从多级制逐步简化到三级制,以至短时的二级制。②

从国际上来看,西方国家多采用两级制或三级制。采用一级制的国家多为微型国家,约占总数的四分之一;约有 60 个国家实行两级制,这些国家要么是国土面积小,人口少;要么是国土面积大,人口较多,但地方自治完善。实施三级制的国家最多,共有 68 个,大多是中等规模以上的国家。③ 前文所考察的美国、加拿大、德国和日本,都实行三级政府层级结构。

---

① 参见《中华人民共和国宪法》第 30 条、《中华人民共和国预算法》第 2 条。
② 参见周振鹤:《中央与地方关系史的一个侧面(上)——两千年地方政府层级变迁的分析》,载《复旦学报(社会科学版)》1995 年第 3 期。
③ 参见才国伟、黄亮雄:《政府层级改革的影响因素及其经济绩效研究》,载《管理世界》2010 年第 8 期。

第三章　我国中央与地方财政关系的演变历史

当然,简单的历史回溯和国际比较说明不了太多的问题。更为重要的问题是,五级制政府层级结构是否适合我国当前及今后很长一段时期内经济和社会发展的需要,以及国家长治久安的需要。

从理论上分析,政府层级结构会直接影响到事权、财政支出责任以及各类财政权限的划分。最为突出的一个问题是,一个国家所能开征的税种总数是一定的,不可能根据政府级次的不同而任意开征新税种。而且,通过每个税种可以获得的收入总量又有很大的差别。相对稳定而收入额较高的税种就更为有限。这样,在存在比较多的政府层级的情况下,让各级政府都能分配到相对稳定的税种作为其收入来源就显得比较困难。①

在实践中,目前学者们比较关注的重点是市级和乡级政府。这里所讨论的市是指地级市,而不是直辖市,以及计划单列市、省会市等副省级市。我国在省级与县级政府之间,一度实行的是地区行署派出机构,派出机构不构成一级政府。从 20 世纪 80 年代开始,开始了地区改市,进而由市管县的改革。1982 年发布了《关于改革地区体制,实行市管县的通知》。1999 年,中发［1999］2 号文件进一步明确"市管县(市)"体制并要求加大改革力度,市管县的行政体制得以全面确立。② 实行市管县体制的初衷是为了在工业化、城镇化的进程中,发挥城市对县的带动和辐射作用,进而达到城乡一体化,促进区域经济协调发展。但是实践发展和政策初衷并不完全一致。根据"中国行政管理体制现状调查与政府改革研究"课题组在安徽省所做的典型案例深度调查,市管县的主要弊端在于:一是体制调整所追求的市带县的作用难以发挥。安徽省绝大部分市经济基础薄弱,市级财政自身存在困难,不仅不能发挥市带县的作用,还不同程度存在着集中县级财力的问题。二是县级财政困难突出。安徽地处中西部地区,县域经济发展缓慢,县级财政供养人员过多,债务沉重,加之市集中财力,导致县级财政困难。三是省财政对县财政的管理监督不够。在市管县财政体制下,省财政难以掌握县级

---

① 事实上,1994 年实行的分税制只是在中央政府和地方政府之间实行收入划分。对省以下各级地方政府的收入划分,并没有按照严格的分税制原则进行,而是各地根据其自身情况实行不同的收入划分办法。

② 参见冯俏彬:《从政府层级改革中探索政府治理模式的根本转变》,载《财政研究》2004 年第 7 期。

财政的真实状况,相关信息缺失,不利于省财政加强对县财政的管理和监督。①

除了市级政府外,在现行五级政府中存在问题比较多的是乡级政府。解放以前,我国的基层地方政府延伸到县一级。新中国成立之后,国家的统治能力和动员能力空前强大,政府对基层农村地区开始发挥强大的影响力。在政府组织形式方面,就体现为乡级政府及其前身人民公社的设置。乡级政府作为一级政府得到我国《宪法》的确认。这一体制在历史上的特定时期发挥了重要作用,有助于国家集中有限的资源实现工业化;同时,乡级政府也有效地实现了社会管理职能和部分公共产品的提供。然而,近年来,我国出台了一系列与乡级政府有关的改革措施。农业税的取消对乡级政府的财力造成了重大影响。义务教育、医疗卫生等方面的改革也使得乡级政府的公共服务职责和财政支出责任大大减小。另外一方面,乡级政府的机构设置和人员配备状况又没有大的改变。② 在这种情况下,就有必要思考乡级政府的改革问题。

(四)事权和财政支出责任划分的不足

由于受特定历史背景的制约,我国各级政府间事权和财政支出责任的划分还显得不够规范、到位。这一状况和我国历次进行财政体制改革的考量有关。无论是 20 世纪 80 年代的财政包干体制改革,还是 90 年代的分税制财政管理体制改革,都没有对政府间的事权和财政支出责任作清晰、规范的划分,而把重点放在对财政收益权的划分上。这样做的好处是减少了改革的阻力,但带来的严重问题是,本来就不合理的事权和财政支出责任划分由于时间的推移而积累起越来越多的问题,从而在根本上制约了我国中央与地方财政关系制度体系的健全发展。具体而言,我国政府间事权和财政支出责任的划分方面存在的主要问题有:(1)由于经济体制改革尚未完全到位,使得政府与市场的关系还没有完全理顺。政府在角色定位上存在"越位"与"缺位"并存的问题。一些应由市场配置资源的领域,各级财政都不

---

① 参见石亚军、施正文:《从省直管县财政改革迈向省直管县行政改革——安徽省直管县财政改革的调查与思考》,载《中国行政管理》2010 年第 2 期。

② 当然,也进行了乡镇合并的改革。

同程度地介入其中。政府的经济建设支出比重虽有所下降,但份额仍较大。我国财政还具有很强的生产性。一方面,政府角色"越位"问题仍相当突出,但另一方面,"缺位"问题也很严重。对于教育、医疗和社会保障①等本来意义上政府应该大力发展的事务,我国目前还显不足。从上文的比较分析来看,无论是采取对称型制度模式的美国和加拿大,还是采取非对称型制度模式的德国和日本,政府在教育、医疗和社会保障等方面都占有很重要的地位,而政府很少从事生产性领域的活动。(2)中央与地方政府间事权与财政支出责任划分不够到位。我国中央与地方政府间事权与财政支出责任虽在国防、外交、一般公共服务等方面已经基本界定清楚,但在涉及公民基本权利保护方面的事权与财政支出责任划分还没有到位,突出体现在教育、医疗和社会保障等方面。以社会保障为例,上文涉及的国家多由中央政府提供,而我国目前主要由省、市、县统筹。此外,没有处理好事权与财政支出责任之间的关系。从原则上而言,某级政府承担某项事权,就应该承担相应的财政支出责任。但并不是完全匹配的,在采取非对称型制度模式的国家更是如此。中央政府的事权由中央政府承担财政支出责任,地方政府事权原则上由地方政府承担财政支出责任,中央政府通过转移支付承担相应的财政支出责任。因此,明确转移支付的比例与结构和事权与财政支出责任划分关系密切。同时,在事权划分时没有处理好"事权实施"与"立法监管"的关系。两者可以在不同层级政府间予以适当分离。对于有些服务提供,中央政府应该出台相关的标准和条件要求。(3)地方各级政府间事权和财政支出责任划分也不到位,即省、市、县、乡各级政府之间事权划分关系不顺,存在着相互交叉和重叠的现象。② 前已述及,由于我国地方政府层级过多,如果按"一级政权,一级预算"的原则,地方政府事权不仅要在省与市之间划分,而且还要在市与县、县与乡之间划分,这样就增加了事权界定的难度。

(五)财政权限配置的不合理

我国在财政收益权、财政立法权、财政征收权和财政预算权方面的配置

---

① 值得注意的是,在过去若干年,我国在这些方面的财政支出较之以往已大大增加,同时也加强了相关的制度建设。

② 参见孙开主持:《财政体制改革问题研究》,经济科学出版社2004年版,第24—26页。

还显得不够合理。

1. 财政收益权

我国财政收益权划分存在的一个重要问题是,制度外资金(见前引表3)①的存在还冲击着预算收入,影响国家正式预算收入占 GDP 的比重。

在税种的划分方面尚存在一些不恰当的地方:(1)对所得税的划分区别对待。目前我国对个人所得税和一部分企业所得税实行中央与地方共享;而继续将铁路运输、国家邮政、中国工商银行、中国农业银行、中国银行、中国建设银行、国家开发银行、中国农业发展银行、中国进出口银行以及海洋石油天然气企业缴纳的所得税作为中央收入。这里仍存在过去所遗留的按行业和企业隶属关系划分税种归属的问题。(2)地方主体税种的缺位,难以满足地方政府支出的需要。② 现行分税制虽然划归地方的税种不少,但大都是税源分散、征收成本高、收入低的税种。当个人所得税和原归地方政府的企业所得税划为中央与地方共享税后,对于地方政府有实际意义的税种将十分有限;营业税也将随增值税征税范围的扩大而逐步缩减乃至消失。据有学者测算,就地方本级税收收入占国内生产总值、全国税收收入、全国财政收入、地方本级财政收入和地方全部财政收入的比重而言,我国的比重与许多国家相比并不算低。但是,我国地方税收入占国内生产总值、全国税收收入、全国财政收入、地方本级税收收入、地方本级财政收入和地方全部财政收入的比重都偏低(2009 年上述比重分别为 1.5%、8.5%、7.4%、19.4%、15.6% 和 8.3%);地方本级税收收入和地方本级财政收入主要来自共享税。从地方税收入的结构来看,来自房地产交易环节的税收比重过大,仅契税和土地增值税 2 个税种的收入就接近地方税收入总额的一半;房

---

① 从 2011 年开始,预算外资金已全部纳入预算管理。

② 与这个问题密切相关的是"土地财政"和地方政府债务问题(下文会讨论)。由于地方政府预算内一般财政收入来源有限,使得它们去寻找各种新的收入渠道。"土地财政"包括两部分:一部分是与土地相关的税收收入。还有一部分是与土地有关的政府非税收入,主要是土地使用权出让金。目前,土地相关财政收入、特别是非税收入已经占到地方政府财政收入相当高的比例。"土地财政"的突出问题在于一次性出卖土地使用权,使得政府财政收入丧失了稳定性和可持续性。与此同时,"土地财政"和下文所要讨论的地方政府债务问题是密切联系在一起的。参见周飞舟:《生财有道:土地开发和转让中的政府和农民》,载《社会学研究》2007 年第 1 期;周飞舟:《大兴土木:土地财政与地方政府行为》,载《经济社会体制比较》2010 年第 3 期。

地产保有环节的税收和房地产以外的税收比重比较小。① 地方税收入比例过低有可能促使地方政府通过各种非规范形式获取收入。

公债也是政府取得财政收入的一种重要形式。无论是采取对称型制度模式的美国和加拿大,还是采取非对称型制度模式的德国和日本,次中央政府都可以发行公债。我国1994年《预算法》不容许地方政府发行公债。《预算法》第20条规定,地方各级政府预算按照量入为出、收支平衡的原则编制,不列赤字。第28条规定,除法律和国务院另有规定外,地方政府不得发行地方政府债券。但是实际上省级和省级以下地方财政都有融资功能,存在多种形式的融资行为。根据学者的归纳,目前地方政府负债融资的主要渠道主要包括如下几种②:(1)中央政府规定的融资方式。如国债转贷③、国际金融组织贷款、国外贷款、国家农业综合开发贷款、中央代替地方发债④等。(2)地方政府通过融资平台借款。地方政府融资平台是地方政府为了规避《预算法》的规定而创造出的一种借款形式。所谓地方政府融资平台,主要是指地方政府组建的不同类型的投融资公司,包括城市建设投资公司、城建开发公司、城建资产经营公司、土地储备整理中心等。(3)地方政府公共部门进行的投融资活动。这主要是一些政府相关部门,如交通、教育等部门,利用其代为政府行使非税收入的权力,利用相关资金(基金、收费和集资等方式)进行的投融资活动。

目前,我国地方政府性债务规模已经达到了一定水平,引发了学术界和实务界的关注。国家审计署于2011年3月至5月根据"见账、见人、见物,

---

① 参见刘佐:《地方税制度改革"十一五"回顾与"十二五"展望——兼论房地产税改革》,载《地方财政研究》2011年第4期。

② 参见赵全厚:《中国地方政府融资及其融资平台问题研究》,载《经济研究参考》2011年第10期。

③ 为了扩大有效内需,促进国民经济持续稳定发展,国务院曾决定在1998年增发一定数量的国债,由财政部转贷给省级(包括省、自治区、直辖市及计划单列市)政府,用于地方的经济和社会发展建设项目。参见《国债转贷地方政府管理办法》(财预字[1998]267号)。截至2002年底,国债转贷规模已达到约1762亿元,涉及36个省、直辖市、自治区和计划单列市的4800多个国债项目。参见财政部预算司编:《转贷地方国债统计资料(1998—2002)》,中国财政经济出版社2003年版,第27—30页。

④ 从2009年开始,经国务院批准同意,由财政部代理地方政府发行地方政府债券。此类地方政府债券是指经国务院批准同意,以省、自治区、直辖市和计划单列市政府为发行和偿还主体,由财政部代理发行并代办本付息和支付发行费的可流通记账式债券。地方政府债券冠以发债地方政府名称,债券期限为3年,利息按年支付,利率通过市场化招标确定。列入省级预算管理。

逐笔、逐项审核"的原则,对31个省(自治区、直辖市)和5个计划单列市本级及所属市(地、州、盟、区)、县(市、区、旗)三级地方政府的债务情况进行了全面审计。审计表明:截至2010年底,全国地方政府债务余额为6万亿多元。① 国家审计署于2013年8月至9月,又按照同样的原则,对中央、31个省(自治区、直辖市)和5个计划单列市、391个市(地、州、盟、区)、2778个县(市、区、旗)、33091个乡(镇、苏木)五级政府的政府性债务情况进行了全面审计。此次共审计62215个政府部门和机构、7170个融资平台公司、68621个经费补助事业单位、2235个公用事业单位和14219个其他单位,涉及730065个项目、2454635笔债务。审计表明,截至2012年底,全国地方政府债务为9万亿多元。截至2013年6月底,全国地方政府债务为10万亿多元。② 除了地方负责偿还的政府债务外,地方政府性债务还包括政府负有担保责任或负有一定救助责任的政府或有债务(见表4)。

表4 全国政府性债务规模情况表 单位:亿元

年度	政府层级	政府负有偿还责任的债务(政府债务)	政府或有债务	
			政府负有担保责任的债务	政府可能承担一定救助责任的债务
2010年底	地方	67109.51	23369.74	16695.66
2012年底	中央	94376.72	2835.71	21621.16
	地方	96281.87	24871.29	37705.16
	合计	190658.59	27707.00	59326.32
2013年6月底	中央	98129.48	2600.72	23110.84
	地方	108859.17	26655.77	43393.72
	合计	206988.65	29256.49	66504.56

数据来源:《全国地方政府性债务审计结果》(2011年第35号)、《全国政府性债务审计结果》(2013年第32号)。

面对日益庞大的地方政府性债务规模,对相关问题应予以严肃思考。首先需要明确的是,尽管相当一部分地方政府性债务是在规避国家法律的情况下产生的,但是相关债务在实践中产生了积极的意义。地方政府性债

---

① 参见《全国地方政府性债务审计结果》,中华人民共和国审计署审计结果公告(2011年第35号)。http://www.gov.cn/zwgk/2011-06/27/content_1893782.htm,2014年9月20日访问。
② 参见《全国政府性债务审计结果》,中华人民共和国审计署审计结果公告(2013年第第32号)http://www.audit.gov.cn/n1992130/n1992150/n1992379/3432165.html,2014年9月20日访问。

务在改善地方基础设施状况、促进公用事业发展、促进地方经济和区域经济发展等方面都发挥了积极的作用。根据前述 2013 年审计署的审计结果,地方政府性债务资金主要投向基础设施建设和公益性项目。在已支出的政府负有偿还责任的 101188.77 亿元债务中,用于市政建设、土地收储、交通运输、保障性住房、教科文卫、农林水利、生态建设等基础性、公益性项目的支出为 87806.13 亿元,占 86.77%。①

  同时,对我国地方政府性债务存在的深层次根源也应有清楚的认识。地方政府性债务发生的直接原因在于其当前财力和发展资金要求之间的巨大缺口。而造成这一缺口的原因主要是两个方面:一是我国经济社会发展的特定阶段。在这一阶段,城市化是一个最为突出的特点,城市化需要大规模的基础设施建设和其他相关的公用事业发展。② 而这些基础设施建设和事业发展所需要的资金是地方政府当前财力所不可能提供的。二是分税制改革形成的财政体制格局。"事权下放,财权上收",再加上政府间转移支付的不到位,使得地方政府财力在保证基本运转后便显得捉襟见肘,没有足够的财政资金用于基础设施改善和公用事业发展等方面。因此,地方政府性债务的存在具有其客观必然性。

  当然,对地方政府性债务存在的问题也不能视而不见。在各类地方债务中,通过中央政府规定的融资方式发生的债务,比较规范、透明、风险较小。目前存在问题最大的是通过地方政府融资平台等渠道形成的政府性债务。归纳起来,存在的问题主要包括:(1)涉及面广、数量众多。根据前述审计署的审计公告,我国地方政府负有偿还责任的债务最早发生在 1979年。此后,各地开始陆续举债,在 1981 年至 1985 年间有 28 个省级政府开始举债;市级和县级政府举借债务的起始年集中在 1986 年至 1996 年,这一期间共有 293 个市级和 2054 个县级政府开始举借债务。至 1996 年底,全国所有省级政府、392 个市级政府中的 353 个(占 90.05%)和 2779 个县级政府中的 2405 个(占 86.54%)都举借了债务。至 2010 年底,全国只有 54

---

① 参见《全国政府性债务审计结果》,中华人民共和国审计署审计结果公告(2013 年第第 32号)http://www.audit.gov.cn/n1992130/n1992150/n1992379/3432165.html,2014 年 9 月 20 日访问。
② 此外,市场经济体制改革的不到位使得政府和市场的边界还不是很清楚,政府仍投资于竞争性领域。参见贾康等:《我国地方政府债务风险和对策》,载《经济研究参考》2010 年第 14 期。

个县级政府没有举借政府性债务。而从地方政府举债的主渠道融资平台来看,地方政府融资平台公司产生于20世纪80年代。至2010年底,全国省、市、县三级政府共设立融资平台公司6576家,其中:省级165家、市级1648家、县级4763家;有3个省级、29个市级、44个县级政府设立的融资平台公司均达10家以上。①

(2) 部分地方政府偿债能力有限。根据前述审计署2013年的审计公告,截至2012年底,有3个省级、99个市级、195个县级、3465个乡镇政府负有偿还责任债务的债务率②高于100%。③ 而根据学者的调查,华北某地市级政府2009年末融资平台的负债总额达到107.92亿元,但2009年其预算财政收入合计达40亿元,平台负债总额是其当年政府收入的2.5倍以上。更有甚者,西北某省某市2009年融资平台负债总额是其当年财政收入的5.6倍之多,大大超出其财政清偿能力。就债务存量来看,大多数区县政府债务余额占其当年财政收入规模的比重约在100%—500%之间。④

(3) 没有纳入预算管理。根据前述审计署的审计公告,除了地方政府债券和各种财政转贷外,大部分地方政府性债务收支未纳入预算管理和监督,相关管理制度也不健全。

(4) 有可能引发财政危机和金融危机。地方政府性债务如果出现不能偿还到期债务的情形,相应层级地方政府财政将不得不动用一般财政收入,从而有可能使该级地方政府面临财政危机。而下一级地方政府的财政危机必然会向上传递,最终给中央政府带来财政危机。根据前述审计署的审计结果,地方政府性债务中将近80%来自银行贷款,由此产生的债务危机、财政危机同时会演变为金融危机,从而影响到整个国家的宏观经济稳定。特

---

① 参见《全国地方政府性债务审计结果》,中华人民共和国审计署审计结果公告(2011年第35号,总第104号)。http://www.gov.cn/zwgk/2011-06/27/content_1893782.htm,2014年9月20日访问。

② 债务率是指年末债务余额与当年政府综合财力的比率。是衡量债务规模大小的指标,国际货币基金组织确定的债务率控制标准参考值为90%—150%。参见《全国政府性债务审计结果》,中华人民共和国审计署审计结果公告(2013年第32号)http://www.audit.gov.cn/n1992130/n1992150/n1992379/3432165.html,2014年9月20日访问。

③ 参见同上。

④ 参见赵全厚:《中国地方政府融资及其融资平台问题研究》,载《经济研究参考》2011年第10期。

别是,部分地方的债务偿还对土地出让收入的依赖较大。截至 2012 年底,11 个省级、316 个市级、1396 个县级政府承诺以土地出让收入偿还的债务余额达到 34865.24 亿元,占省市县三级政府负有偿还责任债务余额的 37.23%。① 这样,一旦房地产市场出现问题,就极有可能出现从地方政府性债务危机到全国层面财政危机、金融危机的连锁反应。

(5) 有可能影响整个国家的可持续发展。如果地方政府性债务资金所投向的是社会经济发展真正需要的基础设施建设和公用事业等领域,那么,尽管在短期内政府可能会面临偿债压力,但是从长期来看,这些项目的社会收益将足以弥补相应的资金投入。但是,在实践中,由于政府职能转变的不到位,决策机制、监督机制的不健全,往往有一些项目并没有经过严格的科学论证而沦为"政绩工程""形象工程""面子工程",这些"工程"仅追求一时的轰动效应,而不重视长远的社会效益。这样,一方面,将使得政府背上沉重的债务负担;另一方面,宝贵的资金压在"工程"上而没有产生多少社会效益,造成极大的浪费,必然会影响到整个国家的可持续发展。

2. 财政立法权

目前我国有关财政立法权分配的具体规定有:国务院《关于实行分税制财政管理体制的决定》规定,"中央税、共享税以及地方税的立法权都要集中在中央"。国家税务总局《工商税制改革实施方案》规定,"中央税和全国统一实行的地方税立法权集中在中央"。② 上述两个文件的规定并不一致,考虑到发文机关的层级,应以前者为准。

国务院《关于取消集市交易税牲畜交易税烧油特别税奖金税工资调节税和将屠宰税筵席税下放给地方管理的通知》③规定,屠宰税和筵席税下放地方管理后,各省、自治区、直辖市人民政府可以根据本地区经济发展的实际情况,自行决定继续征收或者停止征收。继续征收的地区,省、自治区、直辖市人民政府可以根据《屠宰税暂行条例》和《筵席税暂行条例》的规定,制

---

① 参见《全国政府性债务审计结果》,中华人民共和国审计署审计结果公告(2013 年第第 32 号) http://www.audit.gov.cn/n1992130/n1992150/n1992379/3432165.html,2014 年 9 月 20 日访问。

② 1977 年财政部《关于税收管理体制的规定》(1977 年 11 月 13 日国务院批转)也作了类似的规定:"凡属国家税收政策的改变,税法的颁布和实施,税种的开征和停征,税目的增减和税率的调整,都由国务院统一规定。"

③ 国发[1994]第 7 号。

定具体征收办法,并报国务院备案。目前,《屠宰税暂行条例》和《筵席税暂行条例》已被废止,因此,有关地方政府在这两个税种上的立法权已经失去意义。

此外,地方政府享有一定税收立法权的相关规定主要包括:(1)根据《营业税暂行条例》的规定,纳税人经营娱乐业具体适用的税率,由省、自治区、直辖市人民政府在该条例规定的幅度内决定。(2)根据《城市维护建设税暂行条例》的规定,省、自治区、直辖市人民政府可以根据该条例,制定实施细则,并送财政部备案。(3)根据《房产税暂行条例》的规定,施行细则由省、自治区、直辖市人民政府制定,抄送财政部备案。(4)根据《城镇土地使用税暂行条例》的规定,实施办法由各省、自治区、直辖市人民政府制定并报财政部备案。(5)根据《契税暂行条例细则》的规定,省、自治区、直辖市人民政府根据条例和该细则的规定制定实施办法,并报财政部和国家税务总局备案。(6)根据《资源税暂行条例实施细则》的规定,对于划分资源等级的应税产品,《几个主要品种的矿山资源等级表》中未列举名称的纳税人适用的税率,由省、自治区、直辖市人民政府根据纳税人的资源状况,参照《资源税税目税率明细表》和《几个主要品种的矿山资源等级表》中确定的邻近矿山或者资源状况、开采条件相近矿山的税率标准,在浮动30%的幅度内核定,并报财政部和国家税务总局备案。(7)根据《车船税法》的规定,车辆的具体适用税额由省、自治区、直辖市人民政府依照该法所附《车船税税目税额表》规定的税额幅度和国务院的规定确定。

由上述规定可知,目前地方政府享有一定的较为有限的税收立法权。① 不过笔者认为,我国目前在这一领域存在的主要问题并不是地方政府税收立法权的多寡,而是中央政府的财政立法权在行使方面所存在的问题。根据《中华人民共和国立法法》(下文简称《立法法》)第8条的规定,关于财政、税收方面的基本制度,只能制定法律。也就是说,这些领域属于全国人大及其常务委员会的立法权限范围;而中央与地方财政关系领域的很多事项应该属于财政、税收方面基本制度的范畴。前文已经分析,在这一领域,我国实行的是行政主导的模式,而立法机关长期缺席。无论对大多数税种

---

① 值得注意的是,1958年的《国务院关于改进工商税收管理体制的规定》提到了省、自治区、直辖市人民委员会可以在必要时"制定单行税法,开征地区性的税收"。目前没有类似的规定。

具体税收要素的规定,还是对财政收入在政府间的划分,以及单个税种或收入形式共享比例的确定和调整,都由国务院及其主管部门作出,全国人民代表大会及其常务委员会的作用非常有限,地方政府的意见也得不到很好的听取。这和《立法法》的规定并不一致。

3. 财政征收权

两套税收征管机构分设为保障中央收入的征收发挥了重大作用,但也存在一些问题:(1)关于所得税的征收。目前我国的企业所得税既有国家税务局负责征收的,又有地方税务局负责征收的。除储蓄存款利息所得以外的个人所得税,由地方税务局负责征收管理。这些做法违背了实行分税制改革时确定的共享税由国家税务局征收的原则。特别是在企业所得税的情况下,对于同样类型的企业、同样的税种,由不同的征管机构征收,执法的公平性、纳税人的平等待遇等方面都值得思考。(2)征税权与其他执法权相脱节。部分地方收入由国家税务局征收后,其他执法权,如检查权、复议权的归属如何与征税权一致起来,还存在不少矛盾亟待解决。① (3)两套税务机构并存增加了纳税人的遵从成本,也增加了税务部门的征收成本。

4. 财政预算权

根据1994年制定的《预算法》,我国地方政府的财政预算自主权大大增强,但目前还存在一些制约地方政府财政预算自主权行使的因素。

《预算法》规定的"审查"程序影响地方政府的预算自主权。1994年制定的《预算法》对1991年的《国家预算管理条例》进行了修正。根据原规定,全国人民代表大会"审查"和"批准"包括中央预算和地方预算在内的国家预算,县级以上的地方各级人民代表大会"审查"和"批准"包括本级政府预算和汇总的下一级总预算在内的本级总预算。这就出现了人民代表大会重复审批预算的问题,使预算审批关系不清。为此,《预算法》规定,全国人民代表大会"审查"中央和地方预算草案,"批准"中央预算;县级以上地方各级人民代表大会"审查"本级总预算草案,"批准"本级预算,即全国人民代表大会只批准本级政府预算,不批准地方预算;县级以上地方各级人民代表大会只批准本级政府预算,不批准汇总的下一级总预算。从预算自主权

---

① 参见孙开主持:《财政体制改革问题研究》,经济科学出版社2004年版,第32页。

的角度衡量,1994年《预算法》的相关规定了明显的进步。然而,1994年《预算法》的规定还存在问题。尽管县级以上各级人大不再"批准"本级总预算,但还是要"审查"本级总预算草案;而全国人大要"审查"中央和地方预算草案。在每年3月召开全国人民代表大会之前,必须将各级地方预算逐级汇总以便及时交由全国人大审查。但从时间上来看,全国人大会早于地方人大会。县级以上地方各级人大会也是如此。这样,上级人大"审查"的所谓下级地方总预算实际上只是一个未经本级人大审批通过的草案。而这种"审查"对地方人大"批准"本级预算必然会产生影响。因此,目前的制度安排影响了地方政府的预算自主权。

转移支付的不确定性和滞后性,也增加了地方政府编制预算的难度。[①] 特别是中央政府的配套型转移支付对于地方政府的不确定性更大。在省级政府编制预算时,这些转移支付的金额、到达时间和配套时间都是不确定的,为了获得这些资金,省级政府通常要在一年的绝大部分时间里保持相当大的资金余额。[②] 实证研究发现,转移支付和预算自主权具有密切关系。财力相对紧张的省份,对中央转移支付的依赖非常大。在调研的某省,由于其对中央转移支付的依赖非常大,所以中央政策对其预算带来的影响就非常大。[③]

同时,制度外收入的存在严重影响了我国各级政府财政预算权的完整性。这也体现出人大在预算权行使方面的不到位。

此外,1994年《预算法》规定地方各级预算不列赤字;除法律和国务院另有规定外,地方政府不得发行地方政府债券。从前文关于地方债的相关分析来看,这一规定已经远落后于实践的需要,亟待调整。值得注意的是,和"不列赤字"相一致,对地方各级政府也没有建立"预算储备基金"的要求。

(六)转移支付的均等化水平较低

各国都采用政府间转移支付来弥补纵向和横向财政失衡。特别是采取

---

① 值得注意的是,这种情况在其他国家程度不同地也会存在。
② 参见〔美〕黄佩华等:《中国:国家发展与地方财政》,吴素萍、王桂娟等译,中信出版社2003年版,第137—138页。
③ 参见马骏、侯一麟:《中国省级预算中的政策过程与预算过程:来自两省的调查》,载《经济社会体制比较》2005年第5期。

第三章 我国中央与地方财政关系的演变历史

非对称型制度模式的国家,更加重视政府间转移支付、特别是均等化转移支付在其整个中央与地方财政关系中作用的发挥。德国和日本的政府间转移支付在促进全国各地财政能力的均等化方面扮演着极为重要的角色。随着社会主义市场经济体制在我国的建立,政府间转移支付作为一项有效的财政工具也开始在我国被采用。1994年分税制财政管理体制改革明确提出要实行转移支付制度。1995年,财政部出台了过渡期转移支付办法,引入标准财政收支概念。到目前为止,已建立起包括均衡性转移支付在内的一般性转移支付和专项转移支付构成的转移支付体系,同时还有具有转移支付性质的税收返还。近年来,税收返还和专项转移支付的占比逐年下降,而一般性转移支付和均衡性转移支付的占比逐年上升。①

下文主要以均等化为标准对我国转移支付所取得的成就和存在的问题进行分析。首先通过人均财政收支柱状图(见图6-1到图12-2)来对2001年②至今若干年份的转移支付效果进行大致的观察。从各年人均财政收支柱状图中全国平均水平的向右移动,以及相关省份在同一年度人均财政收支柱状图中相对位置的变化,可以看出,转移支付是具有一定均等化效果的。

---

① 近年来我国转移支付的结构状况详见表5:

表5 2009—2014年税收返还和转移支付的结构状况 (绝对数单位:亿元)

	转移支付总额	税收返还		一般性转移支付		均衡性转移支付		专项转移支付	
		绝对数	%	绝对数	%	绝对数	%	绝对数	%
2009	28621.3	4942.27	17.3	11319.89	39.6	3918	13.7	12359.14	43.2
2010	32349.63	5000.33	15.5	14624.84	45.2	5452.53	16.9	12724.46	39.3
2011	39899.96	5078.38	12.7	18299.93	45.9	7486.81	18.8	16521.65	41.4
2012	45383.47	5120.77	11.3	21471.18	47.3	8582.62	18.9	18791.52	41.4
2013	48037.64	5056.9	10.5	24533.8	51.1	9812.01	20.4	18446.94	38.4
2014	51874	5086.91	9.8	27217.87	52.5	10807.81	20.8	19569.22	37.7

数据来源:历年《中央对地方税收返还和转移支付预算表》。仅指公共财政预算中的相关数据。2014年为预算数。

② 从2001年开始考察,是考虑到2002年我国实行了所得税分享改革,中央因此新增收入全部用于均衡性转移支付,建立了均衡性转移支付资金稳定增长的长效机制。

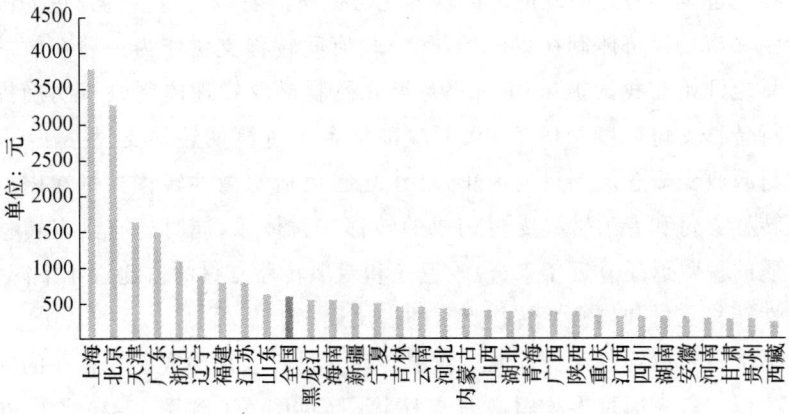

图 6-1　2001 年分地区人均财政收入

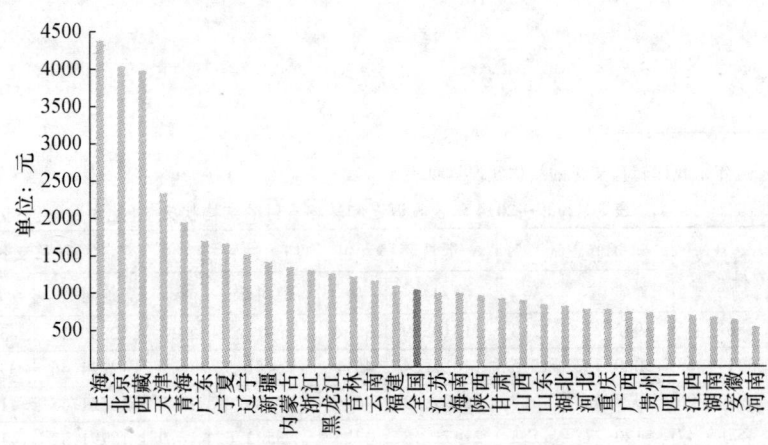

图 6-2　2001 年分地区人均财政支出

第三章 我国中央与地方财政关系的演变历史

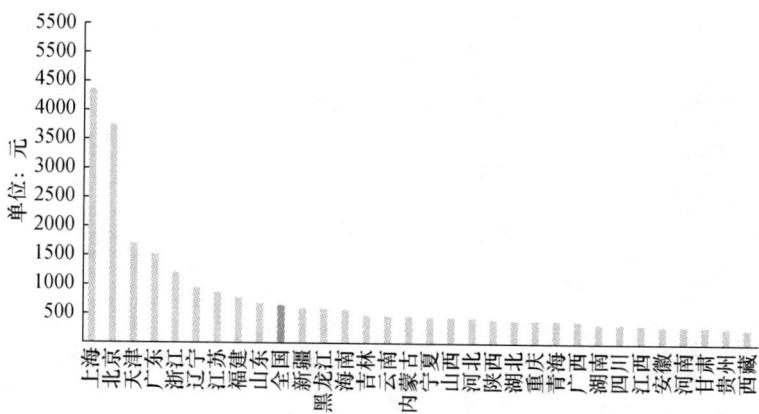

图 7-1 2002 年分地区人均财政收入

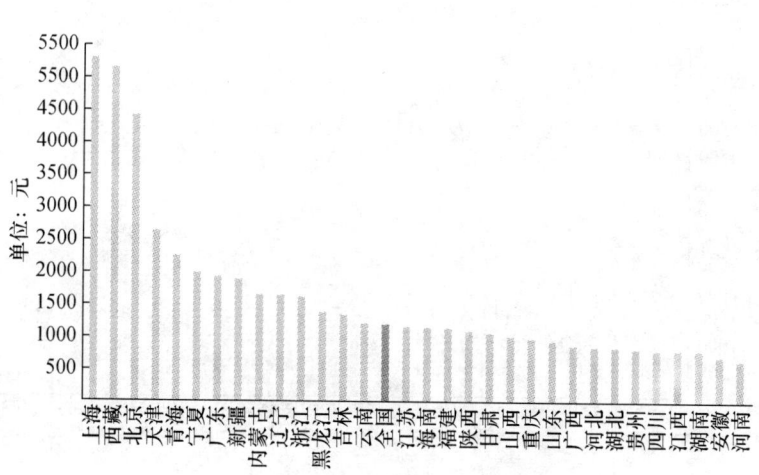

图 7-2 2002 年分地区人均财政支出

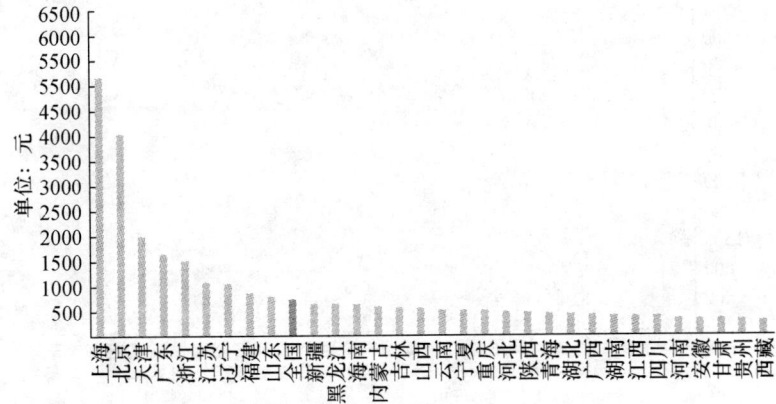

图 8-1　2003 年分地区人均财政收入

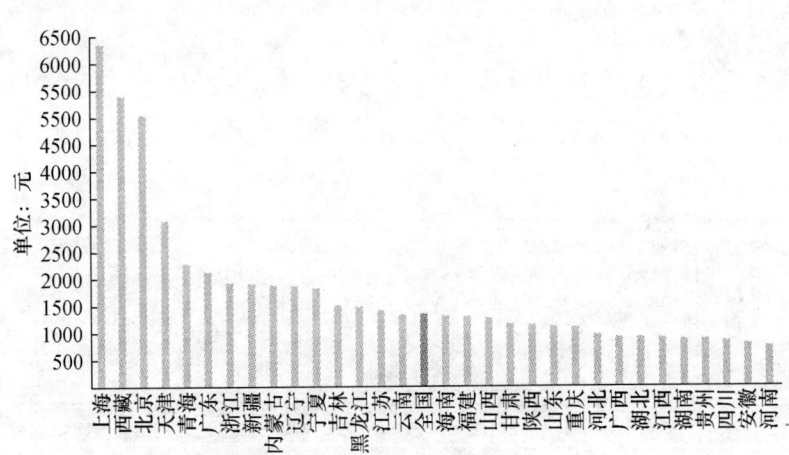

图 8-2　2003 年分地区人均财政支出

第三章 我国中央与地方财政关系的演变历史

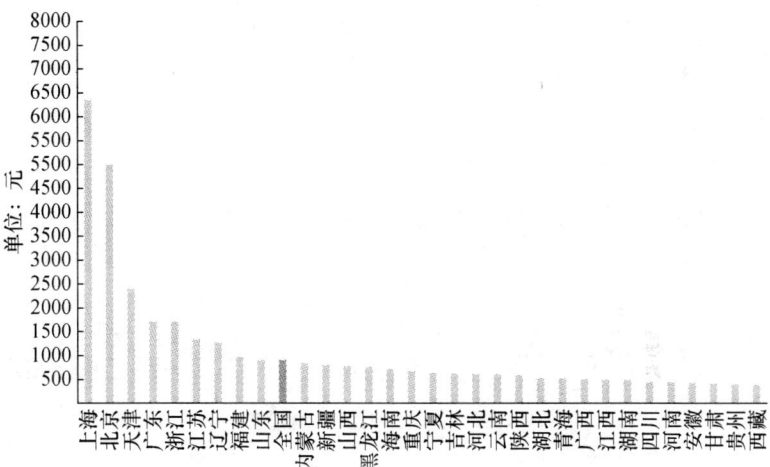

图 9-1 2004 年分地区人均财政收入

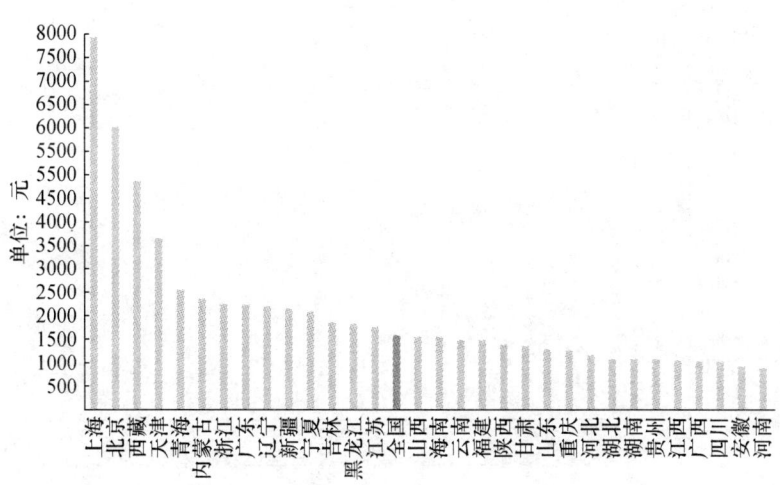

图 9-2 2004 年分地区人均财政支出

中央与地方关系法治化研究

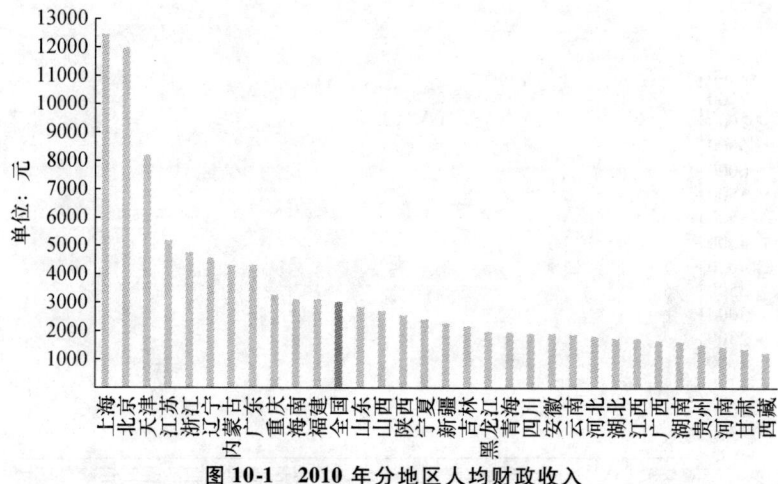

图 10-1　2010 年分地区人均财政收入

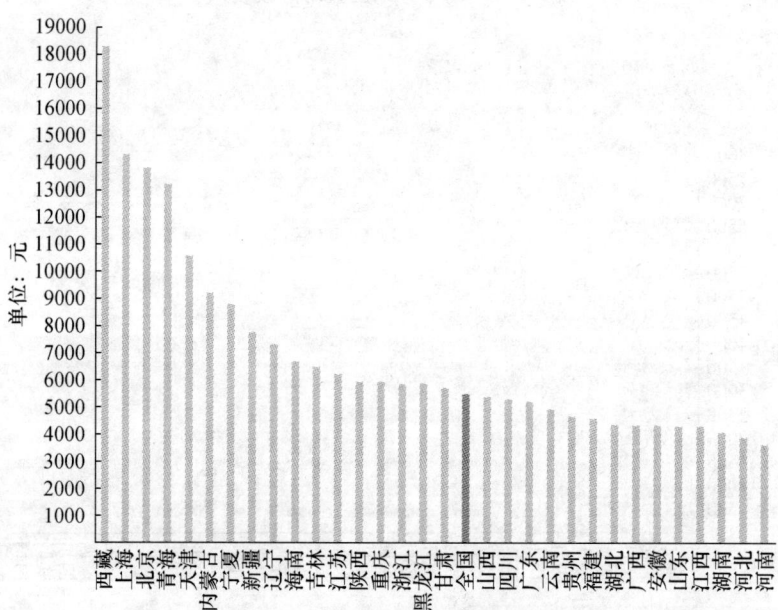

图 10-2　2010 年分地区人均财政支出

第三章 我国中央与地方财政关系的演变历史

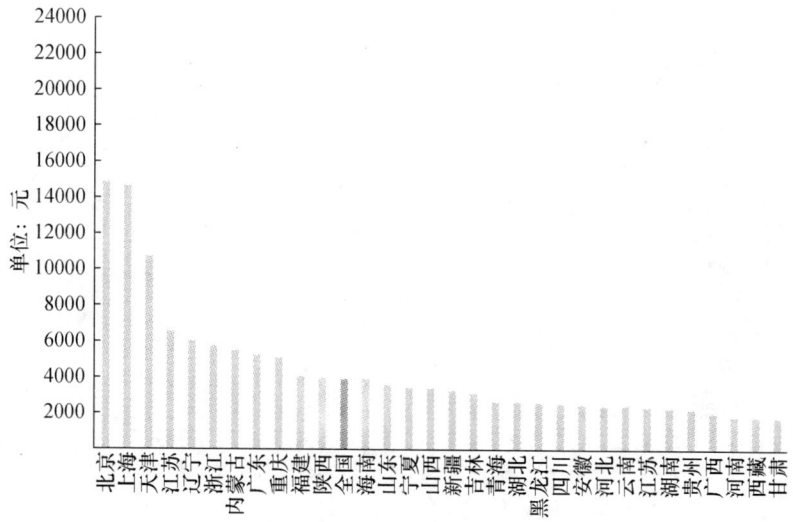

图 11-1　2011 年分地区人均财政收入

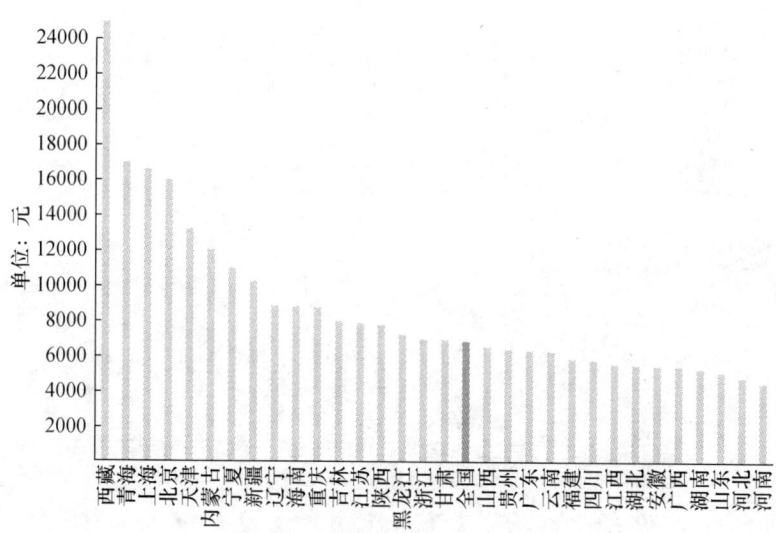

图 11-2　2011 年分地区人均财政支出

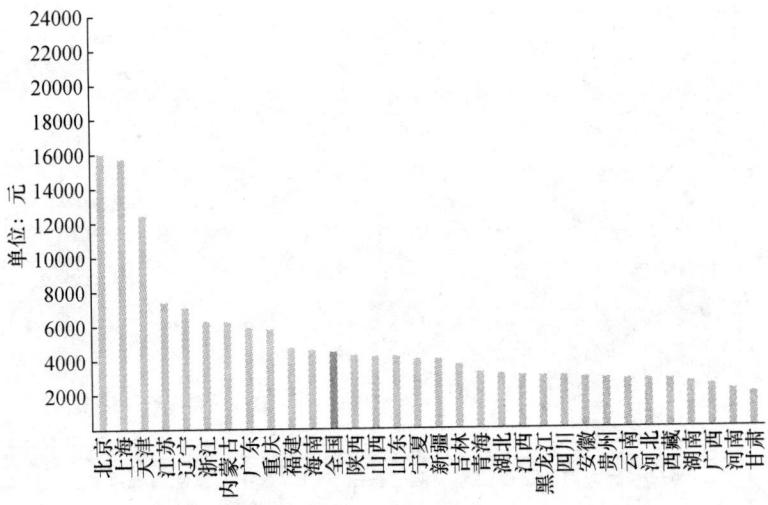

图 12-1 2012 年分地区人均财政收入

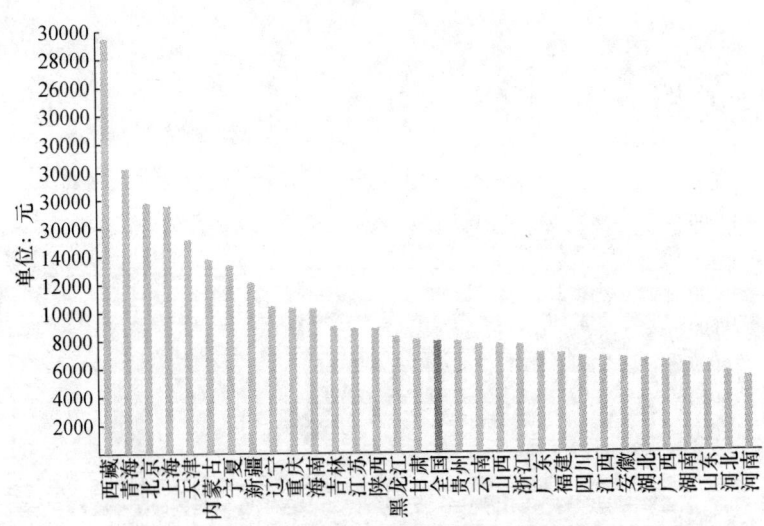

图 12-2 2012 年分地区人均财政支出

数据来源：根据相关年度《中国统计年鉴》的各地区财政收支数和人口数计算而得。

第三章 我国中央与地方财政关系的演变历史

接下来,再从各地人均财政支出①占全国平均水平的比值来看转移支付的均等化效果。通过比较 2001—2012 年间的相关数据(见表 7),可以发现,我国的转移支付体系具有一定的均等化功能。② 从 2001 年到 2012 年的 12 年间,人均财政支出不足全国平均水平的省份数,不足全国平均水平 90% 的省份数,不足全国平均水平 80% 的省份数,不足全国平均水平 70% 的省份数都在降低。分别从最高年份的 17 个、14 个、10 个、8 个降到最低年份的 14 个、10 个、4 个、1 个。特别是,不足全国平均水平的省份数从 2008 年开始一直保持在 14 个。不足全国平均水平 80% 的省份数逐年降低,而不足全国平均水平 70% 的省份数从 2004 年的 8 个降到 2005 年和 2006 年的 5 个和 4 个,2007 年降到 1 个,并保持至今。同时,历年排名最低③的河南省的比例也由最低年份的 51.72% 提高到最高年份的 67.24%。上海市在 2009 年之前一直排名第一(见表 8),且人均财政支出与全国平均水平的比值都在 3.7 倍以上,大部分年份在 4 倍以上,2004 年超过 5 倍;2009 年和 2010 年均排名第二,比值分别是 3.40 和 2.60;2011 年降到第三名,比值为 2.42;2012 年则降到第四名,比值为 2.22。

---

① 是一般预算支出。
② 从 2001 年到 2012 年相关年份人均财政收入、人均财政支出的基尼系数、泰尔指数和变异系数等指标(详见表 6)也可以看出,我国的政府间转移支付具有一定的均等化功能,地区差异在逐年缩小。同时,也可以看出,从 2006 年以来,人均财政收入的地区差异也在缩小。

表 6 各地财政收支差异指标状况

		2001	2002	2003	2004	2005	2006	2007	2008	2009	2010	2011	2012
基尼系数	收入	0.44	0.45	0.45	0.45	0.45	0.43	0.43	0.42	0.40	0.36	0.34	0.32
	支出	0.33	0.34	0.34	0.33	0.32	0.30	0.29	0.28	0.27	0.25	0.25	0.25
泰尔指数	收入	0.39	0.41	0.41	0.42	0.41	0.38	0.38	0.35	0.32	0.24	0.22	0.19
	支出	0.20	0.21	0.22	0.20	0.19	0.17	0.16	0.14	0.13	0.11	0.11	0.11
变异系数	收入	1.12	1.17	1.17	1.20	1.18	1.10	1.11	1.05	0.99	0.83	0.77	0.71
	支出	0.73	0.75	0.77	0.75	0.73	0.67	0.66	0.62	0.58	0.51	0.52	0.52

③ 值得注意的是,2005 年,排名最低的是安徽省,相应的比例为 60.57%。

表7 各地人均财政支出的相关指标状况

	不足全国平均水平数	不足全国平均水平90%数	不足全国平均水平80%数	不足全国平均水平70%数
2001	16	13	10	5
2002	17	13	10	6
2003	16	13	9	8
2004	17	13	9	8
2005	16	14	9	5
2006	16	13	9	4
2007	15	13	9	1
2008	14	11	9	1
2009	14	10	8	1
2010	14	10	8	1
2011	14	10	5	1
2012	14	11	4	1

数据来源：相关年度《中国统计年鉴》的各地区财政收支数和人口数计算而得。

此外，从相关数据（见表8）可以看出，我国的政府间转移支付在支持民族地区发展方面作用明显。少数民族自治区和少数民族较多省份，如西藏、新疆、内蒙古、宁夏、青海等地的人均财政支出水平远高于全国平均水平。西藏的排名一般都在第2、3名间交替，从2009年开始，西藏的人均财政支出更是超过上海，列全国第一位，一直保持至今。青海省在2009年之前一直排在第5名，2010年上升到第4名，2011年和2012年上升到第2名，仅次于西藏。从2004年开始，内蒙古一直保持在第6名。从2008年开始，宁夏一直保持在第7名。从2009年开始，新疆一直保持在第8名，在之前的有些年份，也是第8名。从2009年开始，在排名前8的省份中，除了三个直辖市外，剩下的全部是少数民族自治区和少数民族较多省份。[1]

---

[1] 有学者使用1993—2003年中国县省两级数据，采用基于趋势评分匹配的双重差分法（DID with Propensity Score Matching），也有类似的发现。研究表明：我国2000年底实施的民族地区转移支付政策，显著促进了民族地区公共支出水平的相对提高和公共支出结构的相对优化（非行政管理支出相对提高了约2%）。参见毛捷、汪德华、白重恩：《民族地区转移支付、公共支出差异与经济发展差距》，载《经济研究》2011年第2期。

表8 2001—2012年各地人均财政支出与全国平均支出水平的比值

2001		2002		2003		2004		2005		2006	
上海	4.26	上海	4.46	上海	4.77	上海	5.01	上海	4.81	上海	4.27
北京	3.93	西藏	4.34	西藏	4.05	北京	3.80	北京	3.58	北京	3.54
西藏	3.86	北京	3.71	北京	3.78	西藏	3.08	西藏	3.48	西藏	3.08
天津	2.27	天津	2.21	天津	2.31	天津	2.31	天津	2.20	天津	2.18
青海	1.88	青海	1.89	青海	1.71	青海	1.61	青海	1.63	青海	1.69
广东	1.65	宁夏	1.68	广东	1.60	内蒙古	1.49	内蒙古	1.49	内蒙古	1.46
宁夏	1.62	广东	1.63	浙江	1.44	浙江	1.42	辽宁	1.48	辽宁	1.44
辽宁	1.47	新疆	1.59	新疆	1.43	广东	1.41	宁夏	1.40	新疆	1.43
新疆	1.36	内蒙古	1.39	内蒙古	1.41	辽宁	1.39	浙江	1.34	宁夏	1.38
内蒙古	1.31	辽宁	1.38	辽宁	1.40	新疆	1.35	新疆	1.34	浙江	1.28
浙江	1.26	浙江	1.36	宁夏	1.37	宁夏	1.32	广东	1.29	广东	1.19
黑龙江	1.22	黑龙江	1.17	吉林	1.14	吉林	1.18	吉林	1.21	山西	1.17
吉林	1.18	吉林	1.13	黑龙江	1.11	黑龙江	1.15	江苏	1.16	江苏	1.15
云南	1.13	云南	1.02	江苏	1.06	江苏	1.11	黑龙江	1.07	吉林	1.14
福建	1.05	全国	1.00	云南	1.01	全国	1.00	山西	1.04	黑龙江	1.09
全国	1.00	江苏	0.98	全国	1.00	山西	0.98	全国	1.00	全国	1.00
江苏	0.96	海南	0.97	海南	0.98	海南	0.98	海南	0.95	陕西	0.95
海南	0.96	福建	0.96	福建	0.97	云南	0.95	重庆	0.91	重庆	0.91
陕西	0.93	陕西	0.93	山西	0.94	福建	0.93	云南	0.90	海南	0.90
甘肃	0.89	甘肃	0.89	甘肃	0.86	陕西	0.88	陕西	0.89	福建	0.88
山西	0.86	山西	0.85	陕西	0.85	甘肃	0.86	福建	0.87	甘肃	0.88
山东	0.81	重庆	0.83	山东	0.83	山东	0.82	甘肃	0.86	云南	0.86
湖北	0.79	山东	0.80	重庆	0.82	重庆	0.80	山东	0.82	山东	0.85
河北	0.75	广西	0.73	河北	0.72	河北	0.73	河北	0.74	湖北	0.79
重庆	0.75	河北	0.72	广西	0.69	湖北	0.68	贵州	0.73	河北	0.74
广西	0.71	湖北	0.72	湖北	0.68	湖南	0.68	湖南	0.72	湖南	0.73
贵州	0.70	贵州	0.69	江西	0.67	贵州	0.68	湖北	0.71	四川	0.71
四川	0.67	四川	0.68	湖南	0.65	江西	0.67	四川	0.69	贵州	0.70
江西	0.66	江西	0.68	贵州	0.64	广西	0.66	广西	0.68	江西	0.69
湖南	0.64	湖南	0.68	四川	0.63	四川	0.65	江西	0.68	广西	0.67
安徽	0.62	安徽	0.61	安徽	0.59	安徽	0.59	河南	0.62	安徽	0.66
河南	0.52	河南	0.55	河南	0.56	河南	0.57	安徽	0.61	河南	0.66

(续表)

2007		2008		2009		2010		2011		2012	
上海	4.05	上海	3.70	西藏	3.54	西藏	3.33	西藏	3.64	西藏	3.71
北京	3.48	西藏	3.58	上海	3.40	上海	2.60	青海	2.47	青海	2.56
西藏	3.34	北京	3.12	北京	2.89	北京	2.51	上海	2.42	北京	2.25
天津	2.08	天津	1.99	天津	2.00	青海	2.40	北京	2.34	上海	2.22
青海	1.76	青海	1.77	青海	1.91	天津	1.92	天津	1.93	天津	1.92
内蒙古	1.55	内蒙古	1.63	内蒙古	1.74	内蒙古	1.67	内蒙古	1.75	内蒙古	1.74
辽宁	1.41	宁夏	1.42	宁夏	1.51	宁夏	1.60	宁夏	1.61	宁夏	1.69
宁夏	1.37	辽宁	1.35	新疆	1.36	新疆	1.41	新疆	1.50	新疆	1.54
新疆	1.31	新疆	1.34	辽宁	1.36	辽宁	1.33	辽宁	1.29	辽宁	1.31
浙江	1.23	吉林	1.16	海南	1.23	海南	1.21	海南	1.29	重庆	1.31
江苏	1.15	浙江	1.16	吉林	1.18	吉林	1.18	重庆	1.28	海南	1.30
广东	1.15	江苏	1.14	江苏	1.14	江苏	1.13	吉林	1.16	吉林	1.14
吉林	1.12	海南	1.13	浙江	1.12	陕西	1.08	江苏	1.14	江苏	1.12
黑龙江	1.07	黑龙江	1.09	黑龙江	1.07	重庆	1.08	陕西	1.14	陕西	1.12
山西	1.07	广东	1.07	陕西	1.07	浙江	1.07	黑龙江	1.06	黑龙江	1.04
海南	1.00	山西	1.04	甘肃	1.03	黑龙江	1.07	浙江	1.02	甘肃	1.01
全国	1.00	陕西	1.02	全国	1.00	甘肃	1.04	甘肃	1.02	全国	1.00
陕西	0.97	全国	1.00	山西	1.00	全国	1.00	全国	1.00	贵州	1.00
重庆	0.94	甘肃	0.99	重庆	0.99	山西	0.98	山西	0.96	云南	0.97
甘肃	0.89	四川	0.98	广东	0.98	四川	0.96	贵州	0.94	山西	0.97
福建	0.88	重庆	0.97	四川	0.96	广东	0.94	广东	0.93	浙江	0.96
云南	0.87	云南	0.87	云南	0.93	云南	0.90	云南	0.92	广东	0.88
山东	0.83	福建	0.85	福建	0.85	贵州	0.85	福建	0.86	福建	0.88
湖北	0.77	湖北	0.78	湖北	0.80	福建	0.83	四川	0.84	四川	0.85
河北	0.75	山东	0.77	贵州	0.79	湖北	0.79	江西	0.82	江西	0.85
四川	0.75	贵州	0.75	江西	0.77	广西	0.79	湖北	0.81	安徽	0.84
湖南	0.74	湖南	0.75	安徽	0.76	安徽	0.79	安徽	0.80	湖北	0.82
贵州	0.73	江西	0.74	湖南	0.75	山东	0.78	广西	0.80	广西	0.81
江西	0.71	广西	0.73	山东	0.75	江西	0.78	湖南	0.78	湖南	0.78
广西	0.71	河北	0.73	广西	0.73	湖南	0.75	山东	0.75	山东	0.77
安徽	0.70	安徽	0.72	河北	0.73	河北	0.71	河北	0.71	河北	0.71
河南	0.69	河南	0.65	河南	0.67	河南	0.66	河南	0.66	河南	0.67

数据来源:根据相关年度《中国统计年鉴》的各地区财政支出数和人口数计算而得。

第三章　我国中央与地方财政关系的演变历史

在承认成就的同时,还应该看到我国政府间转移支付均等化水平较低的现实。① 前文提到的德国,其转移支付均等化水平很高,过去的标准是,接受转移支付州的财政能力至少能达到全国平均财政能力的99.5%,改革后降为96.5%。而我国2012年不足全国平均水平80%的省份尚有4个,不足90%的还有11个。②

此外,通过相关数据(见表8)也可以发现,我国转移支付的均等化水平还存在结构性的问题:(1) 个别东部发达省份的人均财政支出开始低于全国平均水平。例如:广东省在2001年排全国第6名,人均财政支出是全国平均水平的1.65倍,之后名次逐年下降,2005年下降到第11名,人均财政支出是全国平均水平的1.29倍,然后继续下降,到2009年降到第19名,同时降到全国平均水平以下,还低于山西和重庆,人均财政支出是全国平均水平的98%。此后,排名继续下降,2010年和2011年为20名,2012年则更降到第21名,这几年均在全国平均水平以下,相关的比值2010年为94%,2011年为93%,2012年则降到90%以下,为88%。还有一个例子是浙江省。浙江在2003年和2004年一度排到第7名,其余年份在10名左右徘徊,从2008年开始逐年下降,历年的排名分别为第11名、第13名、第15名、第16名、第20名。2012年从2011年的第16名落到第20名,同时人均财政支出降到全国平均水平以下。这一现象值得引起关注。说明我国的转移支付体系中存在一些不利于这些省份的结构性问题。如果相关的问题得不到妥善解决,将会影响到我国转移支付体系乃至整个中央与地方财政关系的可

---

① 除了均等化水平较低外,我国的政府间转移支付还存在一些其他问题。这些问题有的是受政府职能转变不到位、政府间支出责任不清晰等体制性因素制约造成的,如专项转移支付项目设置交叉重复、资金投入零星分散,造成部分地方多头申请、重复要钱;部分项目计划与地方实际需要脱节,地方政府又无法结合实际作必要调整和统筹安排,造成转移支付效率不高和资金损失。有的是制度设计不周密造成的,如分配办法不合理,过多考虑地方具体事务支出缺口,专项转移支付对地方资金安排产生"挤出效应";专项转移支付配套对地方财政形成较大压力,有的地方临时挪用其他资金或借债配套,配套资金并未真正落实;省对下转移支付不尽规范,部分地方省以下基本公共服务均等化效果不明显。有的受决策程序时间所限,如部分中央专项转移支付资金当年拨付时间较晚,形成大量结余结转,影响使用效益。有的是执行制度不严,如转移支付资金拨付和使用中一定程度上存在挤占挪用现象。参见《国务院关于规范财政转移支付情况的报告》(2007年6月27日在第十届全国人民代表大会常务委员会第二十八次会议上)。

② 值得指出的是,这里用到的人均财政支出只是衡量政府间转移支付均等化水平的一个比较粗略的指标。这一指标并没有考虑到需求方面的因素。例如:物价、自然环境等。同时,这里比较的只是一般预算支出,而没有考虑其他财政支出。

持续发展。(2)转移支付更偏向西部地区的部分省份。前面的分析表明,地处西部的民族地区是现行转移支付体系的最大受益者。此外,重庆、陕西、甘肃、贵州等西部省份也从低于全国平均水平达到全国平均水平以上,云南也达到90%以上。在中部省份中,大部分都处在全国平均水平以下。河南省长期排在最后一名,河北、湖南、湖北、安徽等省份的排名也比较靠后。有学者指出,从全国趋势来看,在过去的十年里,东部地区靠工业化、西部地区靠中央补助使得人均财力都有明显而迅速的增长,唯有中部地区与东部与西部的差距越来越大。① 其实,具体到各个省份,问题则要复杂得多。广西既是民族地区,又是西部省份,但是排名比较靠后,人均财政支出占全国平均水平的比值大部分年份都在80%、70%以下。而前文已经提到,东部地区的广东和浙江这几年已降到全国平均水平以下,而同属于东部地区的福建和山东大部分年份都低于全国平均水平,而且排名相对靠后。(3)均衡性转移支付存在向财力较强的省倾斜的问题。有实证研究发现:就所有省份而言,财力越低的省,得到更多转移支付资金,也就是说资金分配向财力较弱的省发生了倾斜。但是这一倾斜主要由于北京、上海等6个财力最强省市没有得到转移支付资金带来的。仅就得到转移支付资金的省份而言,转移支付资金与财力水平之间呈现明显的正相关,也就是财力越强的省份,得到转移支付资金人均值也越高,资金的分配向财力较强的地区发生了倾斜。作者认为,这种资金分配结果主要是源于以财政供养人口为主的资金分配方式。财力较强的省份,总人口中财政供养人口比重较高,以财政供养人口为主的资金分配方式最终导致资金向财力较强的省份倾斜。②

除了均等化水平较低外,还缺乏"均等化"方面的法律原则。前文的研究表明,德国和加拿大都在宪法中规定了体现"均等化"的相关条款,这些宪法条款遂成为相关政府间转移支付制度设计的宪法基础。这一做法有助于促进公民基本权利的保障与实现。我国并不如此,和当前均等化水平较低相适应的是,我国的宪法和法律都没有均等化方面的条款规定,仅有的规定是财政部制定的关于均衡性转移支付的办法,其中强调均衡性转移支付的

---

① 参见周飞舟:《以利为利:财政关系与地方政府行为》,上海三联书店2012年版,第79页。
② 参见贾晓俊、岳希明:《我国均衡性转移支付资金分配机制研究》,载《经济研究》2012年第1期。

主要目标是,缩小地区间财力差距,逐步实现基本公共服务均等化。这在规范性文件位阶上是远远不够的,不足以统领整个政府间转移支付制度体系。

(七)协调与争议解决机制的缺乏

和其他领域一样,中央与地方财政关系的法治化也有赖于相关法律规范的切实遵守和执行。为了保证相关法律规范的切实遵守和执行,一定的保障机制是必不可少的。由本研究第二章对两种制度模式的比较分析可知,无论是对称型制度模式,还是非对称型制度模式,在制度设计中都很重视协调与争议解决机制的建立。协调与争议解决机制可以使得一定的制度框架能够适应外部情势的重大变化而不至于发生根本性的改变;同时为一定的争议提供解决渠道,从而保证了制度框架的稳定性、可预见性与权威性。而协调与争议解决机制是我国在处理中央与地方财政关系方面所缺乏的一个重要环节,这在一定程度上严重制约了我国具有稳定性、可预见性和权威性的中央与地方财政关系制度框架的确立。

我国的相关制度主要由国务院和财政部作出。相关的正式协调机制在我国并不存在。国务院和财政部单方面制定中央与地方财政关系方面的规则,一方面因地方意见的缺失或许不能很好地反映国家客观情势的要求,另一方面也由于地方政府的参与不够,可能导致相关规则得不到很好的遵守,暗中地消极"不合作"可能影响规则的实效性,从而也影响到相关规则的权威性。

值得注意的是,实践中存在的诸多恶性税收竞争行为是相关法律规范没有得到有效遵守和执行的突出体现。这些恶性税收竞争既涉及地方政府之间的竞争,也涉及地方政府与中央政府之间的竞争。就前者而言,税收优惠政策往往在实施过程中走了样,成了地方政府间为争夺资源而在资本市场上进行税收竞争的工具。享受税收优惠的不一定是法律所明确规定的高科技企业,一些技术或管理水平都很落后的企业也有可能享受。对企业实行"包税",不管盈利状况如何,只需完成分配的税收任务即可。同时,在税法的执法过程中还存在诸多"变相税收减免"现象。如普遍存在的以地方财政支出为支撑的税收"先征后返"①等。② 就后者而言,地方政府则可能通过影响国税部门,影响中央财政收入的实现。审计发现,在地方部门的影响下,少数地方的国税机关出现了"偏征"行为,主要表现为对同一企业的税收,先征收地方税种、后征收中央与地方共享的增值税和其他中央税种,甚至有的地方出现了大量超征地方税和共享税、同时大量欠缴中央税的现象。③ 而对于此类违反法律或规避法律的行为,由于缺乏相关的争议解决机制,使得相关法律规范的实效性大打折扣,也影响了稳定权威的中央与地方财政关系的建立健全。此外,对于地方政府规避《预算法》的相关规定,变相举债;中央政府没有实施足够的转移支付、特别是均等化转移支付等行为,也都和协调与争议解决机制的缺失不无关系。

---

① 一个现实中的例子是,《国务院关于纠正地方自行制定税收先征后返政策的通知》(国发(2000)2号)规定:"对以先征后返或其他减免税手段吸引投资的做法,必须采取有力措施,坚决予以制止。"某区政府无视这一规定,在2002年还出台新的规定进行"招商引税"。其行为不但严重扰乱市场经济秩序,而且使国家税收遭受2亿多元的损失。审计署京津冀特派办对这一问题进行了审计揭露,国务院领导作出重要批示。2003年6月25日,李金华审计长在第十届全国人大常委会第三次会议上作《关于2002年度中央预算执行和其他财政收支的审计工作报告》时,对此事进行了披露:"有一些地方政府从本地利益出发,越权开政策口子。如某区政府违规自定'招商引税'政策,采取将部分税收返回给纳税人和中介人的办法,吸引区外企业到区内注册,造成国家财政资金大量流失……"参见李向前、孙俭:《揭开"招商引税"背后的黑幕——审计署京津冀特派办查处M区"招商引税"问题前后》,载《中国审计》2003年第20期。

② 参见熊伟:《"引税"现象的调查与思考》,载《法学杂志》2002年第6期;叶子荣、林翰:《我国的税收竞争异化与税权制度创新》,载《税务研究》2007年第2期。

③ 参见钱夫中:《国税审计的历程与展望》,http://www.audit.gov.cn/n1057/n1072/n1342/14719.html,2014年9月20日访问。

第四章 我国中央与地方关系实现法治化的财政思路

前文已经分析了在实现中央与地方关系法治化的过程中财政所具有的重大价值。通过比较研究,也考察了各国在处理中央与地方关系时的财政制度模式,即对称型模式与非对称型模式。同时梳理了我国中央与地方财政关系演变的历史,并总结了取得的成功经验和尚存在的问题。本章将在如上研究的基础上,从财政的维度,为我国中央与地方关系实现法治化提出相应的思路。具体而言,从视角转换、路径选择、模式选择和制度构建四个方面来进行分析。

一、视角转换

(一)法治和宪政视角的引入

前文在问题分析部分指出,法治和宪政视角的缺失是我国中央与地方财政关系存在的首要问题。由此可见,法治和宪政视角的引入是实现我国中央与地方财政关系法治化的前提条件。引入法治和宪政视角,意味着在思考中央与地方财政关系问题或进行相关的制度构建方面需要在如下几个方面作出改进:

(1)以基本的法治和宪政理念作为思考和解决中央与地方财政关系问题的出发点和立足点,其他的目的或价值选择只能在这些理念范畴之内进行考虑并加以实现,而不能超越这些理念。如果不考虑这些理念,我们可能在某些方面达到了一时的政策目标,但是从总体上而言,也许与宪政的基本理念相悖。

权力制约、权利保障和地方自治应该成为制度构建的基准。应该以财政为枢纽撬动整个中央与地方关系的法治化,财政领域实现法治化是整个中央与地方关系实现法治化的基础。从某种意义上而言,只有实现了财政领域的法治化,整个中央与地方关系的法治化才有了可能性。在中央与地方财政关系的处理方面有效地贯彻权力制约、权利保障和地方自治理念,将有助于实现其法治化,从而推动整个中央与地方关系的法治化。权力制约理念强调通过不同级政府之间的相互约束而防止权力行使的滥用。权力制约理念既要制约中央政府的权力,也要制约各级地方政府的权力。从前面的分析可知,目前中央政府和各级地方政府都存在一些不规范的做法。将这些做法逐步规范化,将有助于实现权力制约,实现法治化。例如,关于财政权限配置的立法应该主要由全国人大或常委会通过,改变目前由国务院主导的做法。① 在全国人大或常委会立法的前提下,各级政府依法行使财政立法权、财政收益权、财政征收权和财政预算权。中央政府依法保障政府间转移支付资金的拨付。对于相关规定在执行中出现的各种问题以及各级政府间发生的相关争议,通过协调与争议解决机制予以处理。

　　权利保障理念强调的是通过财政权限在中央与地方政府之间的有效配置,实现对公民各项基本权利的真正保障。与教育、医疗、社会保障等有关的公民基本权利的实现都需要各级政府的大量财政投入。为了有效保障相关的公民基本权利,既需要各级地方政府的投入,也需要中央政府的投入。中央政府以及较高层级地方政府的投入主要在于弥补相关权利实现的不公平。通过财政权限在中央与各级地方政府之间的配置,使得所有的公民享有基本的公共服务,享有公民基本权利。以免费义务教育改革为例,中央政府和地方政府之间通过"分项目按比例分担"②解决了实行免费义务教育所需要的经费。而实行免费义务教育后,广大偏远落后地区学生受教育权的实现有了明显的改善。③ 可以看出,权利保障为中央与地方之间财政权限的配置提供了合理性依据。此外,通过政府间财政权限配置实现权利保障,不仅与中央与地方财政关系的法治化相关,更与整个国家和社会的法治化相关。因此,以权利保障作为指导处理中央与地方财政关系的理念原则,将在很大程度上加快整个国家的法治进程、提高法治化水平。

---

　　① 全国人大及其常委会在财政领域立法权的扩张,将有助于提高整个国家治理的法治化水平。
　　② 参见《国务院关于深化农村义务教育经费保障机制改革的通知》(国发〔2005〕43号)。
　　③ 值得注意的是,免费义务教育政策的实行也带来了一些新的问题需要进一步解决。

第四章　我国中央与地方关系实现法治化的财政思路

地方自治理念要求给予地方自治团体一定的财政权限,保证其获得自主处理其内部事务的财力。尽管我国有民族区域自治制度,但是我国没有西方国家意义上的那种地方自治。不过,相关的理念和做法也可以用来借鉴。1994年分税制财政体制改革以来,由于财权的逐渐上移,不少基层地方政府陷入财政困境。这给基层地方政府的正常运转以及其提供公共服务的能力造成了很大的消极影响。基层地方政府提供公共服务能力的不足将直接影响到公民基本权利的实现,如教育、医疗等方面的权利的实现。① 应认识到地方自治在培养公民权利意识、提高全社会的法治化水平等方面所具有的各种积极价值,大胆借鉴其他国家在地方自治方面的一些理念和做法,改革我国基层地方政府的相关制度。从财政角度而言,应一方面给予基层地方政府一定的财政收益权,让其获得一定的税收和非税收入;另一方面,中央政府、省级政府应加大对基层地方政府的转移支付,弥补其在财政支出和财政收入方面的资金缺口,以保证其发挥应有的职能,从而实现对公民基本权利的保障。

(2) 增加中央与地方财政关系方面的宪法规范。通过前文的历史回溯可知,只有新中国成立初期的宪法性文件《共同纲领》中有中央与地方财政权限划分的条款,而在此后我国制定的各部宪法中都没有规定相关的条款。这就使得相关制度建设的宪法基础相当薄弱。为了改变这一状况,让所有的具体制度建设受到宪法规范的统领和约束,我国有必要借鉴美国、德国、加拿大等国的做法,在宪法中对中央与地方之间财政权限的划分作出原则性的规定,如财政权限划分的基本原则、政府间转移支付的均等化原则等,从而为具体制度建设提供坚实的宪法基础。在具体操作上,可以考虑在今后修正宪法时,在宪法修正案中加入相关的条款。

(3) 改变中央与地方财政关系制度设计中的行政主导、立法机关角色缺失的现状,实现这一领域的法治化治理。从前文的问题分析可知,对于具体的制度设计,我国目前主要是通过作为行政机关的国务院的文件来进行规定的,没有通过国务院制定的行政法规来规定,更没有通过作为立法机关的全国人大及其常务委员会制定的法律来进行规范。全国人大及其常委会

---

① 作为我国基层地方政府的县级政府在教育、医疗等方面都扮演着极其重要的作用。

在这一领域长期处于"沉默"状态。① 而前述各国除了相关的宪法条款之外,都通过法律来规定相关事项。法治和宪政视角的引入意味着必须对这一现状加以大力调整。中央与地方财政关系作为调整中央与地方关系的重要领域,关涉国家的基本财政、税收制度,我国应该落实《立法法》的规定,启动全国人大及其常委会在这一领域的立法机制,应该在宪法规范的统领下通过制定法律来对中央与地方财政关系进行调整。将政府间事权与财政支出责任的划分,财政收益权、财政立法权、财政征收权和财政预算权等财政权限的配置,政府间转移支付等事项都通过制定法律来进行规范。②

(4)保持制度的稳定性和适应性。通过前文的分析,可以发现一个共同的规律。那就是,美国、加拿大、德国和日本等国的财政分权制度都具有一定的稳定性和适应性。稳定性有助于国家社会经济的平稳发展;适应性又使得财政分权制度框架能对现实社会经济条件的剧烈变化作出相应的回应。这样就做到了稳定性和适应性的兼顾和协调,而不是在僵化或剧烈制度变迁之间各执一端。上述各国的财政分权具有这一特性的原因在于,这些国家都有相关的宪法、法律确立的财政分权制度框架;除此之外,一个极为关键的原因是协调与争议解决机制的存在。协调机制使得财政分权制度得以回应现实的变化,从而保持了制度的适应性;而争议解决机制使得相关争议能够通过一定渠道得以解决从而保证了整个制度的稳定性,而不至于因不断的争议使得整个制度变得支离破碎。宪政视角在我国中央与地方财政关系领域的引入,也意味着我国的相关制度要保持一定的稳定性和适应性③,在加强宪法、法律层面相关制度建设的同时,也应该考虑协调与争议解决机制的建立问题。④

(二)可行性分析

在中央与地方财政关系领域引入法治和宪政视角,具有多方面的可行

---

① 前文的分析表明,只有在新中国成立初期,全国人大常委会尚对国务院制定的各种财政管理体制方面的规定进行审查批准。

② 遗憾的是,最近新修订的《预算法》仍将相关的权限授予国务院规定。具体条文为:"中央预算与地方预算有关收入和支出项目的划分、地方向中央上解收入、中央对地方税收返还或者转移支付的具体办法,由国务院规定,报全国人民代表大会常务委员会备案。"

③ 应该说,较之以往,我国中央与地方财政关系的稳定性和适应性已大大增强。

④ 下文还将详细讨论这一问题。

第四章 我国中央与地方关系实现法治化的财政思路

性,目前时机已经基本成熟。

前文对我国多年来的中央与地方财政关系制度建设所取得的经验作了总结,这些经验对我国在这一领域引入法治和宪政视角都不无意义。前文指出,经过多年的摸索,我国在这一领域的制度化思路已逐步形成。在这个制度化思路的基础上,在上升一个层次之后,就有可能转变为宪政思路,如提高规定相关制度的法律文件层级,让立法机关的角色在这一领域得以回归等。前文的分析也表明,我国的中央与地方间财政权限划分在集权与分权之间已经达成了一定的平衡。这种财政权限划分的相对均衡状态为我们通过相关的制度建设将其予以确定创造了条件,可以保证相关制度的稳定性,而不至于在制度建立之后,就因客观状况的剧烈变化而使得既存制度遭到破坏。我国的相关具体制度建设方面也有许多地方逐步在和国际惯例保持一致,这也为在宪政的视角借鉴各国的具体制度建设经验奠定了基础。

除此之外,从中国社会的宏观发展来看,在中央与地方财政关系领域引入法治和宪政视角也趋成熟。概括起来,在宏观方面目前有如下一些有利因素:

(1) 经济体制改革的逐步到位。各国的实践表明,宪政总是和市场经济体制相伴随的[1],市场经济的发展在客观上需要宪政予以保障,同时,宪政的确立也需要市场经济的土壤。从20世纪70年代末期开始,我国就开始了经济体制改革,经过多年的探索和努力,终于提出了经济体制改革的目标是实现从计划经济体制向社会主义市场经济体制的转变。1992年中国共产党第十四次全国代表大会提出了建立社会主义市场经济体制的目标。[2]目前,应该说,社会主义市场经济体制在我国已经初步确立。国民经济各个领域的市场化程度也在逐步提高。社会主义市场经济体制的确立为我国的宪政建设提供了必须的土壤;同时,宪政建设也对社会主义市场经济的发展起到保障作用。在这一经济体制背景下,在中央与地方财政关系领域引入法治和宪政视角,通过宪政的视角思考相关问题,进行相关制度建设,就成

---

[1] 相关理论可参见张千帆等:《宪政、法治与经济发展》,北京大学出版社2004年版,第21—22页。

[2] 江泽民同志在报告中指出:"我国经济体制改革的目标是建立社会主义市场经济体制。"江泽民:《加快改革开放和现代化建设步伐,夺取有中国特色的社会主义事业的更大胜利》(在中国共产党第十四次全国代表大会上的报告,1992年10月12日)。

为理所当然的选择了。

（2）公共财政改革目标的确立。随着社会主义市场经济体制的逐步确立，我国在财政改革方面也确立了"构建公共财政基本框架"的目标。1998年全国财政工作会议提出了这一历史性的改革目标。党的十六届三中全会明确提出要"健全公共财政体制"。在公共财政改革目标下，财政支出的投向将不再专注于生产建设事项，而应将更多的资源用于提供公共服务，重点加强科技、教育、卫生、文化、社会保障、环境保护等公共服务领域；解决市场机制失灵所产生的收入分配不公、区域发展不平衡、资源破坏环境恶化等问题，满足公共需要，化解社会矛盾，实现可持续发展。[1] 公共财政和法治、宪政也是具有密切关系的。公共财政是直接意义上的社会公众的财政，是社会公众通过法律程序对政府行为，包括其收支活动予以直接决定、约束、规范和监督的财政。社会公众对财政的这种直接作用，是通过法律形式来得以完成的，这就使得公共财政又表现为法治财政。[2] 公共财政与法治、宪政之间的这种关系自然也会影响到中央与地方财政关系。

（3）依法治国方略的确立。理论和实践表明，面对现代复杂的社会关系，法治应该是比较好的一种人类社会治理模式。我国社会长期以来奉行人治的治理模式，应该说，这一治理模式对于古代农业社会还是适合的，也创造了在今天看来都很优秀的文明；但是在现代社会，这一治理模式越来越显露出其不足之处。经过多年的理论探索和实践摸索，法治也成为我国社会的治理模式，依法治国方略终于在我国得以确立。1997年中国共产党第十五次全国代表大会报告提出要"依法治国，建设社会主义法治国家"。[3] 其后这一治国方略通过写入宪法修正案的方式在宪法层次得以确立。依法治国方略在我国的确立，将从根本上改变我国社会以往长期实行的治理模式，对社会的各个领域都将产生重大影响，对中央与地方财政关系领域亦不例外。

---

[1] 参见高培勇：《公共财政：概念界说与演变脉络——兼论中国财政改革30年的基本轨迹》，载《经济研究》2008年第12期；高培勇主编：《共和国财税60年》，人民出版社2009年版，第247页。

[2] 参见张馨：《公共财政论纲》，经济科学出版社1999年版，第205页。

[3] 江泽民同志指出："依法治国，是党领导人民治理国家的基本方略，是发展社会主义市场经济的客观需要，是社会文明进步的重要标志，是国家长治久安的重要保障。"江泽民：《高举邓小平理论伟大旗帜，把建设有中国特色社会主义事业全面推向二十一世纪》（在中国共产党第十五次全国代表大会上的报告，1997年9月12日）。

(4)十八届三中全会和四中全会的重要决定。党的十八届三中全会通过的《中共中央关于全面深化改革若干重大问题的决定》(以下简称《决定》)设专节论述"深化财税体制改革",这在党的相关文件中是第一次。《决定》改变过去仅仅从经济角度认识财政的传统思维,而从国家治理的高度来理解财政的极端重要性。《决定》指出,"财政是国家治理的基础和重要支柱","科学的财税体制"是"实现国家长治久安的制度保障"。强调要"建立现代财政制度","发挥中央和地方两个积极性"。特别提到要"建立事权和支出责任相适应的制度"。在"加强社会主义民主政治制度建设"部分强调要"推动人民代表大会制度与时俱进",特别提到要"落实税收法定原则"。同时,设专节论述"推进法治中国建设",强调要"维护宪法法律权威"。党的十八届四中全会则专门关注依法治国问题,通过了《中共中央关于全面推进依法治国若干重大问题的决定》。《决定》指出,"依法治国,是坚持和发展中国特色社会主义的本质要求和重要保障,是实现国家治理体系和治理能力现代化的必然要求"。"全面推进依法治国,总目标是建设中国特色社会主义法治体系,建设社会主义法治国家。"强调"健全宪法实施和监督制度","健全有立法权的人大主导立法工作的体制机制,发挥人大及其常委会在立法工作中的主导作用"。强调要"加强重点领域立法",将"财政税收"与"编纂民法典"相并列。提出"推进各级政府事权规范化、法律化,完善不同层级政府特别是中央和地方政府事权法律制度"。可以说,两次全会的重要决定为我国中央与地方财政关系的法治化创造了历史上最好的宏观环境。

(5)《预算法》的修订。新修订的《预算法》在立法宗旨部分改变了以往强调"宏观调控"的做法,突出了"规范政府收支行为"的目的。同时,通过强调"政府的全部收入和支出都应当纳入预算"体现了预算完整性原则。尽管在中央与地方财政关系方面新修订的《预算法》并没有新的突破,但作为财政领域的基本法律,《预算法》的相关理念、原则与部分规定对我国中央与地方财政关系的法治化也会产生一定的影响。

(6)国家对宪法的重视。我国在建国初期就很重视宪法,之后由于种种原因,对宪法不够重视,使宪法在国家治理中的重要功能没有得到真正的发挥。改革开放之后,我国制定了新的宪法,宪法的重要性日益得到国家的重视。特别是,在2014年12月4日首个国家宪法日来临之际,国家主席习近平指出:"宪法是国家的根本法,是治国安邦的总章程,是党和人民意志的集中体现,具有最高的法律地位、法律权威、法律效力。""坚持依法治国首先要坚持依宪治国,坚持依法执政首先要坚持依宪执政。""要以设立国家宪法日为契机,深入开展宪法宣传教育,大力弘扬宪法精神,切实增强宪法意识,推动全面贯彻实施宪法,更好发挥宪法在全面建成小康社会、全面深化改革、全面推进依法治国中的重大作用。"①国家高级领导人的这些强调表明了国家对宪法的重视程度在大大提高,这自然对法治、宪政视角在中央与地方财政关系领域的引入颇有助益。

二、路径选择

对于中央与地方财政关系法治化这样重大的国家治理目标,需要慎重考虑其路径选择问题。下文将在法治现代化的视野下,对我国实现中央与地方财政关系法治化的路径选择予以讨论:

(一)法治现代化的三条路径

如何实现法治现代化,使我国早日建成"社会主义法治国家",从而使得法治现代化为整个国家的现代化作出其应有的贡献,是法学家们激烈论辩的一个重要主题。② 有学者从我国法律演进的特定历史时空环境出发,指出中国社会走上了一条依靠国家政权力量推进法律现代化的道路,并将其称为"政府推进型"的法治道路,以区别于西方早期的"社会演进型"③的法

---

① 参见《习近平:切实增强宪法意识 推动全面贯彻实施宪法》,载 http://news.xinhuanet.com/2014-12/03/c_1113508662.htm,2014年9月20日访问。

② 关于中国法治现代化道路,法学家们基于各自的学术兴趣、理论背景和对中国现实的判断提出了诸多学说。参见舒国滢主编:《法制现代化的理论基础》,知识产权出版社2010年版,第356—357页。

③ 关于社会演进型的法治道路,著名法理学家苏力有过很好的说明:"中国的法治之路必须依靠中国人民的实践,而不仅仅是几位熟悉法律理论或外国法律的学者、专家的设计和规划,或全国人大常委会的立法规划。中国人将在他们的社会生活中,运用他们的理性,寻求能够实现其利益最大化的解决各种纠纷和冲突的办法,并在此基础上人们的互动中(即相互调整和适应)逐步形成一套与他们的发展变化的社会生活相适应的规则体系。"参见苏力:《法治及其本土资源》,中国政法大学出版社2004年版,第21页。

第四章 我国中央与地方关系实现法治化的财政思路

治道路。前者的主要特点是,政府是法治现代化的领导者和主要推动者,法治主要是在政府的目标指导下设计形成的,是主要依靠政府所掌握的政治社会资源完成的,是人为建构出来的。后者的主要特点是,法治主要是在社会生活中自然形成和演变出来的,是社会在缺乏预定目标和计划的前提下通过众多自发的努力而形成的。前者强调自上而下,强调整体的计划性和有组织性。而后者强调自下而上,强调自发性和无目的性。[①]

还有学者提出了互动型法治现代化模式,他指出,中国的法治现代化应当走政府推进型与社会推进型相结合的道路,以政府推进法制的改革为主导,辅之以社会、民间自然生成的具有现代法治精神的制度、规范和力量。对于中国未来的法治建构,应当激活政府与社会两方面的积极性和创造力,将两方面的经济、政治资源很好地利用起来、统一起来。[②]

(二)渐进式路径的坚持

上述关于法治现代化道路选择的讨论对于确定中央与地方财政关系法治化的路径选择不无裨益。中央与地方财政关系的法治化涉及不同层次政府之间关系的法治化,与政府的关系更大。政府推进型的路径似乎更为适合。现实中中央与地方财政关系的演变似乎也是政府主导、主要是由中央政府主导的。尽管如此,中央与地方财政关系其实还受到诸多其他因素的制约,社会的作用也不容忽视。表面上是在中央政府与地方政府之间划分财政权力,其实深层次的依据在于更好地为公民的基本权利提供保障。这样看来,公民的基本权利实现状况就会对中央与地方财政关系的法治化产生重要的影响。如果全国各地公民在基本公共服务的享有方面差距很大,那就必然要求中央政府掌握更大比例的财政收入,从而通过转移支付平衡财政收入差异而实现对基本公共服务差距的校正。此外,政府间财政关系所涉及的财政收益权、财政立法权、财政征收权、财政预算权的有效行使都与纳税人(公民)密切相关。中央与地方财政关系的法治化显然不仅仅是政府"自己"的事情。因此,从理论层面探讨,关于法治现代化的三条路径都对

[①] 参见蒋立山:《法律现代化——中国法治道路的问题研究》,中国法制出版社2006年版,第85、86—88页。

[②] 参见舒国滢:《在法律的边缘》,中国法制出版社2000年版,第154—155页。

实现中央与地方财政关系的法治化具有一定的借鉴意义。这一法治化的进程既需要各级政府的积极推动和参与,也需要整个社会、特别是广大纳税人的关注与推动。

具体到技术层面,在改革的道路选择方面,往往有激进式和渐进式的区别。众所周知,在由计划经济向市场经济过渡的过程中,我国选择的是渐进式道路,遵循的是邓小平同志提出的"摸着石头过河"的思路。具体到中央与地方财政关系的法治化方面,更是需要坚持渐进式道路。从前面章节的相关论述就可以看出,财政问题与整个国家的治理命运攸关,容不得半点闪失,稳妥推进是至关重要的。同时,政府间财政关系涉及诸多的利益关系,只有承认既有利益格局,并作出一定妥协,才可能进一步推进新的改革。例如:为了顺利推进堪称我国中央与地方财政关系制度建设典范的1994年分税制改革和2002年所得税分享改革,当时都采取了照顾地方既得利益的税收返还的做法。① 而我国所处的经济高速发展、财政收入高速增长的特定发展阶段②又为这一渐进式的改革思路提供了绝佳的历史机遇。

可以说,长期以来,我国所坚持的"保存量、调增量"的渐进式财政改革思路在实践中取得了很好的效果。这种渐进式的路径选择在今后的中央与地方财政关系法治化方面仍然应该继续坚持。但是,也需要指出的,近年来,随着我国经济发展阶段的变化,财政收入高速增长的态势也发生了一些变化③,这为渐进式的"增量改革"思路带来了难度和挑战。

---

① "税收返还"这一具有中国特色的制度安排已成为顺利推进相关改革的重要策略工具。尽管人们对基于既得利益考虑的税收返还多有诟病,但事实上,随着时间的推移,受增值税、消费税"两税"增量返还递减机制作用的影响,加上所得税返还采取基数固定法,税收返还在中央补助地方资金中的比例呈逐年减少的趋势,其影响日益淡化。1994年,税收返还占中央补助地方资金总额的75%左右,2008年已经降到19%。此外,税收返还对缩小地区间财力差距也略有贡献。参见李萍主编:《财政体制简明图解》,中国财政经济出版社2010年版,第102、233页。可见,从总体的成本和收益来衡量,税收返还的采用还是相当成功的。

② 2008年到2011年的全国财政收入增速分别为:19.5%、21.2%、21.3%、24.8%。参见《财政部统计数据》,载 http://gks.mof.gov.cn/zhengfuxinxi/tongjishuju/index.html,2014年9月30日访问。

③ 2012年全国一般公共财政收入的增速从2011年的24.8%锐减到12.8%,2013年下降到9.8%,2014年又下降到8.6%。参见《财政部统计数据》,载 http://gks.mof.gov.cn/zhengfuxinxi/tongjishuju/index.html;《2014年财政收支情况》,载 http://gks.mof.gov.cn/zhengfuxinxi/tongjishuju/201501/t20150130_1186487.html。

三、模式选择

在法治和宪政的视角下进行中央与地方财政关系制度建设,一定的制度模式选择是必不可少的。我国应该采取非对称型制度模式;选择这一模式在我国具有多方面的历史和现实原因。

（一）非对称型制度模式的选择

本研究在第二章特别分析了各国所采用的制度模式。虽然各国都在宪政的大框架下构建其具体的财政分权制度,但是各国所采用的模式也并不完全相同,大致上可以划分为两大模式,即对称型模式和非对称型模式。前文在问题分析部分也指出,我国在制度模式的选择方面并不是十分清晰,存在对称型和非对称型制度模式的冲突和错位,从而在实践中引发了许多复杂而棘手的问题。本研究认为,为了克服目前存在的问题,必须对制度模式选择问题予以足够重视,并通过严肃的理论分析作出相应的选择。笔者认为,我国应该选择非对称型作为未来的制度模式,即在事权划分上实行事权实施和立法监管的相对分离;使财政收益权和事权不完全匹配,让中央政府掌握高于其本级财政支出相当比例的财政收益权;财政收益权和财政立法权的划分实行适当分离,由中央政府享有主要的财政立法权;实行较大规模的均等化转移支付等。

（二）原因分析

各国选择对称型或非对称型制度模式,都是基于其本国的诸多客观状况。一定的制度模式总是和特定的国情相适应的。本研究提出选择非对称型作为我国未来的制度模式,同样是立足于我国的特定国情。具体而言,主要是基于如下几点考虑：

第一,我国特有的政治文化。前文在分析对称型和非对称型制度模式的差异原因时,曾分析了各国所秉持政治文化的不同对各自所采取制度模式的影响。前文的分析也表明,采用非对称型制度模式的国家在政治文化上多奉行偏向平等的理念。我国制度模式的选择也要考虑这一因素。自古以来,崇尚平等就是我国的优良传统。① 孔子就说过:"不患寡而患不均,不患贫而患不安。盖均无贫,和无寡,安无倾。"②在倡导科学发展观、构建和谐社会的今天,平等理念更应成为我国政治文化的核心追求。③ 当然,计划经济时代的绝对平均主义也给我国带来了重大的损失。改革开放以后,绝对平均主义的做法已经得到根本性的纠正;但是矫枉不能过正,过度地追求自由发展,而无视现实中的严重不平等问题,将会影响我国长远的整体协调发展;也不符合我国自古以来就崇尚的平等理念与构建和谐社会的要求。以重要的民生领域教育、医疗为例,有学者仿照联合国开发计划署的做法,在综合考虑"教育存量""教育增量""教育投入"和"教育贡献"之后,构建出教育发展指数(EDI)用来全面反映和比较中国各省区市的教育发展水平。最后的分析结果表明,如果按取值的大小将教育发展分为发达(EDI≥80)、比较发达(70≤EDI<80)、一般(60≤EDI<70)、比较滞后(50≤EDI<60)、滞后(EDI<50)等5组,那么2003年教育发展水平为发达的仅有北京和上海;教育发展水平为比较发达的有天津、浙江、辽宁、广东、江苏、江苏等6个省市;教育发展水平为一般的有黑龙江、重庆、福建、湖北、山东、陕西、山西、湖南、河北、新疆、内蒙古、四川等12个省区市;教育发展水平为比较滞后的有宁夏、江西、安徽、河南、海南、广西、甘肃、青海、云南等9个省区;教育发展水平为滞后的有贵州和西藏2个省区。④ 在医疗领域,资源配置的地区差异仍然十分明显,资源配置差异直接影响到居民医疗卫生服务的利用度(公平性、可及性)。期望寿命、婴儿死亡率、孕产妇死亡率的地区和人

---

① 平等也是自由主义政治哲学的核心理念,当代自由主义代表人物罗尔斯在他的"作为公平的正义"理论体系中特别强调平等的重要价值。参见〔美〕约翰·罗尔斯:《正义论》,何怀宏、何包钢、廖申白译,中国社会科学出版社1988年版,第60—61页。

② 《论语·季氏》。

③ 《中共中央关于构建社会主义和谐社会若干重大问题的决定》(2006年10月11日中国共产党第十六届中央委员会第六次全体会议通过)提到:"按照民主法治、公平正义、诚信友爱、充满活力、安定有序、人与自然和谐相处的总要求,以解决人民群众最关心、最直接、最现实的利益问题为重点,着力发展社会事业、促进社会公平正义、建设和谐文化、完善社会管理、增强社会创造活力,走共同富裕道路,推动社会建设与经济建设、政治建设、文化建设协调发展。"党的十八大报告强调指出:"倡导富强、民主、文明、和谐,倡导自由、平等、公正、法治,倡导爱国、敬业、诚信、友善,积极培育和践行社会主义核心价值观。"参见胡锦涛:《坚定不移沿着中国特色社会主义道路前进 为全面建成小康社会而奋斗》(在中国共产党第十八次全国代表大会上的报告,2012年11月8日)。

④ 参见岳昌君:《我国教育发展的省际差距比较》,载《华东师范大学学报(人文社会科学版)》2008年第1期。

第四章　我国中央与地方关系实现法治化的财政思路

群差异有所缩小,但差异依然存在,健康不公平现象是我国卫生发展不平衡的集中表现。以省为单位考察平均期望寿命与经济发展水平的关系,可以看出,期望寿命与人均 GDP 呈现明显正相关,东部城市和经济社会发展较快的省市平均期望寿命均超过了 76 岁,一些城市接近或超过了 80 岁,达到目前世界发达国家水平。而西部一些经济相对落后的省份,居民期望寿命还在 65 岁左右,表明我国城乡经济社会发展、居民生活质量存在显著的差异。① 从教育、医疗领域的地区差异可以推知,我国公共服务的地区差异问题目前已经相当严重。这就意味着居于不同地区的公民,其基本权利的受保障程度大不相同。对于这种状况,就需要中央政府通过一些手段予以协调。地区差异涉及的因素很多,在中央与地方财政关系领域所能作的主要是,对各地区政府间的财政能力予以适当的平衡;在这方面,比较有效的财政工具主要是均等化转移支付以及具有均等化功能的其他转移支付形式。而这些转移支付的实行都需要中央政府掌握一定的财政收入,同时能在全国保持协调能力。② 为了达到如上目的,就须实行非对称型制度模式,使财政收益权和事权不完全匹配,让中央政府掌握高于其本级财政支出相当比例的财政收益权;同时由中央政府享有主要的财政立法权。

第二,我国的国家结构形式。前文提到,国家结构形式对一国中央与地方财政关系制度模式的选择具有一定的影响。传统上我国是一个中央集权的国家。新中国成立后,建立了高度中央集权的单一制。这一体制与我国当时经济文化发展不平衡的状况是相适应的,有利于统一民族国家的建立。③ 未来我国的国家结构形式仍将保持单一制。我国长期以来实行这一制度具有其合理性。虽然经过了几十年的发展,国家的一体化程度在大大

---

① 参见陈竺:《中国医疗卫生资源配置地区差异显著》(2010 年中国卫生论坛讲演)。http://www.came-online.org/view_article.php? id＝5290&col＝16％2C15,2014 年 9 月 30 日访问。

② 以 2006 年开始实施的农村义务教育经费保障机制改革为例,其中的一项重要内容是:全部免除农村义务教育阶段学生学杂费,对贫困家庭学生免费提供教科书并补助寄宿生生活费。关于资金来源:免学杂费资金由中央和地方按比例分担,西部地区为 8∶2,中部地区为 6∶4,东部地区除直辖市外,按照财力状况分省确定;免费提供教科书资金,中西部地区由中央全额承担,东部地区由地方自行承担。参见《国务院关于深化农村义务教育经费保障机制改革的通知》(国发[2005]43 号)。

③ 参见苏力:《当代中国的中央与地方分权——重读〈论十大关系〉第五节》,载《中国社会科学》2004 年第 2 期。

提升,但我国仍然是一个各地社会、经济、文化等方面发展很不平衡的大国。此外,我国还面临着复杂的民族问题①和国际环境。这都需要一定的力量予以协调和平衡,这个平衡力量就是中央政府;如果没有权威力量予以协调,而是任其自然发展,就有可能破坏整个国家经济和社会发展的协调,激化民族矛盾和其他社会矛盾,严重时将会影响到国家的统一。② 值得注意的是,前文已经论证,财政对国家的意义尤为重大。税收的征集和分配是从根本上影响中央与地方关系的一种基本方法③,财政关系是政府间关系的核心问题。④ 因此,我国中央与地方财政关系制度模式的选择要与我国单一制的国家结构形式相适应,从而有利于国家的统一稳定与协调发展。经过多年的改革,我国的财政权限划分已从中央高度集权向中央与地方适度分权方向发展。财政权限、特别是财政收益权在中央与地方之间进行适当划分是很有必要的。随着国家的经济发展和人民生活水平的逐步提高,社会对公共服务的需求逐步加大。相当多的公共服务具有地域性,而地方政府能够更好地了解居民对公共服务的偏好程度。因此,为了各地方公共服务的适当提供,让地方政府享有一定的事权并承担相应的财政支出责任是很有必要的。同时,就需要给地方政府分配相应的财政收益权,使其具有提供公共服务的物质基础。但是,在这里我们不能简单地模仿美、加等国的做法,在给地方政府分配财政收益权的同时,也让其行使相应的财政立法权。在这里,我国单一制的体制背景须予以考虑。财政立法权在整个财政权限体系中居于主导地位。为了防止地方政府不当行使财政立法权,有必要将主要的财政立法权保留在中央政府一边,即我国在中央与地方财政权限划分上对财政收益权进行适当划分,但在划分财政收益权的同时并不同时划分财政立

---

① 值得注意的是,前文的分析表明,我国现有的转移支付制度在增加民族地区人均财政支出方面发挥了非常重要的作用。

② 有学者的研究表明,随着经济全球化的推进,政治分离主义将会继续活跃。See Alesina, Alberto, Enrico Spolaore, and Romain Wacziarg, "Economic Integration and Political Disintegration," *The American Economic Review*, Vol. 90 (5), 2000, pp. 1276—1296. 关于全球化对财政分权制度模式选择的影响,下文还将专门提及。

③ 参见〔英〕伊夫·梅尼、文森特·赖特:《西欧国家中央与地方的关系》,朱建军等译,春秋出版社1989年版,第27页。

④ 参见董礼胜:《欧盟成员国中央与地方关系比较研究》,中国政法大学出版社2000年版,第11页。

第四章　我国中央与地方关系实现法治化的财政思路

法权,而是将其主要保留在中央政府一边;简而言之,就是实行非对称型制度模式。

第三,我国的经济体制。新中国成立后,实行的是计划经济体制,改革开放后,曾实行过"计划经济为主、市场调节为辅"的经济体制和有计划的商品经济体制,党的十四大确立了建设社会主义市场经济体制的目标。2003年中共中央十四届三中全会通过的《关于完善社会主义市场经济体制若干问题的决定》为完善社会主义市场经济体制的目标提出了要求。主要的目标是:按照统筹城乡发展、统筹区域发展、统筹经济社会发展、统筹人与自然和谐发展、统筹国内发展和对外开放的要求,更大程度地发挥市场在资源配置中的基础性作用,增强企业活力和竞争力,健全国家宏观调控,完善政府社会管理和公共服务职能,为全面建设小康社会提供强有力的体制保障。由此可以看到,我国所实行的社会主义市场经济体制和西方国家,特别是美、加等国所实行的市场经济体制是有区别的,这一经济体制在重视市场机制在资源配置中的基础性作用的同时,更加强调社会、经济的统筹协调发展,重视宏观调控体系的建立健全。这些经济体制方面的要求反映到财政领域,就要求国家须具备一定的财政政策工具,具有一定的财政实力。这就需要在财政分权制度设计中重视中央政府的作用,让中央政府行使主要的财政立法权,使其拥有一定的宏观调控工具,如根据经济形势的需要开征或停征税种、调整税目、调节税率等;同时让中央政府享有更多的财政收益权,使中央政府具有相应的财政实力完成其在经济体制运行中须完成的调控任务。[①] 因此,从我国所实行的社会主义市场经济体制的要求来看,我国选择非对称型制度模式是比较适宜的。

[①] 回顾我国1994年"分税制"财政体制改革之前中央与地方政府的财政状况,可以给我们一些具有现实意义的启发。根据前面的表2,从1985年到1993年,中央政府在财政支出中所占的比重分别为:39.7%、37.9%、37.4%、33.9%、31.5%、32.6%、32.2%、31.3%、28.3%;地方政府所占的相应比重分别为:60.3%、62.1%、62.6%、66.1%、68.5%、67.4%、67.8%、68.7%、71.7%。在财政收入方面,中央政府所占的比重分别为:38.4%、36.7%、33.5%、32.9%、30.9%、33.8%、29.8%、28.1%、22.0%;地方政府所占的比重分别为:61.6%、63.3%、66.5%、67.1%、69.1%、66.2%、70.2%、71.9%、78.0%。通过这几组数字可以看到,中央政府的财政收入远低于地方政府。此外,除了1990年外,地方政府的财政收入大于其财政支出,而中央政府的财政收入低于其财政支出。这表明,中央政府的财政支出还有可能依赖于地方政府的支持,当时存在的中央政府向部分财政强省"借款"的事实反映了上述数字之间存在的问题。在中央政府财政实力如此之弱的情况下,让其发挥有效的宏观调控职能就勉为其难了。

第四,我国的法治发展阶段。在财政权限的划分方面,给予地方政府一定财政立法权是一种比较强烈的主张。① 笔者认为,对这一问题的处理应该慎重。是否给予地方政府财政立法权,除了上文提到的各项理由外,我国地方立法权行使的现状也值得作为思考问题的依据。改革开放以来,我国相继赋予地方政府一定的立法权,这些立法权对地方社会和经济发展发挥了一定作用。但是,地方立法权的行使也不无问题。当前主要存在以下几个负面问题:(1)地方立法泛滥。调整范围的过度扩张导致地方立法泛化,进而可能会导致过度干预本属于社会自治的事务。(2)瑕疵立法增多。地方立法的质量得不到保证。(3)地方保护主义盛行。地方立法数量的急剧增长,立法权力主体的增多,调整范围的大幅度扩张,极有可能使某些立法机关利用地方立法争夺本属于其他地方或者中央的利益。② 更为严重的是,我国目前对地方立法权的行使缺乏有效的监督手段。事实上,到目前为止,具有监督权的全国人大常委会没有对任何一项违宪、违法的地方立法作出撤销或改变的决定。具体到财政领域,前文也提到,我国地方政府享有的财政立法权相当有限,但是有的地方政府突破国家规定,擅自行使着事实上的立法权。现实中存在的大量"引税"行为就是一个例子。③ 有些地方政府为了做到在与周边地区的税源竞争中更多地吸引投资、增加收入,违反国家规定,擅自规定各种税收优惠。除了扰乱国家的财政税收秩序外,这些"引税"行为最大的危害在于,所引发的地方政府之间的税收恶性竞争使得国家宏观经济调控政策无法发挥其应有的功效。因此,基于我国地方立法权行使的现状,同时考虑到财政较之其他事务的重要性和复杂性,笔者认为,我国不宜将财政立法权大规模地划分给地方政府。应该在将财政收益权作适当划分的同时,由中央政府保留绝大部分的财政立法权,实行非对称型制度模式。

第五,全球化的时代背景。以经济全球化为基础的全球化是当代的重

---

① 参见苏明:《财政理论与财政政策》,经济科学出版社2003年版;许善达等:《中国税权研究》,中国税务出版社2003年版。
② 参见崔卓兰、孙波、骆孟炎:《地方立法膨胀趋向的实证分析》,载《吉林大学社会科学学报》2005年第5期。
③ 参见熊伟:《"引税"现象的调查与思考》,载《法学杂志》2002年第6期;熊伟:《法治视野下清理规范税收优惠政策研究》,载《中国法学》2014年第6期。

第四章　我国中央与地方关系实现法治化的财政思路

要时代背景。经济全球化作为一个历史发展过程,可以追溯到15世纪新航路的开辟和资本主义在西欧的兴起。到20世纪80年代,各国的经济就已经相互渗透、相互依存,趋于一体,经济全球化的雏形已经显露。正是在这种情况下,作为反映这一客观现实的"全球化"(Globalization)一词,在80年代便不断见诸西方的报端。进入90年代之后,这一词汇被更为频繁地使用。时任联合国秘书长加利在1992年的联合国日(10月24日)宣布:真正的全球化的时代已经到来。① 全球化时代的突出特征是国家间在贸易、金融、投资等领域的相互依存关系日益密切,国家和企业将在整个全球范围内展开各种竞争。这种状况必将对一国内部的纵向政府结构产生一定的影响。一些权威研究表明,分担一国内部各区域间不均匀冲击和宏观经济波动的风险(假设是因全球化而增加的),要求更大的政府和国家内部更强的财政集中化。这些研究的一个假设是,更加开放的经济面临外来的冲击将显得更加脆弱,因此,更加开放的经济需要更大的政府扮演稳定经济的角色。如果全球化促进了一国内部的异质化,考虑到社会对收入不公平的反感,以及不公平本身又很可能导致政治方面的分离,那么就有压力要求更多的政府支出用于再分配。② 这一研究发现在发展中国家意义更大。在全球化的时代背景下,发展中国家所面临的经济安全问题日趋严峻。扩大开放威胁到宏观经济稳定。市场开放使发展中国家更广、更深地进入国际经济体系,国内市场与国际市场的并轨加快。经济一体化程度加深,国际市场的风云变幻对国内市场的影响越来越大,影响国内经济稳定运行的外生变量越来越多,这将考验发展中国家本来就比较弱的宏观经济调控能力。③ 全球化要求各国、特别是发展中国家的中央政府具备相应的能力去处理经济稳定和社会再分配问题。体现在财政分权领域,就是财政权限的划分要保证中央政府具有足够的财政权力去应对上述问题所带来的挑战。作为发

---

① 参见徐蓝:《经济全球化与民族国家的主权保护》,载《世界历史》2007年第2期。
② 相关文献主要有:T. Persson and G. Tabellini, "Federal Fiscal Constitutions: Risk Sharing and Redistribution," *Journal of Political Economy*, Vol. 104 1996, pp.979—1009; T. Persson and G. Tabellini, "Federal Fiscal Constitutions: Risk Sharing and Moral Hazard," *Econometrica*, Vol. 64, 1996, pp. 626—646; D. Rodrik, "Why Do More Open Economies Have Bigger Governments?" *Journal of Political Economy*, Vol. 106, 1998, pp.997—1032; U. Panizza, "On the Determinants of Fiscal Centralization: Theory and Evidence," *Journal of Public Economics*, Vol. 74,1999, pp.97—139 等。
③ 参见江涌:《经济全球化背景下的国家经济安全》,载《求是》2007年第6期。

展中国家,对于全球化时代背景下的经济稳定和社会再分配问题,我国也应予以充分重视。因此,在财政权限划分方面,也应考虑这一时代背景的要求,选择非对称型的制度模式,以保证中央政府具有处理全球化时代经济稳定和社会再分配问题的财政能力。

四、制度构建

在引入宪政视角、确立渐进式路径、选择非对称型制度模式之后,要最终实现改革目标还需要落实到具体的制度构建上来。

(一)进一步完善政府层级结构

面对目前存在的问题,有学者为未来的改革指出了发展方向:把乡级政府变成县级政府的派出机构;同时考虑把地市一级政府虚化。从中国的发展历史来看,自秦始皇行郡县制两千多年以来,县级政府始终是最稳定的一个层级,另外自元代以来逐渐形成的省级也是相当稳定的政府层级。这样中央之下有了这两级实的,挂上两级派出机构,就可完成好既减少层次,又维护政府体系有效运转的任务。[①]

值得注意的是,实践中发生的财政"省直管县""扩权强县"等改革与我国政府层级结构的完善是紧密相关的。早在 1992 年,浙江省就开始"扩权强县"的改革,在 1997、2002、2006 年先后推出更进一步的改革措施。进入本世纪,吉林、河北、湖北、江苏、黑龙江、河南、广东、江西、辽宁、山东、福建等省也先后开始了"扩权强县"的改革。这些改革把地级市的经济管理权限直接下放到一些重点县,扩大县级政府的相关权力,使得县级政府在经济发展和社会管理方面具有更大的自主权,从而壮大县域经济的发展。2004 年开始,部分省份先后开始在财政领域实施"省直管县"体制改革,如湖北、安徽、吉林、河南等。此次改革的主要目的是改变过去市对县财力的"挤占",主要内容包括:改变市管县的财政管理模式;省对县的各项财政转移支付直接分配下达到县;省财政直接与县财政进行结算等。而浙江省从 1953 年以

---

① 参见贾康、白景明:《县乡财政解困与财政体制创新》,载《经济研究》2002 年第 2 期。

第四章　我国中央与地方关系实现法治化的财政思路

来在财政领域一直实行"省直管县"。2009年6月,财政部发布《关于推进省直接管理县财政改革的意见》,要求到2012年底前,力争全国除民族自治地区外,全面推进"省直管县"的财政体制。

值得注意的是,实践中推行的"扩权强县""省直管县"改革也存在一些问题需要考虑。根据一些学者的调研,主要存在的问题包括①:(1)强县扩权过程与省管县财政体制改革不配套,造成市、县两级政府事权与财力不匹配,政府间的资源配置被扭曲。(2)一些地级市为了保住既得利益不愿放弃权力,出现了市与扩权县争权的现象,下放的权力往往虚多实少;(3)实行省直管县后,对省级政府来说,由于管理幅度增大,管理对象数量增多,工作量剧增,人力又有限,管理压力增大,对市县财政管理的难度加大。(4)扩权县直接对省后,普遍感到工作机构、人员数量、人员素质跟不上,难以适应业务衔接,影响了部分职权的有效运行。(5)在政府定位原本模糊不清的情况下,对扩权县如果没有实行有效的约束或监督,就极易滋生腐败,并导致投资冲动和建设政绩工程,财政资金的使用效率难以保证。

财政"省直管县""扩权强县"改革的未来发展目标应该是实现整个行政管理领域的"省直管县",从而实现政府层级的减少。但是,对于这一改革目标的实现不能操之过急。真正的"省管县"改革所涉及的因素将会非常复杂,牵一发而动全身,稍有不慎,会带来更为严重的问题。正如前文"路径选择"部分所指出的,对于相关改革,也应采取渐进式策略,防止自上而下的"一刀切",根据各地的实际情况,重视改革中所暴露出的问题,鼓励和允许多种模式的地方财政体制并存发展,积极稳妥地逐步推进。② 对于那些条件成熟的省份可以逐步推进"省直管县"体制的改革。从浙江省和海南省的经验来看,面积小以及各县与省会城市距离近是实行"省直管县"的独特地理条件。因此,省辖面积、人口以及县级单位比较小的,省级政府又有足够管理能力的,比如浙江、宁夏等地可以考虑先实行"省直管县"财政体制和"扩权强县",然后逐步过渡到行政上直管。而对于那些不具备"省直管县"改

---

① 参见汤玉刚、范方志:《行政级次、财政体制与经济发展:浙江经验及其超越》,载《山西财经大学学报》2007年第6期;石亚军、施正文:《从省直管县财政改革迈向省管县行政改革——安徽省直管县财政改革的调查与思考》,载《中国行政管理》2010年第2期。

② 参见杨之刚、张斌:《中国基层财政体制改革中的政府级次问题》,载《财贸经济》2006年第3期。

革条件的省份,应该继续保留"市管县"的体制。一些具有较强辐射功能的市级中心城市,市管县体制应该继续维持;一些经济落后且辖区面积大的地区,如中、西部的一些大的省区,因条件不成熟不能马上推行"省直管县"的,应继续发挥市管县体制的作用。① 对于未来实行"省直管县"后市的定位,上文所引学者提出把市级政府虚化,作为省级政府的派出机构。这一问题可能也需要具体问题具体分析。基本原则是省级政府直接管理县,地级市不再管理县。

除了地市级政府需要改革外,乡级政府在我国目前的政府层级结构中也是需要改革的对象。前文已提及,农业税的取消和工商、税务、技术监督、公安、法院等部门的垂直管理,以及农村义务教育实行"以县为主"管理体制、"乡财县管"等改革措施的实施,乡级政府在事实上已成为县级政府的派出机构。因此,一级政府意义上的"乡"作为我国特殊时期的特殊产物,其历史使命已经基本完成,取消乡级政府的条件日益成熟。未来改革的路径选择是将乡镇一级政府取消,变为县级政府的派出机构,人员由县政府聘用,经费由县政府管理,撤并七站八所,按需设置机构,以此发展农村经济和维持农村社会稳定。此外,对于经济实力强的中心镇,也可以将其升格为县级政府。例如,从2007年起,浙江实行了"强镇扩权"战略,选定141个省级中心镇,赋予其部分县级经济社会管理权限。

(二) 妥当界定事权和财政支出责任

马寅初先生早年就指出:"整个财政制度的确定,不是以财源来限制权职,乃是由权职的需要来决定财源。"②他强调了政府间事权确定的重要性。应该说,政府间事权和财政支出责任的划分是财政收益权划分和政府间转移支付安排的重要前提和依据。

政府间事权的划分和各级政府的财政职能密切相关。无论是对称型制度模式,还是非对称型制度模式,在事权划分上都须考虑一些基本的客观规律。根据马斯格雷夫的经典表述,中央政府和地方政府在配置职能方面可以在各自的范围内发挥相应的作用,而稳定职能和再分配职能则只有中央

---

① 参见齐勇、谢春:《对"省直管县"体制的反思》,载《北京行政学院学报》2011年第3期。
② 马寅初:《财政学与中国财政——理论与现实》(上册),商务印书馆2001年版,第171页。

第四章 我国中央与地方关系实现法治化的财政思路

政府承担才方为妥当。① 费雪的研究也表明,由于纳税人的移动不是那么剧烈,使得州和地方政府可以行使一定的再分配职能。② 财政学家的这些研究成果可以为我们进行政府间的事权划分提供理论参照。除了这些理论标准以外,本研究第二章的分析也表明,各国政府间事权的划分也和本国的特定国情、制度背景和民族习惯等有关。

基于我国经济体制改革的现实,在妥当划分事权之前应尽快解决政府职能的"越位"与"缺位"问题。③ 在廓清政府与市场的界限之后,再考虑中央与地方政府之间以及上下级地方政府之间的事权与财政支出责任划分问题。

根据国际货币基金组织的《政府财政统计手册》④和 OECD 的《政府职能分类(COFOG)》⑤,政府的职能或事权范围主要包括:一般公共服务、国防、公共秩序和安全、经济事务、环境保护、住房和社会福利设施、医疗保健、娱乐、文化和宗教、教育、社会保护。其中,一般公共服务包括:行政和立法机关、金融和财政事务、对外事务、对外经济援助、一般服务等。公共秩序和安全包括:警察服务、消防服务、法庭、监狱等。经济事务包括:一般经济、商业和劳工事务,农业、渔业、林业和狩猎业,燃料和能源,采矿业、制造业和建筑业,运输,通讯等。住房和社会福利设施包括:住房开发、社区发展、供水、街道照明等。此外,在各类政府职能中都包括相关的研发活动。如上分类为我国政府职能转变提供了方向,同时也为各级政府间事权的划分提供了一个大致框架。

根据上述框架,同时参考前文所述各国的做法,关于我国中央与地方政府之间的事权划分应该主要考虑如下几点:(1)在采用非对称型制度模式

---

① See Musgrave, Richard A., *The Theory of Public Finance:A Study in Public Economy*, McGraw-Hill Kogakusha, Ltd., 1959, pp.181—182.

② See Fisher, Ronald C., *State & Local Public Finance*, 3rd ed., Thomson South-Western, 2007, p.28.

③ 当然,对这一问题也只能采取渐进的思路,在实行经济体制改革的大背景下,试图一步到位是不可能的。

④ See Government Finance Statistics Manual 2001 (GFSM 2001), available at http://www.imf.org/external/pubs/ft/gfs/manual/index.htm,2014年9月20日访问。

⑤ See ANNEX B:Classification of the Functions of Government, available at http://www.oecd.org/gov/48250728.pdf,2014年9月20日访问。

的情况下,在事权实施与立法监管之间应该有一定的分离。中央政府对于其事权应该有立法监管权。省级政府对于各级地方政府事权原则上具有立法监管权,但是,中央政府在必要时也有权进行监管,如出台一些标准、资格要求等。(2)中央政府事权是指那些让全体公民共同受益且须在全国范围内统筹实施的事务。主要包括:国防、外交、国家安全、中央本级立法、行政和司法事务,经济社会发展规划与宏观经济稳定,全国性的教育、科研、医疗卫生、文化等社会公益事业,全国性的社会保障事务,全国性的基础设施建设等。(3)地方政府事权是指那些让仅限于某一辖区内的公民共同受益,且由相关地方政府实施效率更高的事务。主要包括:地方层次的立法、行政和司法事务;警察、消防等公共秩序和公共安全事务;地方层次的教育、医疗卫生、文化和社会保障事务;电力、自来水、下水道、路灯、垃圾收集与处理等地方社区事务;道路、交通、港口、机场、车站等地方性基础设施建设。(4)应特别重视教育、医疗和社会保障等事权的划分与实施。这几类事权与公民平等权的实现密切相关。也是各国政府支出的重要方面。前文的相关数据表明,我国目前在这些事权领域的均等化水平并不高,特别是养老金的统筹水平还相当低。应参考国际上的做法,基于我国的国情,妥当划分相应的事权。同时,在地方政府负责事权实施的情况下,中央政府应该应进行有效的立法监管,以保证全国范围内能够达到最低限度的标准和条件。

在明确事权划分之后,就可以相应地确定财政支出责任,对于中央政府事权范围内的支出由中央政府承担财政支出责任,对于地方政府事权范围内的支出原则上由地方政府承担财政支出责任,但是,基于均等性、补偿外溢性等方面的考虑,中央政府应通过转移支付承担一定的财政支出责任。特别是在教育、医疗等事权方面,应加大和优化中央政府的转移支付。对于中央政府通过均等化转移支付及其他转移支付承担的财政支出责任份额应该通过立法予以确定。对于中央政府委托地方政府执行的事权,应由中央政府承担财政支出责任。对于共同事权,应该明确中央和地方政府各自应承担的财政支出责任。

此外,应基于前文所述的原则,理顺地方各级政府之间的事权与财政支出责任关系。

(三) 合理配置财政权限

在配置财政权限时,财政收益权的划分应偏向中央政府,让中央政府享有高于其本级财政支出相当比例的财政收益权;在对财政收益权进行划分的同时,对财政立法权则应基本保持集中;进一步协调财政征收权在两套征管机关之间的行使;赋予地方政府相对独立的财政预算权。

1. 财政收益权

根据财政部《关于将按预算外资金管理的收入纳入预算管理的通知》[1]的规定,从 2011 年 1 月 1 日起,原按预算外资金管理的收入(不含教育收费)全部纳入预算管理。对于制度外资金,今后主要是依法治理的问题。

还应该进行相关税种的改革。在试点的基础上将营业税改征增值税。将目前征收的证券交易印花税适时改征为证券交易税。适时开征遗产和赠与税、社会保障税[2]、环境保护税。将教育费附加等相关收费调整为教育税。

这里重点探讨一下房产税。2003 年 10 月,党的十六届三中全会发布的《中共中央关于完善社会主义市场经济体制若干问题的决定》明确提出:"实施城镇建设税费改革,条件具备时对不动产开征统一规范的物业税,相应取消有关收费。"2006 年 3 月,十届全国人大四次会议表决通过的《中华人民共和国国民经济和社会发展第十一个五年规划纲要》也提到要"改革房地产税收制度,稳步推行物业税并相应取消有关收费"。2010 年 5 月,国务院同意并转发了发改委《关于 2010 年深化经济体制改革重点工作的意见》,要求"逐步推进房产税改革"。2011 年,上海市和重庆市先后开展了征收房产税改革试点。[3] 房产税作为一种受益税,是适合地方政府、特别是基层地

---

[1] 财预[2010]88 号。

[2] 一项基于 1999 至 2008 年的省级面板数据的实证研究发现:和社会保险经办机构相比,地方税务机构征收社会保险费更有利于扩大社会保险覆盖面,有利于促进社会保险基金收入增长。这一研究为社会保障税的开征提供了有力的经验依据。参见刘军强:《资源、激励与部门利益:中国社会保险征缴体制的纵贯研究(1999—2008)》,载《中国社会科学》2011 年第 3 期。

[3] 值得注意的是,两市开征房产税的试点在"合法性"方面可能存在一些问题。《中华人民共和国房产税暂行条例》第 5 条规定:个人所有非营业用的房产免纳房产税。

方政府开征的一种税。同时,地方政府更加了解当地的情况,在税收征管方面具有优势。从国际上来看,房产税也是各国地方政府征收的主体税种之一。在我国的特定背景下,对居民房屋保有环节的免税在一定程度上助长了房地产市场的投机性。同时,地方政府亟需通过开征新的税种筹集财政收入。因此,房产税的开征势在必行。值得注意的是,房产税的征收对征管技术方面的要求比较高,需要一系列的基础措施作为保障。例如:明晰的财产所有权、完善的财产信息制度、合理的纳税评估体系等。① 我国应该在部分地区试点的基础上,加强相关基础措施方面的建设②,进而为在全国范围内开征房产税创造条件。

在税、费收入形式大致清晰之后,再考虑将其在政府间进行分配的问题。关于这些财政收入形式如何在政府间进行分配,财政学家们总结了许多原则。塞利格曼提出了三个原则:(1) 效率原则。以征税效率作为划分标准。例如:针对土地的税收最好由地方政府管理。地方政府掌握最确切的决定土地价值的地方情况方面的知识。因管理方面的困难,其他税收在性质上并不明显地成为地方税。纽约州的酒许可税从地方转移到州以后,极大地增加了收入。正如有些税由州管理优于地方政府一样,有些税由联邦管理将优于州。例如:毫无疑问的是,基于将所得控制在一地的困难,所得税由联邦政府管理将更有效率。(2) 适应原则。以税基广狭作为划分的标准。将税基广的税种归联邦政府,将税基狭的税种归地方政府。因此,公司税、遗产税和所得税应划归联邦政府。(3) 充足原则。以是否满足各级政府的收入需要作为划分的标准。根据适应原则,遗产税、公司税和所得税都应被划为联邦税,但根据充足原则,遗产税、公司税以及所得税的一部分应被划为州税。③ 马斯格雷夫从他对财政职能的经典概括出发,提出了几条原则④,具体为:适合经济稳定的税收应该由中央政府负责征收;具有高度再分配性质的税收应归中央政府;税基在各个辖区间分布高度不均衡的税收

---

① 参见薛钢:《财产税征收管理的国际比较及其借鉴》,载《宏观经济研究》2010 年第 3 期。
② 参见刘剑文:《房产税改革正当性的五维建构》,载《法学研究》2014 年第 2 期。
③ See Seligman, Edwin R. A., *Essays in Taxation*, 10th ed., The Macmillan Company, 1925, pp. 378—386.
④ See Musgrave, Richard, A., "Who Should Tax, Where and What?" in McLure, Charles, Jr. (ed.), *Tax Assignment in Federal Countries*, The Australian National University, 1983, pp. 2—19.

应留给中央政府征收;税基流动性大的税收应最好由中央政府管理;税基流动性小的税收应由地方政府负责管理;建立在受益原则基础上的税收和使用者收费适合各级政府使用,但最适合分配给地方政府。综合上述财政学家的理论观点,一个税种是划归中央税、还是划归地方税、抑或中央地方共享税,在财政实践中,需要根据该税的税基流动性、调控功能、财政功能、征管效率等多种因素综合权衡。

当前,在我国存在向地方划分更多税收收入的主张。对于这一问题,需要全面综合考虑。根据有关专家的模拟测算,如果将地方增值税分享比例调增到35%,以2008年的数据模拟测算,2009年地方的净获益为87.2亿元。分地区来看,东部为49.3亿元,占56.5%;中部为21.3亿元,占24.4%;西部为16.7亿元,占19.2%。如果将地方所得税分享比例调增到50%,2009年地方的净获益为392.6亿元。分地区来看,东部为278.9亿元,占71%;中部为64.2亿元,占16.4%;西部为49.6亿元,占12.6%。提高地方收入分享比例后,中央集中财力及对地方的转移支付相应减少,中西部地区自有收入的增加远远小于转移支付减少额,而东部地区净获益,地区财力差距进一步拉大。① 也就是说,增加地方分享比例将使得我国本来均等化水平就不高的转移支付面临更大的压力。

前文曾指出我国的制度模式应该选择非对称型,考虑到目前税收收入划分的现实状况,就更应该坚持这一制度模式,即在保证各级地方政府享有一定财政收益权的同时,财政收益权划分要向中央政府倾斜,让中央政府享有高于其本级财政支出相当比例的财政收益权,不能简单地追求事权和财政收益权的完全匹配。

十八届三中全会通过的《中共中央关于全面深化改革若干重大问题的决定》提出:"保持现有中央和地方财力格局总体稳定,结合税制改革,考虑税种属性,进一步理顺中央和地方收入划分。"具体而言,我国应该继续坚持中央税、地方税和中央与地方共享税的划分模式。经过改革的中央税体系

---

① 参见李萍主编:《财政体制简明图解》,中国财政经济出版社2010年版,第175—176页。

应该包括关税(包括进口环节税)、消费税①、证券交易税②等。作为非对称型模式,共享税将仍然在我国财政收益权划分中扮演重要的角色。继续保持目前的共享税税种,如增值税③、所得税、资源税。对于今后可能开征的社会保障税、环境保护税、遗产和赠与税也宜划分为中央与地方共享税。在我国这样一个经济发展水平、人民生活水平差异如此之大的国家,要在现阶段建立起全国统一的社会保障制度,是不现实的。但是国家必须保证所有公民的最基本的社会保障权利。因此,可以设想由中央政府和省级政府建立两个层次的社会保障体系,中央政府保证全国平均水平的保障,而省级政府根据各地经济发展的实际情况,可以有所差异;基于这一考虑,应当将社会保障税划为中央与地方共享税。中央政府和地方政府在环境保护方面都负有职责,因此,对于环境保护税也应划为中央与地方共享税。遗产和赠与税涉及收入再分配,应该归中央政府,但考虑到我国的地区收入差距,同时省级政府在其辖区范围内也可以发挥再分配功能,可以将遗产和赠与税划为中央与地方共享税,由中央政府与省级政府共享。

将中央税、中央与地方共享税以外的其他税种划为地方税。主要包括:房产税、契税、城镇土地使用税、耕地占用税、土地增值税、车船税、印花税、教育税、城乡维护建设税、烟叶税等。

值得注意的是,前文也提到,目前的地方政府财政收支深受"土地财政"的制约,为了实现十八届三中全会提出的保持现有"财力格局总体稳定",就需要为地方政府寻找在未来可替代土地相关收入的财源。这一过程又受到诸多不确定因素的影响,因此要细致谋划,慎重推进。

公债也是政府取得财政收入的重要形式。前文的分析表明,我国地方

---

① 值得注意的是,目前有改变消费税征收环节,从而将消费税调整为地方税的主张。将消费税从生产环节征收改为消费环节征收,从而将消费税调整为地方税,以应对"营改增"后地方政府财政收入的减少。应该说,这一主张具有一定的启发性。但是,消费费的征收环节改变所带来的税收征管方面的挑战和困难也值得进一步的思考和研究。

② 考虑到证券移交易税税源来自全国,但只在上海和深圳征收,将其列为中央与地方共享税有失公平,故将其由共享税改为中央税。

③ 值得注意的是,在营业税改征增值税后,需要调整增值税的地方分享比例。这和上文单纯提高分享比例的主张是不同的。

第四章　我国中央与地方关系实现法治化的财政思路

政府尚没有发行公债的权力。① 原《预算法》规定地方政府不允许发行公债,但地方通过各种变通形式,实际上已经在进行债务融资。为了规范财政收益权的划分秩序,降低财政风险,增强地方财政收支行为的透明度,同时满足地方政府的资金需求,一方面应该对已有债务进行清理、化解,特别是对地方政府融资平台进行规范;另一方面应该探索地方政府发行公债的改革②,同时予以规范和控制。③ 就规范地方政府融资平台而言,国务院已经发布了《关于加强地方政府融资平台公司管理有关问题的通知》。④ 该通知要求,对融资平台公司债务进行清理核实并妥善处理,同时,对融资平台公司进行清理规范,加强对融资平台公司的融资管理和银行业金融机构的信贷管理,坚决制止地方政府违规担保承诺行为。根据相关学者的建议,应尽快对地方融资平台情况进行清查摸底,掌握可靠的债务信息;统一和规范同级地方政府融资平台,加强对融资行为的统筹管理;科学合理地鉴别地方政府融资平台,将经营性融资平台与公共性融资平台分别对待,以克服"政企不分"的问题。⑤

在地方政府发行公债改革方面⑥,新修订的《预算法》有了突破性规定,主要体现为如下几点:(1)地方政府在特定条件下可列赤字。由原来《预算法》规定的"不列赤字"修改为"除本法另有规定外,不列赤字"。(2)允许省级政府在一定条件下可发行地方政府债券。具体而言,经国务院批准的省、自治区、直辖市的预算中必需的建设投资的部分资金,可以在国务院确

---

① 值得注意的是,前文关于我国中央与地方财政关系历史回溯部分曾提及,1958年6月5日全国人民代表大会常务委员会第97次会议通过了《中华人民共和国地方经济建设公债条例》。该条例规定:省、自治区、直辖市认为确有必要时,可以发行地方经济建设公债,由各该省、自治区、直辖市人民委员会统一办理。

② 参见贾康等:《我国地方政府债务风险和对策》,载《经济研究参考》2010年第14期。

③ 在少数发达国家,如前文提到的美国和加拿大,中央政府并不控制次一级中央政府的借款,次一级中央政府借款的约束依赖于市场规则和公共信息。更多的发达国家则运用更严格的控制手段。在发展中国家或经济转轨国家,金融市场的不完善以及信息系统的不健全决定了中央政府无法根据市场规则去控制地方政府的借贷活动。因此,在这些国家,中央政府对地方政府借款加以严格约束是非常必要的。我国亦如此。参见亚洲开发银行编著:《政府支出管理》,财政部财政科学研究所译,人民出版社2001年版,第213—214页。

④ 国发[2010]19号。

⑤ 参见赵全厚:《中国地方政府融资及其融资平台问题研究》,载《经济研究参考》2011年第10期。

⑥ 经国务院批准,2011年上海市、浙江省、广东省、深圳市开展地方政府自行发债试点。这是在不修改《预算法》的情况下所进行的改革试点。

定的限额内,通过发行地方政府债券举借债务的方式筹措。举借债务的规模,由国务院报全国人民代表大会或者全国人民代表大会常务委员会批准。省、自治区、直辖市依照国务院下达的限额举借的债务,列入本级预算调整方案,报本级人民代表大会常务委员会批准。举借的债务应当有偿还计划和稳定的偿还资金来源,只能用于公益性资本支出,不得用于经常性支出。(3) 除了《预算法》相关规定外,地方政府及其所属部门不得以任何方式举借债务。(4) 除法律另有规定外,地方政府及其所属部门不得为任何单位和个人的债务以任何方式提供担保。(5) 国务院建立地方政府债务风险评估和预警机制、应急处置机制以及责任追究制度。国务院财政部门对地方政府债务实施监督。新修订的《预算法》确立了地方政府债券发行、偿还、资金使用与风险控制的制度框架,从法律上解决了地方政府债务怎么借、怎么管、怎么还的问题,有利于建立起规范合理的地方政府举债融资机制;有利于人大和社会监督,防范和化解债务风险。①

随后,国务院又下发了《关于加强地方政府性债务管理的意见》②,对地方政府性债务的相关问题予以细化。《意见》的主要规定有:(1) 确立了几项重要原则:坚决制止地方政府违法违规举债;政府债务不能通过企业举借,企业债务不得推给政府偿还;把地方政府纳入全口径预算管理。(2) 赋予地方政府依法适度举债权。经国务院批准,省级政府可以适度举借债务,市县级政府确需举借债务的由省级政府代为举借。(3) 建立规范的地方政府举债融资机制。没有收益的公益性事业发展需政府举借一般债务的,由地方政府发行一般债券融资,主要以一般公共预算收入偿还;有一定收益的公益性事业发展确需政府举借专项债务的,由地方政府通过发行专项债券融资,以对应的政府性基金或专项收入偿还。(4) 剥离融资平台公司政府融资职能,融资平台公司不得新增政府债务。(5) 地方政府对其举借的债务负有偿还责任,中央政府实行不救助原则。

新修订的《预算法》和国务院下发的《意见》赋予了地方政府一定的举债权,同时也杜绝了通过其他方式举借债务、违法提供担保的可能性,这对于控制地方政府举债冲动、化解债务风险具有积极的作用。但问题的关键

---

① 参见楼继伟:《认真贯彻新预算法 依法加强预算管理》,载《人民日报》(2014 年 9 月 1 日)。
② 国发[2014]43 号。

第四章　我国中央与地方关系实现法治化的财政思路

在于,相关规定能否得到真正的实施？值得注意的是,目前累积的地方政府性债务大部分都是在突破法律、法规相关规定的情况下发生的。未来又如何避免地方政府在法定举债之外又发生其他债务的情况呢？相关的监督机制至为重要。同时,相关的宏观调控措施要与法定的举债要求相协调。在 2008 年金融危机时期我国推出的 4 万亿经济刺激计划中,有很大部分是通过地方政府融资平台实现的。那么,在未来遇到类似的经济刺激计划时,地方政府在法定举债无法满足需求时该如何应对？

此外,前述国务院的《意见》规定了中央政府不救助原则。前面的比较研究表明,在对称型制度模式下,当次中央政府发生债务危机时,中央政府一般不采取紧急救助措施；而在非对称型制度模式下,当次中央政府发生债务危机时,中央政府通常会采取紧急救助措施。我国作为一个单一制国家,当地方政府发生债务危机时,中央政府不予救助,这是一件不可想象的事情。比较现实的选择应该是,建立健全预警机制、应急处置机制；特别是监督地方政府建立偿债基金,细化对偿债基金额度、使用等方面的要求。

同时,为了鼓励地方公债的发展,可以在《个人所得税法》《企业所得税法》中对地方公债利息所得提供免税或低税率税收优惠。

2. 财政立法权

根据上文的分析,在非对称型制度模式下,享有一定的财政收益权并不表明相应地享有一定的财政立法权。在我国,应该基本上坚持目前的财政立法权限划分制度,即中央税、中央与地方共享税的立法权完全归属于中央。① 值得思考的是如何划分地方税的立法权。目前对地方政府赋予税收立法权的呼声很高,笔者认为在这一问题上应该慎重。处理这个问题,一方面需要保证全国范围内税收制度的大致统一,避免恶性税收竞争的发生；一方面需要调动地方政府的积极性,满足地方政府因地制宜处理相关事务的要求。为了妥善协调两方面的要求,在目前相关做法的基础上,可以考虑对全国统一开征的地方税,基本税收要素的立法权属于中央,中央可规定税率的幅度、税目的范围,地方在中央规定的幅度与范围内可以根据自身的实际

---

① 这里的"完全"包括与相关税种有关的所有税收要素。从这个角度来分析以前个人所得税法修改中,人们对费用扣除标准调整幅度范围的争论,答案就一目了然了,即个人所得税作为共享税,与其相关的所有税收要素都应该由中央政府规定,地方政府无权作出调整。

情况作出选择。对于不具有全国开征条件,只具有地方性的特色小税种,地方可以立法,但是须经过中央的批准。

值得注意的是,无论是中央还是地方,都需要强化人大的立法权,改变目前行政主导的状况。对于中央享有的中央税、中央与地方共享税、全国统一开征的地方税的立法权应归属于全国人民代表大会及其常务委员会。对于地方享有的一定的调整选择权和地方特色小税种的立法权应归属于省级地方人民代表大会及其常务委员会;对开征地方特色小税种的批准权应归属于国务院。对于税种归属的确定权、税种分享类型的调整权,如原地方税改为中央与地方共享税,以及中央与地方共享税共享比例的调整权都应该归属于全国人民代表大会及其常务委员会。

3. 财政征收权

目前我国还需要加强国家税务局和地方税务局两套征管机关之间财政征收权行使的协调①,须注意解决如下一些问题:(1)明确国家税务局、地方税务局的税收征管权限。为了保证执法的统一,对于作为中央与地方共享税的企业所得税,应统一由国家税务局征收。(2)在税收检查方面,应加强沟通配合,国家税务局、地方税务局在行使税收检查权时都须严格依据法定程序,在其法定职责范围内对纳税人进行税收稽查;建立纳税人检查联系制度,对共同纳税人的稽查结果要及时通报,对重大的稽查案件和稽查行为可以统一入场、同步稽查,以提高稽查效率,降低稽查成本。②(3)加强日常业务的合作。实践中的一些成功试点值得关注。2009年内蒙古自治区乌海市启动了联合办税工作。从办税空间联合开始,发展到业务联合、办税流程联合、再到办税审批权整合,最后推进到办税管辖的联合。乌海市的税务新政通过政府部门合作,有效地实现了国、地税之间的协作和信息共享,方便了纳税人,提高了办税效率。实证调查数据分析表明,乌海市国地税局联合办税一年多的实践运行达到了方便纳税人这一根本目标。③

---

① "国税""地税"两套征管机构今后是合并还是保持现状运行,尚需要更加深入和基于实证的研究。

② 参见孙开主持:《财政体制改革问题研究》,经济科学出版社2004年版,第195页。

③ 参见陈建国、毛寿龙:《服务对象需求、治理机制融合与税务机构改革——以内蒙古乌海市国地税联合办税为例》,载《江苏行政学院学报》2011年第5期。

4. 财政预算权

在非对称型制度模式下,次中央政府的财政预算权受到中央政府的控制和约束。尽管如此,地方政府除了在支出分类、内部控制、会计和审计等方面应与中央政府的相关制度保持一致外,一定程度的预算自主权还是必要的。

新修订的《预算法》的一些规定有助于中央与地方政府之间财政预算权的配置,增加地方政府的预算自主权。主要包括:(1)政府的全部收入和支出都应当纳入预算。① 这一规定体现了"全口径预算管理"的要求,将禁止制度外资金,保证预算的完整性,促进各级人大预算权力的充分有效行使,以增强预算透明度和各级政府官员的责任感,从而使预算真正成为控制政府行为的有效机制。②(2)上级政府应将转移支付数额提前下达给下级政府。新修订的《预算法》规定:"县级以上各级政府应当将对下级政府的转移支付预计数提前下达下级政府。地方各级政府应当将上级政府提前下达的转移支付预计数编入本级预算。"这一规定解决了过去存在的上级政府转移支付对下级政府预算编制和执行的干扰。(3)避免过去存在的"政策过

---

① 从2013年开始,我国已建立了包括公共财政预算、政府性基金预算、国有资本经营预算和社会保险基金预算在内的国家预算体系。

② 有学者提出:在各级政府以生财、聚财为主要目标的局面下,各级政府力图在中央控制比较严格的预算收入之外开辟新的生财之道。从政府行为的意义上来说,集权和规范管理恰恰在一定程度上"驱赶"地方政府去开辟新的生财之道。市场经济创造了大量的"体制外资源",地方政府可以通过聚敛这些资源来增加自己的财政收入。对于有着大量土地收入和撬动了大批金融资金的地方政府来说,中央的财政集权不但没有有效地控制地方政府的行为,反而在一定程度上造成了"失控"的局面。参见周飞舟:《以利为利:财政关系与地方政府行为》,上海三联书店2012年版,第250页。如何破解这一难题将是一个极大的挑战。健全各级地方人大的预算监督权和其他预算权力的充分有效行使,或许是一个思路。实证研究也发现:经过十余年的预算改革,地方人大的预算监督确实已经进入了一个新的阶段。在地方层面,人大预算监督的基本制度框架已经建立起来,并在许多环节和许多方面取得了比较显著的进步。一些地方人大已经积极地采取行动来加强预算监督。地方人大已不再是一个可以被忽视甚至无视的行动者,而是预算过程中越来越需要被重视的预算审查监督者。通过加强人大预算监督,愈来愈多的地方人大已经开始在预算过程中重塑自己的角色。参见林嘉华、马骏:《中国地方人民代表大会预算监督研究》,载《中国社会科学》2012年第6期。地方上的一些实践对控制政府预算也有一定的启发。浙江省温岭市的预算民主恳谈会将公众吸收到了预算编制、审批的环节,使公众有了自由表达意愿的渠道;另一方面,在预算民主恳谈机制下,人民代表大会对预算的监督大大加强,确保了预算符合公众的利益。预算监督成为地方公众控制地方政府的重要方法。参见钟晓敏、叶宁:《中国地方财政体制改革研究》,中国财政经济出版社2010年版,第55页。

程"和"预算过程"的不一致。① 新修订的《预算法》规定:"在预算执行中,各级政府一般不制定新的增加财政收入或者支出的政策和措施,也不制定减少财政收入的政策和措施;必须作出并需要进行预算调整的,应当在预算调整方案中作出安排。"(4)取消专项专职支付配套要求。新修订的《预算法》规定:"上级政府在安排专项转移支付时,不得要求下级政府承担配套资金。但是,按照国务院的规定应当由上下级政府共同承担的事项除外。"(5)赋予地方政府适度的举债权。②

对于前文所提到的上级人大审查下级地方总预算的问题,新修订的《预算法》并没有提及,应该进一步完善,以增进地方政府的预算自主权。

(四)提高转移支付均等化水平

在事权和财政收益权划分相对稳定的情况下,整个中央与地方财政关系体系能否适应社会形势的变化,在很大程度上取决于政府间转移支付制度是否能够有效运转。在选择非对称型制度模式的情况下,我国应该重视政府间转移支付的作用,特别是其均等化作用。

前文的分析表明,我国现行转移支付体系的均等化功能还比较有限。从理论上而言,以均等化为目的的转移支付体系可以缩小各地方政府财政能力之间的差距,从而提高各地提供公共服务的均等化水平,进而保障公民基本权利的有效实现,促进社会公平。③ 邓小平同志早就指出:"**走社会主义道路,就是要逐步实现共同富裕。共同富裕的构想是这样提出的:一部分地区有条件先发展起来,一部分地区发展慢点,先发展起来的地区带动后发**

---

① 参见马骏、侯一麟:《中国省级预算中的政策过程与预算过程:来自两省的调查》,载《经济社会体制比较》2005年第5期。

② 详见前文地方政府债券部分。

③ 除了公平价值外,以均等化为目的的转移支付还具有效率价值。由于各地在提供公共产品和服务方面的能力的不同,会产生净财政收益(Net Fiscal Benefits, NFBs)(纳税人享受的公共产品与服务和纳税之间的差额)的差别问题。由于净财政收益差别的存在,人们就会在不同地区之间迁移,最终造成生产要素在全国内的非效率分配。而相关的转移支付有助于缩减或取消净财政收益的差别,进而有助于资源在全国范围内的有效配置。"净财政收益"这一概念及相关的思想是由著名的经济学家布坎南提出来的。See Buchanan, James M., "Federalism and Fiscal Equity," *The American Economic Review*, Vol. 40 (4), 1950, pp.583—599; Buchanan, James M., and Richard E. Wagner, "An Efficiency Basis for Federal Fiscal Equalization," NBER, 1970, available at http://www.nber.org/chapters/c3353,2014年9月20日访问。

第四章　我国中央与地方关系实现法治化的财政思路

展的地区,最终达到共同富裕。如果富的愈来愈富,穷的愈来愈穷,两极分化就会产生,而社会主义制度应该而且能够避免两极分化。解决的办法之一,就是先富起来的地区多交点利税,支持贫困地区的发展。当然,太早这样办也不行,现在不能削弱发达地区的活力,也不能鼓励吃'大锅饭'。什么时候突出地提出和解决这个问题,在什么基础上提出和解决这个问题,要研究。可以设想,在本世纪末①达到小康水平的时候,就要突出地提出和解决这个问题。"②分税制财政体制改革为成功解决这一问题打下了基础。③ 进入本世纪,2002 年的所得税分享改革为均衡性转移支付建立了资金稳定增长的长效机制。特别是,2005 年召开的十六届五中全会首次提出了基本公共服务均等化原则。在全会通过的《中共中央关于制定国民经济和社会发展第十一个五年规划的建议》中明确提出,要促进区域协调发展,健全扶持机制,按照基本公共服务均等化原则,加大国家对欠发达地区的支持力度,加快革命老区、民族地区、边疆地区和贫困地区的社会经济发展。《国民经济和社会发展第十一个五年规划纲要》《国民经济和社会发展第十二个五年规划纲要》也都强调了对基本公共服务均等化的重视。党的十八大报告④提出要完善促进基本公共服务均等化的公共财政体系。这些战略方针为进一步推进我国的政府间转移支付改革指明了方向。

新修订的《预算法》在法律层面第一次明确规定了基本公共服务均等化。具体规定为:"国家实行财政转移支付制度。财政转移支付应当规范、公平、公开,以推进地区间基本公共服务均等化为主要目标。"和以前财政部的规章相比,《预算法》对基本公共服务均等化的强调,将具有更高的法律效力。在《预算法》将转移支付明确授权由国务院规定的情况下,这一规定更具有导向意义。

---

① 2002 年所得税分享改革建立了均衡性转移支付资金的长效增长机制,可以认为是对小平同志这一重要讲话的具体落实。也体现了小平同志对我国发展远景的高瞻远瞩。
② 《邓小平文选》(第3卷),人民出版社 1993 年版,第 373—374 页。
③ 值得注意的是,分税制财政体制改革为实现这一目标打下了基础。朱镕基同志在推进分税制改革的相关讲话中就强调,"中央财政收入总是要增加一点,总是要比地方增加得快一点。不然的话,中央怎么能调整地区之间的贫富差距呢? ……这些没有国家支持搞不起来。如果中央不从富裕地区多收一点的话,哪儿来这个钱? 只有多印钞票。""拿这个干什么呢? 无非就是支持中西部地区。……应该说,分税制方案有利于比较困难的地区……"参见《朱镕基讲话实录》(第一卷),人民出版社 2011 年版,第 374 页。
④ 胡锦涛:《坚定不移沿着中国特色社会主义道路前进 为全面建成小康社会而奋斗》(在中国共产党第十八次全国代表大会上的报告,2012 年 11 月 8 日)。

2009年,我国将转移支付进行了重新分类,将原"财力性转移支付"改为"一般性转移支付",将原"一般性转移支付"更名为"均衡性转移支付"。除了均衡性转移支付,一般性转移支付还包括其他具有均等化功能的集中在特定领域的转移支付,如义务教育转移支付、基本养老金和低保等转移支付、新型农村合作医疗等转移支付等。一般性转移支付和专项转移支付构成我国目前的转移支付体系。新修订的《预算法》对这一转移支付体系予以确认。具体规定为:"财政转移支付包括中央对地方的转移支付和地方上级政府对下级政府的转移支付,以为均衡地区间基本财力、由下级政府统筹安排使用的一般性转移支付为主体。按照法律、行政法规和国务院的规定可以设立专项转移支付,用于办理特定事项。"未来的改革应基于基本公共服务均等化的原则,在如上转移支付体系框架下进行。

在一般性转移支付和专项转移支付的结构关系方面,今后应逐步增加前者的比例。新修订的《预算法》也强调以"一般性转移支付为主体"。根据测算,一般性转移支付均等化效果日益显著,从各项转移支付和税收返还对各地财政能力均等化的贡献率看,一般性转移支付贡献超过70%,并总体呈上升趋势。① 可见,为了提高转移支付体系的均等化功能,有必要进一步增加一般性转移支付所占的比例。在一般性转移支付的内部结构中,须正确处理均衡性转移支付和其他一般性转移支付的关系。有学者的相关研究对这一问题的判断具有参考意义。有学者在分析我国省级地方政府教育财政支出的影响因素时发现,国有经济在经济总体中所占比重较大,会削弱教育事业支出在财政支出中所占的比例。② 还有学者基于县级数据,为县级财政生产性支出偏向的存在提供了有力的实证依据。③ 生产性支出偏向不利于政府在教育、医疗和社会保障等社会事业方面的支出。基于我国目前特定的体制特征④,在分配转移支付资金时对地方政府的这种"生产性"偏向应该予以考虑。一味地增加均衡性转移支付或许并不是最佳的选择,适当

---

① 参见李萍主编:《财政体制简明图解》,中国财政经济出版社2010年版,第102页。
② 参见王蓉:《公共教育解释》,中国财政经济出版社2009年版,第325页。
③ 参见尹恒、朱虹:《县级财政生产性支出偏向研究》,载《中国社会科学》2011年第1期。
④ 在现行体制下,地方政府官员更加重视上级政府设定的指标激励,而对当地居民的意愿重视不够。通常情况下,经济指标容易量化,而与当地居民利益密切相关的社会事业指标却不容易量化。参见周黎安:《中国地方官员的晋升锦标赛模式研究》,载《经济研究》2007年第7期。

第四章 我国中央与地方关系实现法治化的财政思路

增加专门瞄准教育、医疗和社会保障等特定领域的一般性转移支付也许会取得更好的实际效果。对于具体的一般性转移支付形式,也有必要予以进一步的调整。例如,就均衡性转移支付而言,上文提到的相关研究指出,以财政供养人口为主的资金分配方式最终导致均衡性转移支付资金向财力较强的省份倾斜。为了提高均衡性转移支付的均等化水平,在今后改革时有必要考虑这一因素的消极影响。

对于专项转移支付,应严格控制新增项目,清理现行专项转移支付项目。提高专项转移支付管理透明度。除要求保密的外,适时公布专项转移支付项目资金管理办法,逐步做到公开透明。同时也须包括均等化因素。① 新修订的《预算法》特别就专项转移支付作出规定:"按照法律、行政法规和国务院的规定可以设立专项转移支付,用于办理特定事项。建立健全专项转移支付定期评估和退出机制。市场竞争机制能够有效调节的事项不得设立专项转移支付。上级政府在安排专项转移支付时,不得要求下级政府承担配套资金。但是,按照国务院的规定应当由上下级政府共同承担的事项除外。"

(五)建立协调与争议解决机制

前述各国在财政分权领域都有一定的正式或非正式的协调机制。如美国联邦参议院和众议院都设有政府事务委员会;加拿大联邦政府和省政府间的行政协调机制在政府间财政关系中扮演着重要的作用,2003年7月,加拿大还成立一个新的联邦委员会来更好地处理它们之间的关系;德国的联邦参议院②和日本总务省在政府间财政关系协调中也具有重要作用。③ 基于我国在中央与地方财政关系领域政府间协调方面所存在的问题,有必要

---

① 参见《国务院关于规范财政转移支付情况的报告》(2007年6月27日在第十届全国人民代表大会常务委员会第二十八次会议上)。
② 南非参照德国做法,其全国省级事务委员会(前身为参议院)由来自每个省的代表团组成,而每个代表团包括10名代表。See Constitution of the Republic of South Africa, §60.
③ 其他国家也有类似的协调机构,如澳大利亚联邦转移支付委员会、借款委员会、政府委员会、联邦与州财政关系部长委员会,印度的政府间委员会和财政委员会,南非的财政委员会,瑞士和比利时的不定期委员会等。这些委员会的主要特征是:(1)其组成人员多以专家和各级政府代表代表组成;(2)其功能多以提供咨询和建议为主;(3)其提供咨询和建议的领域多涉及政府间财政关系方面的事务,如各级政府之间税收收入的分配、政府间转移支付和各级政府的借款等;(4)多为法定机构,根据宪法或法律设立。参见魏建国:《政府间财政协调与争议解决机构比较研究》,载《当代法学》2008年第1期。

借鉴国外的做法建立相应的协调机制。可以考虑,在全国人大常委会下设"政府间财政关系委员会",该委员会的组成成员应该包括中央政府的代表,各省、自治区、直辖市的代表,专家、学者代表。对于和政府间财政关系有关的事项而须提交全国人大及其常委会立法的,必须先经过该委员会的审议。这些事项大致可包括:政府间事权和财政支出责任的划分,税种归属的确定,共享税的确定及共享比例的调整,地方发行公债总额的控制规模,税收征管权的调整,转移支付公式及均等化水平的调整,等等。也可以考虑参考日本的做法,在国务院设立一个专门的部门处理政府间事务,统筹处理包括财政关系在内的中央地方关系,既代表中央协调各部门对地方的政策,又代表地方反映地方的利益要求,成为中央地方关系的重要枢纽。①

我国还应建立中央与地方财政关系方面的争议解决机制,这是促使相关法律规范得到有效遵守和执行,真正实现中央与地方财政关系法治化的重要保障。前面提到的各个国家都是由法院(普通法院或宪法法院)来扮演争议解决的角色。在我国建立类似机制,涉及违宪审查问题。在我国,全国人大及其常委会具有违宪审查权,地方各级人大及其常委会在自己的辖区内对各自监督对象的行为具有违宪审查权。但上述违宪审查权在实践中很少真正行使。此外,根据新修订的《行政诉讼法》,人民法院仅可以审查规章以下的规范性文件。这种状况使得我国中央与地方财政关系领域内的相关争议并没有一个很有效的解决机制。因此,相关争议解决机制的最终建立还有赖于违宪审查制度的进一步完善。②

---

① 参见李萍主编:《财政体制简明图解》,中国财政经济出版社 2010 年版,第 216 页。
② 学者们提出的一个方案颇具启发意义。该方案建议,在全国人大,而不是全国人大常委会之下设立违宪审查机构,可称为宪法法院或宪法委员会。将该机构设在全国人大之下,是因为全国人大才是国家的最高权力机关,全国人大常委会只是它的常设机关;如设在全国人大常委会之下,则只能使宪法法院最终变成全国人大常委会内部的一个自己监督机构,而这样的机构全国人大常委会已有很多。在有了独立的宪法法院的情况下,全国人大常委会原有的违宪审查和解释宪法的职能就可以转移给宪法法院。此外,在宪法法院负责审查全国人大常委会和地方人大立法的情况下,可以扩大行政诉讼的范围,将一般行政性规范包括行政法规和规章的审查由人民法院(最高人民法院)来承担。接受并处理国家机关之间发生的权限纠纷是该方案所提出的宪法法院的主要职责之一。如果这一机制能够得以建立,那么我国中央与地方财政关系领域的相关争议也就可以得到有效的解决了。相关论述可参见王振民:《中国违宪审查制度》,中国政法大学出版社 2004 年版,第 384、386—387 页;包万超:《设立宪法委员会和最高法院违宪审查庭并行的复合审查制》,载《法学》1998 年第 4 期。

结　　论

本研究从财政维度思考我国中央与地方关系的法治化问题,得出如下几点结论:

一、财政在实现中央与地方关系法治化中具有重要的价值

财政与国家、法治、宪政之间具有密切的联系。这种密切关系决定了财政对于实现中央与地方关系法治化的重大意义。综观各国的历史和实践,中央与地方关系实现法治化的重大价值主要体现在如下三个方面:权力制约、权利保障和地方自治。而在这三个方面,财政都发挥了重大的作用,是实现中央与地方关系法治化价值的重要环节。具体而言:财政权力是权力的重要形式,财政权力在各级政府间的纵向分立对于政府权力制约具有重要意义。将财政收益权、财政立法权、财政征收权和财政预算权等财政权限在各级政府间进行适当的划分,有助于降低财政权力的集中和垄断程度,将减少腐败和低效率的发生。同时,纵向的财政分权还使得次中央政府之间在提供公共产品的竞争方面成为可能,这种竞争可以对相关政府的权力行使产生制约。此外,政府间一定程度的财政权力划分对公民权利保障也具有重大意义。财政权限在各级政府之间进行分配,表明对于中央层次的公共产品,最典型的如国防,将由中央政府提供,而对于地方层次的公共产品,将由各级地方政府提供。这样就可以最大限度地实现各个层次公共产品的有效供应。同时,随着时代的变迁,财政权限在中央与地方政府之间的划分也在进行相应的调整,从而实现对各类公民权利的保障。作为中央与地方关系法治化重要内容的地方自治具有多方面的法治和宪政价值,而财政在促进地方自治的实现方面也具有重要意义。值得注意的是,《世界地方自治宪章》和《欧洲地方自治宪章》都规定了地方当局的财政来源问题。可以看出,相关规定几乎涉及了财政权限划分的各个方面。

二、财政制度模式是中央与地方关系
实现法治化的一个重要范畴

本研究特别提炼了"制度模式"这一范畴,作为沟通法治、宪政理念与具体制度构建之间的中介,对于具体的制度建设具有导向作用。通过对世界上典型国家相关做法的分析概括,可以将中央与地方关系法治化的财政制度模式概括为对称型制度模式和非对称型制度模式两种。两种制度模式的主要差别是:(1)事权划分的一致程度不同;(2)财政收益权与事权的匹配程度不同;(3)财政收益权与财政立法权的适应程度不同;(4)次中央政府行使财政预算权的自主程度不同,中央政府在次中央政府面临财政危机时是否采取紧急救助措施上存在不同;(5)所采取转移支付的形式和相应规模有所不同。

对称型制度模式的特征主要包括:(1)事权划分的一致程度较高。事权的实施与立法监管一般都由承担相关事权的同级政府承担,中央政府负责中央政府事权范围内的立法监管,次一级中央政府主要负责次中央政府事权范围内的立法监管。(2)财政收益权和事权的匹配程度较高,中央政府通过转移支付对次中央政府事权范围内事务承担财政支出责任的比例相对较低。(3)财政收益权与财政立法权的划分基本相适应,一般同时享有财政收益权和财政立法权。(4)次中央政府享有较大的财政预算权,同时承担更为独立的责任,中央政府对其债务危机不进行紧急救助。

非对称型制度模式的特征主要包括:(1)事权划分的一致程度较低。在事权实施和立法监管方面具有一定程度的分离,中央政府对次中央政府事权范围内的事务行使一定的立法监管权。(2)财政收益权和事权的匹配程度较低,中央政府通过转移支付为次中央政府事权范围内的事务承担财政支出责任的比例相对较高。(3)财政收益权和财政立法权不是完全相适应,享有财政收益权并不表明自然享有财政立法权,大部分财政立法权由中央政府享有。(4)次中央政府行使财政预算权受到一定限制,中央政府会对其债务危机进行紧急救助。(5)实行大规模的以均等化为目的的政府间转移支付。

两种制度模式各有其优劣。通过对各国的考察,可以发现,对称型制度模式的优点在于:多样性;创造性;责任感。而非对称型制度模式的优点在于:一致性;协调性。两种制度模式在各具优点的同时,也有其各自的劣势。从某种意义上而言,两种制度模式各自的优点也就是对方的劣势所在。值得注意的是,各国对两种制度模式的选择有其深刻根源。具体而言,主要包括政治哲学、国家体制、经济体制、特殊国情等。

两种制度模式也具有一些共同之处,例如:(1)都实行宪政和法治的治理。(2)在政府层级结构方面多采取三级制。(3)在税收征管方面,都注重各级征管机构之间的协作配合。(4)都有让次级中央政府设立预算储备基金的相关要求。(5)在处理基层地方政府财政问题上具有类似性,基层地方政府往往都受到次一级中央政府的控制。(6)都存在一定的协调与争议解决机制。

值得注意的是,两种制度模式还存在一定程度的融合趋势。前面已经提到,两种制度模式各有其优劣。因此,各国为了使各自的制度发挥更大的优越性,多在对本国固有的模式进行改革,从某种程度上借鉴其他国家的做法,体现出两种制度模式的融合趋势。

三、我国中央与地方财政关系历史发展的成就和问题

从新中国成立至今,我国的中国与地方财政关系演变经历了曲折的道路,终于进入了一个新的发展阶段。在多年的摸索中,取得了许多宝贵的经验,这些经验是我国中央与地方财政关系实现法治化的重要现实基础和有利条件。具体包括:(1)处理中央与地方财政关系的制度化思路逐步形成。新中国成立伊始,国家就很重视财政权限划分方面的制度建设。例如:1949年通过的《共同纲领》中就有关于划分中央与地方的财政范围的规定;1950年制定的《全国税政实施要则》和《全国各级税务机关暂行组织规程》对各级政府税收立法权限的划分和各级税务机关之间的职责划分也作了规定;1958年的《国务院关于改进工商税收管理体制的规定》提到了省、自治区、直辖市人民委员会可以在必要时"制定单行税法,开征地区性的税收";1951年根据《共同纲领》的规定制定了《预算决算暂行条例》,对财政预算权限的

划分进行了规定。尽管有如上努力,但是和整个国家没有步入法治建设轨道一样,在财政权限划分方面,制度化的思路并没有得到进一步发展。改革开放至今,特别是1994年"分税制"财政管理体制改革以来,制度化的思路逐步形成。这一时期相关制度建设的重要成就主要包括:1993年国务院发布的《关于实行分税制财政管理体制的决定》奠定了我国目前政府间财政关系的制度框架;2002年的所得税收入分享体制改革则建立起了均衡性转移支付资金稳定增长的长效机制。在这些制度建设之下,国家一般预算财政收入占国内生产总值的比重自1994年以来一直在增长,2009年超过20%,2012年达到22.6%。中央一般预算财政收入在国家一般预算财政收入中所占的比重在1994年就达到了55.7%,而改革前的1993年为22.0%,1994年之后的大部分年份都保持在50%以上。2002年均衡性转移支付的总额只有279亿元,2013年则达到9812.01亿元,而2014年的预算数超过了1万亿元。种种迹象表明,和1994年分税制财政管理体制正式确立之前相比,我国的中央与地方财政关系在逐步趋向稳定,制度化的思路逐步形成。(2)财政权限的划分在集权和分权之间达成一定的平衡。强调发挥"中央和地方两个积极性"。1994年分税制财政管理体制改革使得财政权限在中央与地方之间进行适当划分,并以相应的制度框架作为保证。(3)制度设计上逐步和国际惯例接轨。如实行分税制、提高地方政府预算自主权、实行政府间转移支付等。

我国在这一领域还存在一些问题,例如:实行行政主导的做法,对于相关事项缺乏法律层次规范性文件的调整,缺乏法治和宪政的视角;制度模式定位的模糊;事权和财政支出责任划分的不到位;财政权限配置的不合理;政府间转移支付均等化水平过低;协调与争议解决机制的缺乏。

四、从四个方面提出我国中央与地方
关系实现法治化的财政思路

在理论探讨、国际比较和总结现状的基础上,从视角转换、路径选择、模式选择和制度构建等四个方面提出了我国应从当前的行政主导过渡到法治化的初步解决思路。在视角转换部分,指出应该强调法治和宪政视角的引

入。以基本的法治和宪政理念作为思考和解决中央与地方财政关系问题的出发点和立足点,其他的目的或价值选择只能在这些理念范畴之内进行考虑并加以实现,而不能超越这些理念。增加中央与地方财政关系方面的宪法规范。改变中央与地方财政关系制度设计中的行政主导、立法机关角色缺失的现状,实现这一领域的法治化治理。保持制度的稳定性和适应性。在中央与地方财政关系领域引入法治和宪政视角,具有多方面的可行性。主要包括:经济体制改革的逐步到位、公共财政改革目标的确立、依法治国方略的确立、十八届三中全会和四中全会的重要决定、《预算法》的修订、国家对宪法的重视。

在路径选择部分,强调要继续坚持渐进式路径。财政问题与整个国家的治理命运攸关,容不得半点闪失,稳妥推进是至关重要的。同时,政府间财政关系涉及诸多的利益关系,只有承认既有利益格局,并作出一定妥协,才可能进一步推进新的改革。而我国所处的经济高速发展、财政收入高速增长的特定发展阶段为"保存量、调增量"这一渐进式的改革思路又提供了极佳的历史机遇。不过,在财政收入增速下降的背景下,将会面临新的挑战和困难。

在模式选择部分,提出我国应该选择非对称型作为未来的制度模式,即在事权划分上实行事权实施和立法监管的相对分离;使财政收益权和事权不完全匹配,让中央政府掌握高于其本级财政支出相当比例的财政收益权;财政收益权和财政立法权的划分实行适当分离,由中央政府享有主要的财政立法权;实行较大规模的均等化转移支付。作出这一制度模式选择主要基于我国特有的政治文化、国家结构形式、经济体制、法治发展现状、全球化的时代背景等方面的原因。

在法治和宪政视角引入、渐进式路径选择和非对称型制度模式选择的基础上,提出了一些具体制度构建方面的建议:(1)在完善政府层级结构方面,应在财政"省直管县""扩权强县"等改革的基础上,进一步简化政府级次,逐步将政府级次由目前的五级将三级。(2)在事权划分方面,对事权实施与立法监管应该实行一定的分离。中央政府对于其事权应该有立法监管权。省级政府对于各级地方政府事权原则上具有立法监管权,但是,中央政府在必要时也有权进行监管,如出台一些标准、资格要求等。应特别重视教育、医疗和社会保障等事权的划分与实施。(3)在财政支出责任划分方面,对于中央政府事权范围内的支出由中央政府承担财政支出责任,对于地方政府事权范围内的支出原则上由地方政府承担财政支出责任,但是,基于均等性、补偿外溢性等方面的考虑,中央政府应通过转移支付承担一定的财政支出责任。特别是在教育、医疗和社会保障等事权方面,应加大和优化中央政府的转移支付。(4)在财政权限配置方面,财政收益权的划分应偏向中央政府,让中央政府享有高于其本级财政支出相当比例的财政收益权。在对财政收益权进行划分的同时,对财政立法权则应基本保持集中。无论是中央还是地方,都需要强化人大的立法权,改变目前行政主导的状况。进一步协调财政征收权在两套征管机关之间的行使。赋予地方政府相对独立的财政预算权,增加预算自主权。落实新修订的《预算法》的相关规定。(5)在政府间转移支付完善方面,首先需要确定我国政府间转移支付的法律原则。有必要在法律层面规定的基础上,在宪法中规定基本公共服务均等化的相关条款,从而为我国政府间转移支付的制度设计提供更高的原则指导。在一般性转移支付和专项转移支付的结构关系方面,今后应逐步增加前者的比例。总体上应以提高均等化水平为目标改革转移支付体系。(6)在协调与争议解决机制的建立方面,可以考虑在全国人大常委会下设"政府间财政关系委员会"。也可以考虑参考日本的做法,在国务院设立一个专门的部门处理政府间事务,统筹处理包括财政关系在内的中央地方关系,既代表中央协调各部门对地方的政策,又代表地方反映地方的利益要求,成为中央地方关系的重要枢纽。此外,探索中央与地方财政关系方面的争议解决机制。

参 考 文 献

中文

1. 薄贵利:《中央与地方关系研究》,吉林大学出版社1991年版。
2. 蔡茂寅:《论中央与地方权限划分问题》,载台湾《月旦法学杂志》2003年第2期。
3. 财政部科学研究所编:《十年来财政资料汇编》(第1、2辑),财政出版社1959年版。
4. 财政部综合计划司编:《中华人民共和国财政史料》(第1辑),中国财政经济出版社1982年版。
5. 财政部办公厅编:《中华人民共和国财政史料》(第2辑),中国财政经济出版社1983年版。
6. 财政部税务总局编:《中华人民共和国财政史料》(第4辑),中国财政经济出版社1987年版。
7. 程汉大:《英国政治制度史》,中国社会科学出版社1995年版。
8. 陈少英:《从4万亿投资看〈预算法〉的缺陷》,载《法学》2011年第11期。
9. 陈少英:《论地方政府保障民生的财政支出责任》,载《社会科学》2012年第2期。
10. 陈共:《陈共文集(1963—1995)》,中国人民大学出版社2007年版。
11. 陈抗、Hillman,Arye L.、顾清扬:《财政集权与地方政府行为变化——从援助之手到攫取之手》,载《经济学(季刊)》2002年第2卷第1期。
12. 崔威:《税收立法高度集权模式的起源》,载《中外法学》2012年第4期。
13. 《当代中国财政》编辑部:《中国社会主义财政史参考资料:1949—1985》,中国财政经济出版社1990年版。
14. 邓子基:《马克思恩格斯财政思想研究》,中国财政经济出版社1990年版。
15. 邓子基:《财政理论研究(上)》,山东人民出版社1992年版,第81—92页。
16. 丁一:《纳税人权利研究》,中国社会科学出版社2013年版。
17. 董礼胜:《欧盟成员国中央与地方关系比较研究》,中国政法大学出版社2000年版。
18. 杜放:《政府间财政转移支付制度:理论与实践》,经济科学出版社2001年版。
19. 樊纲:《论公共收支的新规范——我国乡镇"非规范收入"若干个案的研究与思

考》,载《经济研究》1995年第6期。

20. 冯俏彬:《从政府层级改革中探索政府治理模式的根本转变》,载《财政研究》2004年第7期。

21. 傅勇:《财政分权、政府治理与非经济性公共物品供给》,载《经济研究》2010年第8期。

22. 付志宇编著:《中国财政史》,对外经济贸易大学出版社2011年版。

23. 高培勇主持:《中国税费改革问题研究》,经济科学出版社2004年版。

24. 高培勇主编:《共和国财税60年》,人民出版社2009年版。

25. 葛克昌:《税法基本问题:财政宪法篇》,台湾月旦出版社股份有限公司1996年版。

26. 郭维真:《中国财政支出制度的法学解析——以合宪性为视角》,法律出版社2012年版。

27. 韩大元等:《宪法学专题研究》,中国人民大学出版社2004年版。

28. 韩世君:《日本分级财政体制剖析》,载刘溶沧、李茂生主编:《转轨中的中国财经问题》,中国社会科学出版社2002年版,第346—372页。

29. 胡康大:《欧盟主要国家中央与地方的关系》,中国社会科学出版社2000年版。

30. 胡书东:《经济发展中的中央与地方关系——中国财政制度变迁研究》,上海三联书店、上海人民出版社2001年版。

31. 黄俊杰:《财政宪法》,台湾翰芦图书出版有限公司2005版。

32. 黄茂荣:《税法总论》(第1册),台湾作者自刊2002年版。

33. 黄茂荣:《税法总论:法学方法与现代税法》(第1册增订2版),台湾作者自刊2005年版。

34. 贾康、白景明:《县乡财政解困与财政体制创新》,载《经济研究》2002年第2期。

35. 贾康主持:《地方财政问题研究》,经济科学出版社2004年版。

36. 贾康等:《我国地方政府债务风险和对策》,载《经济研究参考》2010年第14期。

37. 贾晓俊、岳希明:《我国均衡性转移支付资金分配机制研究》,载《经济研究》2012年第1期。

38. 蒋立山:《法律现代化——中国法治道路的问题研究》,中国法制出版社2006年版。

39. 蒋水木:《日本地方财政自主性之分析》,载台湾《财税研究》2002年第4期。

40. 蒋悟真:《中国预算法实施的现实路径》,载《中国社会科学》2014年第9期。

41. 李建人:《英国税收法律主义的历史源流》,法律出版社2012年版。

42. 李龙、朱孔武:《财政立宪主义论纲》,载《法学家》2003年第6期。

43. 李萍主编:《中国政府间财政关系图解》,中国财政经济出版社 2006 年版。

44. 李萍主编:《财政体制简明图解》,中国财政经济出版社 2010 年版。

45. 李治安主编:《唐宋元明清中央与地方关系研究》,南开大学出版社 1996 年版。

46. 林慕华、马骏:《中国地方人民代表大会预算监督研究》,载《中国社会科学》2012 年第 6 期。

47. 林世铭、李慧雯:《美国州及地方政府课税权之研究》,载台湾《财税研究》1997 年第 1 期。

48. 林毅夫、刘志强:《中国财政分权与经济增长》,载《北京大学学报》(哲学社会科学版)2000 年第 4 期。

49. 刘长功、李宜春:《"扩权强县"与政府层级管理体制创新》,载《中国行政管理》2007 年第 4 期。

50. 刘剑文主编:《财税法学》,高等教育出版社 2004 年版。

51. 刘剑文等:《中央与地方财政分权法律问题研究》,人民出版社 2009 年版。

52. 刘剑文:《地方政府发债权的现实可能性》,载《法学》2012 年第 10 期。

53. 刘剑文:《房产税改革正当性的五维建构》,载《法学研究》2014 年第 2 期。

54. 刘剑文:《地方财源制度建设的财税法审思》,载《法学评论》2014 年第 2 期。

55. 刘剑文:《论财政法定原则——一种权力法治化的现代探索》,载《法学家》2014 年第 4 期。

56. 刘剑文、王桦宇:《公共财产权的概念及其法治逻辑》,载《中国社会科学》2014 年第 8 期。

57. 刘军强:《资源、激励与部门利益:中国社会保险征缴体制的纵贯研究(1999—2008)》,载《中国社会科学》2011 年第 3 期。

58. 刘溶沧、赵志耘主编:《中国财政理论前沿》,社会科学文献出版社 1999 年版。

59. 柳随年、吴群敢主编:《中国社会主义经济简史(1949—1983)》,黑龙江人民出版社 1985 年版。

60. 刘云龙:《民主机制与民主财政——政府间财政分工及分工方式》,中国城市出版社 2001 年版。

61. 刘佐:《地方税制度改革"十一五"回顾与"十二五"展望——兼论房地产税改革》,载《地方财政研究》2011 年第 4 期。

62. 楼继伟:《中国政府间财政关系再思考》,中国财政经济出版社 2013 年版。

63. 鲁柄炎:《中央与地方财政关系》,载台湾《经社法制论丛》第 31 期。

64. 卢洪友:《政府职能与财政体制研究》,中国财政经济出版社 1999 年版。

65. 马海涛主编:《财政转移支付制度》,中国财政经济出版社 2004 年版。

66. 马骏、侯一麟:《中国省级预算中的政策过程与预算过程:来自两省的调查》,载《经济社会体制比较》2005 年第 5 期。

67. 马克垚主编:《中西封建社会比较研究》,学林出版社 1997 年版。

68. 马寅初:《财政学与中国财政——理论与现实》(上册),商务印书馆 2001 年版。

69. 毛捷、汪德华、白重恩:《民族地区转移支付、公共支出差异与经济发展差距》,载《经济研究》2011 年第 2 期。

70. 毛泽东:《论十大关系》,人民出版社 1976 年版。

71. 平新乔:《财政原理与比较财政制度》,上海三联书店、上海人民出版社 1995 年版。

72. 平新乔、白洁:《中国财政分权和地方公共物品的供给》,载《财贸经济》2006 年第 2 期。

73. 齐勇、谢春:《对"省直管县"体制的反思》,载《北京行政学院学报》2011 年第 3 期。

74. 乔宝云、范剑勇、冯兴元:《中国的财政分权与小学义务教育》,载《中国社会科学》2005 年第 6 期。

75. 秋风:《立宪的技艺》,北京大学出版社 2005 年版。

76. 舒国滢主编:《法制现代化的理论基础》,知识产权出版社 2010 年版。

77. 石亚军、施正文:《从省直管县财政改革迈向省直管县行政改革——安徽省直管县财政改革的调查与思考》,载《中国行政管理》2010 年第 2 期。

78. 宋世明:《美国行政改革研究》,国家行政学院出版社 1999 年版。

79. 宋新中主编:《中国财政体制改革研究》,中国财政经济出版社 1992 年版。

80. 孙秀林、周飞舟:《土地财政与分税制——一个实证解释》,载《中国社会科学》2013 年第 4 期。

81. 苏力:《当代中国的中央与地方分权——重读毛泽东〈论十大关系〉第五节》,载《中国社会科学》2004 年第 2 期。

82. 苏力:《法治及其本土资源》,中国政法大学出版社 2004 年版。

83. 孙开主持:《财政体制改革问题研究》,经济科学出版社 2004 年版。

84. 孙文学主编:《中国财政思想史》(上),上海交通大学出版社 2008 年版。

85. 汤洁茵:《财税法治的形成与〈预算法〉修改——以预算审批权为核心》,载《中国青年政治学院学报》2012 年第 4 期。

86. 汤玉刚、范方志:《行政级次、财政体制与经济发展:浙江经验及其超越》,载《山西财经大学学报》2007 年第 6 期。

87. 天成:《论共和国——重申一个古老而伟大的传统》,载王炎等编:《宪政主义与现代国家》,生活·读书·新知三联书店 2003 年版,第 209 页。

88. 田发:《构建三级政府财政:以政府体制层级改革为视角》,载《当代财经》2006 年第 4 期。

89. 王人博、程燎原:《法治论》(第 2 版),山东人民出版社 1998 年版。

90. 王蓉:《公共教育解释》,中国财政经济出版社 2009 年版。

91. 王绍光:《分权的底限》,中国计划出版社 1997 年版。

92. 王希:《原则与妥协:美国宪法的精神与原则》,北京大学出版社 2000 年版。

93. 汪习根:《法治社会的基本人权——发展权法律制度研究》,中国人民公安大学出版社 2002 年版。

94. 项怀诚编著:《中国财政管理》,中国财政经济出版社 2001 年版。

95. 项怀诚、姜维壮主编:《中国改革全书(1978—1991):财政体制改革卷》,大连出版社 1992 年版。

96. 谢旭人主编:《中国财政 60 年(上、下卷)》,经济科学出版社 2009 年版。

97. 辛向阳:《大国诸侯:中国中央与地方关系之结》,中国社会出版社 1995 年版。

98. 熊伟:《"引税"现象的调查与思考》,载《法学杂志》2002 年第 6 期。

99. 熊伟:《政府间财政关系的法律调整》,法律出版社 2010 年版。

100. 熊伟:《法治视野下清理规范税收优惠政策研究》,载《中国法学》2014 年第 6 期。

101. 熊文钊:《大国地方——中国中央与地方关系宪政研究》,北京大学出版社 2005 年版。

102. 许多奇:《我国分税制改革之宪政反思与前瞻》,载《法商研究》2011 年第 5 期。

103. 许飞青、冯羡云:《我国财政管理体制问题》,中国财政经济出版社 1964 年版。

104. 徐孟洲主编:《税法》,中国人民大学出版社 1999 年版。

105. 许善达等:《中国税权研究》,中国税务出版社 2003 年版。

106. 徐阳光:《财政转移支付制度的法学解析》,北京大学出版社 2009 年版。

107. 许正中等:《财政分权:理论基础与实践》,社会科学文献出版社 2002 年版。

108. 许志雄:《地方自治权的基本课题》,载台湾《月旦法学杂志》1995 年第 1 期。

109. 薛钢:《财产税征收管理的国际比较及其借鉴》,载《宏观经济研究》2010 年第 3 期。

110. 薛刚凌:《论府际关系的法律调整》,载《中国法学》2005 年第 5 期。

111. 杨开忠、陶然、刘明兴:《解除管制、分权与中国经济转轨》,载《中国社会科学》2003 年第 3 期。

112. 杨之刚、张斌:《中国基层财政体制改革中的政府级次问题》,载《财贸经济》

2006年第3期。

113. 叶姗:《财政赤字的法律控制》,北京大学出版社2013年版。

114. 叶子荣、林翰:《我国的税收竞争异化与税权制度创新》,载《税务研究》2007年第2期。

115. 尹恒、朱虹:《县级财政生产性支出偏向研究》,载《中国社会科学》2011年第1期。

116. 尹恒、杨龙见:《地方财政对本地居民偏好的回应性研究》,载《中国社会科学》2014年第5期。

117. 应克复等:《西方民主史》(修订版),中国社会科学出版社2003年版。

118. 岳昌君:《我国教育发展的省际差距比较》,载《华东师范大学学报(人文社会科学版)》2008年第1期。

119. 曾祥瑞:《新日本地方自治制度研究》,中国法制出版社2005年版。

120. 翟继光:《财政法学原理——关于政府与纳税人基本关系的研究》,经济管理出版社2011年版。

121. 张军、高远、傅勇、张弘:《中国为什么拥有了良好的基础设施?》,载《经济研究》2007年第3期

122. 张千帆等:《宪政、法治与经济发展》,北京大学出版社2004年版。

123. 张千帆:《西方宪政体系》(上册·美国宪法),中国政法大学出版社2000年版。

124. 张千帆:《西方宪政体系》(下册·欧洲宪法),中国政法大学出版社2001年版。

125. 张守文:《税法原理》(第2版),北京大学出版社2001年版。

126. 张馨:《公共财政论纲》,经济科学出版社1999年版。

127. 张晏、龚六堂:《分税制改革、财政分权与中国经济增长》,载《经济学(季刊)》2005年第5卷第1期。

128. 赵全厚:《中国地方政府融资及其融资平台问题研究》,载《经济研究参考》2011年第10期。

129. 郑永流:《法治四章——英德渊源、国际标准和中国问题》,中国政法大学出版社2002年版。

130. 中国社会科学院、中央档案馆编:《中华人民共和国经济档案资料选编·财政卷(1949—1952)》,经济管理出版社1995年版。

131. 《中国财政年鉴》,中国财政杂志社历年版。

132. 《中国统计年鉴》,中国统计出版社历年版。

133. 周飞舟:《分税制十年:制度及其影响》,载《中国社会科学》2006年第6期。

134. 周飞舟:《生财有道:土地开发和转让中的政府和农民》,载《社会学研究》2007年第1期。

135. 周飞舟:《大兴土木:土地财政与地方政府行为》,载《经济社会体制比较》2010年第3期。

136. 周飞舟:《以利为利:财政关系与地方政府行为》,上海三联书店2012年版。

137. 周刚志:《财政分权的宪政原理——政府间财政关系之宪法比较研究》,法律出版社2010年版。

138. 周黎安:《中国地方官员的晋升锦标赛模式研究》,载《经济研究》2007年第7期。

139. 周业安、章泉:《财政分权、经济增长和波动》,载《管理世界》2008年第3期。

140. 周振鹤:《中央与地方关系史的一个侧面(上)——两千年地方政府层级变迁的分析》,载《复旦学报(社会科学版)》1995年第3期。

141. 朱大旗:《从国家预算的特质论我国〈预算法〉的修订目的和原则》,载《中国法学》2005年第1期。

142. 朱丘祥:《分税与宪政——中央与地方财政分权的价值与逻辑》,知识产权出版社2008年版。

143. 《朱镕基讲话实录》(第一卷),人民出版社2011年版。

144. 〔澳〕布伦南、〔美〕布坎南:《宪政经济学》,冯克利等译,中国社会科学出版社2004年版。

145. 〔德〕K.茨威格特、H.克茨:《比较总论》,潘汉典、米健、高鸿钧、贺卫方译,法律出版社2003年版,第73页。

146. 〔德〕马克斯·韦伯:《中国的宗教:儒教与道教》,康乐、简惠美译,广西师范大学出版社2010年版。

147. 〔法〕卡雷尔·瓦萨克:《人权的不同类型》,张丽萍、程春明译,载郑永流主编:《法哲学与法社会学论丛》(第4卷),中国政法大学出版社2001年版,第468页。

148. 〔法〕孟德斯鸠:《论法的精神》(上册),张雁深译,商务印书馆1961年版。

149. 〔法〕孟德斯鸠:《论法的精神》(下册),张雁深译,商务印书馆1963年版。

150. 〔法〕托克维尔:《论美国的民主》(上卷),董果良译,商务印书馆1988年版。

151. 〔古希腊〕亚里士多德:《政治学》,吴寿彭译,商务印书馆1965年版。

152. 〔美〕爱德华·S.考文:《美国宪法的"高级法"背景》,强世功译,生活·读书·新知三联书店1996年版。

153. 〔美〕查尔斯·A.比尔德:《美国宪法的经济观》,何希齐译,商务印书馆1984年版。

154. 〔美〕黄佩华等:《中国:国家发展与地方财政》,吴素萍、王桂娟等译,中信出版社 2003 年版。

155. 〔美〕理查德·马斯格雷夫:《比较财政分析》,董勤发译,上海三联书店 1996 年。

156. 〔美〕理查德·A.马斯格雷夫、佩吉·B.马斯格雷夫:《财政理论与实践》(第 5 版),邓子基、邓力平译校,中国财政经济出版社 2003 年版。

157. 〔美〕路易斯·亨金、阿尔伯特·J.罗森塔尔编:《宪政与权利》,郑戈、赵晓力、强世功译,生活·读书·新知三联书店 1996 年版。

158. 〔美〕菲利普·方纳编:《杰斐逊文选》,王华译,商务印书馆 1963 年版。

159. 〔美〕斯科特·戈登:《控制国家——西方宪政的历史》,应奇等译,江苏人民出版社 2001 年版。

160. 〔美〕卡尔·J.弗里德里希:《超验正义——宪政的宗教之维》,周勇、王丽芝译,生活·读书·新知三联书店 1997 年版。

161. 〔美〕肯尼思·W.汤普森编:《宪法的政治理论》,张志铭译,生活·读书·新知三联书店 1997 年版。

162. 〔美〕斯蒂芬·L.埃尔金、卡罗尔·爱德华·索乌坦编:《新宪政论——为美好的社会设计政治制度》,周叶谦译,生活·读书·新知三联书店 1997 年版。

163. 〔美〕约翰·罗尔斯:《正义论》,何怀宏、何包钢、廖申白译,中国社会科学出版社 1988 年版。

164. 〔美〕詹姆斯·M.伯恩斯等:《民治政府》,陆震纶、郑明哲等译,中国社会科学出版社 1996 年版。

165. 〔美〕詹姆斯·M.布坎南:《民主财政论》,穆怀朋译,商务印书馆 1993 年版。

166. 〔日〕北野弘久:《税法学原论》(第 4 版),陈刚、杨建广等译,中国检察出版社 2001 年版。

167. 〔日〕大须贺明:《生存权论》,林浩译,台湾元照出版公司 2001 年版。

168. 〔日〕金子宏:《日本税法》,战宪斌、郑林根等译,法律出版社 2004 年版。

169. 〔日〕美浓部达吉:《议会制度论》,邹敬芳译,卞琳点校,中国政法大学出版社 2005 年版。

170. 〔英〕阿克顿:《自由与权力》,侯健、范亚峰译,商务印书馆 2001 年版。

171. 〔英〕弗里德利希·冯·哈耶克:《法律、立法与自由》(第 1、2、3 卷),邓正来等译,中国大百科全书出版社 2000 年版。

172. 〔英〕弗里德利希·冯·哈耶克:《自由秩序原理》(上、下册),邓正来译,生活·读书·新知三联书店 1997 年版。

173.〔英〕洛克:《政府论》(下篇),叶启芳、瞿菊农译,商务印书馆 1964 年版。

174.〔英〕M. J. C. 维尔:《宪政与分权》,苏力译,生活·读书·新知三联书店 1997 年版。

175.〔英〕亚当·斯密:《国民财富的性质和原因的研究》,郭大力、王亚南译,商务印书馆 1974 年版。

176.〔英〕詹姆斯·布赖斯:《现代民治政体》(下册),张慰慈等译,吉林人民出版社 2001 年版。

外文

1. Ackerman, Bruce, "Taxation and the Constitution," *Columbia Law Review*, Vol. 99 (1), 1999, pp. 1—58.

2. Adler, Jonathan H., "Interstate Competition and the Race to the Top," *Harvard Journal of Law & Public Policy*, Vol. 35 (1), 2012, pp. 89—99.

3. Ahmad, Ehtisham, et al. (eds.), Reforming China's Public Finances, IMF, 1995.

4. Ahmad, Ehtisham, "China," in Ter-Minassian, Teresa(ed.), *Fiscal Federalism in Theory and Practice*, IMF, 1997, pp. 634—660.

5. Amede Fossati, and Giorgio Pandlla (eds.), *Fiscal Federalism in the European Union*, Routledge, 1999.

6. Aoki, Ichiro, "Decentralization and Intergovernmental Finance in Japan," PRI Discussion Paper Series (No. 08A-04), Policy Research Institute, Ministry of Finance, June 2008.

7. Arora, Vivek B., and John Norregaard, "Intergovernmental Fiscal Relations: the Chinese System in Perspective," IMF Working Paper, WP/97/129, Oct., 1997.

8. Auerbach, Alan J., "US Experience with Federal Budget Rules," CESifo DICE Report 1/2009.

9. Bahl, Roy, *Fiscal Policy in China: Taxation and Intergovernmental Fiscal Relations*, The 1990 Institute, 1999.

10. Baumann, Elke, Elmar Dönnebrink and Christian Kastrop, "A Concept for a New Budget Rule for Germany," CESifo Forum 2/2008.

11. Beier, Otto, "Reforming intergovernmental fiscal relations in Germany: the Bavarian point of view," available at http://www.desequilibrefiscal.gouv.qc.ca/en/pdf/beierl.pdf, 2014 年 9 月 20 日访问。

12. Bird, Richard M., et al. (eds.), *Decentralization of Socialist State: Intergovern-

mental Finance in Transition Economies, Washington, D. C. : World Bank, 1995.

13. Bird, Richard M. , and François Vaillancourt (eds.), *Fiscal Decentralization in Developing Countries*, Cambridge, UK: New York: Cambridge University Press, 1998.

14. Bird, Richard M. , "The Spending Power in Federal Countries," Septemper 2009, available at http://ssrn. com/abstract = 152932 ,2014 年 9 月 20 日访问。

15. Boadway, Robin, "The Economics of Equalization: An Overview," in Boadway, Robin W. , and Paul A. R. Hopson (eds.), *Equalization: Its Contribution to Canada's Economic and Fiscal Progress*, John Deutsch Institute For the Study of Economic Policy, 1998, pp. 27—82.

16. Boadway, Robin, "Should the Canadian Federation be Rebalanced? A Memo for Paul Martin" Working Paper 2004 (1) c 2004 II GR, Queen's University.

17. Boadway, Robin, and Ronald L. Watts, "Fiscal Federalism in Canada, the USA, and Germany," Working Paper 2004 (6) c 2004 II GR, Queen's University.

18. Boadway, Robin, and Ronald Watts, "Fiscal Federalism in Canada," available at http://www. fiscalreform. net/library/pdfs/fiscal_federalism_in_canada. pdf,2014 年 9 月 20 日访问。

19. Boadway, Robin, Paul A. R. Hobson, and Nobuki Mochida, "Fiscal Equalization in Japan: Assessment and Recommendations," *The Journal of Economics*, Vol 66 (4), 2001, pp. 24—57.

20. Boadway, Robin, and Anwar Shah, *Fiscal Federalism: Principles and Practices of Multiorder Governance*, Cambridge University Press, 2009.

21. Bosch, Núria, and José M. Durán (eds.), *Fiscal Federalism and Political Decentralization: Lessons from Spain, Germany and Canada*, Edward Elgar, 2008.

22. Brand, Dirk, *Financial Constitutional Law: A Cmoparison between Germany and South Africa* (The paper was originally presented as a dissertation and approved for the Degree of Doctor of Law at the University of Stellenbosch, December 2005), Konrad-Adenauer-Stiftung, 2006.

23. Brennan, G. , and J. M. Buchanan, *The Power to Tax—Analytical Foundations of a Fiscal Constitution*, Cambridge University Press, 1980.

24. Briffault, Richard, "Our Localism: Part I —the Structure of Local Government Law," *Columbia Law Review*, Jan. , 1990, pp. 1—116.

25. Briffault, Richard, "What About the 'ism'? Normative and Formal Concerns in Contemporary Federalism," *Vanderbilt Law Review*, Oct. , 1994, pp. 1303—1353.

26. Briffault, Richard, "The Disfavored Constitution: State Fiscal Limits and State Constitutional Law," *Rutgers Law Journal*, Summer, 2003.

27. Broschek, Jörg, "Historical Institutionalism and the Varieties of Federalism in Germany and Canada," *Publius: The Journal of Federalism*, Vol. 42 (4), 2011, pp. 662—687.

28. Buchanan, James M., "Federalism and Fiscal Equity," *The American Economic Review*, Vol. 40 (4), 1950, pp. 583—599.

29. Buchanan, James M., and Richard E. Wagner, "An Efficiency Basis for Federal Fiscal Equalization," NBER, 1970, available at http://www.nber.org/chapters/c3353, 2014年9月20日访问。

30. Cameron, David, and Richard Simeon, "The Intergovernmental Relations in Cannada: The Emergence of Collaborative Federalism," *Publius: The Journal of Federalism*, Vol. 32 (2), 2002, pp. 49—71.

31. CBO, "Fiscal Stress Faced by Local Governments," *Economic and Budget Issue Brief*, December 2010.

32. Cecours, André, and Daniel Béland, "Federalism and Fiscal Policy: The Politics of Equalization in Canada," *Publius: The Journal of Federalism*, Vol. 40 (4), 2009, pp. 569—596.

33. Clark, Douglas H., "The Fiscal Transfer System in Canada," in Ahmad, Ehtisham (ed.), *Financing Decentralized Expenditures*, Edward Elgar, 1997, pp. 18—43.

34. Clark, Douglas H., "Canada's Equalization Program: In Principle and in Practice," in Boadway, Robin W., and Paul A. R. Hopson (eds.), *Equalization: Its Contribution to Canada's Economic and Fiscal Progress*, John Deutsch Institute For the Study of Economic Policy, 1998, pp. 83—140.

35. Clemens, Jeffrey, and Stephen Miran, "Fiscal Policy Multipliers on Subnational Spending," *American Economic Journal: Economic Policy*, Vol. 4 (2), 2012, pp. 46—68.

36. Dafflon, Bernard (ed.), *Local Public Finance in Europe: Balancing the Budget and Controlling Debt*, Edward Elgar, 2002.

37. Deeg, Richard, and Susanne Lütz, "Internationalization and Financial Federalism—The United States and Germany at the Crossroads?" MPIfG Discussion Paper 98/7, September, 1998.

38. Dollery, Brian E, and Lorenzo Robotti (eds.), *The Theory and Practice of Local Government Reform*, Edward Elgar, 2008.

39. Due, J. F., *Government Finance: Economics of the Public Sector*, Irwin, 1969.

40. Einzig, Paul, *The Control of the Purse: Progress and Decline of Parliament's Financial Control*, Secker & Warburg, 1959.

41. Faltlhauser, Kurt, "Financial Relations in Countries with Federal Systems," presented at the Conference in Brasilia, March, 2004.

42. Färber, Gisela, "Local Government Borrowing in Germany," in Dafflon, Berrard (ed.), *Local Public Finance in Europe*, Edward Elgar, 2002, pp. 135—163.

43. Federal Ministry of Finance, *Federation/Länder Financial Relations on the Basis of Constitutional Financial Provisions* (update 2009).

44. Feld, Lars P., and Thushyanthan Baskaran, "Federalism Commission II—Recent Reforms of Federal-Länder Financial Relationships in Germany," available at http://www.forumfed.org/en/pubs/2009-10-26-feld.pdf,2014年9月20日访问。

45. Fisher, Ronald C., *State & Local Public Finance*, 3rd ed., Thomson South-Western, 2007.

46. Follette, Glenn, and Byron Lutz, "Fiscal Policy in the United States: Automatic Stabilizers, Discretionary Fiscal Policy Actions, and the Economy," Finance and Economics Discussion Series (2010-43), Federal Reserve Board, Wahington, D.C.

47. Friedman, Barry, "The Law and Economics of Federalism: Valuing Federalism," *Minnesota Law Review*, Dec., 1997, pp. 317—412.

48. Giliette, Clayton P., "Fiscal Federalism as a Constraint on States," Harvaud Journal of Law & Public Policy, Vol. 35 (1), 2012, pp. 101—114.

49. Gramlich, Edward M., "Federalism and Federal Deficit Reduction," *National Tax Journal*, September, 1987, pp. 299—313.

50. Greve, Michael S., "Against Cooperative Federalism," *Mississippi Law Journal*, Winter, 2000, pp. 557—623.

51. Gruber, Jonathan, *Public Finance and Public Policy*, Worth Publishers, 2011.

52. Gunlicks, Arthur, *The Länder and German Federalism*, Manchester University Press, 2003.

53. Gunlicks, Arthur B., "German Federalism and Recent Reform Efforts," *German Law Journal*, Vol. 6 (10), 2005, pp. 1283—1296.

54. Harada, Kenichiro, Vice Mayor, and Komono Town, "Local Taxation in Japan," papers on the Local Governance System and its Implementation in Selected Fields in Japan No. 10. CLAIR, COSLOG, and GRIPS, March 2009.

55. Henning, C. Randall, and Martin Kessler, "Fiscal Federalism: US History for Ar-

chitects of Europe's Fiscal Union," Bruegel Essay and Lecture Series, January 2012.

56. Hogg, Peter, Joanne Magee, and Jinyan Li, *Principles of Canadian Income Tax Law*, 5th ed., Carswell, 2005.

57. Holden, Michael, "Canada's New Equalization Formula," Publication No. 2008-20-E, Parliamentary Information and Research Service, Library of Parliament.

58. Hou, Yilin, and Daniel L. Smith, "A Framework for Understanding State Balance Budget Requirement Systems: Reexamining Distinctive Features and an Operational Definition," *Public Budgeting & Finance*, Vol. 26 (3), 2006, pp. 22—45.

59. Hou, Yilin, and Daniel L. Smith, "Do State Balanced Budget Requirements Matter? Testing Two Explanatory Frameworks," *Public Choice*, Vol. 145, 2010, pp. 57—79.

60. Hyman, David N., *Public Finance: A Contemporary Application of Theory to Policy*, 8th ed., Peking University Press, 2005.

61. Ishi Hiromitsu, *The Japanese Tax System*, 3rd ed., Oxford University Press, 2001.

62. Jonas, Jiri, "Great Recession and Fiscal Squeeze at U.S. Subnational Government Level," IMF Working Paper (WP/12/184), July 2012.

63. Keen, Michael, "Peculiar Institutions: A British Perspective on Tax Policy in the Unites States," *Fiscal Studies*, Vol. 18 (4), 1997, pp. 371—400.

64. Kincaid, John, "The Constitutional Frameworks of State and Local Government Finance," in Ebel, Robert D., and John E. Petersen (eds.), *The Oxford Handbook of State and Local Government Finance*, Oxford University Press, 2012, pp. 45—82.

65. Kincaid, John, "The Federalist and V. Ostrom on Concurrent Taxation and Federalism," *Publius: The Journal of Federalism*, Vol. 44 (2), 2014, pp. 275—297.

66. Krishnakumar, Anita S., "In Defense of the Debt Limit Statute," *Harvard Journal on Legislation*, Vol. 42 (1), 2005, pp. 135—185.

67. Krugman, Paul, "Fifty Herbet Hoovers," *The New York Times*, December 29, 2008, p. A25.

68. Larsen, Clifford, "States Federal, Financial, Sovereign and Social: A Critical Inquiry into an Alternative to American Financial Federalism," *American Journal of Comparative Law*, Vol. 47 (3), 1999, pp. 429—488.

69. Litvack, Jennie et al. (eds.), *Rethinking Decentralization in Developing Countries*, Washington, D.C.: World Bank, 1998.

70. Lynch, G. Patrick, "Protecting Individual Rights Throught a Federal System: James Buchanan's View of Federalism," *Publius: The Journal of Federalism*, Vol. 34 (4), 2004,

pp. 153—167.

71. Majeed, Akhtar, Ronald L. Watts and Douglas M. Brown (eds.), *Distribution of Powers and Responsibilities in Federal Countries*, McGill-Queen's University Press, 2006.

72. Mandelker, Daniel R., et al, *State and Local Government in a Federal Syestem*, 3rd ed., The Michie Company, 1990.

73. Mark Humphery-Jenner, "Balanced Budget Rules and Expenditure Limits: Lessons from the US and Australia and Implications for the EU," *German Law Journal*, Vol. 13 (6), 2012, pp. 607—636.

74. Marks, Thomas C. Jr., and John F. Cooper, *State Constitutional Law*, Westpublishing Co., 1988.

75. Mason, Ruth, "Federalism and the Taxing Power," *California Law Review*, Vol. 99, 2011, pp. 975—1035.

76. McNichol, Elizabeth, "Out of Balance Cuts in Services Have Been States' Primary Response to Budget Gaps, Harming the Nation's Economy," Center on Budget and Policy Priorities, April 18, 2012.

77. Mihaljek, Dubravko, "Japan," in Ter-Minassian, Teresa(ed.), *Fiscal Federalism in Theory and Practice*, IMF, 1997, pp. 285—322.

78. Moore, Carolyn, and Wade Jacoby (eds.), *German Federalism in Transition: Reforms in a Consensual State*, Routledge, 2010.

79. Moore, Kathryn L., "State and Local Taxation: When Will Congress Intervene?" *Journal of Legislation*, 1997, pp. 171—213.

80. Mochida, Nobuki, "Taxes and Transfer in Japan's Local Public Finances," World Bank Institute, 2001, Stock No. 37171.

81. Mochida, Nobuki, *Fiscal Decenralization and Local Public Finance in Japan*, Routledge, 2008.

82. Muramatsu, Michio, "Intergovernmental Relations in Japan: Models and Perspectives," World Bank Institute, 2001, Stock No. 37178.

83. Muramatsu, Michio, and Frieder Naschold, *State and Administration in Japan and Germany*, Walter de Gruyter, 1997.

84. Musgrave, Richard A., *The Theory of Public Finance: A Study in Public Economy*, McGraw-Hill Book Company, Inc., 1959.

85. Musgrave, Richard A., "Reconsidering the Fiscal Role of Government," *The American Economic Review*, Vol. 87, No. 2 (May, 1997), pp. 156—159.

86. Musgrave, Richard A. , "Devolution, Grants, and Fiscal Competition," *The Journal of Economic Perspectives*, Vol. 11, No. 4 (Autumn, 1997), pp. 65—72.

87. Musgrave, Richard A. , "Who Should Tax, Where and What?" in McLure, Charles, Jr. (ed.), *Tax Assignment in Federal Countries*, The Australian National University, 1983, pp. 2—19.

88. Naito Keisuke, and Asuka Oki, "International Comparison of Local Revenue Structures and Japan's Local Tax and Finance Reform," *Mizuho Research Paper*, published by Mizuho Research Institute Ltd. , Tokyo, 2005.

89. Nice, David C. , "The Intergovernmental Settings of State-Local Relations," in Hanson, Russell L. (ed.), *State-Local Relations in the United States*, Westview Press, 1998, pp. 17—36.

90. North, Douglass C. , and Barry R. Weingast, "Constitutions and Connitment: The Evolution of Institutions Governing Public Choice in Seventeenth-Century England," *The Journal of Economic History*, Vol. 49 (4), 1989, pp. 803—832.

91. Oates, Wallace E. , *Fiscal Federalism*, Harcourt Brace Jovanovich, Inc. , 1972.

92. Oates, Wallace E. , "An Essay on Fiscal Federalism," *Journal of Economic Literature*, Vol. 37 (3), 1999, pp. 1120—1149.

93. Oates, Wallace E. , "Toward a Second-Generation Theory of Fiscal Federalism," *Journal of International Tax and Public Finance*, Vol. 12, 2005, pp. 349—373.

94. Odden, Allan R. , and Lawrence O. Picus, *School Finance: A Policy Perspective*, 4th ed. , McGraw-Hill, 2008.

95. Ornstein, Norman J. , "Four Really Dumb Ideas That Should be Avoided," American Enterprise Institute, January 26, 2011.

96. Otsuka, Akihiro, Mika Goto, and Toshiyuki, "Cost-efficiency of Japanese Local Governments: Effects of Decentralization and Regional Integration," *Regional Studies, Regional Science*, Vol. 1 (1), 2014, pp. 207—220.

97. Park, Gene, *Spending Without Taxation: FILP and the Politics of Public Finance in Japan*, Stanford University Press, 2011.

98. Parker, Jeffrey, "An Institutional Explanation of the Formation of Intergovernmental Agreements in Federal Systems," a thesis submitted in partial fulfillment of the requirements for the degree of Doctor of Philosophy, The University of Western Ontario, 2012.

99. Petacchi, Reining, and Joseph Weber, "The Unintended Consequences of Balanced Budget Requirements," available at http://www. hbs. edu/units/am/pdf/Patacchi% 20and%

20Weber_AssetSale_2012. pdf,2014 年 9 月 20 日访问。

100. Pettinari, David G., "Michigans Latest Tax Limitation Battle: A Tale of Environmental Regulation, Capital Infrastructure, and the 'Will of the People'," *University of Detroit Mercy Law Review*, Vol. 77 (3), 1999, pp. 83—154.

101. Poterba, James M., "Balanced Budget Rules and Fiscal Policy: Evidence from the States," *National Tax Journal*, Vol. 48 (3), 1995, pp. 329—336.

102. Poterba, James M., "Do Budget Rules Work?" NBER Working Paper 5550, April 1996.

103. Rodden, Jonathan, "Soft Budget Constraints and German Federalism," available at http://www1.worldbank.org/publicsector/LearningProgram/Decentralization/germany.pdf, 2014 年 9 月 20 日访问。

104. Rodden, Jonathan, Rodden, Jonathan A., *Hamilton's Paradox: The Promise and Peril of Fiscal Federalism*, Cambridge University Press, 2008.

105. Rosen, Harvey S., and Ted Gayer, *Public Finance*, 9th ed., McGraw-Hill, 2010.

106. Saffell, David C., and Harry Basehart, *State and Local Government*, 7th ed., McGraw-Hill, 2001.

107. Saturno, James V., and Megan Suzanne Lynch, "A Balanced Budget Constitutional Amendment: Background and Congressional Options," CRS Report for Congress, R41907, December 20, 2011.

108. Scharpf, Fritz W., "No Exit from Joint Decision Trap? Can German Federalism Reform Itself?" MPIfG Working Paper 05/8, Sep., 2005.

109. Schumpeter, Joseph A., "The Crisis of the Tax State," in Peacock, Alan T., et al. (eds.), *International Economic Papers* (No. 4), The Macmillan Company, 1954, pp. 5—38.

110. Seitz, Helmut, "Subnational Government Bailous in Germany," ZEI working paper, No. B 20—1999.

111. Seitz, Helmut, and Gerhard Kempkes, "Fiscal Federalism and Demography," *Public Finance Review*, Vol. 35 (3), May 2007, pp. 385—413.

112. Seligman, E. R. A., *Essays in Taxation*, 10th ed., The Macmillan Company, 1925.

113. Shah, Anwar, and John Kincaid (eds.), *The Practice of Fiscal Federalism: Comparative Perspectives*, McGill-Queen's University Press, 2007.

114. Shaw, Robert Ward, "The States, Balanced Budgets, and Fundamental Shifts in

Federalism," *North Carolina Law Review*, March, 2004, pp. 1195—1238.

115. Simeon, Richard, and Beryl A. Radin, "Reflections on Comparing Federalisms: Canada and the United States," *Publius: The Journal of Federalism*, Vol. 40 (3), 2010, pp. 357—365.

116. Sorens, Jason, "Fiscal Federalism: A Return to Theory and Measurement," available at http://www.acsu.buffalo.edu/~jbattist/workshop/Sorens_s09.pdf, 2014 年 9 月 20 日访问。

117. Spahn, Paul Bernd & Jan Werner, "Germany at the Junction Between Solidarity and Subsidiarity," at Richard M. Bird & Robert D. Ebel ed., *Fiscal Fragmentation In Decentralized Countries: Subsidiarity, Solidarity and Asymmetry*, The World Bank 2007, Chapter 4.

118. Spahn, Paul Bernd, "Intergovernmental Transfers in Switzerland and Germany," in Ahmad, Ehtisham (ed.), *Financing Decentralized Expenditures*, Edward Elgar, 1997, pp. 103—144.

119. Spahn, Paul Bernd, "Maintaining fiscal equilibrium in a federation: Germany," available at www.desequilibrefiscal.gouv.qc.ca/en/pdf/spahn.pdf, 2014 年 9 月 20 日访问。

120. Spahn, Paul Bernd, and Oliver Franz, "Consensus Democracy and Interjurisdictional Fiscal Solidarity in Germany," presented at IMF Fiscal Affairs Department Conference on Fiscal Decentralization, International Monetary Fund, Washington, November, 2000.

121. Spahn, Paul Bernd, and Wolfgang Föttinger, "Germany,", in Ter-Minassian, Teresa (ed.), *Fiscal Federalism in Theory and Practice*, IMF, 1997, pp. 226—248.

122. Stark, Kirk J., "The Right to Vote on Taxes," *Northwestern University Law Review*, Vol. 96 (3), 2001, pp. 191—251.

123. Stark, Kirk J., "Rich States, Poor States: Assessing the Design and Effect of a U. S. Fiscal Equalization Regime," *Tax Law Review*, Vol. 63 (2), 2010, pp. 957—1007.

124. Stotsky, Janet G., and Emil M. Sunley, "United States," in Ter-Minassian, Teresa (ed.), *Fiscal Federalism in Theory and Practice*, IMF, 1997, pp. 359—381.

125. Super, David A., "Rethinking Fiscal Federalism," *Harvard Law Review*, Vol. 118 (8), 2005, pp. 2544—2652.

126. Takero Doi, "A Missing Link in Decentralization Reform in Japan: 'Trinity Reform Package'," PRI Discussion Paper Series (NO. 04a-08), Policy Research Institute, Ministry of Finance, 2004.

127. Tanaka, Yutaka, "Local Bonds in Japan," papers on the Local Governance System and its Implementation in Selected Fields in Japan No. 19, CLAIR, COSLOG, and GRIPS, March 2011.

128. Tanzi, Vito, "On Fiscal Federalism: Issues to Worry About," available at www. imf. org/external/pubs/ ft/seminar/2000/fiscal/tanzi. pdf,2014 年 9 月 20 日访问。

129. Tapp, Stephen, "Canadian Experiences with Fiscal Consolidations and Fiscal Rules," Office of the Parliamentary Budget Office, Ottawa, Canada, October 21, 2010.

130. Tiebout, C. M., "A Pure Theory of Local Expenditure," *Journal of Political Economy*, 64 (1956), pp. 416—424.

131. Watts, Ronald, "Autonomy or Dependence: Intergovernmental Financial Relations in Eleven Countries," Working Paper 2005 (5) c IIGR, Queen's University.

132. Watts, Ronald, *Comparing Federal Systems*, 2nd ed., McGill-Queen's Press, 1999.

133. Watts, Ronald, and Paul Hobson, "Fiscal federalism in Germany," available at http://www. aucc. ca/_pdf/english/programs/cepra/watts_hobson. pdf,2014 年 9 月 20 日访问。

134. Watts, Ronald, "Daniel J. Elazar: Comparative Federalism and Post-Statism," *Publius: The Journal of Federalism*, Vol. 30 (4), 2000, pp. 155—168.

135. Weingast, B. R., "Second Generation Fiscal Federalism: The Imiplications of Fiscal Incentives," Journal of Urban Economics, Vol. 65, 2009, pp. 279—293.

136. Weingast, B. R.,"Second Generation Fiscal Federalism: Political Aspexts of Decentralization and Economic Development," World Development, Vol. 53, 2014, pp. 14—25.

137. Werner, Jan, "Fiscal Equalisation among the States in Germany," Institute of Local Public Finance Working Paper 02—2008, January 2008.

138. Wesley, Jared J., and Wayne Simpson, "Promise Meets Reality: Balanced Budget Legislation in Western Canada, 1991—2010," paper for presentation at the Annual Meeting of the Canadian Political Science Association, Wilfrid Laurier University, May 16, 2011.

139. Vo, Duc Hong, "The Economics of Fiscal Decentralization," *Journal of Economic Surveys*, Vol. 24 (4), 2010, pp. 657—679.

140. Zhang, Tao, Heng-fu Zou, "Fiscal Decentralization, Public Spending and Economic Growth in China," *Journal of Public Economics*, Vol. 67 (2), 1998, pp. 221—240.

141. Zipfel, Frank, "German Finances: Federal Level Masks Importance of Länder," Deutsche Bank Research, May 2011.

142. 北野弘久：《福祉国家は累進税を要求する》,"税経通信" 60(9)（通号 852）号。

后　　记

　　本书是在我的博士论文基础上完成的。在博士后研究期间,我以相关主题申报的课题获得了国家社科基金的资助。以此为契机,我对原文进行了修改和完善。最近几年,相关的研究文献和政策调整都比较多。在这次出版前,我对相关的资料又进行了更新。目前的版本代表了我对中央与地方财政关系这一课题的一些研究心得,但离心中的理想状态相比还差得很远。只能留待以后进一步研究和思考了。

　　在这里,我想对帮助本书顺利出版的诸位亲朋好友表示我的感谢。我要首先感谢我的导师刘剑文教授。老师对学术前沿的敏锐把握、对教学科研的执着认真、对国家财税法治建设的孜孜以求,都是我们学生学习的榜样。在老师门下五年有半,在科研、学习、生活等各个方面,老师都给予了我无微不至的关怀。进入论文写作阶段后,老师时时督促、指点,还多方为我搜集资料,让我颇为感动。在毕业工作后,老师仍然不时关心我的工作和生活。今后唯有在工作中勤勤恳恳、兢兢业业,方不辜负老师的一片心意。

　　也感谢法学院导师组的其他老师,他们是:刘瑞复教授、盛杰民教授、张守文教授、甘培忠教授。从博士生专业课程到综合考试,到开题报告、预答辩、答辩,可以说,步入博士生生活的每一个阶段,都缺不了老师们的辛勤培养。老师们严谨的治学态度、开阔的学术视阈将让我受益终生。

　　我也感谢燕园以外的师长们对我的帮助。因参加世界银行课题的机缘,得以求教于中国人民大学的徐孟洲教授、中央财经大学的汤贡亮教授、华东政法大学的陈少英教授、中国政法大学的时建中教授。老师们对我的论文进展颇为关心,在此我也深表谢意。在我毕业多年后,陈少英教授还时时过问我的学术发展和个人生活状况,让我颇为感动。

　　感谢海峡对岸台湾大学的黄茂荣教授、葛克昌教授和蔡茂寅教授,中正大学的黄俊杰教授,老师们慷慨地将他们的著作惠赠于我,这些书给了我许多写作的灵感。黄茂荣教授在北京访学期间,耐心听取我对论文思路的讲解,并肯定选题的意义,还指出我须注意的难点所在。葛克昌教授早在2006年就为本书写就序言,勉励后进,让我信心倍增。

感谢美国密歇根大学的 Avi-Yonah 教授,加拿大约克大学的李金艳教授,德国法兰克福大学的 Paul Bernd Spahn 教授、巴伐利亚州财政部副部长 Otto Beierl 博士、独立律师 Frank Roser 博士,日本日本大学的北野弘久教授,他们给我提供了其所在国家与我论文有关的最新资料;特别是李金艳教授、Paul Bernd Spahn 教授、Otto Beierl 博士、北野弘久教授将他们最新的作品或未刊的文稿及时地发送给我,让我能够了解到这一领域的国际前沿动态。在全球化、信息化的时代,全新的交流平台让我体会到国际学术交流的便捷。国际学人对学问的那份严谨执着,对求教者的那种有问必答的负责态度,也着实让我钦佩。

我也感谢我的同门师兄弟姐妹对我的关怀。特别是,师兄熊伟、师姐许秀芳从海外给我发来了不少参考资料,师姐丁一、师兄李俊明、师姐蔡巧萍、同级史学成也将与我论文有关的资料及时反馈于我。离开他们的关照,我的论文不可能顺利完成。

博士毕业后,我到北京大学中国教育财政科学研究所从事博士后研究,博士后出站后留所工作至今。研究所兼顾学术研究与政策咨询,既重国际交流,又重实地调研。研究所为我个人的发展提供了广阔的空间和坚实的平台。丰富的学术活动开阔了我的视野,加深了我对现实的理解,特别是对公共政策的制定过程有了更加深刻的认识和体会。在此,我特别感谢所长王蓉教授和研究所同仁对我的大力支持和帮助。

我要感谢北京大学出版社的王晶编辑,没有她的督促与鼓励,本书不可能顺利出版。

最后,我要感谢我的妻子和所有家人对我一如既往的支持和鼓励。

二〇一五年二月二日于
北京大学燕园